中国社会科学院对外经贸国际金融研究中心研究项目
Research Project of International Economic, Trade and Finance Research Center,
Chinese Academy of Social Sciences

CHINA SERVICES TRADE
RESEARCH REPORT No.2

于立新　冯　远　主编

中国服务贸易研究报告

No.2

经济管理出版社
ECONOMY & MANAGEMENT PUBLISHING HOUSE

图书在版编目（CIP）数据

中国服务贸易研究报告 NO.2/于立新，冯远主编. —北京：经济管理出版社，2013.12
ISBN 978-7-5096-3044-0

Ⅰ. ①中⋯　Ⅱ. ①于⋯　②冯⋯　Ⅲ. ①服务贸易—研究报告—中国　Ⅳ. ①F752.68

中国版本图书馆 CIP 数据核字（2013）第 067972 号

组稿编辑：申桂萍
责任编辑：申桂萍　胡　茜
责任印制：黄章平
责任校对：超　凡

出版发行：经济管理出版社
　　　　　（北京市海淀区北蜂窝 8 号中雅大厦 A 座 11 层　100038）
网　　址：www. E-mp. com. cn
电　　话：（010）51915602
印　　刷：三河市延风印装厂
经　　销：新华书店
开　　本：720mm×1000mm/16
印　　张：27
字　　数：530 千字
版　　次：2013 年 12 月第 1 版　2013 年 12 月第 1 次印刷
书　　号：ISBN 978-7-5096-3044-0
定　　价：88.00 元

《中国服务贸易研究报告 NO.2》编委会

顾 问

王伟光　中国社会科学院院长、学部委员、研究员、博导

李 杨　中国社会科学院副院长、学部委员、研究员、博导

高培勇　中国社会科学院财经战略研究院院长、学部委员、研究员、博导

裴长洪　中国社会科学院经济研究所所长、全国政协委员、研究员、博导

杨圣明　中国社会科学院财经战略研究院研究员、学部委员、博导

荆林波　中国社会科学院财经战略研究院副院长、研究员、博导

夏杰长　中国社会科学院财经战略研究院院长助理、研究员、博导

倪鹏飞　中国社会科学院财经战略研究院院长助理、研究员、博导

主 编

于立新　中国社会科学院财经战略研究院服务贸易与 WTO 研究室主任

中国社会科学院对外经贸国际金融研究中心主任、研究员

冯 远　中国社会科学院财经战略研究院服务贸易与 WTO 研究室副研究员

中国社会科学院对外经贸国际金融研究中心副主任、经济学博士

学术支持单位

北京互联新兴经济研究院

上海甬赢金融信息服务有限公司

江苏省淮安市康乃馨农村小额贷款有限公司

中国·海宝集团

前　言

一、《中国服务贸易研究报告 NO.2》研究背景

邓小平在 1986 年 3 月 28 日会见外宾谈到中国改革开放两个大局时说："让一部分人、一部分地区先富起来，大原则是共同富裕，一部分地区发展快一点，带动大部分地区，这是加速发展、达到共同富裕的捷径。"[①] 改革开放以来，中国主要是解决了农业与制造业的生产力解放问题。与此同时，遵循了先发展货物贸易（加工贸易为主要特征），让东部沿海地区先发展起来的非均衡发展模式。在中国经济快速发展的新阶段，为完成"先富带后富"、"东中西部均衡协调发展"的第二个改革开放大局战略目标，进而实现"中国梦"，本书研究认为，中国当务之急是解放服务业生产力，大力发展服务贸易。这是"调结构，转方式，扩大就业，改善民生"的"牛鼻子"，也是关键领域的最重要环节，中国正在进行的全面深化改革，必须要闯这道关。

2013 年中国进出口贸易总额首次突破 4 万亿美元，取代美国成为全球最大贸易国。中国在向全世界展示了改革开放以来经济发展取得巨大成就的同时，世界也在关注中国对全球经济发展的影响力。然而，毋庸置疑，目前中国经济发展依旧存在着两大失衡：一个失衡是中国三次产业结构发展的失衡，另一个是中国对外贸易发展中货物贸易与服务贸易比重的失衡，这两大失衡直接制约着中国经济的可持续发展。三次产业结构失衡主要表现在，第一产业和第三产业，无论是发展的现代化水平，还是产业竞争力，都远远落后于第二产业的发展；中国对外贸易发展的严重不平衡，导致服务贸易无论是出口规模，还是占整体贸易结构比重，都与货物贸易很不匹配。2013 年中国服务贸易总额 5396.4 亿美元，货物贸易与服务贸易之比是 7.7∶1，同期世界货物贸易与服务贸易之比是 4.1∶1，而发达国家这一比重是 3.4∶1。中国对外贸易发展的不平衡，实际上是由中国三次产业发展失衡造成的，也是中国经济结构调整尚未到位的结果。

2008 年全球金融危机凸显了中国长期偏重货物贸易出口，而忽视服务贸易发展造成处于全球价值链底层的弊端，这种"短板"效应明显的传统外向型经济

[①]《邓小平文选》第三卷，《拿事实来说话》第一段，人民出版社，1986 年，第 155 页。

发展模式，已经不适应当今中国经济发展目标。随着国际区域多边和双边贸易的合作与发展，各国服务市场开放和全球化进程逐步深化，这为加快发展服务产品出口提供了机遇，也对中国经济转型升级具有重要的战略纵深拓展意义。

二、《中国服务贸易研究报告 NO.2》研究目的

当下中国已进入到一个新的历史转折时期，国民经济发展遇到前所未有的结构性瓶颈问题，这不仅要求我国加快产业供给结构的调整，同时也要求我国实施新的包容性开放型经济战略，大力发展新兴经济业态，重点是发展高端生产性服务业和现代服务贸易，紧跟世界数字经济发展时代的步伐。

首先，中国经济正在经历从传统工业化向三次产业现代化与新型城镇化转变。进入 21 世纪，我国快速进入现代经济发展轨道。这种发展不同于传统意义上的工业化与城镇化发展，而是信息技术与互联网时代背景要求建立在以知识经济为基础的新经济发展模式之上，要求产业供给的重心和着力点随之转换到三次产业现代化和新型城镇化发展中来。

其次，中国正在从粗放型经济向集约型经济发展转变。我国曾明确提出发展集约型经济，即通过采用新技术、新工艺，改进机器设备、加大科技含量的产业供给方式实现经济发展。经过多年改革开放的发展，我国实现了对于传统制造业的现代化改造，成为了世界装备制造业供给大国和世界第一货物贸易大国，产业供给也从劳动密集型向资本密集型产业供给转变，并逐渐向技术与知识密集型相结合的产业供给演进过渡。

最后，中国经济正在从旧经济发展模式向新型经济发展模式转变。旧经济发展模式的基本特征是：①实施从沿海到内地非均衡梯度发展战略，而放缓了全国区域经济协调及平衡发展；②重视制造业经济发展，而轻视了服务经济发展；③重视从需求管理手段层面刺激经济发展，而忽视了从供给手段层面，特别是从供给结构的调整方面促进经济发展；④重视对于技术设备的引进与模仿，而忽视了智力资本及研发产业在经济发展和经济增长方式转变中的主导作用；⑤重视第二产业的快速发展，而忽视了三次产业之间的协调发展；⑥在市场经济发展过程中重视私人产品的供给，而未能重视公共产品的有效供给；⑦在供应链经济的发展中只重视加工制造业低端的短平快收益项目的发展，而未能重视价值链高端的研发产业基础培育；⑧重视私人成本和效益，而忽视了社会成本与社会效益。这种旧的经济发展模式，使我国未来社会经济治理成本增加，而且极大地削减了社会经济发展取得的收益。20 世纪 90 年代中后期以来，我国一直在强调转变经济发展方式，然而成效不尽如人意，目前到了转换社会经济发展模式的关键阶段，产业供给结构调整的主要动力是基于新经济发展模式。其基本框架是以知识经济为基础的科技经济、新能源经济、节约型经济、循环经

济、绿色经济、研发产业规模化、现代工业化与新型城镇化以及完善的社会保障体系构成的社会经济发展模式。

完成上述这些转变，中国经济发展才能跨越"中等收入陷阱"，真正进入一个新的历史发展阶段。但是，中国经济结构近些年来之所以在中低端水平徘徊，中国经济转型升级之所以如此缓慢，关键在于服务经济供给不足，特别是高端生产性服务业供给不足。中国经济发展与转型升级需要服务贸易与货物贸易协调发展，《中国服务贸易研究报告 NO.2》的研究目的就是要对于我国服务贸易发展的现状与问题进行分析，同时研究我国服务贸易与货物贸易协调发展二者之间的关系。对此，本研究团队通过实证研究，深入剖析我国服务贸易发展的区域布局与体制改革的主要问题，我国所面临的严峻国际竞争形势与挑战，揭示出目前我国服务贸易发展滞后是由于缺少制度安排和政策支撑，而产生制度设计和政策支撑的缺失，则是由于缺少战略层面前瞻性的服务贸易促进框架体系。当务之急，是要确立服务贸易促进框架体系，突出强调我国服务贸易与货物贸易协调发展的重要意义。通过调研与分析提出具有科学性、前瞻性、战略性的服务贸易发展思路。借鉴海内外成功经验，并结合我国国情，不仅提出我国服务贸易与货物贸易协调发展的战略路径，还提出切实可行的政策措施与具有针对性的体制改革方案。从而，改革目前因服务贸易发展滞后而影响我国外贸发展方式转变，制约我国从贸易大国向贸易强国转变的制度性因素。在选取重点行业及重点领域，细化服务贸易行业发展创新促进体系研究的基础上，就如何建立有利于我国服务贸易增长，及服务贸易与货物贸易协调发展的服务贸易发展促进框架体系提出具体措施与政策建议。

三、《中国服务贸易研究报告 NO.2》研究内容与特色

本研究课题从 2012 年 2 月立项，按计划通过文献梳理、实地调研、观点提炼、研究报告撰写四个阶段实施课题研究。主要选取了我国东部沿海经济发展较快的地区，及国外有代表性的发达国家与发展中国家进行实地考察，通过课题研究报告的写作和研究思想的提炼，课题组基本上按照课题立项预期完成了本课题的研究任务。

《中国服务贸易研究报告 NO.2》由总论、六篇内容共十九章组成：第一章，总论"包容性开放：我国服务贸易发展战略思考"（于立新、杨晨、陈昭）。第一篇，长三角区域篇，其中包括：第二章"上海市服务贸易发展研究"（汤婧、惠睿），第三章 "浙江省服务贸易发展研究"（柯建飞、吴智敏），第四章"江苏省服务贸易发展研究"（汪素芹、李俊毅、李玉等）。第二篇，珠三角区域篇，其中包括：第五章"广东省及珠三角服务贸易发展研究"（张庆霖、屈韬、廖东翊等），第六章"广州市服务贸易发展研究"（陈万灵），第七章"深圳市服务贸易

发展的现状、问题及对策"（刘伟丽）。第三篇，环渤海区域篇，其中包括：第八章"天津市服务贸易发展研究"（陈昭、徐兆东、苑涛、李慧娟），第九章"北京市服务贸易发展研究"（冯远、潘默、赵鑫），第十章"大连市服务贸易发展研究"（陈双喜、杨晨）。第四篇，海南区域篇，第十一章"海南省旅游服务贸易现状、问题与政策建议"（胡永和、余升国）。第五篇，跨关境合作篇，其中包括：第十二章"服务贸易与货物贸易协同发展——基于上海、新加坡、中国香港的研究"（殷凤、张云翼、刘慧），第十三章"CEPA 对粤港服务业合作的影响"（陈万灵、宗伟濠），第十四章"两岸服务贸易自由化评估及海西对台服务合作——基于两岸加入 WTO 与 ECFA 中服务贸易开放承诺的比较"（黄建忠、袁姗），第十五章"中美服务业产业内贸易影响因素的实证分析"（冯晓玲、王璐燕、姚欣），第十六章"马来西亚、新加坡服务贸易与货物贸易协调发展考察"（于立新、汤婧、陈昭），第十七章"加拿大服务贸易与货物贸易协调发展经验借鉴（汤婧、陈昭、于立新），第十八章"中国—东盟运输服务贸易一体化的发展与对策"（陈秀莲）。第六篇，案例分析篇，第十九章"吉博教育服务贸易案例分析（童一宁、陈昭）。

《中国服务贸易研究报告 NO.2》研究成果的主要特色有：

（1）国内外实地调研、经验总结与比较研究。课题组对于我国服务贸易发展具有一定基础、初具区域竞争特色的重点区域，即我国的长江三角洲经济区、珠江三角洲经济区、环渤海经济区和海南经济特区的服务贸易发展问题进行了实地调研。项目团队组织课题组成员实地走访了这四大经济区的相关政府部门、企事业单位、各种类型的服务贸易企业，通过考察调研、座谈、问卷调查收集了大量第一手资料，并对不同地区的经验进行提炼总结，使本研究的主体内容能够真实地反映我国服务贸易发展基本现状，契合我国服务贸易发展的实际情况。课题组还组织专题组出国调研，先后赴新加坡、马来西亚、加拿大、中国香港、中国澳门等国家和地区考察，对于这些国家和地区的服务贸易发展进行实地比较研究。

（2）规范分析与实证分析相结合。从实际国情和服务贸易发展的自身规律出发，依据国际贸易和经济增长理论的基本思想，提出我国服务贸易与货物贸易协调发展的战略思路，研究确立我国服务贸易与货物贸易协调发展战略目标和基本原则。同时利用调研数据，为确定目标和原则提供相应的定量分析支持，或验证相关假设，从而使得本研究提出的政策建议能够有充分的理论基础。

（3）国际样本比较研究分析。选择具有代表性的经济发达国家和发展中国家，根据专题设计先后赴澳洲、东盟、北美等地区调研，进行国际经验比较研究，不仅研究了发达国家服务贸易发展问题，及服务贸易与货物贸易协调发展的先进经验，而且比较研究了发展中国家与发达经济体不同城市的样本案例，从中提取共性基本规律，探索了服务贸易发展各国经验，服务贸易与货物贸易协调发展在不同国家或不同经济增长时期的规律特征，为今后我国服务贸易及服务贸易与货物贸易协调发展提供借鉴。同时，分析各国在此发展过程中的特殊政策，分析这些政策发挥作用的条件，为制定我国服务贸易发展及服务贸易与货物贸易协调发展战略提供政策参考与路径选择依据。

四、《中国服务贸易研究报告NO.2》研究成果的贡献

目前，我国服务贸易发展的落后现实已经成为我国转变外贸发展方式和经济增长模式的主要制约因素，如何实现我国服务贸易与货物贸易协调发展，深入研究我国服务贸易与货物贸易中长期协调发展的战略思路和发展路径，并据实制定科学的发展战略规划与制度设计及政策举措，对于我国从贸易大国转变成为贸易强国具有重要的现实意义，同时也具有重大的理论探索意义。本项研究成果，正是从我国的基本国情出发，研究探索我国服务贸易发展的基本规律，以及我国服务贸易与货物贸易协调发展的机理，为我国制定科学的服务贸易发展及服务贸易与货物贸易协调发展战略提供理论依据与实证诠释。

研究成果的贡献主要包括以下三个方面：①本课题通过实证研究，客观梳理和研究了我国服务贸易区域发展的基本现状、区域布局与现行体制存在的弊端，我国服务贸易发展所面临严峻国内改革与国际竞争趋势挑战，指出目前我国服务贸易发展滞后是由于缺少宏观管理制度层面的战略安排和政府政策支撑，而这种偏差则是由于缺少战略层面的一个完整的服务贸易促进框架体系，明确了深化服务贸易促进框架体系对于我国服务贸易与货物贸易协调发展的现实意义。②创新性地提出我国服务贸易与货物贸易协调发展的战略路径，根据经济全球化和借鉴国际服务贸易发展经验，规划了我国新的包容性对外开放战略新模式，并提出了服务贸易与货物贸易协调发展的"小政府，大社会"新的制度安排的顶层设计，以及政府管理职能转变的理念，这在东部先行先试的中国（上海）自由贸易实验区、苏州工业园区等实验区产生了一定的积极反响。③研究报告在选取重点行业及重点领域，细化服务贸易行业发展创新促进体系研究的基础上，就如何建立有利于我国服务贸易与货物贸易协调发展的服务贸易发展的促进体系框架提出了具体措施与政策建议。

《中国服务贸易研究报告NO.2》研究成果的主要建树有：

（1）通过对我国东部沿海经济区域的服务贸易发展状况与问题的调研分析，以及对我国跨关境服务贸易合作发展状况与问题的调研分析，本团队重点研究了我国服务贸易区域发展问题、我国服务贸易与货物贸易协调发展的现状与评价、当代服务贸易与货物贸易协调发展的国际比较、我国服务贸易与货物贸易协调发展的制约因素分析、我国服务贸易与货物贸易协调发展的战略路径以及政策建议

六个部分的内容，构建起了"我国服务贸易与货物贸易中长期协调发展战略与发展路径"框架体系，这六个部分既包含了科学的定量研究分析，又包含了严谨的定性分析研究。

（2）《中国服务贸易研究报告 NO.2》从理论与实践的双重视角，揭示了我国服务贸易发展的基本规律，找出了中国服务贸易与货物贸易发展不协调问题的症结，指出了服务贸易与货物贸易协调发展是发展中国家经济发展再平衡的一种必然规律。中国服务贸易与货物贸易发展不协调，严重制约着中国经济可持续发展与转型升级，本项研究给出了中国服务贸易与货物贸易发展不协调问题的解决方案，提出了中国服务贸易与货物贸易中长期协调发展思路与包容性开放战略的切入点。

（3）《中国服务贸易研究报告 NO.2》选题的学术价值是，以服务贸易专业化作为研究的切入点，以知识收入为中心，从宏观、中观、微观和国际规则四个层面，构建起国际服务贸易分工与合作、知识经济、市场制度、国际规则、人力资源供给及我国服务贸易与货物贸易协调发展之间的框架逻辑联系，为我国服务贸易协调发展提供了理论诠释和战略思路。中国服务贸易与货物贸易中长期协调发展战略研究课题成果通过实地调研与实证研究分析，深刻剖析了中国服务贸易与货物贸易不协调发展的现实弊端，论证了中国服务贸易与货物贸易不协调发展的制度缺陷与政策缺失，以及中国与世界发达国家服务贸易发展的差距所在，在此基础上提出了中国服务贸易与货物贸易协调发展的战略思路及包容性开放发展路径。

（4）《中国服务贸易研究报告 NO.2》选题实际应用价值是，研究分析国际服务贸易专业化与知识经济发展规律的逻辑联系，探索了我国服务贸易协调发展的经济基础；研究分析了高端人力资本供给与报酬分配制度之间的逻辑联系，指出了我国报酬分配制度存在的问题，以及改变报酬分配从向资本报酬倾斜转向知识报酬倾斜的路径；研究分析了我国市场经济制度与国际经济规则之间的差异，确定了我国市场经济制度进一步深化改革的重点与难点问题，奠定了我国实施服务贸易与货物贸易协调发展战略的市场经济基础。

（5）《中国服务贸易研究报告 NO.2》自启动研究以来发表了大量的科研成果，包括学术论文、研究报告和对策信息专报，通过学术杂志、重要的报刊，向国内外社会各界传递了课题组成员的研究观点，特别是课题组成员通过不同渠道向中央决策部门提交了许多有价值的研究专报。有的学术论文获得了全国性专业学会优秀研究奖项，有的研究报告还得到国务院和商务部领导同志的批示，课题研究成果不仅产生了一定的学术影响力，而且也产生了一定的决策影响力。

五、《中国服务贸易研究报告 NO.2》研究成果的主要思想观点

(一) 对于我国服务贸易发展规律性的思想认识

思想认识 1：服务贸易与货物贸易协调发展，是一个二者相互包容促进的运行机制重构的问题。当前我国服务贸易与货物贸易失衡发展，主要是由于现行体制机制诸多制约因素的影响，因此它不是一个短期就能够解决的简单问题，而需要依靠长期深化改革，完善配套政策措施才能够逐步解决的系统性体制机制问题，作为政府主管部门关键是要制定出服务贸易与货物贸易中长期协调发展战略。只有按照市场在资源配置中发挥决定性作用的原则，来重构二者相互促进的包容运行机制，才能够从根本上解决我国服务贸易与货物贸易协调发展问题。

思想认识 2：未来货物贸易的竞争优势，将越来越倚重于服务贸易规模与水平的提升。实证检验结果表明，目前我国服务贸易进出口总额和货物贸易进出口总额之间存在相互影响的动态关系，货物贸易进出口总体发展除了取决于自身的发展以外，服务贸易进出口总额对货物贸易进出口总额的促进作用是正向的，但是在远期会出现较弱的负相关关系，影响了货物贸易进出口整体的发展。而货物贸易进出口总体发展对服务贸易进出口总额起到了较好的促进作用，其重要性可以与服务贸易进出口总额对其自身的作用相抗衡，而且货物贸易进出口总额对服务贸易进出口总额的促进作用也不会在短期内有大幅减弱。

现实原因是由于现阶段我国货物贸易进出口总体态势仍然偏重于劳动密集型和价格竞争偏好，而我国服务贸易的发展与货物贸易发展联系不够紧密，服务贸易没有能够给予货物贸易足够的支持，因此货物贸易进出口的增长主要取决于自身的发展。但是不可否认的是，未来国际市场的竞争将由以货物贸易为核心转向以服务贸易为核心，未来货物贸易的竞争优势将越来越倚重于服务贸易规模与水平的提升，所以我国货物贸易迫切需要进行结构调整以及产业升级，在更大程度上使服务贸易的行业结构和现代服务产业发展得到优化。

思想认识 3：我国服务贸易发展的重点在于生产性服务业的创新。目前，生产性服务业的技术进步与创新已经成为整个产业链技术进步与创新的源泉，对整体国民经济的技术进步和创新越来越具有关键性作用。我国应围绕制造业升级，重点发展与制造业配套的现代金融、现代物流、科技服务、信息服务、商务服务等生产性服务业，实现现代服务业发展提速、比重提高和结构优化，逐步使服务业由制造业追随型向自主扩张型转变。从浙江省的生产性服务企业来看，商业模式创新将成为当代服务贸易创新发展的重要内涵，包括供应链管理、运营新业态、销售渠道、服务方式、盈利模式等方面的综合创新，是我国服务贸易与货物贸易协调发展成功的重要环节。尤其是浙江义乌从小商品批发市场，转变为依托

跨境电子商务做大国际贸易新型业态交易平台，无不体现市场在推动生产性服务业发展中的决定性作用。

思想认识 4：服务贸易是"以人为纲"的经济活动，人力资本优势是服务贸易发展的关键因素。高端人才是我国发展服务贸易的关键因素，服务贸易与服务外包是"以人为纲"的经济活动，不同于工业经济时期的"以钢为纲"。当前，我国虽然采取了一系列保护、吸引、使用高端人才的措施，但流失的顶尖人才数量仍居世界首位，其中科学和工程领域海外学成滞留率平均达到 87%。高层次创新型人才匮乏，创业环境不佳，结构和布局不尽合理，人才发展体制机制障碍尚未消除，人才资源开发投入不足。未来服务贸易发展中既要吸引海外高端人才，更应留住本国顶尖人才，这既是我国服务贸易发展的关键，也是我国服务贸易与货物贸易协调发展的关键战略举措。

思想认识 5：我国各地的区位优势是服务贸易发展的有利条件。本项目从案例研究得出，我国广东省与中国香港、中国澳门和东南亚毗邻，区位优势得天独厚，服务贸易发展空间和潜力较大，拥有海陆空立体口岸，基础设施完备，凭借中国港澳地区供应链服务商优势，配以"空、海、信息"三港合一的完善交通资讯体系，服务竞争优势十分明显。目前，广东加速了产业结构的转型和升级，产业结构步入以高新技术产业和资金密集型产业为主的支撑阶段，逐渐形成以 IT、通信、生物医药等为主导的高新技术产业集群，区域外商直接投资的增长直接扩大了服务贸易的发展空间。近年来，在珠三角地区开展跨关境经济合作大大加速了区域要素的整合，尤其是中国香港供应链服务提供商纷纷将总部移师深圳及珠三角，大大促进了区域内的物流、资金流、信息流、人才流等要素的聚合，为服务业及服务贸易创造了实体基础。此外，珠三角区域经济发展迅速，外商直接投资密集，消费能力强，市场容量大，服务贸易发展的空间和潜力较大。全面推进粤港澳服务贸易自由化以后，粤港澳基本形成一体化的区域服务市场，成为在国内外具备较强影响力和辐射力的现代服务产业带和重要的服务外包基地。

思想认识 6：全方位的服务业开放体系，是促进我国服务贸易及服务贸易与货物贸易协调发展的重要举措之一。加入 WTO 后，我国在承诺所有现存市场准入的情况下，已经渐次放宽对服务业市场的准入和国民待遇限制。因此应根据我国入世服务贸易承诺开放的进度，积极推进"负面清单"管理模式先行先试，努力扩大外资进入服务业各领域，通过交流合作和竞争，较快产生集聚效应，提升现代生产性服务业发展水平和产业竞争力，不断提高服务出口竞争能力，由此来促进我国服务贸易与货物贸易协调发展。

思想认识 7：货物贸易和服务贸易协调发展，促进产业成功转型。新加坡经验总结：根据新加坡经济发展局（EDB）公布的数据显示，新加坡人均 GDP 从 20 世纪 60 年代的 500 美元增长到 2011 年的 56797 美元，增长了约 113 倍。在过去半个世纪的发展历程中，新加坡政府十分重视制造业和生产性服务业的协调发展，成功进行了四次经济转型，大约 10 年一次，分别是：20 世纪 70 年代的劳动密集型产业，20 世纪 80 年代的资本密集型产业，20 世纪 90 年代的科技密集型产业和 21 世纪以来的知识密集型产业。未来，新加坡希望继续转型，向创新密集型产业发展。四次成功的产业转型使新加坡经济结构发生了根本性的变化，从一个以转口贸易为基础的单一结构，转变为一个以精密电子制造、精细石油化工、高精生物医药等为主的世界级制造业中心，商贸、物流、电信、会展、金融、旅游、航运等全面发展的多元化经济结构。这种多元化的经济结构促使新加坡货物贸易和服务贸易协调发展。

（二）新经济发展时期我国服务贸易发展战略目标与路径选择

1. 我国服务贸易发展战略目标

结合我国服务贸易发展现状、机遇与挑战，我们对中国服务贸易发展趋势和战略目标给出基本预判。首先在总量上，中国服务贸易额占世界服务贸易总额将在"十二五"末期达到 8%，目前是 6.3%。其次在贸易结构上，预计中国服务贸易总量占中国贸易总量的比例将在"十二五"末期达到 18%左右，目前是 13%，贸易结构不断优化。再次在收支结构上，主要服务贸易项目逆差将有明显改善，从根本上扭转逆差不断扩大的趋势。最后在服务贸易项目结构上，在"十二五"期间要形成体系完善、配置合理、竞争力较强的新型服务贸易项目结构。总体而言，就是要扩大服务业对外开放，促进服务出口，提高服务贸易在对外贸易中的比重。在稳定和拓展旅游、运输、劳务等传统服务出口的同时，努力扩大文化、中医药、软件和信息服务、商贸分销、金融保险等新兴服务出口。大力发展服务外包，建设若干离岸与在岸服务外包战略基地。扩大金融、物流等服务业对外开放度，稳步推进教育、医疗、体育、文化等服务领域对外开放，引进海外战略性优质服务资源，提高我国服务业国际化水平。

2. 我国服务贸易发展的战略路径

（1）推进体制机制改革，为服务贸易发展提供政策机制和市场经济法律制度保障。纵观改革开放 30 多年来，中国货物贸易的大发展主要得益于外商投资的优惠政策，以及出口退税的税收政策和出口贸易便利优惠政策的支持，由此形成的对外经济贸易体制机制改革也主要针对于货物贸易优先发展。相比之下，由于服务贸易涉及部门繁多，而且内部各行业所要求的服务制度环境千差万别，我国服务贸易创新管理体制严重缺位，政策扶持力度不足。下一步全面深化改革应该在中央层面上转换宏观经济管理重心并明确具体改革指向，提升专司服务贸易宏观主管部门的层级。应借鉴"六五"时期推进机电产品出口的经验，像组建国务院机电产品出口办公室那样，尽快组建国务院服务贸易促进发展办公室，建立健全务实型的管理体制和综合性部际协调运行机制，将有利于我国服务贸易加快发展。应在构建充分竞争且开放完善的国内服务市场经济体制的基础上，借鉴澳大利亚、新加坡、加拿大等国"小政府，大社会"促进服务贸易发展的制度安排经验，分阶段、有步骤地实施我国服务贸易管理体制改革。最近 3~5 年内，可实行过渡性质的强势政府组织管理架构，统筹全国服务贸易发展的一切事务，避免多头管理的混乱局面，统筹规划并适时制定中国服务贸易发展战略，为服务贸易发展提供高效、优质的政策制度保障。未来 8~10 年可在市场经济体制全面完善的阶段，实施"小政府，大社会"的远期服务贸易管理体制的改革目标。

（2）紧扣生产性服务业抓手，为服务贸易未来发展夯实产业基础。我国作为一个刚进入工业化中后期且处于经济转型进程中的发展中国家，经济发展阶段及居民收入水平均有待提高，还不具备消费性服务业主导国民经济发展的条件，通过大力发展消费性服务业带动整个国民经济的时代还需待以时日。同时，中国工业化现阶段的质量水平决定了制造业仍然是中国未来相当长时期内需要突出发展的主导产业。国内外实践证明，现代装备制造业没有体系健全、功能完备的生产性服务业做支撑，难以取得可持续发展。国际竞争焦点和全球价值链当中的主要增值点、盈利点已逐渐集中于生产性服务环节。生产性服务业是连接制造业与服务业的桥梁，既能提升制造业的竞争力、促进产业升级，也能推动我国服务业的发展。因此中国服务贸易的发展必须选择生产性服务业为主要着力点，提高制造业的附加值，促进制造业优化升级，必须加快社会分工，有效剥离生产过程中的服务环节，紧扣关键领域的抓手，为服务贸易未来发展夯实生产性服务产业基础。

（3）提高服务贸易发展水平，满足我国对高端服务日益增长的需求。我国服务贸易结构仍有待改善，目前具备传统竞争优势的主要部门如旅游、运输等已是持续逆差，而高附加值和高技术含量的现代服务业发展又十分落后。我国既要努力追赶发达国家的先进水平，又要同发展中国家展开竞争以尽快改善服务贸易结构，这需要促进新兴服务贸易的发展。我国要在继续扩大具有比较优势的传统服务贸易出口的同时，积极推进新兴服务贸易发展，重点加强金融、保险、计算机及信息服务、生物中医药及健康服务、国际物流、跨境电子商务、互联网金融、文化创意等领域的出口能力培育，引导服务贸易各行业均衡发展，将资源向多样化、高效率、低成本的高端服务贸易倾斜，构建起以供应链服务为核心的整合型贸易全程服务平台，通过为中小外向型企业提供解决方案，降低外贸交易成本，带动第三方服务业发展，提升我国服务贸易水平，满足对高端服务日益增长的需求。

（4）创造新供给，挖掘新的经济增长点。要素禀赋的差异也是服务贸易发展的影响因素之一，伴随经济的发展与人们需求的多样化，要素禀赋已经不再局限于地理环境、资本等硬性资源，而更多在于人为创造出来的软性资源。如澳大利亚的"教育游"、韩国的"美容游"、马来西亚与中国台湾的"医疗保健游",不仅促进了当地经济服务贸易的发展,形成良性循环,也创造了新的经济增长点。教育、文化、医疗健康养生等居民消费现代高端服务业的可贸易性为我们提出了服务贸易创新开放模式的新思路。创新是服务贸易发展永不竭尽的灵魂,我们应该注重服务贸易各领域的融汇结合,创造性地将各种新型服务贸易项目连接在一起,以期创造新的资源禀赋,挖掘新的经济增长点。

六、《中国服务贸易研究报告 NO.2》研究成果存在的不足

本项研究通过对我国服务贸易发展比较有代表性的经济区域及国外部分地区进行实地调研,把规范研究与实证分析有机地结合起来,取得了预期的研究成果。但是,在课题研究的最后阶段,在对课题研究进行统筹思考时发现,课题研究还存在一些不足:即缺少更为丰富的国际经验的比较研究,缺少对具有典型研究价值的国家或地区进行的实地调研,尤其缺少对我国中西部地区服务贸易与货物贸易协调发展问题的调查研究。正是这些欠缺,对于课题研究论证的论据充分性可能会产生一定影响,也会在一定程度上局限了这一研究采集面板数据及典型案例分析,或多或少影响科学论证的系统性及完整性。

七、致谢

《中国服务贸易研究报告 NO.2》研究过程历时两年,科研成果是课题组全体成员的集体智慧与思想结晶,感谢研究团队全体成员两年来为研究我国服务贸易发展问题付出的艰辛努力,并为这一研究课题做出的学术贡献。

《中国服务贸易研究报告 NO.2》从研究选题的立项,到研究成果的完成,自始至终得到中国社会科学院财经战略研究院领导、科研组织处和其他兄弟研究室的支持与帮助,研究团队全体成员对此表示衷心的感谢。

课题组在实地调研阶段,得到了北京市程红副市长,商务部服务贸易司周柳军司长、王旭阳处长,北京市商务委张华雨处长,天津市商务委刘海东处长、张新浩副处长,大连市商务局龙跃处长,大连市经济技术开发区大连软件和服务外包发展研究院赵立成教授,上海市政府经济发展研究中心主任周振华研究员,上海市商务委孙嘉荣处长,上海社科院经济所副所长权衡研究员,上海交通大学经济学院执行院长陈宪教授,浙江省商务厅周宏处长,广东省外经贸厅毕惠阳处长,广东省服务贸易协会黄永智会长、魏青秘书长,深圳市科工贸信委生产性服务处负责同志的大力协助与支持。研究团队全体成员,在此谨向上述领导及所赴调研的各省市相关机关部门、各企事业单位分管负责同志致以深切的谢意。

《中国服务贸易研究报告 NO.2》研究成果的完成,还要感谢澳大利亚阿德莱德大学范德利(Findlay)教授、欧孟德(Omandar)教授,澳大利亚国立大学陈

春来教授，新加坡国立大学东亚研究所郑永年教授，马来西亚南洋大学教育与研究基金会主席林源德丹斯里拿督、副主席张灿泉先生，加拿大温莎大学商学院阿兰·康维（Alan Conway）教授、管理系马振中教授、经济系王运通教授，多伦多大学朱晓东教授，怀雅逊大学（Ryerson University）商学院、国际研究中心主任林小华教授，中国驻加拿大温哥华总领事馆成文华商务领事，为本项目国际比较研究提供了非常有益的调研帮助。

《中国服务贸易研究报告 NO.2》研究成果能够顺利出版，还要感谢经济管理出版社沈志渔总编辑的大力支持，感谢申桂萍编辑为研究成果出版所付出的辛勤劳动。

《中国服务贸易研究报告 NO.2》课题组
首席研究员于立新　执行研究员冯远
2013 年 12 月

目 录

Content

Part 1   Yangtze River Delta Region

Part 2   Pearl River Delta Region

Part 3   Bohai Bay Rim Region

Part 4   Hainan Region

Part 5   Cross-border Cooperation

Part 6   Case Analysis

第一章 总 论

包容性开放：我国服务贸易发展战略思考

于立新[①] 杨 晨[②] 陈 昭[③]

　　中国外向型经济发展已经历了 30 余年，取得的成就为世人瞩目，但存在的问题也不容小视。处在快速崛起新阶段的中国，正在遇到与日俱增的结构性发展瓶颈：人口红利的传统效用在逐渐消失、受国际经济环境波动影响过大、对外贸易的发展方式与贸易结构亟待转型调整等。在中共十八大精神指导下，外向型经济要不断创新，构建对内对外开放新模式要结合实际国情，建立以内外需统筹兼顾的对外开放体制，转变过去多年基于平等互利的选择性开放模式，创建互利共赢的包容性开放新模式，将是今后一个时期我国对外开放的核心问题。

　　鉴于此，包容性开放的理念被实践所需逐渐提出，它的内涵大体上包括两方面的内容：一是要转变传统对外贸易观念，在大力发展货物贸易的同时，也要加强与各国的服务贸易包容性发展，使得二者至少处在同等重要的地位，并使得服务贸易能够较好地辅助货物贸易，实现二者的协调发展；二是要转变参与全球经济竞争方式，特别是服务贸易要注重互联网技术对传统服务部门的渗透及融合，关注互联网金融、跨境电子商务、国际快递等新兴服务贸易业态的当代发展趋势，积极推进国际及区域的多边与双边开放合作，要善于借助外力实现中国服务贸易平稳快速发展，与各类经济体取长补短，最终实现互利共赢。

---

① 于立新：中国社会科学院财经战略研究院服务贸易与 WTO 研究室主任，研究员。
② 杨晨：中国社会科学院研究生院，硕士研究生。
③ 陈昭：中国社会科学院财经战略研究院服务贸易与 WTO 研究室，助理研究员。

一、当代国际服务贸易的发展趋势

（一）国际服务贸易发展加速化

国际服务贸易持续快速增长，在国际贸易中所占的比重不断提高。在 20 世纪 70~80 年代约为 20%，90 年代上升到 25%，21 世纪初则上升到 33%。从各国的情况来看，服务业在国民经济中的比例不断上升。从 20 世纪 90 年代开始，世界各国产业结构中第三产业的平均比重就一直在 60% 以上。

（二）国际服务贸易发展高科技化

在全球化的过程中，国际服务贸易结构发生了深刻变化。国际服务贸易竞争的重点逐渐向新兴服务贸易部门倾斜，服务贸易结构日益向知识技术密集型方向转变。运输服务和旅游服务在世界服务贸易中的比重呈下降趋势，而技术、信息、知识密集型服务贸易在服务贸易中所占的比重不断增大。各类服务贸易的年增长率如表 1-1 所示。

表 1-1　2006~2013 年世界服务贸易分类别的年增长率

单位：%

年份 类别	2006	2007	2008	2009	2010	2011	2012	2013
运输	11	20	16	−22	16	11	2	−6
旅游	10	15	10	−8	8	12	4	3
其他商业服务	17	22	11	−6	7	10	2	−6
平均	14	20	12	−13	9	11	2	1

资料来源：ITC 联合国国际贸易中心。

（三）各国服务贸易发展不平衡化

各国服务贸易水平及在国际服务市场上的竞争实力悬殊，各国服务贸易发展具有明显的不对称性，发达国家在国际服务贸易中优势突出。从服务贸易出口总量来看，1980 年以来，美国、英国、德国、法国和日本一直居服务贸易出口前五名，服务贸易出口位列前十位的国家中仅有中国、印度两个发展中国家；从服务贸易进口总量来看，发达国家也占据绝对优势，发展中国家同样仅有中国和印度入围前十强，如表 1-2 所示。

表1-2　2013年世界前十位服务贸易出口和进口国家

排名	出口国家 或地区	金额 (亿美元)	比重 (%)	排名	进口国家	金额 (亿美元)	比重 (%)
1	美国	6847	15.0	1	美国	4522	10.9
2	英国	2935	6.4	2	中国	3291	8.0
3	德国	2921	6.4	3	德国	3158	7.6
4	法国	2340	5.1	4	法国	1885	4.6
5	中国	2106	4.6	5	英国	1791	4.3
6	印度	1531	3.4	6	日本	1628	3.9
7	日本	1464	3.2	7	印度	1278	3.1
8	西班牙	1453	3.2	8	俄罗斯	1260	3.0
9	荷兰	1444	3.2	9	新加坡	1225	3.0
10	中国香港	1351	3.0	10	荷兰	1219	2.9

资料来源：ITC 联合国国际贸易中心。

二、当前我国服务贸易发展现状

（一）服务贸易规模迅速扩大

2000~2013 年，中国服务进出口总额从 660 亿美元增长到 5397 亿美元，年均增长 16.4%。其中，服务出口年均增长 16.0%，是同期全球服务出口平均增速的两倍。具体来说，2013 年，服务出口 2106 亿美元，由 2010 年的增长 32.4%转为增长 9.3%；服务进口 3291 亿美元，增幅由 2010 年的 21.5 %变为 17.9%。

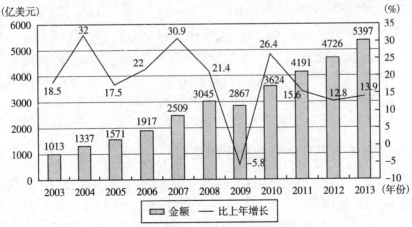

图 1-1　2003~2013 年我国服务贸易进出口情况

资料来源：根据商务部统计制图。

（二）服务贸易结构逐步优化

近年来，中国服务贸易进出口结构有所改善，除深受国际金融危机影响的2009年外，建筑服务、计算机和信息咨询及其他商业服务贸易顺差不断增长。高附加值服务贸易项目额及其顺差的加大表明我国的服务贸易结构在不断地升级和改善。2006~2012年，计算机和信息服务、金融服务、咨询等高附加值新兴服务贸易快速起步，进出口总额从219.6亿美元上升到755.8亿美元，年均增长22.9%，占服务进出口总额的比重从11.5%上升到16%。

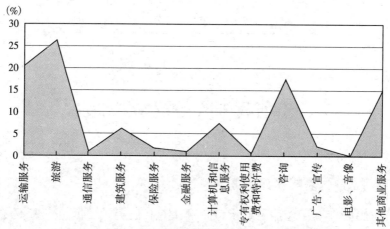

图1-2　2012年中国服务贸易出口分项目比重情况

资料来源：根据商务部统计制图。

（三）国际地位不断提升

长期以来，我国服务贸易总体规模不大，发展水平远远落后于货物贸易的发展水平。中国服务贸易进出口总额占世界服务贸易进出口总额的比重一直在5%以下。近几年，我国服务贸易保持着较快的增长速度，2006~2013年，中国服务进出口总额全球占比从2006年的3.6%增长到2013年的6.2%。2013年，中国服务进出口总额位居世界第三位，其中出口居世界第五位，进口居世界第二位。

（四）服务贸易行业开放度不断提高

从服务业内部行业开放范围看，中国的服务业开放水平按照算术平均水平来衡量已经接近发达国家了，服务业涵盖了《服务贸易总协定》12个服务大类中的10个，涉及总共160个小类中的100个。与此同时，服务领域吸引外国资本的能力不断提高。2011年，中国实际使用外资再创历史新高，达到1160.11亿美

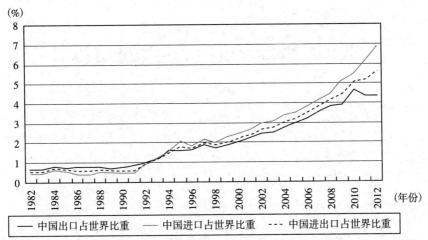

图 1-3 中国历年服务贸易进出口占世界比重变化趋势

资料来源：根据商务部统计制图。

元，同比增长 9.72%，同期服务业实际使用外资 552.43 亿美元，占总量的 47.62%，首次超过制造业的比重，成为吸引外资第一大产业部门。

（五）整体服务贸易逆差水平持续扩大

我国的服务贸易 1990~2013 年平均逆差达到了 85.36 亿美元。2013 年，中国服务贸易逆差由 2010 年的 219.3 亿美元扩大至 1185 亿美元，同比增长 4.4 倍。服务贸易逆差主要集中于运输服务、旅游、保险服务及专有权使用和特许费等服务类别。这说明 20 世纪 90 年代以来，我国的服务贸易基本上进口大于出口，并且，在总体趋势上呈现出服务贸易逆差水平不断扩大的趋势。

（六）服务外包发展迅速

中国服务外包从 20 世纪 80 年代末至今，短短十几年却发展很快，取得了良好成就。中国服务外包产业总体规模不断扩大，业务层次不断提升，离岸业务和业务流程外包增长迅速。借助国内外服务外包市场潜力和国内每年 700 多万大学毕业生这种高素质的人力资源，我国服务外包产业发展前景颇为乐观。我国的信息技术外包（ITO）起步较早，正在快速成熟，由硬件产品发展服务逐步拓展到软件开发、支持服务和 IT 运营服务。随着中国软件企业融入世界经济一体化新的产业分工链条中，软件出口外包市场前景广阔。目前中国的业务流程外包（BPO）市场仍处于发展的初级阶段，主要以银行、保险、制造等有限的几个行业为主，其他行业对业务流程外包接受程度较低，市场培育仍需时日。

三、我国经济发展阶段决定服务贸易水平

一般来说，服务贸易的发展水平取决于一国的经济发展阶段、资源禀赋差异、贸易模式变化和政府政策力度四个方面，而经济发展阶段是最根本的决定性因素，随着经济水平的提升，服务业在一国产业结构中所占的比重增加，服务企业从事对外贸易的能力增强，服务贸易相应能够较快发展。

（一）当前我国经济发展阶段的判定

关于当前我国经济发展阶段的判定可以分为三种观点：一是我国经济发展处于工业化中期向后期过渡的阶段，认为我国工业比重持续提高，在制造业中接近世界技术边界产业低端工序产品的比重开始提高，我国将在未来的十年进入工业化后期阶段；并认为在过渡时期应该将传统工业粗放式增长向知识、技术密集型集约式增长转变，使制造业向产业链高端升级，通过"立体工业化"带动农业、服务业的增长。二是我国经济处于工业经济向服务经济转型时期，指出虽然我国经济社会发展距离服务经济的形成还有一段距离，但经济发展中已经出现了一些与服务经济发展特征相一致的发展趋势，东部地区和一些大型中心城市出现了加快向服务经济转型的势头，为我国服务经济的形成奠定了重要的基础。三是还有一些专家学者认为，我国已经进入服务型经济社会。

我们倾向于第二种观点，我国当前经济发展应该处于工业经济向服务经济转型时期。根据中国社会科学院 2012 年 10 月 25 日发布的《中国工业化进程报告》，整个"十五"、"十一五"时期，我国快速跨越工业化中期阶段，国民经济保持平稳较快增长，产业结构不断优化、城镇化水平持续提高、东西部差距逐渐缩小，已经进入工业化后期。2013 年，我国人均 GDP 已超过 6629 美元，进入中等收入国家。依照服务经济形成和发展的国际经验来看，我国经济发展水平已经达到服务经济初步形成的起点要求。但是服务业尚未发展成为国民经济的主导产业，2013 年，我国服务业增加值占 GDP 比重为 46.1%，尚未达到服务经济初步形成的基本水平，说明我国向服务经济的转型还有相当的距离。因此可以认为，我国经济发展处于工业化后期并向服务型经济转型阶段，制造业需要服务业的发展与融合才能有的放矢地实现转型升级战略目标。

（二）经济发展阶段决定服务贸易水平

正是由于我国处于当前的经济发展阶段，服务业增加值占 GDP 比重、就业

人数比重及对 GDP 贡献率等指标与服务经济形成的初步要求仍有差距。作为服务贸易产业基础的服务业尚未成为国民经济的主导产业，我国服务贸易发展水平和发达经济体相比，仍显示出竞争力不强，并呈现出以下特征：

1. 服务贸易规模不断扩大，结构不断优化

2013 年，我国服务贸易进出口总额达到 5396 亿美元，同比增长 14.7%，出口规模位列世界第五，进口规模居世界第二。同时，服务贸易结构发生了重要变化，从出口结构来看，旅游、运输等传统服务出口比重明显下降，建筑服务、咨询、计算机服务和保险服务等新兴服务出口比重增加，服务贸易结构由传统服务项目向新兴高附加值项目不断优化。

2. 服务贸易持续逆差状态，供给不足，竞争力亟待增强

在我国经济总量持续增长的背景下，服务贸易的逆差状态不断扩大，从 2001 年的 59 亿美元扩大到 2013 年的 1185 亿美元，同时，2013 年我国服务出口增速持续回落，由 2010 年 32.4% 下降至 10.6%，而进口依然保持较快增长，达 17.5%，预计未来逆差将进一步加大，这说明我国服务贸易供给不足，服务的效率、质量、多样化和交易成本难以满足国内需求。此外，贸易竞争力指数下滑，服务贸易竞争力亟待增强。

（三）全球经济再平衡，服务贸易可作为我国创新开放模式战略突破口

中共十八大提出"创新开放模式，坚持出口和进口并重，提高利用外资综合优势和总体效益，加快走出去步伐，统筹双边、多边、区域次区域开放合作，提高抵御国际经济风险的能力"。实践证明，服务贸易可作为创新开放模式的战略突破口。

1. 全球经济复苏进程仍存在着很大的不确定性

当前，受欧美债务危机的影响，全球经济仍然处于低位盘整阶段。据 OECD 预测统计，2014 年全球经济总产出增幅仅为 3.1%。以美国、欧盟、日本为代表的发达经济体，正面临着"财政悬崖"、与政府债务触顶的危险，经济提振乏力。当欧洲中央银行采取数量宽松货币政策，宣布无限制购买发生债务危机国家政府债时，美国与日本同时宣布采取扩张性货币政策，以期通过印发更多的钞票来掠夺发展中经济体的国民财富，进而弥补债务缺口，刺激经济增长。与此同时，新兴经济体表现同样不容乐观，我国 GDP 增长速度也已放缓。在发达经济体推波助澜引发国际"热钱"流入的影响下，我国出现房地产泡沫僵化及地方政府债务风险等诸多新问题。全球经济和贸易失衡问题并未得到根本解决，危机后的全球治理格局并未充分体现新兴经济体不断上升的实力和影响力。因此，不仅金融危机大震之后必有"余震"，而且如果全球不进行彻底有效的改革，或许需要更大

的一次危机来释放风险，世界经济的复苏进程存在很大的不确定性。

2. 我国服务贸易在创新开放模式中将发挥重要作用

虽然世界各国都在试图采取刺激需求的货币政策来应对经济增长的疲软状况，但是效用不高，发展模式和经济结构方面长期累积的深层次矛盾和问题并未得到彻底解决。金融危机深层次原因是西方国家过度消费、储蓄不足，造成长期的债务问题。从发展模式及经济结构方面来看，其实质是国际分工产业链的断裂，国际货币体系与国际贸易失衡，发达国家凭借其在后工业化经济发展阶段所积累的服务业竞争优势，依仗"铸币税"特权向发展中国家或中等收入国家分摊其债务风险。发达国家牢牢把持现代服务业链高端，制约着发展中国家升级，客观上把发展中国家锁定于制造业产业链低端。财政政策或者货币政策或许在短期内会刺激经济的增长，但是长期的经济增长不管是发达国家还是发展中国家，最主要靠的是技术进步与管理模式的不断创新和产业的不断升级，进而占据国际分工产业链的高端。当今世界是数字经济时代，哪一个国家在数据挖掘处理方面占据优势，哪一个国家势必在未来经济发展中夺得战略先机，服务贸易领域中的供应链管理与公司数据化处理环环相扣，互相促进。因此，我国把服务贸易作为创新开放模式的抓手，可以全面提升开放型经济水平，形成适应经济全球化新形势的战略突破口。我国服务贸易的发展一方面要求国内服务业实施包容性的率先开放，将海内外高端要素向关税线以内的我国附加值高的服务业转移，有利于国内产业结构的优化，使货物贸易与服务贸易协调发展，维持对外贸易平衡，促进国内经济平稳增长；另一方面服务贸易的发展可以提高国家竞争力，延伸国际分工的价值链条，提升在国际产业分工中的地位，减轻金融危机的冲击影响，调节世界经济失衡状态。我国要想在激烈的全球竞争中占有一席之地，就必须要加快发展服务贸易。

四、我国服务贸易发展面临的机遇和挑战

（一）我国服务贸易发展面临的机遇

1. 国内外经济环境为中国服务贸易发展创造了有利条件

从国际上看，国际金融危机引发国际经济体系加速变革和全球治理结构深度变化，促使世界各国加快经济结构调整和发展方式转变，推动区域经济金融合作进程深入发展，以服务业跨国转移和要素重组为主的新一轮国际产业转移不断加速，为我国服务贸易实现跨越式发展提供了难得的历史机遇。从国内看，当前和

今后一个时期，我国仍处于经济社会发展的重要战略机遇期，物质技术基础日益雄厚，小康社会大局和谐稳定，市场经济制度环境不断完善，为我国经济社会保持长期平稳较快发展创造了有利条件。

2. GATS框架下中国服务贸易面临的发展机遇

乌拉圭回合谈判于1994年4月15日正式签署的《国际服务贸易协定》（GATS），把服务贸易纳入了世界多边贸易体系，加快了全球服务贸易自由化的进程。2013年5月，在第二届北京国际服务贸易交易大会暨国际服务贸易全球高峰论坛上，联合国贸发会议秘书长素帕猜首次提出关注发展中国家服务贸易发展的《北京宣言》，这将有助于促进我国发展国际区域经济合作和双边服务贸易，有利于我国在全球服务贸易中发挥比较优势，提升国际竞争力。

GATS不仅为我国传统服务贸易扩大出口提供了市场机遇，也为我国新兴产业和高端服务业提供了新的发展机遇，有助于服务贸易在全球发展，促使我国服务企业加快实施"走出去"战略。GATS要求各国加大服务业的对外开放程度，通过引入竞争机制，有利于改善我国服务业竞争环境，提高我国服务出口产品的竞争力，进而促进我国服务贸易的发展。

（二）我国服务贸易发展面临的挑战

（1）当前我国服务贸易发展面临的国际环境不容乐观。国际金融危机后续影响依然存在较大不确定性，全球经济复苏步伐放缓，对服务需求的增长缓慢，全球需求不振进一步加剧服务贸易国际竞争。发达国家在高端服务贸易领域占据主导地位局面短期内难以改观，新兴经济体和发展中国家也在加快推进发展服务贸易，全球服务贸易不平衡与竞争加剧并存。

（2）服务贸易与货物贸易发展不均衡，相互之间匹配度不高。我国服务贸易出口额占总出口额的比重只有世界平均水平的一半。2013年，我国货物贸易与服务贸易进出口总额之比约为7.7∶1，然而同期，世界货物贸易与服务贸易的进出口总额之比约为4.1∶1。显然，在服务贸易与货物贸易的匹配程度上，中国大大低于世界平均水平。而两种贸易形态匹配度过低的现实又直接影响到了二者互补性优势的有效发挥，最终导致服务贸易和货物贸易在发展速度、发展路径、发展模式上的巨大差距。

（3）服务贸易行业发展不均衡，虽然近年来我国计算机和信息服务、保险服务、金融服务等高附加值服务贸易发展很快，但是它们在中国服务贸易出口上所占的比重仍然偏低，传统服务贸易占据主导地位。

（4）服务出口和服务进口发展不均衡，我国服务贸易长期处于逆差状态，主要逆差来自于运输、保险、旅游等传统领域。

（5）服务贸易区域发展不均衡。在国内，91%的服务贸易集中在东部11个省份，其中北京、上海和广东占 65%；而中部和西部地区主要以货物贸易发展为主，服务贸易所占份额极小，合计占比仅为 9%。并且，东部地区在高附加值服务贸易出口中占据明显优势，中、西部地区服务贸易发展缓慢。

（6）服务贸易国际市场发展不均衡，中国内地服务贸易进出口过于集中于中国香港、欧盟、美国、日本、东盟等国家或地区，2013 年我国内地与这五大贸易伙伴服务贸易额占中国内地服务贸易额的 73%。

五、制约服务贸易发展的体制机制因素

（一）传统对外贸易观念亟待转变

改革开放 30 余年，中国出口导向战略取得了举世瞩目的成就，货物贸易进出口大大促进了制造业升级及其国际竞争力的提升，因此，货物贸易一直以来都被我国作为外向型经济发展的重点。相比较，服务贸易的发展则相对滞后，并没有与货物贸易被放在同等的位置对待。同时，在观念层面上，大力发展服务贸易基本还只停留在口头上，并未形成统一的战略思想认识，发展服务贸易的坚决性也大打折扣。此外，某些主管部门职能划分对服务贸易比较模糊，将少量服务贸易门类与服务业混业管理，囿于管理职权有限，很难从宏观战略层面梳理清晰发展服务贸易的战略路径，这些都对服务贸易的发展产生了不利的负面影响，需要在今后的深化体制改革中加快改进。

（二）服务贸易统计体系有待完善

长期以来，中国的服务贸易统计体系就落后于发达国家，存在不少需要改进的地方。如中国服务贸易统计至今仍以国际收支核算中与服务贸易有关的部分内容以及对 FDI 进行统计的信息为主，国际服务贸易统计内含于国际收支统计中，故服务贸易统计面临数据采集覆盖面不足、申报体制有待完善等问题。同时，我们还缺乏服务贸易统计归口管理部门，尽管商务部与国家统计局遵循国际标准，并结合近年来我国服务贸易的发展情况和特点，联合制定了《国际服务贸易统计制度》，建立了国际服务贸易直报系统，但服务贸易企业数量繁多，加之在技术创新步伐加快的时代背景下，跨境电子商务与互联网金融、国际快递等新兴服务业态的企业层出不穷，没有相关法律、法规的有效约束，以及各企业的自主申报意识不强，造成了直接申报表回收率不高、数据可用性差等问题。服务贸易统计体系的落后，使得我们很难对中国服务贸易发展情况有清晰且客观的判断，进而也会影响到相应政策的制定与出台。

（三）服务贸易相关政策安排有待调整

尽管中国发展服务业和服务贸易的政策扶植力度在逐渐加大，但由于长期以来优惠政策都是倾向制造业和货物贸易的，因此这些针对服务贸易的政策在设计上也基本参照甚至照搬制造业和货物贸易的套路，并不能真正满足发展服务业和服务贸易的需要。如从税制方面来讲，我国以生产型增值税为主体的间接税制度安排，导致中央和地方政府财政收入和支出责任不匹配，地方政府承担了更多的公共服务支出责任，致使地方政府大力发展税收较多的制造业，而忽视服务贸易产业基础服务业的发展。再如服务外包补贴方面，主要针对新进服务外包人员的培训，在一定程度上加速了服务外包企业人员的流动性，有利于呼叫中心等低端服务外包企业的发展；而对于技术含量高的外包企业，因其人员流动性弱，加之申报手续烦琐，并不能真正享受到该项优惠政策。此外，有关服务贸易与货物贸易融合交叉报关和结汇等政策也存在一定问题，在某种程度上不利于服务贸易的发展。

（四）服务贸易多头管理的局面有待改观

长期以来，服务业和服务贸易在管理体制上就存在很大问题，经常会出现多头管理的局面，并且相关部门之间的协调能力较差，在出现不利情况后，各职能部门时常会互相扯皮，多头管理最终变成了无人管理。以地方政府发展文化产业为例，相关主管部门就包括分属不同系统的宣传办、商务局、文化局、广播电视局、出版局及文物局等，协调难度较大，管理上也会出现较多漏洞与不足。当然，服务业和服务贸易因部门种类繁多，一时也很难拿出完全避免多头管理局面的改革方案，但关键是要完善协调机制，不能仅局限于各自的部门利益，否则，不利于服务贸易的良性发展。

六、我国经济发达地区服务贸易发展经验及战略模式

为了准确地掌握我国服务贸易发展水平、制约问题及经验模式，中国社会科学院财经战略研究院服务贸易与 WTO 研究室专门成立课题调研组，对东部沿海部分具有代表性的城市或地区的服务贸易发展情况进行调研，以期总结出发展经验及战略模式，进一步探索我国下一步服务贸易发展的战略路径。

（一）上海——服务贸易发展水平高，辐射长三角地区并融合制造业发展

上海市作为全国服务贸易进出口规模最大的口岸城市，服务贸易发展一直走在全国最前列，2013 年上海市服务贸易进出口额突破 1725.4 亿美元，占全国比重超过三成。上海围绕建设国际经济、金融、航运、贸易"四个中心"的目标，以金融服务贸易特别是保险服务为基石，逐步构建多元化金融服务贸易结构，在维持外商为上海国际金融服务贸易进出口主体的同时，积极增强本土企业的国际化运作能力，提高服务贸易主体的开放度，搭建起长三角地区与国际制造业、服务业融合发展的区域交流桥梁。

上海在提升服务贸易开放程度、加强与国际交流的同时，注重本土的服务贸易平台建设，增强其服务的供给能力。并效仿中国香港与珠三角地区的"前店后厂"区域分工模式，为长三角地区的制造业提供多样化、高效率、低成本的服务，其高水平的服务贸易将辐射整个长三角地区，推动该地区制造业与服务业的并重融合发展。

（二）浙江——传统与新兴服务贸易协调发展，离岸外包与在岸外包两条腿走路

近年来，浙江省服务贸易发展取得了长足的进步，多年保持全国服务贸易顺差，发展势头良好，增长空间很大。围绕"浙江海洋经济发展示范区、义乌国际贸易综合配套改革试点、浙江舟山群岛新区建设、横店影视产业实验基地、温州金融改革实验区"五大国家战略，浙江省加大服务外包人才培养力度，通过鼓励校企合作，鼓励培训基地、培训机构与企业加强合作，形成政府、企业、培训机构三方联合推动共同发展的局面。浙江省注重传统与新兴服务贸易协调发展，在巩固发展国际旅游、国际运输、国际建筑工程承包等传统优势服务贸易的同时，加快发展与新一代信息技术、高端装备制造、新能源、新材料等战略新兴产业相配套的服务贸易，以服务外包、对外文化贸易、软件出口和技术贸易为重点战略领域。值得一提的是，浙江省服务外包发展在注重对外接包的同时，企业也开始对外发包，离岸外包与在岸外包并重发展，两条腿走路，促进服务贸易大发展。

（三）北京——以服务贸易发展带动资源配置，提高竞争力，支撑"总部经济"

北京具备发展服务贸易的区位优势、要素优势和市场优势，借助这些优势，发展服务贸易，可以引导资源从重工业部门向高质量、高素质、高水平的服务业

和技术含量高、竞争能力强的新兴产业集聚，成为中国承接国际服务产业转移的战略高地。北京以其丰富的人力资源，良好的基础设施，完整的 ITO、BPO 和研发外包产业链，发达的总部经济等优势，服务外包发展规模较大，为我国承接服务外包项目提供了强大的平台。充分利用跨国公司提供进口服务资源，发挥国际市场形成的规模效应，对全国服务业、服务贸易发展形成强烈的龙头带动和产业支撑作用。新兴服务贸易领域的发展将提升我国平均服务水平，优化服务贸易结构和增强竞争力。此外，北京总部经济的发展得益于其服务贸易的发展，以商业存在形式提供为主的金融、保险、中介咨询等生产性服务业的发展为总部经济提供着专业化的服务，逐步形成了围绕总部服务的专业化服务支撑体系，二者形成了良性互动。

（四）天津——重工业城市，以生产性服务业为突破口解决服务供给不足的困境

天津市作为北方环渤海地区乃至全国的重要工业城市，制造业基础尤为雄厚，工业的迅速发展为生产性服务业拓展了发展空间，如天津市初步形成了航空航天、石油化工、装备制造、电子信息、生物医药、新能源新材料、国防科技、轻工纺织八大优势支柱产业，已成为国际国内公认的制造业中心。这也同时为航运物流、信息服务、金融保险、科技研发、商务会展等生产性服务业提供了较大的发展空间。而天津市政府也比较重视生产性服务业的发展，一系列涉及金融保险、航运物流和商务商贸的生产性服务业项目纷纷落地，如空港现代服务业示范区、金融城、响螺湾商务区、于家堡金融区、小白楼商务中心区、津滨大道物流商贸区、滨海科技总部区等。这些在支撑天津市制造业发展的同时，也为下一步生产性服务贸易的发展奠定了良好的产业基础。在未来，天津服务贸易的发展必须发挥自身的优势，发展有特色的服务贸易，即围绕制造业中心，主打生产性服务贸易，以实现制造业和服务业、货物贸易和服务贸易的协调发展。

（五）大连——"官助民办"软件外包模式为服务贸易发展铺平道路

大连软件服务外包起步早，依靠与日韩相近的地缘优势发展迅速，成为全国软件和服务外包发展最早、规模最大的城市。可以说，十多年前战略投资，今天开花结果。在我国经济下行之际，大连经济逆势上扬，达到两位数增长，这与大连服务外包的发展是密不可分的。大连软件服务外包的一大特色是其"官助民办"的产业园区建设模式。官助民办，"官"为助力，"民"为主体，是一种政府与企业联手发展产业的新型模式，成为撬动大连软件服务外包的关键杠杆。"官助"体现在政府在政策、投资环境以及人才吸引等方面予以扶助，大连市先后出台了一批促进软件服务外包企业发展的政策措施，先后建立了一批软件开发、技

术共享、资源服务平台，为企业自主创新提供有力支持。"民办"体现在大连市内众多软件产业园区的建设方面，如高新区内大连软件园、东软软件园等均为民办园区，形成由企业自己开发、自己招商引资，把综合园区、商务服务和企业自主发展有效结合起来，形成充分市场化的运营模式。为推动软件服务外包企业的发展，大连市政府开创性地"筑巢为先、预留土地"，以充分发挥软件产业集聚效应和规模效应，为全市服务贸易快速发展铺平道路，也为环渤海地区服务贸易发展独树一帜。

（六）深圳——创新供应链服务为核心的战略平台为服务贸易发展独辟新径

珠三角地区凭借改革开放的政策优势，率先引进香港的"三来一补"加工贸易，形成了香港的技术与内地的劳动力、土地相结合的"前店后厂"生产模式。随着珠三角产业分工的演进，资源向服务业倾斜，已经进入"店厂合一"阶段。深圳以供应链服务平台为依托的整合型外贸全程服务平台，成为独具特色的创新型服务贸易模式，为我国服务贸易发展开辟了新思路，通过互联网为中小微企业提供通关、物流、退税、外汇、融资等一揽子解决方案和一站式综合套餐外贸服务，在帮助广大中小企业降低外贸交易成本的同时，也解决贸易融资难题，提升企业竞争力，使中小企业实现业务管理流程升级，重塑核心竞争力，带动第三方服务业及服务贸易蓬勃发展。

在看到珠三角、长三角、环渤海地区服务贸易呈现出多样化、快速发展的同时，我们也应该注意到其在发展中所遇到的问题：一是服务贸易领域内部发展结构不平衡。运输、旅游等资源密集型服务行业的贸易增长迅速，其贸易额已经约占服务贸易总额的70%，而知识密集型服务行业的进出口额在服务贸易总额中所占的比重较低。二是服务出口和服务进口发展不均衡。这两个问题在全国范围内也具有代表性。

追究其根源，在调研中，我们发现造成我国服务贸易发展"短板"的根本原因在于：金融保险、信息、咨询等技术、资本、知识密集型的高端服务行业发展相对滞后，产业基础较为薄弱，产业规模尚小且服务能级较低；高端服务行业在产品、业务、工具、制度等方面的创新能力不强，导致我国在高端服务贸易领域的国际竞争力较弱；服务业 FDI 的溢出效应体现得还不很明显，尤其是对高端服务贸易的拉动效应尚未显现；生产性服务业、金融服务业与先进制造业之间尚未形成相互促进、相互协调的良性互动发展格局；高端服务行业的专业人才匮乏；高端服务行业的垄断现象依然严重，不仅表现为有形的市场进入存在壁垒，如对投资规模的限制、对行业经验或技术资质的限制等，而且还体现在因缺乏透明性管制导致所谓"明宽暗管"、"玻璃门"等无形的进入壁垒呈现出难以遏制的趋势；中央层面的政府服务和服务贸易政策促进体系建设相对滞后。政府针对服务贸易发展尚未建立包括税收优惠制度、信用等级制度、监管奖惩制度、市场准入制度、贸易便利化与法治环境等一揽子系统性服务和促进体系；以中小企业为主体的软件信息服务出口和服务外包企业面临成本涨、融资难、税费高、人才缺的四面夹击，从而严重制约了中小企业的服务出口业务发展。

七、加快服务贸易区域开放与合作

（一）中国区域服务贸易合作：中国香港、中国澳门、东盟、中国台湾

多哈回合谈判终止后，区域贸易协定（Regional Trade Agreements，RTA）开始迅猛发展，而且在目标和形式上更趋于多元化，服务贸易逐渐成为区域贸易协定的重要内容。中国是一个潜力巨大的开放型经济体，其经济发展与世界各经济体息息相关。在国际金融危机与贸易保护主义抬头的背景下，中国应该积极推进区域开放合作，而服务贸易相比货物贸易有更多有利的发展空间优势，且中国有丰富的高素质人力资源，东亚各国及地区服务业基础互补性又较强，因此，服务贸易必然成为中国与东亚区域合作中的重要抓手和突破口。

1. CEPA框架下中国港澳与珠三角服务贸易合作前景

自2003年CEPA（《内地与香港关于建立更紧密经贸关系的安排》、《内地与澳门关于建立更紧密经贸关系的安排》）签订10年来，中国内地特别是珠三角与中国港澳地区的服务业合作便成为经贸交往的重点。CEPA是迄今为止中国内地开放程度最高的自由贸易协议，该协议及其补充协议将中国内地对中国港澳的服务业开放领域达到42个，为加强三地服务业合作做出巨大贡献。众所周知，中国香港是全球著名的国际金融中心、航运贸易中心，服务业发展水平相当高，其在金融、保险、投行等方面占有显著的比较优势。2013年，广东与中国香港服务贸易进出口额达540亿美元，同比增长41.3%，占到全国服务贸易总量的10%，引人注目。伴随着珠三角地区与中国香港服务贸易交流的加深，珠三角产业结构也发生了明显的转型升级，2011年珠三角第三产业增加值占GDP的比重达52%，高于全国平均水平。另外，中国澳门地处泛珠三角核心区域，是一个国际自由港，也是中西文化交汇之地，其历史城区被联合国教科文组织确认为世界文化遗产，拥有丰富的旅游资源。2009年CEPA第六次补充协议签订以来，中国大陆与中国澳门致力于推进区域旅游合作，共同研究制定区域旅游发展战略，将

旅游服务领域合作拓展至泛珠三角地区，为中国澳门旅游业带来庞大的客源市场，打造了区域旅游的品牌，进而促进了区域经济合作进程。因此，未来应充分发挥中国港澳现代服务业优势和珠三角制造业优势，以处于价值链两端的生产性服务业为合作突破口，着力打造能够辐射内地的珠三角生产性服务业示范基地。

当然，中国内地与中国香港、中国澳门在服务贸易交流过程中仍存在一些问题，如香港服务业拓展内地市场目前仍面临"大门开了，小门不开"、"流通条块分割"及"税负负担重，资格认证难"等实际障碍，中国大陆对中国香港、中国澳门服务进入的门槛虽在不断降低，但是在某些服务贸易领域仍存在限制，地方政府职能部门对服务贸易政策理解和执行力度不够。此外，珠三角服务产业结构层次、产业水平与中国香港、中国澳门服务业的对接存在差距，这种差距使得理念、模式上产生诸多不一致，制约双方的合作。

2. 中国—东盟区域服务贸易合作基础

中国—东盟《服务贸易协议》自 2007 年 7 月生效实施以来，中国与东盟服务贸易的发展步入快车道，合作层次不断提升。在继续巩固旅游、建筑、教育等传统服务贸易领域合作的基础上，双方在金融、管理、咨询等高端服务贸易新领域不断努力开拓，取得显著成效。双边服务贸易总额从 2007 年的 179 亿美元增至 2010 年的 268 亿美元。2013 年，服务贸易总额为 596.94 亿美元，同比增长 34.9%。中国—东盟在服务贸易的发展基础、产业格局、发展速度和发展阶段方面具有较强的互补性。新加坡技术密集和资本密集型产品的出口比重较高，服务贸易额也较大，服务贸易领域主要集中于通信、金融、信息及技术等新兴服务业。泰国的旅游业在众多服务行业出口中比重最大，占整个服务贸易出口额的一半左右。值得一提的是马来西亚，其在教育服务贸易和医疗旅游服务贸易领域颇具特色，并且马来西亚政府为促进服务贸易的发展，改变了传统的政府管理体制机制，为经济商务活动提供便利，大大提高了其服务业及服务贸易的水平和效率。中国在海运、建筑、信息技术服务领域具有相对比较优势，服务出口量较大。中国与东盟服务贸易互补性较强，有利于双方之间加强合作。

然而，发展中国家在国际贸易利益分配中出现"僧多粥少"的问题，服务贸易壁垒随之增多。如马来西亚对银行业的限制增多，其允许外资入股本地保险公司及银行，但有股权比例限制。另外，政策透明度相对较低也使得很多隐性保护措施大量存在，审批制度缺乏透明度，使中国与区域服务贸易合作伙伴之间摩擦增多。

3. ECFA 框架下中国大陆与中国台湾区域服务贸易合作平台

自 2011 年《两岸经济合作框架协议》（ECFA）执行以来，海峡两岸经贸合作进入制度化发展阶段。海峡两岸对会计、会展、影视、银行、证券、保险等服务行业扩大开放，加强区域性合作，成效显著。截至 2012 年 7 月，在非金融服务领域，中国台湾有 6 家会计师事务所在中国大陆申请获得有效期为 1 年的《临时执行审计业务许可证》；9 家企业获准独资经营计算机及相关服务；26 家企业获准经营专业设计服务。金融服务领域涉及 19 家中国台湾金融机构，其中 3 家台资银行经批准正在筹建分行，13 家台资金融机构获得 QFII 资格。2012 年 8 月 31 日，中国大陆与中国台湾货币管理机构签署了《海峡两岸货币清算合作备忘录》，该备忘录是落实《海峡两岸金融合作协议》（MOU）的一项具体措施，双方同意以备忘录的原则和合作框架建立两岸货币清算机制，为实现两岸贸易和投资使用本币扫除了障碍，有助于降低两岸民众和企业在汇款、贸易和投资等方面的交易和结算成本，减少汇率风险，标志着两岸货币合作进入新的发展阶段，必将为促进两岸投资贸易便利化、推动两岸经济深入发展发挥积极作用。

ECFA 及《海峡两岸货币清算合作备忘录》的生效为两岸服务贸易合作提供了利好环境及宽松的政策条件，将中国台湾的资本、先进的价值链管理和技术优势，同中国大陆的高端劳动力资源和市场有机地结合起来，尽早形成大中华服务贸易国际竞争力。

在肯定 ECFA 服务贸易早期收获计划成效的同时，我们也应该注意到中国大陆与中国台湾区域服务贸易合作之间存在的问题，例如，两岸在服务贸易统计、服务贸易分项、服务贸易法律和法规等方面有较大差异，因此，导致两岸服务贸易合作困难较多。另外，两岸服务业直接投资规模小、金额低、针对性不强。目前台商在中国大陆的投资 82% 集中在制造业，在服务业的投资只占 18%，很难形成两岸服务业的聚集效应和规模效应。

（二）加快区域开放合作，促进中国服务贸易发展

从经济发展趋势可以看出，第一，中国与周边经济体区域合作程度不断加深。在中国与东盟"10+1"及泛珠江三角洲"9+2"区域合作的背景下，中国大陆与中国港澳台将继续推进自贸区建设，提升大中华国际竞争力。第二，服务贸易日益成为中国区域合作的战略重点领域。通过区域合作、优势互补，中国服务贸易及国内的服务业将迅速增长，并且加快国内产业结构升级和对外贸易结构优化。而产业、贸易结构的优化升级，以及国内经济结构调整动力机制的转换又是中国内外经济均衡发展的重要目标。因此，可以认为，服务贸易是连接区域合作及中国内外经济均衡两大战略的重要一环，服务贸易及服务业的发展不仅能够推动中国区域合作深度和广度不断加深，还能够使中国对内对外经济实现良性均衡发展，最终保证中国宏观经济实现可持续的平稳增长。

1. 夯实服务业基础，适度运用服务贸易补贴及鼓励政策措施，提升其竞争力

当前，服务经济加速发展，发达经济体在这个过程中走在前列，处于国际分工价值链的高端，并仰仗其发达的金融服务贸易向发展中国家摊销本国债务，转

嫁危机，导致发展中国家承担外需减少、内需不足的压力，为了改变这种状况，发展中国家必须把握国际产业重心转移的机会，大力发展服务业，特别是包括生产性服务业在内的新兴现代服务业，同时要更加积极适度地利用服务贸易保护及鼓励措施，通过减免税负等举措扩大服务贸易政府补贴。从世界范围来看，服务贸易补贴是世界各国为促进本国服务业发展与创新、扩大服务贸易出口、提升服务贸易竞争力和吸引外国直接投资而广泛采用的重要的贸易促进手段，我国应该在这方面多作政策方案储备，出台促进服务贸易的政策体系。

2. 加强区域合作伙伴优势互补，优化中国服务贸易结构

中国经济要向制造加服务型经济迈进是历史的必然趋势，而这一进程的实现必须要有两个条件：其一，国内现代服务业的快速发展；其二，服务贸易借助国内服务业扩大开放而迅速增长。从当前国际国内形势来看，金融危机引发全球经济治理结构深度调整，促使各国加快经济结构升级和发展方式转变，服务业跨境转移和要素重组不断加速，这为中国服务贸易实现跨越式发展提供了难得的机遇。中国要与区域合作伙伴形成服务贸易优势互补，如利用新加坡、中国台湾的信息技术优势，发展高技术研发服务贸易；利用中国香港的国际金融、航运、贸易中心区位优势，发展金融中介、分销服务贸易；利用马来西亚优越的教育资源，发展与马来西亚教育服务贸易的合作交流。加强错位竞争，积极调整新兴服务业与传统服务业的结构，开拓新兴服务贸易领域，并继续加强传统服务贸易的竞争力。

3. 推动自由贸易区的谈判，加强服务贸易区域合作

自贸区的建设不仅是经贸的合作，还承载着社会、政治、文化、外交等多元目标，对此必须有全新的认识和定位。目前已经同中国签订自由贸易协定的国家和地区主要集中于发展中国家，而以实际贸易额来论，中国与发达经济体之间的关系更为密切。目前已同中国签订自由贸易协定的发达经济体仅有新西兰。中国应该以服务贸易区域合作为重要抓手及突破口，加快启动与包括金砖国家在内的重要贸易伙伴建立自由贸易区的谈判进程。2012 年 5 月，在中日韩第五次领导人会议上签署的《中华人民共和国政府、日本国政府及大韩民国政府关于促进、便利和保护投资的协定》为中日韩自由贸易区的谈判早日达成协议奠定了基础。中国与朝鲜就罗先港经贸合作区建设达成的协议有利于东北亚区域和平稳定发展，有利于抵消以美国为主导的 TPP 协定，进而对于争取 21 世纪第 2 个 10 年战略机遇期发挥积极的影响作用。

4. 加快周边区域内服务业 FDI，带动服务贸易快速发展

目前，全球 FDI 的重点已明显转向服务业，服务业 FDI 的"经济增长效应"、"技术外溢效应"及"产业结构调整效应"日渐凸显，被各国和地区所重视。加快我国与周边各经济体合作区域内现代服务业 FDI 发展，能够为我国服务业内部

结构升级和加速成长创造条件，提升国内服务业的规模和水平；利用现代服务业FDI 的技术溢出效应可以提升服务业的技术能力和服务水平，提高国际竞争力；加快区域内服务业 FDI 的发展，承接世界先进服务业产业的转移，可以带动我国服务业的新一轮产业结构调整，带动服务贸易快速发展。

5. 借鉴先进服务贸易管理体制，保证区域合作顺利推进

澳大利亚与新加坡、马来西亚服务贸易发展颇具特色，其服务贸易管理体制经验值得我们借鉴。澳大利亚服务圆桌会议"小政府，大社会"的制度设计，集服务业、服务贸易权威研究和协调发展的行业机构于一体，创新管理模式并增强政府对该领域支持力度及社会认知度。马来西亚 2007 年设立的利商特工队，推动私人资本和商贸服务领域的发展，通过整合公共、私营资源领域，简化公务办理程序，提高政府工作效率和质量，并通过设立联合主席（即双主席制，一方为工商团体经营的私人代表主席，另一方为政府公务员主席）来降低寻租现象。现已逐渐看到其在公共领域与私人商界合作的成果，政府整体行政服务效率有了很大改善，马来西亚服务业国际竞争力也得到极大提升，促进了服务贸易的发展。我国应吸取国外的先进经验，建立健全服务贸易及服务业法律、法规，与 WTO 的 GATS 框架接轨，培育符合国际规范且适宜服务贸易发展兼具我国国情的管理体制，保证区域服务贸易合作顺利进行。

八、新时期我国服务贸易发展战略目标与路径选择

（一）"十二五"时期我国服务贸易发展战略目标

结合我国服务贸易发展现状、机遇与挑战，我们对"十二五"期间中国服务贸易发展趋势和战略目标给出基本预判。首先，在总量上，中国服务贸易额占世界服务贸易总额将在"十二五"期间达到 8%，目前是 6.3%。其次，在贸易结构上，预计中国服务贸易总量占中国贸易总量的比例将在期末达到 18%，目前是13%，贸易结构不断优化。再次，在收支结构上，主要服务贸易项目逆差将有明显改善，从根本上扭转逆差不断扩大的趋势。最后，在服务贸易项目结构上，在"十二五"期间要形成体系完善、合理配置、竞争力较强的服务贸易项目结构。总体而言，就是要促进服务出口，扩大服务业对外开放，提高服务贸易在对外贸易中的比重。在稳定和拓展旅游、运输、劳务等传统服务出口的同时，努力扩大文化、中医药、软件和信息服务、商贸流通、金融保险等新兴服务出口；大力发展服务外包，建设若干离岸与在岸服务外包战略基地；扩大金融、物流等服务业

对外开放，稳步开放教育、医疗、体育、文化等领域，引进优质资源，提高服务业国际化水平。

（二）我国服务贸易发展的战略路径

1. 推进体制机制改革，为服务贸易发展提供政策机制和市场经济法律制度保障

纵观改革开放 30 多年，中国货物贸易的大发展很大程度上得益于出口退税的税收政策和出口贸易便利优惠政策的支持，以此而形成的贸易体制、机制也主要针对于货物贸易大发展。相比之下，由于服务贸易涉及部门繁多，而且内部各行业所要求的服务制度环境千差万别，我国服务贸易创新管理体制严重缺位，政策扶持力度不足。应当在中央层面上拟建国务院服务贸易委员会或服务贸易促进发展办公室，像"六五"时期建立国务院机电出口办公室促进机电产品出口那样，建立健全务实的管理体制和综合性部门协调部际委员会机制。应在构建充分竞争且开放完善的国内服务市场经济体制的基础上，借鉴澳大利亚联邦政府设立服务贸易权威"圆桌会议"制度安排的经验，统筹全国服务贸易发展的一切事务，避免多头管理的混乱局面，统筹规划并适时调整中国服务贸易发展战略，为服务贸易发展提供政策制度保障。

2. 紧扣生产性服务业抓手，为服务贸易未来发展夯实产业基础

我国作为一个刚进入工业化后期又处于经济转型过程中的发展中国家，经济发展阶段及居民收入水平均不高，还不具备消费性服务业主导国民经济发展的条件，通过大力发展消费性服务业带动整个国民经济的时代还需时日。同时，中国工业化的水平决定了制造业仍然是中国未来相当长时期内需要突出发展的产业。当代研究表明现代制造业没有体系健全、功能完备的生产性服务业做支撑，难以取得可持续发展。国际竞争焦点和全球价值链当中的主要增值点、盈利点已逐渐集中于生产性服务环节。生产性服务业是连接制造业与服务业的桥梁，既能提升制造业的竞争力、促进产业升级，也能推动我国服务业的发展。因此中国服务贸易的发展必须选择生产性服务业为主要着力点，提高制造业的附加值，促进制造业优化升级，有效剥离生产过程中的服务环节，紧握此抓手，为服务贸易未来发展夯实产业基础。

3. 提高服务贸易水平，满足对高端服务日益增长的需求

我国服务贸易结构仍有待改善，目前优势主要体现在旅游、运输等传统部门，高附加值和技术含量高的现代服务业发展落后。我国既要努力追赶发达国家水平，又要同发展中国家竞争以尽快改善服务贸易结构，需要促进新兴服务贸易的发展。我国要在继续扩大具有比较优势的传统服务贸易出口的同时，积极推进新兴服务贸易发展，重点加强金融、保险、计算机及信息服务、生物技术、国际物流、文化创意等领域的出口能力，引导服务贸易各行业均衡发展，将资源向多样化、高效率、低成本的高端服务贸易倾斜，构建起以供应链服务为核心的整合型外贸全程服务平台，通过为中小型服务企业提供解决方案，降低外贸交易成本，带动第三方服务业发展，提升我国服务贸易水平，满足对高端服务日益增长的需求。

4. 创造新供给，挖掘新的经济增长点

要素禀赋的差异也是服务贸易发展的影响因素之一，伴随经济的发展与人们需求的多样性，要素禀赋已经不再仅仅局限于地理环境、资本等硬性资源，而更多在于人为创造出来的软性资源。如澳大利亚的"教育游"、韩国的"美容游"、马来西亚与中国台湾的"医疗游"，不仅促进了服务贸易的发展，形成良性循环，也创造了新的经济增长点。教育、文化、医疗等居民消费现代高端服务业的可贸易性为我们提出了创新开放模式的新思路。创新是服务贸易发展的灵魂，我们应该注重服务贸易各领域的融汇结合，创造性地将各种新型服务贸易项目连接在一起，以期创造新的资源禀赋，挖掘新的经济增长点。

参考文献：

1. 克里斯·贾尔斯：《不确定性困扰全球经济》，《金融时报》，2012 年 10 月 23 日。
2. 于立新：《中国服务贸易研究报告 NO.1》，经济管理出版社，2011 年。
3. 周振华：《服务经济发展与制度环境·理论篇》，上海人民出版社，2011 年。
4. 中国社会科学院工业经济研究所：《中国工业化进程报告》，2012 年。

第一篇
长三角区域篇

第二章 上海市服务贸易发展研究

汤 婧[①] 惠 睿[②]

一、上海服务贸易发展现状分析

近年来，上海市服务贸易发展迅速。"十一五"时期，上海市经济取得了持续又好又快的发展，全市主要经济指标增幅位居全国前列，综合实力和发展水平迈上新台阶。上海市生产总值从"十五"末的 9247.66 亿元提高到"十一五"末的 16872.42 亿元，占全国经济总量的比重为 4.2%，按可比价格计算，年均增长11.1%。"十一五"时期，上海经济总量不断迈过新的台阶，2006 年 GDP 总量突破 1 万亿元，2008 年、2009 年经济总量先后超过新加坡和中国香港。2009 年实现了应对危机的"软着陆"，全年经济增长 8.2%。2010 年上海成功举办世界博览会，面对复杂多变的国内外经济环境，实现了金融危机后的平稳较快增长，全年经济增长 9.9%。

服务经济持续稳步推进。2010 年，上海市第三产业实现增加值 9618.31 亿元，按可比价格计算，比 2005 年增长 77.6%，"十一五"时期年均增长 12.2%。第三产业占全市经济的比重从 2005 年的 51.6%提高到 57%，其中最高的 2009 年比重接近 60%；第三产业从业人员占全市从业人员比重超过 50%；第三产业投资占全市固定资产投资的比重超过 70%。服务经济发展过程中的产业融合不断深化，服务业结构升级加快，旅游产业、信息产业、物流产业和文化产业等重点服务产业的融合发展对服务业增长起到重要支撑作用。

---

① 汤婧：中国社会科学院财经战略研究院服务贸易与 WTO 研究室，助理研究员。
② 惠睿：中国社会科学院研究生院，硕士研究生。

上海市作为全国服务贸易进出口规模最大的城市，服务贸易发展一直走在全国最前列。2013 年，上海服务贸易进出口总额为 1725.4 亿美元，同比增长 13.88%，高于北京、广东等其他省市。其中进口 1130 亿美元，同比增长 13%，出口 595 亿美元，同比增长 15.5%。2013 年，上海市服务贸易进出口额实现 1515.6 亿美元，占全国比重超过三成，达到 30.7%。规模持续扩大、增速持续高位、服务贸易保持较大逆差、优势服务贸易领域保持不变基本概括了当前上海市服务贸易发展的基本情况。上海市在发展服务贸易的过程中，结合深厚的工业基地优势，良好的地理位置，完善的工作体制和不断的服务创新、体制创新、政策创新，走出了一条独特的发展路径，值得我们深入思考。

（一）上海服务贸易基本情况

1. 规模持续扩大，增速持续高位

国际收支统计数据显示，2010 年上海服务贸易进出口规模突破千亿美元，达 1048.7 亿美元，一年的规模超过整个"十五"时期的总额，2013 年上海服务贸易进出口总额达到 1725.4 亿美元。"十一五"期间，服务贸易进出口总规模为 3492.2 亿美元，是"十五"时期的 3.7 倍。2006 年以来，上海服务贸易发展一直走在全国最前列。2000~2010 年，上海服务贸易的进出口总额从 79.1 亿美元猛增到 1048.7 亿美元，同比增长率达到 40.1%（见图 2-1）。2010 年上海服务贸易进出口总额占国际贸易进出口总额的比重上升到 22.1%，占全市生产总值的比重上升到 41.2%。"十一五"期间，上海服务贸易进出口总额增长速度除 2009 年受全球金融危机影响仅为 1.6%外，其余 4 年均为 20%以上，2010 年增速高达 40.1%，"十一五"年均增长速度为 26.4%，明显高出同时期 GDP 和第三产业增加值增速（见图 2-1）。

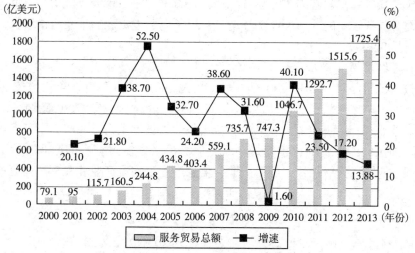

图 2-1　2000 年以来上海服务贸易发展情况

2009 年，全球经济进一步探底，金融危机的影响向国际贸易领域延伸。面临全球经济不景气的国际环境，上海服务贸易克难前行，服务贸易进出口总额占上海国际贸易进出口总额的比重上升到了 21.2%，服务贸易对上海经济贸易发展的支撑日渐重要。商务部公布的居民与非居民间服务贸易统计数据显示，2009 年上海服务贸易进出口总额为 747.32 亿美元，比 2008 年下降 5.7%，低于同期全国以及全球服务贸易平均下降水平，也低于同期上海货物贸易的降幅，表现出了一定的抗跌性。其中服务贸易出口 299.26 亿美元，比 2008 年下降 13.4%；服务贸易进口 448.06 亿美元，比 2008 年增长 0.3%（见表 2-1）。

表 2-1　2009 年上海、中国和全球服务贸易对比情况

国家或地区	服务贸易					
	出口		进口		进出口	
	出口额（亿美元）	比上年（%）	进口额（亿美元）	比上年（%）	总额（亿美元）	比上年（%）
上海	299.26	−13.4	448.06	0.3	747.32	−5.7
中国	1286	−12.2	1586	0.1	2868	−5.8
全球	33116	−12.9	31145	−11.9	64261	−12.4
中国香港	863.93	−6.2	442.47	−5.7	1306.11	−6.0
新加坡	736.53	−11.2	739.27	−6.3	1475.80	−8.8

资料来源：上海和中国服务贸易数据来源于商务部公布的 2009 年居民和非居民间服务贸易统计数据。全球、中国香港和新加坡的数据来源于世界贸易组织贸易统计数据库。

2009 年，上海服务贸易进出口占全国服务贸易进出口总额的比重达 26.1%，位列全国各省、直辖市、自治区首位，领先于北京（22.5%）和广东（15%），对全国服务贸易的贡献程度不断提升。上海服务贸易进出口规模与中国香港、新加坡等亚太服务贸易中心城市的差距不断缩小。2000 年，中国香港服务贸易进出口额是上海的 8.2 倍，新加坡是上海的 7.2 倍；2009 年，中国香港服务贸易进出口额是上海的 1.75 倍，新加坡是上海的 1.97 倍。

2010 年，随着全球经济的全面复苏，上海服务贸易也呈现出快速发展的良好势头。据商务部统计，2010 年上海服务贸易进出口总额为 1048.7 亿美元，同比增长 40.1%，占全国服务贸易进出口总额的 28.9%。其中，服务贸易出口 407 亿美元，占全国服务贸易出口总额的 23.9%，同比增长 36.0%；服务贸易进口 640 亿美元，占全国服务贸易进口额的 33.3%，同比增长 42.8%，顺利完成"十一五"发展目标。

2011 年，上海服务贸易进出口总额为 1292.7 亿美元，同比增长 23.5%，高于全国平均水平（15.6%），占全国服务贸易进出口总额的比重上升到 30.8%。其中，出口 473.2 亿美元，同比增长 16.4%；进口 819.6 亿美元，同比增长 28%，

上海服务出口和进口均位居全国首位。上海服务贸易发展对全国服务贸易的贡献进一步提高。

2012 年，上海服务贸易实现进出口总额 1515.6 亿美元，同比增长 17.2%，占全国服务贸易进出口总额的比重达到 30.7%。上海服务贸易进出口额占同期上海对外贸易总额的比重提高到 25.8%，对上海开放型经济的贡献度进一步加强（见图 2-2）。

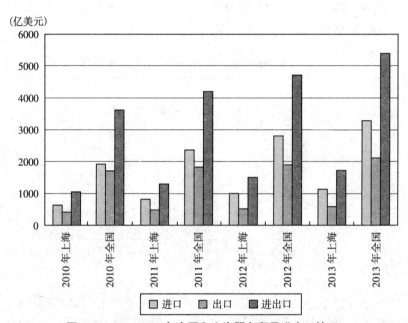

图 2-2　2010~2013 年全国和上海服务贸易进出口情况

同时，根据商务部服务外包业务管理和统计系统数据，2010 年上海服务外包合同协议金额为 27.53 亿美元，同比增长 63.6%，其中离岸服务外包执行金额为 17.53 亿美元，同比增长 69.2%。

2. 上海服务贸易依然保持较大逆差

上海服务贸易市场开放度和服务贸易水平与国外的差距决定了目前上海服务贸易为逆差，即进口大于出口。"十一五"期间，上海服务贸易逆差逐年扩大，5年的出口总额为 1473.2 亿美元，进口总额 2019 亿美元，逆差 545.8 亿美元。其中，2010 年出口额 406 亿美元，比 2009 年增长 35.8%；进口额 640 亿美元，增长 42.9%，进口增幅比出口高出 7.1 个百分点，逆差达 234 亿美元，位居全国之首，占"十一五"时期上海服务贸易逆差总额的 42.9%（见图 2-3）。其中，顺差主要来自于其他商业服务、咨询、计算机和信息服务以及广告宣传，逆差主要来自旅游、运输、保险、专利权使用费和特许费。

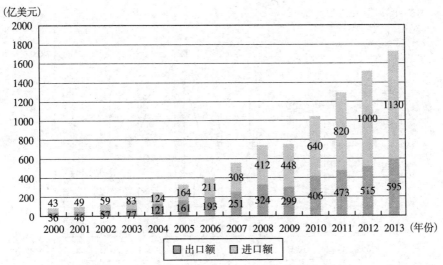

图2-3　2000年以来上海服务贸易进出口额对比情况

3. 优势服务贸易领域保持不变

上海不仅服务贸易规模大、增速快，而且在文化贸易、技术贸易、服务外包等领域具备较为突出的优势，对周边地区乃至全国的辐射效应明显。其中，运输、旅游、咨询服务这三项占据上海服务贸易的主导地位。2012年运输、旅游两项传统服务贸易进出口额合计占服务贸易进出口总额的66.2%。

依托部市合作机制，商务部将支持上海打造国际技术进出口促进中心、国家对外文化贸易基地、中医药服务贸易平台等一系列功能性平台。这一功能性平台落户上海将成为整合各领域资源的重要手段，成为服务贸易大促进体系的重要组成内容。

（二）上海服务贸易主要特点

1. 服务贸易与货物贸易发展趋势基本一致

从2005~2013年上海服务贸易进出口额与货物贸易进出口额数据对比中可以看出（见图2-4），服务贸易和货物贸易发展走势基本一致。在服务贸易发展的初级阶段，货物贸易的带动作用更为显著，货物贸易可以带动与之相关的运输、咨询、金融、保险、通信等服务贸易行业的发展。随着服务贸易发展的深入，服务贸易也将会引领货物贸易的发展。两者相辅相成，不可或缺。

2. 服务贸易增速明显快于货物贸易

数据显示，不管是从进出口总额还是出口、进口的比较看，服务贸易增长速度总体上快于货物贸易，原因是服务贸易受货物贸易带动性强且行业结构更宽泛。显示出作为朝阳业态，服务贸易比传统的货物贸易具有更大的成长性。今后

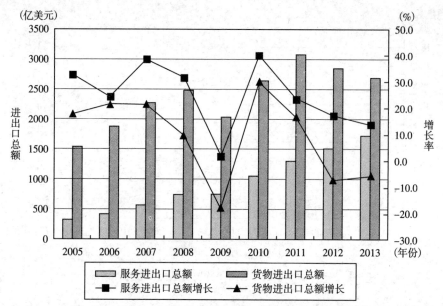

图2-4　2005年以来上海服务贸易与货物贸易发展趋势比较

一段时期内，服务贸易增速快于货物贸易的趋势会比较明显。但随着时间推移和服务贸易发展的持续深化，增速差距会越来越小。

3. 运输、旅游服务贸易占据半壁江山

"十一五"期间，上海运输和旅游行业在全市服务贸易中的比重超过60%，是上海服务贸易的两大支柱行业。但从比重的变化情况看，运输行业的比重逐年有所下降，而旅游业则持续上升，特别在全球金融危机爆发后的2009年，旅游业比重不降反升，充分显示旅游行业的特殊性和上海旅游市场的潜力。

4. 咨询、保险及计算机和信息服务贸易发展潜力较大

咨询行业服务贸易在上海服务贸易中所占比重一直处于第三位，其增长速度也普遍比较高，2006~2008年，其增速分别为46%、28.9%和41%。2009年受全球金融危机影响，增幅转为下降6.9%，2010年增幅回升至24.9%。保险业、计算机和信息服务行业目前虽然所占比重不高，但潜在市场比较广阔，特别是保险业，在全球经济处于缓慢复苏的中长周期中，其发展空间更大，如2009年在其他行业增幅普遍下降的同时，保险业增幅高达63.4%，2010年增幅仍保持在32.1%的高位。

5. 金融服务贸易受全球金融危机影响大

全球金融危机对金融服务贸易的影响直接而深刻，直接导致融资环境恶化、融资难度加大、规模收缩、货款结算延滞。另外，金融危机还导致金融资产大量缩水，财富急剧减少，从而引起投资和消费锐减。2006~2008年，上海金融业占

服务贸易的比重稳定在 0.6%~0.7%。2009 年，受全球金融危机影响，上海金融服务贸易规模与全市服务贸易进出口总额的比重突然降至 0.2%；发展速度则从前 3 年的平均增长 50%，转为下降 72.2%，在全市服务贸易进出口项目中降幅最大。

但随着全球经济回稳，特别是随着上海货物贸易快速复苏以及金融服务贸易集中化和集团化发展日益加快，2010 年上海金融服务贸易在全市的比重快速回升至 0.7%，规模比 2009 年增长 4.6 倍，回暖力度远高于其他行业。

6. 市场格局和贸易主体高度集中

上海服务贸易的主要市场是中国香港、美国、日本和欧盟，这一格局与货物贸易基本相符。近些年来，上海服务贸易出口市场按占比排序依次为：美国第一，约占 1/3；中国香港第二，约占 1/4；日本第三，约占 1/8。外资企业占据上海服务贸易的主导地位，尤其在运输、旅游、咨询 3 个规模最大的项目中，外资企业出口占比基本保持在 60%、70% 和 90% 左右。

7. "走出去"与"引进来"步伐加快，"商业存在"形式的服务贸易活跃

随着外资对上海服务业投入的增加和上海企业"走出去"步伐的加快，"商业存在"形式的服务贸易十分活跃。商业存在是指通过跨境设立的企业向当地消费者提供服务的服务贸易形式。随着外资对上海服务业投入的增加和上海服务企业海外投资步伐的加快，上海商业存在形式的服务贸易不断发展。上海服务贸易外国附属机构（Foreign Affiliates Trade in Services，FATS）的统计数据直接反映了上海服务贸易商业的存在，其中，内向 FATS 统计主要记录了外国公司在上海设立的分支机构提供服务所获得的收入；外向 FATS 统计主要记录了上海企业到境外投资形成的分支机构在当地提供服务所获得的收入。上海服务贸易 FATS 总收入从 2000 年的 58 亿美元增加到 2008 年的 301.1 亿美元，其中，内向 FATS 从 2000 年的 46 亿美元增加到 2008 年的 256.3 亿美元，外向 FATS 从 2000 年的 12 亿美元增加到 2008 年的 44.8 亿美元。

（三）上海国际服务贸易发展的主要趋势

近些年来，上海服务贸易的发展呈现出一些重要趋势：

（1）金融业呈恢复性跳跃式发展。最近 20 年来，上海金融业的发展相当于其他国家和地区 100 多年的发展过程。截至 2010 年底，全市有各类金融单位 910 家，其中，银行业 140 家，证券业 138 家，保险业 320 家，在沪经营性外资金融单位数达到 173 家。上海证券市场上市证券数 1500 只，其中股票 938 只，比上年增加 24 只。2010 年，上海证券交易所各类有价证券成交金额 39.84 万亿元，其中股票成交金额 30.4 万亿元。上海期货交易所各品种总成交金额 123.48 万亿元，同比增长 67.4%。中国金融期货交易所总成交金额 41.07 万亿元。全国银行间货币和债券市场成交金额 179.82 万亿元，同比增长 30.7%。上海黄金交易

所总成交金额 2.02 万亿元，同比增长 83.3%。2010 年，通过上海钻石交易所海关报关的钻石进出口和所内交易合计 28.61 亿美元，同比增长 88.1%。

（2）上海的国际航空航运业发展非常迅速，初步确立了国际航空航运枢纽的战略框架。2013 年，上海港口货物吞吐量达到 7.76 亿吨，位居世界第一；集装箱吞吐量 3361.7 万国际标准箱，位居世界第一。2010 年全年接待国际旅游入境人数 851.12 万人次，比 2009 年增长 35.3%，其中，入境外国人 665.63 万人次，增长 35.9%，中国香港、中国澳门、中国台湾同胞 185.49 万人次，增长 33.3%。2009 年，进出上海航空港旅客达到 5699.96 万人次，增长 11.5%，其中，国内航线进出港旅客 4089.65 万人次，增长 18.2%；国际及地区航线进出港旅客 1610.31 万人次。

（3）上海商业服务业继续领跑全国。2013 年，全市批发和零售业实现增加值 3533.1 亿元，比 2012 年增长 7.1%。全年实现商品销售总额 60496.05 亿元，比 2012 年增长 12.5%。

（4）上海成为国内外企业投资的首选之地。一方面，外资纷至沓来，上海累计批准外商投资项目已达 57000 多个。截至 2010 年底，在沪投资的国家和地区已达 140 个，在上海落户的跨国公司地区总部达到 280 多家，投资性公司 200 多家，外资研发中心 330 多家；仅 2001~2010 年，实际利用外资累计超过 800 亿美元，其中 2008~2010 年，连续三年每年实际利用外资超过 100 亿美元。另一方面，上海成为兄弟省市投资的热点选择地，截至 2010 年底，外省市的民营企业在沪投资企业累计达 480000 多家，注册资金约 4800 亿元，累计投资达到 8000 多亿元。这几种类型的企业对上海 GDP 增长的平均贡献率达到约 6 个百分点，不少兄弟省市的企业纷纷把其总部迁到上海。

（5）上海会展、教育、科技、物流、文化、旅游、体育、医疗、信息，以及投资咨询、创意设计、财务会计等各种专业服务和中介服务的发展态势均十分喜人。上海的会展业已经在亚太地区乃至全世界都产生了很大的影响力，正在发展成为国际会展中心之一；上海的教育和科技力量十分雄厚，名列亚洲大都市的前茅；由于上海不少的制造业处于中高端水平，其生产性服务业的发展势头十分强劲；现代物流已经成为上海经济发展特别是服务业发展的一大支柱；在上海举行的各种文化、体育节与比赛，以及各种国际论坛已经产生了很大影响。

（四）上海发展服务贸易的优势产业

1. 服务外包

（1）上海服务外包总体情况。上海是 20 个服务外包示范城市中体量最大的一个。近年来，上海服务外包平稳快速发展。据商务部"服务外包业务管理和统计系统"数据，2013 年上海服务外包合同协议金额 66.18 亿美元，同比增长

27.3%，其中离岸服务外包执行金额为 43.79 亿美元，同比增长 20.73%。

（2）上海服务外包发展主要特点。

——形成点面结合、覆盖上海市的发展格局。2010 年上海已经发展了 5 个服务外包示范区（浦东新区、卢湾区、长宁区、闸北区和漕河泾新兴技术开发区）和 11 个服务外包专业园区（张江金融信息、张江生物医药、南汇生物医药、浦东软件园、卢湾区人力资源服务外包园区等），84 家服务外包重点企业和 220 家技术先进型服务企业分布于上海市大部分区县。

——集聚效果明显。上海 5 个服务外包示范区集聚了上海市 67% 的服务外包合同额。同时，中心城区通过发展服务外包，发展"楼宇经济"，产业升级效应已经显现，并为长三角乃至中西部地区承接在岸服务外包创造了条件。目前，浦东张江高科技园区已集聚了 500 多家承接服务外包业务的企业，其中包括 GE、霍尼韦尔、毕博等近 10 家国际研发中心和惠普、花旗、印孚瑟斯、SAP 等 300 多家技术中心，国际知名的从事服务外包的企业纷纷落户上海。

——信息技术外包（ITO）占据优势，业务流程外包（BPO）和知识流程外包（KPO）逐步发展。2012 年，上海服务外包中 ITO、BPO 和 KPO 分别占 66.7%、11.0% 和 22.3%，KPO 占比有明显提高。

——企业数量持续扩大。截至 2010 年底，上海市服务外包企业超过 822 家。现有的重点企业中，有 INFOSYS、ADP、汇丰和花旗等世界 500 强企业在沪设立的亚太或全球数据处理中心，药明康德、贝塔斯曼等国内外知名外包企业也以上海作为重要战略部署地。

——从业人员迅速增加。截至 2010 年底，上海市服务外包企业吸纳就业人员 14.23 万人，其中大专以上学历人员占全部从业人员 86.2%，比 2009 年底增加从业人员 3.8 万人。

——国际服务外包业务来源地广泛。2012 年，上海服务外包发包地前 5 位的国家和地区为美国、日本、新加坡、荷兰、中国香港，业务占比分别为 38.7%、15.2%、6.6%、6.4% 以及 5.8%。

可以看出，上海服务外包表现的特点是：业务种类相对齐全，信息技术外包占主导地位；服务外包呈现多种所有制共同发展格局，外资是服务外包的主要力量；服务外包部分领域企业分布相对集中，集聚效应初步显现；离岸服务外包业务规模不大，对外服务以日本市场为主；国家服务外包研究中心、服务外包专业委员会等第三方机构为服务外包长期发展助力，服务外包辐射功能增强。

（3）上海落实国家服务外包促进政策情况。

——迅速出台《上海贯彻 69 号文意见》。《国务院办公厅关于鼓励服务外包产业加快发展的复函》（国办函〔2010〕69 号）下发后，上海市商务委会同 24 家"市服务贸易发展联席会议"成员单位深入研究国家政策，结合上海自身的特色，研究出台了《上海市贯彻〈国务院办公厅关于鼓励服务外包产业加快发展的复函〉的实施意见》（沪府〔2010〕56 号）（以下简称《上海贯彻 69 号文意见》）。《上海贯彻 69 号文意见》进一步完善了服务外包企业税收优惠政策、加大了财政资金支持力度，并及时为符合条件的服务外包企业落实了包括人力资源保障、金融支持、海关和外汇管理绿色通道和电信支持等各项政策。

——贯彻落实财政支持政策。为落实《财政部商务部关于做好 2010 年度支持承接国际服务外包业务发展资金管理工作的通知》（财企〔2010〕64 号），上海市商务委积极组织企业申报国家服务外包专项资金，上半年和下半年获得国家服务外包人才培训和认证项目支持资金共计 4000 余万元，极大地增强了服务外包企业吸收就业的能力，加快培育了服务外包人才；同时，继续实施上海市促进服务外包发展专项资金政策，市、区县两级财政支持资金超过 5000 万元。

——联合落实税收支持政策。一是落实《财政部、国家税务总局、商务部关于示范城市离岸服务外包业务免征营业税的通知》（财税〔2010〕64 号），上海市商务委同上海市地税局发布了《关于上海市离岸服务外包业务收入申请免征营业税有关事项的公告》（2010 年第 3 号），由上海市商务委根据"服务外包业务管理和统计系统"数据对符合条件的离岸服务外包合同予以确认，主管税务机关在合同确认的基础上，对离岸服务外包免征营业税免税事项进行审核和管理。上海市商务委还会同税务主管部门，研究技术先进型服务企业的营业税免税政策，对其开设绿色通道，做好政策衔接，并研究地区总部、营运中心、交付中心等从事服务外包业务的免税操作程序。

二是落实《关于技术先进型服务企业有关企业所得税政策问题的通知》（财税〔2010〕65 号），上海市商务委会同上海市科委等部门联合下发了《关于修订〈上海市技术先进型服务企业认定管理试行办法〉的通知》（沪科合〔2010〕19 号），对上海市技术先进型服务企业的申请条件、申请材料、申请认定程序、后续跟踪服务与管理事项等进行调整，并根据新的精神认定技术先进型服务企业，目前已认定 220 家。同时，会同上海市国税局等部门联合下发了《关于转发〈关于技术先进型服务企业有关企业所得税政策问题的通知〉的通知》（沪财税〔2010〕97 号），按照新的政策精神开展对技术先进型企业进行所得税减免工作。

——务实推进人力资源保障制度。为落实《人力资源和社会保障部、商务部关于进一步做好促进服务外包产业发展有关工作的通知》（人社部发〔2010〕56 号）文件精神，上海市商务委会同上海市人力资源和社会保障局开展了相关调研工作，结合上海的实际，在《上海贯彻 69 号文意见》中明确提出将符合条件的服务外包企业纳入"上海市稳定岗位特别计划"政策范围，并鼓励符合国家服务外包资金支持条件的企业实施特殊工时制度。

——加大金融支持力度。进一步落实《关于金融支持服务外包产业发展的若干意见》(银发〔2009〕284号),上海市商务委会同央行上海总部等有关部门下发了《关于转发〈关于金融支持服务外包产业发展的若干意见〉的通知》(上海银发〔2009〕205号),并在《上海贯彻69号文意见》基础上对相关内容进行了强调。

目前,在外汇结算方面,由上海市商务委认定的服务外包重点企业可以按照"跨国公司"办理非贸易项下售付汇业务;简化服务贸易等项目售付汇手续;设立"服务外包外汇业务绿色通道";允许从事人力资源外包、金融服务外包的重点企业开设外汇专用账户,进一步简化外汇收支手续,方便外汇结算;转发了《商务部办公厅、中国人民银行办公厅关于服务外包企业人民币跨境贸易结算有关问题的通知》(商办财函〔2010〕1439号),将服务外包企业纳入上海市人民币计价结算试点范围。在金融产品创新方面,一是由上海市银行出台了52项符合服务外包产业需求特点的不同类型融资产品,涉及集合信托计划、票据贴现、贸易融资、知识产权质押贷款、订单贷款等多种融资方式。二是加大服务外包行业保险产品发展力度,推出"上海市科技型中小企业履约保证保险贷款"试点(上海市科委和上海市金融办牵头),建立贷款风险共担机制,由政府、银行和保险公司共担科技型中小企业贷款风险,开创"国内银行+保险公司"联合参与贷款产品的先例,为轻资产、缺担保、无抵押的软件外包企业提供了融资便利。三是依托服务外包专业园区构建一站式金融服务平台。作为上海市商务委认定的服务外包专业园区,上海财大金融科技园利用其园区内非银行金融服务机构大量集聚的特点,针对不同发展阶段的创业企业融资需求特点,提供"天使投资—典当行—小额贷款—担保贷款—银行贷款—VC、PE"的融资链条来满足企业不同周期的融资需求。

——加大服务外包人才培训和引进力度。一是大力推进服务外包人才培训。由上海市教委牵头出台服务外包人才培训政策,鼓励支持相关学科专业与服务外包相对接,改革人才培养模式,调整课程设置,加强实践环节。同时,鼓励培训机构开展服务外包技术和项目管理培训,创新人才培养模式;发布《上海市服务外包培训机构备案管理(暂行)办法》的通知(沪商服贸〔2010〕794号),对服务外包培训机构进行备案管理,2009年以来认定了10家服务外包培训机构;依托市服务外包专项资金对招收实习生给予支持;推进"上海服务外包人才培训基地及实训基地"的认定评估工作。

二是加大服务外包人才引进的力度。①扶持创新。上海市对有自主创新能力的信息技术外包企业、研发外包中的领军人物、创新团队、重要研发人员以及从事金融后台外包、财务外包以及人力资源外包等专业服务外包的人员,根据其贡献程度,给予一定的资助,用于医疗、保险、住房等补贴。②支持创业。服务外包高端人才在创业初期可以享受直接资金资助的政策。③人才安居。目前上海市已规划建设各类人才公寓,以缓解人才的租房困难,并对入住人才公寓的人才提供房租补贴。对符合上海市重点产业发展要求的外省市来沪工作和创业的服务外包高端人才，优先安排入住人才公寓。④绿色通道。上海市为服务外包单位高管、主要研发人员、主要技术骨干、学科带头人和为上海市服务外包产业做出一定贡献并得到市场和社会认可的特殊人才优先解决户籍，为人才子女入学入园提供方便。上海市部分区县还按照"一口受理、一口办结、便捷高效"的原则，依托各种人才服务平台开展工作，实现了一门式的办理。同时，加大海外高层次服务外包人才引进力度，用好《外国籍高层次人才和投资者七项出入境便利措施》中对六类外籍高层次人才签证及居留的优惠政策，为海外高层次人才来沪工作提供便利。依托上海海外高层次人才集聚工程，用好《鼓励留学人员来上海工作和创业的若干规定》等政策，为海外回国人才在落户和子女入学等方面提供便利。

（4）上海服务外包推进工作情况。

——落实服务外包"十二五"规划。在广泛调研的基础上，上海市制定完善了《上海服务外包"十二五"发展规划》，明确"积极承接离岸，不断完善功能，重在发展高端，重点集聚总部，加强区域合作"的发展思路。在此基础上，上海市将在"十二五"期间进一步加强对从事 ITO、BPO 和 KPO 三种业务模式的代表性服务外包企业的支持，重点关注云计算技术引发的软件即服务、平台即服务等新模式，金融数据挖掘、资讯整合等新业态，不断学习研究服务外包的新理论和新发展。

——促进服务外包重点企业、重点区域的发展。进一步推进服务外包示范城市建设，落实商务部"千百十工程"的要求，加快培育服务外包重点企业，加快推进服务外包重点区域发展。

重视服务外包重点企业认定。在认定两批共 84 家重点企业的基础上，对服务外包重点企业认定管理暂行办法进行了修订，并下发《关于开展上海市服务外包重点企业认定和复审的通知》（沪商服贸〔2010〕856 号），加紧认定第三批服务外包重点企业，并给予重点企业适当的政策倾斜，培育有国际竞争力的服务外包优势企业。

加快认定和建设各具特色的服务外包专业园区，在目前已有的 8 家专业园区的基础上，继续认定上海财经大学科技园为上海市财经大学金融服务外包专业园区，认定国家信息安全成果化（东部）基地为上海市张江信息技术服务外包专业园区，认定金桥出口加工区为上海市金桥研发设计服务外包专业园区，进一步集聚金融服务、信息安全和研发设计外包企业，做大做强高端国际服务外包业务。

——加强服务外包推介和政策宣传。办好"上海国际软件外包峰会"和"上海国际信息服务外包交易峰会"，为企业提供咨询和交易平台。与商务部外资司联合举办"中国服务外包论坛暨《中国服务外包发展报告》2009 发布会"，组织企业参加"中国国际服务外包合作大会"、"中国国际服务外包交易博览会"和"第三届国际服务贸易（重庆）高峰会暨服务外包洽谈会"，编制《2010上海服务外包优势和潜力企业名录》，对沪上服务外包重点企业、技术先进型企业和国家规划布局内重点企业等进行集中推介。

加大对国办69号文的宣传工作，初步汇集2010年国家和上海市服务外包相关政策，开展多层次、全覆盖的培训，包括邀请商务部专家来沪进行政策和统计培训、对所有符合条件的企业进行统计业务和资金申报的培训以及指导相关区县特别是服务外包示范区进行覆盖全区的政策和业务培训。

——开展服务外包知识产权保护活动。一是配合国家打击侵犯知识产权和制售假冒伪劣商品的专项行动，上海市商务委会同上海软件对外贸易联盟以及筹备中的上海市服务外包企业协会联合举办了"服务外包企业知识产权的保护"培训会，并鼓励、支持杨浦区商务委等单位举办金融服务外包企业的知识产权保护问题研讨会。二是形成保护知识产权的政府联动机制。依托上海市服务贸易发展联席会议机制，加强政府有关部门的工作联动和统筹协调，形成政府各部门齐抓、共同加强知识产权保护的局面。三是由上海市商务委会同市知识产权局研究出台有关保护服务外包企业知识产权保护指导意见，尝试建立服务外包企业知识产权保护的长效监管机制。

——做好服务外包统计、信息服务和平台建设等基础工作。根据商务部关于进一步完善服务外包统计管理的文件精神，研究服务外包内涵，理顺统计指标，加强统计培训，完善统计制度，提高统计数据可靠性，建立统计系统的权威性，为服务外包企业享受国家和市级层面的财政政策和税收政策打下良好基础。同时，建立了服务外包区县工作网络和重点企业的信息网络，充分利用上海市商务委的网站和短信平台，为区县和重点企业进行政策信息宣传和服务。

筹建上海市服务外包企业协会，进一步发挥上海软件对外贸易联盟、上海市信息服务外包发展中心、上海服务外包标准化促进中心等社团和机构的作用，并依托中国服务外包研究中心和中国服务外包人才培训中心（上海）等科研机构和培训机构，研究建设服务外包信息、技术、培训、研究、统计和知识产权保护六大服务外包公共服务平台，为服务外包产业发展提供坚实可靠的基础。

——加强服务贸易行业协会的作为。上海一直高度重视现代服务业和服务贸易的发展，在服务贸易领域起步很早。20世纪末，服务贸易的概念刚刚落地上海。为推动上海服务贸易发展，1996年，上海市外经贸委（现上海市商务委员会）即在委机关内设服务贸易处，专门负责上海服务贸易发展的推进工作，上海也是全国第一个设立该机构的市。同时考虑到服务贸易涉及面广的特殊性，1996年上海市外经贸委在全国率先筹建成立国际服务贸易行业协会。

国际服务贸易行业协会（以下简称"协会"）成立至今已有15个年头，作为政府职能的延伸和补充，它从成立伊始就对行业的发展、规划等起到了积极的推动作用。协会参与企业与政府和市场沟通，为企业提供政策、法律、管理等方面的咨询、培训，帮助中外企业寻找合作伙伴，并为外贸企业提供安全防灾指导和展会等大型活动的安全保卫工作等。

目前该协会拥有数百家团体会员，由从事国际贸易、会展、金融、保险、运输、广告、咨询、设计、律师等行业的企事业单位组成。协会下设投资和管理顾问专业委员会——为中小企业投融资、上市等提供咨询、培训；文化贸易专业委员会——专事上海文化娱乐"走出去"，推进上海文化贸易发展，其成员有东方汇文国际文化贸易有限公司、上海城市舞蹈有限公司、上海美术电影制片厂、上海电影集团等30多家文化、影视和出版单位；安全防灾专业委员会——提供防汛防灾工作、安全防灾培训，为中国华东进出口商品交易会、中国进出口商品交易会、中国国际工业博览会、中国国际跨国采购大会等大型经济展览会提供安全保卫工作；外经贸车辆管理专业委员会——为外贸公司的货运卡车办理通行证等。服务贸易行业囊括了极大的范围，空间无限广阔，但协会面对的也是服务贸易行业与各种行业交错渗透、难以细分的问题。协会通过长年的梳理，逐渐找到抓手，将工作细化，并计划在未来成立涉外咨询和会展服务等部门，且有意拓展创意文化相关的服务贸易产业。

协会除了自办的"上海市国际服务贸易行业协会网"外，还受上海市商务委委托，负责商务部"中国服务贸易指南网上海子站"和上海市商务委"上海市服务贸易网"的日常管理运营，近几年还推荐了60家企业和37名优秀企业家上"中国服务网"宣传，取得良好的成效。此外，协会还办有一份《国际服务贸易报》，该报有一定信息量，涉及面也较广，具有可读性，在行业内受到好评。实践表明，行业协会在上海推进服务贸易与发展中将起到越来越积极的作用。

2. 金融服务贸易

2000年以来，上海国际金融服务贸易一直处于增长的趋势，总额的增长倍数高于全国水平。但在贸易竞争指数和金融服务贸易总额与服务贸易总额的比重上仍分别低于国际水平和全国平均水平。围绕上海建设国际经济、金融、航运、贸易"四个中心"，上海市以保险业贸易为基石，逐步多元化金融服务贸易结构，在维持外商金融机构（或企业）为上海国际金融服务贸易进出口主体的同时，积极增强本土企业的国际化运作能力，进一步细化落实相关政策以提高服务贸易主体的开放度。

（1）总体情况。

——上海国际金融服务贸易发展速度高于全国。2000年以来，上海国际金融服务贸易一直处于增长的趋势。按BOP统计，上海金融服务贸易总额由2000年的3.49亿美元增加到2008年的22.97亿美元，2008年的总额是2000年的6.58倍。与全国金融服务贸易总额相比，全国国际金融服务2008年的总额是

2000 年的 5.45 倍，上海总额的增长倍数高于全国水平。

按 FATS 统计，上海国际金融服务贸易收入 2006 年、2007 年和 2008 年分别为 8.5 亿美元、15 亿美元和 17.7 亿美元。2007 年比 2006 年增长 76.5%，2008 年在国际金融危机影响下，仍比 2007 年增长 18%。

——上海国际金融服务贸易竞争度高于全国，但仍低于国际水平。贸易竞争指数（TC 指数）是单位贸易额中所获得的净出口额，其值的大小与该产业的比较竞争优势成正比。贸易竞争指数介于 -1 和 1 之间。贸易竞争指数大于、小于或等于 0，分别表示该经济体该产业的生产效率高于、低于或等于国际平均水平。上海的贸易竞争指数基本维持在 -0.25~-0.1，而全国的贸易竞争指数基本在 -0.7~0.87 之间。上海的贸易竞争指数仍小于 0，低于世界平均水平，处于比较劣势的地位。

——从国际金融服务贸易在服务贸易中的地位来看，上海国际金融服务贸易地位低于全国水平。全国金融服务贸易总额与全国服务贸易总额的比重基本维持在 4%~6% 的范围内，而上海金融服务贸易总额与上海服务贸易总额的比重仅维持在 3%~5% 的范围内。上海比全国略低一个百分点。

——从国际金融服务贸易的结构来看，上海国际金融服务贸易出口对全国国际金融服务贸易出口的贡献度很大，但总量仍逊于进口。

（2）上海金融服务贸易的特点。

——保险业贸易在上海国际金融服务贸易中占有绝对比重。2000 年以来，绝大部分年份内上海保险服务进出口在上海整个国际金融服务贸易进出口中都占到 84% 之上。进出口两者相比，上海国际金融服务贸易的出口又更依赖于保险业。2000~2006 年，上海保险业出口占上海国际金融服务贸易出口的比重高于全国的比重，相反，保险业进口的比重则低于全国水平。

——从 2006 年开始上海国际金融服务贸易结构开始逐步多元化。从 2006 年开始，上海保险业进出口在整个上海国际金融服务贸易进出口中的比重迅速下降，除保险业以外的所有银行及其他金融服务贸易的比重开始上升。在 2005 年之前，上海国际金融贸易出口的 90% 以上都是保险业服务贸易。上海保险业服务出口占上海国际金融服务贸易出口的比重远远高于全国保险业的出口比重，最大达到近 30 个百分点。2006 年之后，上海保险业服务出口比重开始下降，2007 年和 2008 年其比重已经降至 70% 和 77.55%，低于全国水平，相应地所有银行及其他金融服务贸易的出口则上升至 30% 和 22.45%。在进口中也出现了同样的趋势。2006 年以后，尤其是 2008 年，上海保险业服务进口占上海金融贸易进口的比重只有 78.44%，远远低于同时期全国 95.75% 的比重。上海所有银行及其他除保险业以外的金融业服务进口的比重则上升至 21.56%，是全国同类金融服务进口比重的 5 倍之多。

——外商金融机构（或企业）成为上海国际金融服务贸易进出口主体。2008年，在上海金融业服务出口中，外商独资金融机构（企业）占比70%，国有企业占比28%。2008年，上海金融业服务进口中，外资企业继续作为金融服务主要进口者，占61%，主要是母公司担保费用支出。国有企业的金融业服务进口占比较上年继续下降5个百分点，为21%，主要是支付境外银行的手续费。在上海保险业服务进出口中，中资金融机构（或企业）的比重要相对大一些。2008年，上海保险服务出口和进口中国有企业单位占比分别为58.07%和49.95%，外商金融机构仍占有半壁江山。

——上海国际金融服务贸易地理密集度高，中国香港、美国是上海的最大贸易地区和国家。

2008年，在上海保险业出口中，中国香港占比46.35%，美国排名第二，占比32.14%，两者共占到78.49%。在上海保险业进口中，中国香港、美国和英国继续占据前三甲的位置，其中，中国香港、美国、英国的占比分别为37.86%、18.78%和10.72%，三者共占到67.36%。在上海金融业贸易方面，日本、美国和中国香港是金融业服务项目主要贸易伙伴国家和地区，日本、美国和中国香港已连续两年成为金融服务出口地前三甲。2008年，上海对日本金融服务出口1.2亿美元，占比54.5%；对美国金融服务出口7193.31万美元，占比32.72%。在上海金融业进口方面，美国、中国香港和德国位列前三甲，其中美国占比达到了40.93%。

（3）进一步的发展建议。对于金融服务贸易，在业务方面集中于保险业贸易，在主体方面集中于外商金融机构，在地区方面集中于中国香港、美国，三方面同时集中度如此之高存在着未来发展的隐患，业务和地区方面由于受到发展阶段的限制，改变比较困难，因此，应该首先着手增强本土企业的国际化运作能力，进一步提高服务贸易主体的开放度。

——确立服务企业全球化扩张的创新理念。上海是我国拥有最多金融机构和从业人员的城市之一，众多外资金融机构纷纷在上海设立中国总部和分支机构，带来了很多新的管理知识和经验，这些优质资源对上海金融服务贸易的发展有很大的促进作用。上海应该借助优势资源，努力提升国内金融机构的服务质量和竞争力，积极支持在沪金融机构创新服务模式，支持具备条件的金融机构研究制定海外发展战略，大力增强和发挥上海金融机构在处理跨境和境外货币结算、投资、融资等方面的作用，提高服务能力，创新涉外金融服务产品，拓展金融服务市场，如开辟专门服务于企业全球化的网络银行、跨境支付、外汇保值等新型业务。

——建立人才和技术并重的创新机制。信息业与金融服务业之间具有产业联动效应，现代通信技术为服务贸易提供了新的信息工具和交流方式。服务业对外开放度越高，技术外溢性越强，上海有浦东软件园、张江高科技园区、国家信息安全基地等一系列高科技园区，拥有优越的信息技术平台和创新型技术人才的平台，利用金融自由化的发展机遇，上海可以从承接国际金融服务业扩张与竞争中获益，同时，应加强金融领域专门人才的培养。高端的金融从业专业人才是金融创新能力的载体，以人才机制为创新的根本，并辅以高科技为支撑，不断更新深化金融手段、提高创新能力、扩展业务覆盖面。

3. 文化创意产业

（1）总体情况。上海市文化产业目前还处在一个起步阶段，发展速度很快。上海连续实现文化贸易顺差，2010 年文化贸易进出口总量是 150 亿美元，顺差是 44 亿美元。目前位于上海外高桥的国家对外文化贸易基地是 2011 年 11 月揭牌的首家国家级对外文化贸易基地。这个基地已经集中了 170 多家企业，入驻企业的注册资本超过 20 亿元，2013 年的贸易总额已经达到 41 亿元，预计未来三年服务的企业数量可以达到 200 家，贸易总量有望突破 100 亿元。

从微观层面来看，上海市具有代表性的文化贸易企业在发展过程中大多遵循这样的轨迹：20 世纪 90 年代初以音像发行公司的身份出现，主要经营业务为货物贸易中的音像制品进出口，基本上是通过海外流水线，进口加工音乐、影视剧、电影，然后在国内大量引进。随着产业的不断升级，音像制品的承载体经历了录像带——VCD——DVD——网络的转变，随着承载体的转变，企业也从学习海外到自主生产，从初步了解市场到主动把握市场的方向，而今天已经开始是内容的竞争。2000 年，由于国家广电总局的有关规定，引进剧不能进入黄金档，国内电视音像市场需求变大，导致文化贸易公司自己生产大量内容，使全国从每年几千集到如今每年 1.5 万集的生产量，达到了世界最大生产量。

（2）"十一五"期间上海市对文化创意产业的主要扶持政策和活动。上海市政府于"十一五"期间，把创意产业作为产业发展的重点，突出"创意设计、自主创新"的功能定位；突出政府引导、活动引领、市场运作的推进模式；突出创意、创新和创造联动的互动机制。

主要扶持政策有：①制定了《上海市文化科技创意产业基地文化科技创意企业（机构）认定办法（试行）》等扶持文化科技创意产业发展的相关政策。经过认定的文化科技创意类企业可以参照享受高新技术企业的各项优惠政策。例如，对新认定的高新技术企业，其两年内实现的增加值、营业收入、利润总额可分别补贴 4%、5% 和 7%，其余年度实现的利润总额可减半补贴；工资发放不受工资总额的限制，按实列支。浦东新区政府还设立了专项基金，分别于 2005 年和 2006 年每年投入 6000 万元人民币扶持文化科技创意产业发展。②对新办企业的扶持力度明显加大，重点扶持动漫、软件等新兴产业。"十一五"期间，对主办单位在保税区内举办短期展示实现的营业收入形成新区地方财力部分给予 100%

补贴；参展企业实现的增加值形成新区地方财力部分给予 50% 补贴。对在保税区内注册的从事长期展示的企业，其实现的营业收入形成新区财力部分三年内给予 100% 补贴，其余年度给予 50% 补贴；其他补贴参照贸易类企业政策。对在保税区内新办的动漫及其相关产业的企业，其实现的增加值、营业收入、利润总额形成新区地方财力部分三年内给予 100% 补贴，其余年度给予 50% 补贴。

主要扶持措施有：①成立上海创意产业中心，组建上海市创意产业协会，作为推进全市创意产业的专业性机构。②编制《上海创意产业发展重点指南》，首次明确了现阶段上海创意产业的基本分类和发展重点。③先后分两批对 36 家创意产业集聚区举行授牌仪式。④先后举办上海国际创意产业活动周、"联合国创意产业研讨会"。⑤建成"上海创意之窗"作为创意产业平台，集展示、交流、发布、交易为一体。⑥上海市长、市委书记等市领导先后赴创意产业集聚区调研，并召开专题会议，研讨部署本市创意产业发展工作。

文化对外贸易有自身的特点，主要依靠版权、知识产权保护以及评估来加以区别。文化贸易的大发展，需要以下条件：一是广阔的市场需求。二是经营者的国际视野和领域时常更新。企业经营者的理念很重要，在不断开放、越来越与国际接轨的背景下，需要文化企业经营者本身企业理念超前、市场化、国际化。三是本身企业主体具备充足的"走出去"的动力和实力。四是政府营造的好的发展环境。对于文化贸易来讲，能够走到国际市场，去进行充分的交流和合作，这个过程需要政府的平台支持和政策保证。在此过程中，政府和企业联动发展，政府要重视服务出口退税环境的营造，中央决策信息与制约企业发展的因素要做到信息对称，中央的促进政策要保持长期性、连贯性和稳定性。

二、上海服务贸易发展的主要问题与制约因素

（一）上海服务贸易发展的主要问题

从上海服务贸易发展现状可以看出，上海服务经济及其国际服务贸易的发展仍有许多不足，对照纽约、伦敦、东京，以及中国香港和新加坡等著名的国际大都市，其差距仍然比较大，存在不少"短板"，最为突出的问题主要表现在以下几个方面：

（1）服务贸易领域内部发展结构不平衡。上海国际服务贸易的数量增加很快，但能级、能量仍然相当有限。上海大多数的国际服务贸易集中在航空、航运、国际旅游、商业零售业等低附加值、资源密集型的普通类型服务行业，其贸

易额已经约占服务贸易总额的70%，而高附加值和高能量的知识密集型服务行业，如国际金融、国际教育、培训、科技、文化、艺术，以及高端的国际旅游、医疗卫生，高水准的律师、会计师、投资咨询等专业性国际服务贸易的进出口额在服务贸易总额中所占的比重较低。与国际大都市比较，如中国香港地区的国际服务贸易对整个中国内地，甚至对东南亚国家与地区都有较大的影响。例如，中国香港地区的国际金融机构的银团贷款约占整个亚洲银团贷款的一半，相当于日本的10倍或新加坡的7倍，而上海的国际服务业对周边地区的带动力主要局限在长江三角洲地区以及长江流域或华东地区的少数地方。

（2）上海国际服务贸易的关键核心领域发展差距比较大，导致服务出口和服务进口发展不均衡。尽管在一般服务业方面，如零售商业、餐饮、宾馆等发展方面，上海同中国香港地区、新加坡相比已经不差上下，甚至在总量上已经有所超过，但在作为国际服务贸易核心的金融、保险、贸易、文化、教育培训、医疗卫生、国际旅游、国际航运以及法律律师、财务会计、投资咨询和国际论坛等方面的发展，则比较落后。上海服务贸易依然保持较大逆差，2013年上海服务贸易逆差额为535亿美元，位居全国之首。

（3）上海国际服务贸易发展的主体结构还不合理。财务会计、法律服务以及投资咨询类从事国际服务贸易的主体多数是来沪投资的外商，上海的企事业单位以及兄弟省市在沪投资的这些类型机构则相当少。主要从事国际旅游的企业大多数是外企。上海国际服务贸易的主要对象仍然是在沪企事业单位、本地居民和来沪人员，远不像中国香港那样，服务对象遍布中国大陆和东南亚许多经济体。

（4）上海服务贸易规范准则离国际标准相差甚远。上海服务贸易领域中非规则、非透明的现象，各类服务企业的差别以及外资服务企业的超国民待遇等状况仍然存在；行政审批、特许制、政府行政干预以及行业垄断和行政垄断等仍然存在；经济杠杆、要素市场和市场工具等仍有待于公开化、透明化和市场化。

（二）上海服务贸易发展的制约因素

1. 宏观层面上的制约因素

（1）上海市服务贸易体制性矛盾障碍较为突出。上海对服务业的管理在体制上较为分散，不同服务门类由不同行政主管部门负责管理，导致上海本市各大系统之间的条块分割、部门保护、行政垄断、机构交叉重叠、职能重复等现象还有存在，缺乏统一规划。例如，航运业的管理就涉及港监、航道、边防、海关、商检、税务，以及邻近省市和长航局等，呈现"九龙治水"的复杂局面，使得国家早就明确给予上海的保税港和保税区政策大部分长期被放空。再如，文化管理实行着严格的行政化管理机制，使文化管理体制和运行机制严重僵化，也使得文化、艺术机构的手脚被捆绑，人才流失严重。此外，上海的一些高等学校一味跟风，片面追求数量扩张，并且对高等教育一律强化地方行政管理，使得原来一些一流的著名大学逐渐演变为地方普通高校；医疗卫生体制机制的改革长期徘徊不前，高水平、高素质的上海医疗卫生技术受到了严重影响，还未走上一条良性循环的发展道路。

（2）政府服务和促进体系建设相对滞后，体制政策环境的瓶颈制约相当明显。政府针对服务贸易发展尚未建立包括税收制度、信用制度、监管制度、市场准入制度、贸易便利化与法治环境的一揽子系统性服务和促进体系。上海国际金融中心的建设步履迟缓。金融业的对外开放、资本市场的对外开放、航空航运及电信服务市场的对外开放、金融市场工具的创新、人民币的国际结算和人民币的国际化步伐等，都是由中央政府直接掌控。高等教育和医疗卫生的体制机制改革深化，也亟待中央开闸引领。

（3）上海市软、硬环境有待进一步改善。在硬环境方面的一些不足之处表现在上海两大国际机场之间的交通联系不够便捷，国际航线航班不够密集，特别是同拉美国家的国际航线航班还相当少，上海空港同国内航空干支线的网络仍不够完善，上海航空港的管理和服务有待进一步改善，国际航空枢纽港的地位还未真正形成。上海的深水港、高速公路网、高速铁路等有待进一步建设和完善管理，航空航运同地面交通、地下交通的多式联运衔接还有待协调完善。

更为突出的是在软环境方面，"强政府"行政干预时常可见，政府职能和行政管理机制还有待进一步革新转变，包括行政审批制和地方税费制等在内的地方法规政策亟待革新和调整。高端服务行业的垄断现象依然严重，不仅表现为有形的市场进入壁垒，如对投资规模的限制、对行业经验或技术资质的限制等，而且还体现在因缺乏透明性管制导致的所谓"明宽暗管"、"玻璃门"等无形的进入壁垒呈现出难以遏制的趋势。同时，一些教育、文化、艺术单位的管理亟待改善，一些服务企业的经营机制和运作方式同国际同类服务行业还未真正接轨。

除此之外，相应的法律体系也不尽完善。上海的外贸体制经过多年的改革开放，已有不少变化，但与实现服务贸易自由化及上海服务业与国际服务业的接轨这一目标，还有一定距离。如服务业内外贸易处于分离状态，在国民待遇原则实施方面，某些外资服务企业还享受"超国民待遇"。在市场准入方面，某些行业的开放仍采取内外有别的原则。上海在国际服务贸易中的立法、体制方面的滞后，也将成为上海发展服务贸易的制约因素。

2. 微观层面上的制约因素

（1）产业基础薄弱、企业规模小、创新能力不足，导致服务能级低。世界上经济发达国家的大城市大多完成了工业化进程，开始步入后工业化的发展阶段，也就是以信息、高技术为依托的服务经济时代，因而较易把握住服务贸易发展中的竞争优势。而上海还处于工业化的中期，资本和技术的积累与国际大都市相比较为薄弱。上海的金融保险、信息、咨询等技术、资本、知识密集型的高端服务行业发展相对滞后，产业规模尚小，企业服务能级较低。而高端服务行业在产品、业务、工具、制度等方面的创新能力不强，导致上海在高端服务贸易领域的国际竞争力较弱。同时，服务业 FDI 的溢出效应体现得还不很明显，尤其是对高端服务贸易的拉动效应尚未显现。目前，上海的外贸结构不均衡，服务贸易出口仍以旅游、对外承包工程与劳务合作等项目为主。而那些知识技术密集型服务（如金融服务、技术服务）和资本密集型服务（如运输服务、通信服务）在上海服务贸易中大多都处于劣势，这制约了上海国际服务贸易总体竞争力的提升。

（2）高端服务行业的专业人才匮乏。现代的服务业大多依托技术知识和管理，因而服务贸易的优势不再是传统意义上的成本优势，而是来源于知识、技术、管理与人力为一体的人力资本。人力资本的增加会提高服务的产量和质量，使服务贸易获取比较优势的产业基础得以形成。发展国际服务贸易，对人才素质和技能的要求很高，上海对这方面人才需求的缺口依然很大，缺乏大批通晓国际服务贸易规则、把握国际市场动态、善于经营管理的复合型高级人才，这与上海的经济地位和发展要求是很不相称的。

（3）社会、企业服务贸易观念不强，没有形成服务贸易与货物贸易良性互动的发展格局。上海市不少地区对发展国际服务贸易的战略意义认识不足，在一定程度上存在着重货物贸易、轻服务贸易的倾向。许多服务产品由于生产和消费的同一性，而不被人们看作是生产，只被当成是一种纯粹的消费。事实上，这些服务产品不仅本身就是生产，而且能推动商品生产，为整个生产过程创造更多的价值增值。而我们对服务创造价值的忽视不利于服务行业积累宝贵的服务经验，也不利于以货物发展带动服务发展，导致生产性服务业、金融服务业与先进制造业之间尚未形成相互促进、相互协调的良性互动发展格局。

三、上海服务贸易发展路径与政策措施

（一）上海市服务贸易发展路径

1. 以自由贸易区设立为机遇，创新开放模式

政府过多干预以及行业的行政性垄断一直是我国服务贸易发展的"痼疾"。由于服务贸易种类多，管理部门纷繁复杂，各部门的权力划分不清晰，常出现多头管理、部门间不协调的情况。同时，地方政府部门往往为了照顾自身利益，容易发生本区域内的集权管理。这种低效率的管理体制往往带来市场的无序运营，

严重束缚了服务贸易的发展。上海自由贸易试验区作为一项重要的国家战略，肩负着制度创新的重任。上海自由贸易试验区在机构设置、准入模式、审批制度改革及管理模式创新中全面贯彻了"小政府，大社会"理念，创新开放模式，为服务贸易发展提供便利，为上海建成国际贸易中心奠定基础。

（1）新成立的上海自贸区管委会在机构整合调整时对机构数量进行了精简，扩大了单个部门的管理范围和权限，尽量将多个相关事宜交由一个部门统一管理。同时，某些原有的内设的处室改成了可以独立对外开展业务的局，将权力进一步下放。这种对部门单位的改革一方面避免了权力的交叉，提高了行政效率，另一方面也有利于企业的运行，改变了以往企业在多部门粗放管理下进退两难的处境。

（2）采用负面清单管理模式，实行准入前国民待遇，改核准制为备案制。为了与国际接轨，自贸区首次实行负面清单管理，清单根据国家法律、法规和《外商投资产业指导目录》制定，明确列出禁止的行业。这种开放模式削弱了政府在准入时的控制作用，消解了国内部分既得利益者和利益集团的阻力，给了企业更大的发挥和创造空间，激发了企业的活力和创造力。同时，该政策也增加了外商的投资信心，充分发挥出市场对资源的配置作用。这是上海对全国的贡献。

（3）行政审批制度改革促进了政府职能的转变。自贸区在很大程度上简化了对入驻企业的审批程序，工商、税务、海关等部门集中对外办公，对企业的申请材料统一受理，再进行内部处理，缩短了审批时间，也降低了运行成本。在弱化审批的同时，监管得到了加强。自贸区实行企业年度报告制度，在公示平台上对企业的各项信息，如注册信息、违法信息等进行公示，提高了监管的透明度。

（4）自贸区建立覆盖全区的各项数据库，政府部门联动，保障实现在全面开放下的全面监管。政府的全新管理模式提高了自贸区的运行效率，营造了良好的商务环境。政府由行政主导向服务型的功能转变是"小政府，大社会"理念的先行先试，势必会释放服务贸易进一步发展的空间，为其发展带来新的机遇。

2. 上海国际贸易中心与长三角联动发展

上海国际贸易中心建设对长三角联动发展具有重要的现实意义。联动发展方式要在联动内容、机制上实现重大突破，联动内容上要从有形产品输出向无形的服务资源溢出转变。上海国际贸易中心建设不但要实施有形产品的输出，还要具有无形资源的辐射。上海熟悉国际惯例，拥有众多跨国公司总部。总部经济的带动作用，与单纯的提供资金、技术和产品相比更具优势。因此，应制定合理的服务贸易联动发展政策。政策定位要体现在长三角服务贸易从以市场换技术和资金，转向以市场换市场的战略目标，从单个项目输出到产业转移的深度开发上，实现进口与出口结合、国内市场与国际市场结合、传统产业与现代服务产业结合的发展路径。

在联动机制上，上海可借鉴发达国家的服务贸易管理经验，建立长三角服务贸易政策协调体制与机制。国际服务贸易涉及多部门、多产业的交叉。上海在服务贸易协调机制的发展经验上已经迈出了一大步，上海是全国第一个成立国际服务贸易发展联席会议制度的城市，这一协调机制对加强领导，以及对相关问题开展调查研究，及时协调国际服务贸易发展过程中出现的新情况和新问题发挥着重要的作用。上海国际贸易中心通过联动发展机制一方面可以统筹长三角服务贸易对外谈判和市场协调，实现国际贸易的区域信息资源共享，建设相互融通的区域经贸服务体系；另一方面可以在平台下发掘潜力企业，打造服务贸易行业的领头羊，引进国外（海外）著名服务贸易企业参与上海国际贸易中心建设，逐步确立企业作为市场的主体地位，推动长三角和国内同类企业快速发展。

3. 以加大对外开放积极推动服务贸易发展路径

服务业高度发达和服务贸易快速发展的最重要的因素就是其高度自由化的经济制度，实行低税率的自由贸易政策，充分利用地理优势大力发展转口贸易，从而带动本地运输、仓储、金融、商业咨询等服务业共同振兴。近几年，上海服务贸易开放的程度有所加大。自浦东开放以来，中央授予浦东和上海各项功能性优惠政策，这些政策有许多与服务贸易有关，如允许外商在金融和商品零售等行业投资经营，允许外资在整个上海的范围内开办银行、财务公司、保险公司等金融机构，允许外商在外高桥保税区开办贸易机构，批准建立中外合资外贸公司，批准部分外资银行经营人民币业务等。上海通过破除各种不合理的行政性壁垒，加大市场开放程度，积极吸引有国际水平的服务性跨国公司入驻，体现在跨国公司加速将其地区总部、研发中心、营运中心向上海转移。

根据 WTO 公布的《服务贸易分类表》所列的 12 大类 150 多个项目，除金融保险部分项目以及新闻、出版、电信等大类外，上海已向全世界开放了大部分的服务贸易项目。同时，我们可以看出在很多领域上海仍需要加大开放度：①交通、运输、仓储及邮电通信业等行业在服务业领域中利用外资的项目数和金额都相对较小，需要从数量和金额方面同时加大与跨国公司的合作；②批发、零售贸易及餐饮业，社会服务业等行业在服务业领域利用外资的项目数虽然较大，但投资总额相对偏小，需要提高项目合作的水平和层次。目前，在服务业领域中还没有利用外资的项目数量和金额都相对较大的、相对处于强势地位的行业，这也表明上海服务业领域利用跨国公司投资分散度较大，没有形成具有明显优势的行业。

4. 服务外包差异化竞争发展路径

上海作为首批服务外包示范城市，其服务外包的发展在全国服务外包城市发展中一直名列前茅。但近年来，上海服务外包的发展面临内外环境的双重压力。目前从外部环境来看，世界宏观经济不景气提高了欧美等发包国家对成本的控制力，大幅压缩订单价格。同时，欧美国家失业率高涨，为保住国内就业岗位，政府不断出台各种鼓励措施以保护在岸外包，离岸业务回岸的呼声很高，该市场增速很可能面临下滑。从内部环境来看，国内服务外包产业已开始向二、三线城市重新布局、转移。上海作为我国服务外包一线城市，具有很多优势条件，但其市场饱和度比较高，产业结构逐步高度化，发展中的瓶颈和挤出效应也使得二、三线城市的战略地位上升，同构化和同质化竞争更加激烈。因此，上海需要进一步提升自身的服务外包品牌，牢牢把握"发展高端、差异竞争"的原则，力争在具有高附加值的外包业务以及优势外包业务在组织和功能上的创新，从而谋求在全国外包示范城市的发展中拔得头筹。

差异化竞争策略就是凭借自身特色的资源禀赋，选择不同的发展方向，采取不同的竞争策略。从目前上海服务外包产业发展面临的内外部环境以及主要问题来看，上海服务外包应选择一条差异化的发展道路。差异化不仅是一种赢得竞争的手段，更有助于形成错位、凝聚合力。定位应该以建成全国服务外包的"交易中心/促进中心"为突破口，抓住此轮服务产业二次转移带来的新机遇。

（1）发挥上海从外到内服务外包产业的窗口衔接作用。上海应该有效利用自身的国际市场网络基础、与国际客户沟通便利以及人才高地的优势，成为国际外包业务的中间桥梁，并承担业务接洽和总包协调工作，更多的业务是海外发包信息的集中发布、设计和营销等"前端"业务，进一步成为一些大型外包项目的总包商。

（2）利用"长三角联动"的区域经济协调发展模式发挥上海"向内辐射"的作用。作为总包商，上海可将子项目后端支持服务分解到长三角其他城市的软件和信息服务企业，使后者成为项目的分包商。上海企业通过与国外最终客户接洽、谈判以及与客户的实时信息沟通，要成为特定外包项目中的"头脑环节"。这样的区域内分层规划模式既能突出服务外包发展形象，避免资源分散、过度竞争和定位重叠，也能很好地增强外包的接包能力和业务运作效率，整合出一条高效的服务供应链，参与更高层次的竞争。

5. 服务贸易集聚区发展路径

上海在全国首先提出了现代服务业集聚区的概念，并不断充实发展聚集区的内涵。现代服务业集聚区反映了 CBD 分散化的国际趋势，体现了上海现代城市发展的特点和方向。"十一五"期间，上海已规划建设了 20 个现代服务业集聚区，总建筑规模将达到 800 万平方米左右，重点集聚以金融、物流和各类专业服务为重点的现代服务企业，特别是跨国公司总部或地区总部，形成上海服务经济发展的形象和标志。上海应以这 20 个现代服务业集聚区为基础，尽快试点创建服务贸易集聚区。服务贸易集聚区能加快上海服务贸易发展，集聚功能效应得到拓展提升，更好地体现了微型 CBD 作用。在空间形态布局上，由上海市中心地区逐步向周边重点地区分散化、多极化发展；在产业功能布局上，各集聚区初具特色，逐步呈现功能错位。服务贸易的加快发展需要交通网络的大力支持，而服务贸易集聚区的建设必将使集聚区与交通网络衔接越发紧密。

具体实施中，如江湾—五角场科教商务区能充分发挥杨浦区大学强势学科的优势，重点发展科技研发和教育培训产业，以及相关的商贸、金融、科技办公、科技展示等产业，可以创建以知识创新为核心业务的服务贸易集聚区；金融要素市场本来就已经集聚的外滩和陆家嘴地区可以创建成为金融服务贸易集聚区等。可以预见，随着上海各具特色的服务贸易集聚区逐步建成和完善，将进一步提升上海服务贸易的服务能级和品位，集聚功能必将得到进一步的提升，辐射效应也将得到进一步的放大，从而带动整个上海服务贸易进一步加快发展。

（二）上海市发展服务贸易的政策措施

1. 瞄向贸易升级，自贸区力推服务贸易

上海自由贸易试验区的建设是着眼于全国的规划，积极响应国家创新开放模式、扩大服务贸易规模、发展服务型经济的政策。尤其在创建"小政府，大社会"的贸易管理体制方面，自贸区具有重要的借鉴意义。自贸区为拓展新型贸易特别是服务贸易业务提供便利，例如，在文化贸易方面，针对进口文化产品的拍卖业务，进入自贸区内可以不纳税，"拍出去再完税，拍不出去可以不完税"；在商贸服务方面，预计自贸区内将研究开展第三方支付机构的跨境电子外汇支付试点，适应电子商务迅猛发展和进口消费品快速增长的需要。上海自贸区内试行人民币资本项目下可兑换，允许金融市场在区内建立面向国际的交易平台，并或将实现利率市场化，存贷款利率都将取消管制。自贸区建设的重要方向是终结审批制，以开放倒逼改革，采取负面清单管理模式，由政府公布准入行业范围，外资企业欲在区内投资，需要到工商局备案，从而减少行政审批。自贸区在贸易发展方式方面，将积极培育贸易新型业态和功能，鼓励跨国公司建立亚太地区总部，建立整合贸易、物流、结算等功能的营运中心，深化国际贸易结算中心试点，拓展专用账户的服务贸易跨境收付和融资功能，支持区内企业发展离岸业务。

2. 依托"四个中心"的建设，制定服务贸易中长期发展战略规划

根据全球服务贸易发展趋势和上海国际服务贸易发展现状和机遇，加强调查研究，提出上海发展服务贸易的中长期目标、发展战略和政策措施。2013~2020年，上海应抓住中国大陆向中国香港、中国台湾服务贸易开放的有利时机，推动国际服务贸易重点领域的发展，鼓励服务企业进行管理创新、服务创新，加快培育拥有自主知识产权和知名品牌的龙头企业，实现国际服务贸易在现有基础上的快速发展。

具体而言，2013~2015年的中期发展，力争年增长率达到35%，至2015年上海国际服务贸易进出口总额达到2000亿美元，实现国际服务贸易收支的基本

持平。继续扩大运输、旅游、建筑、计算机和信息等国际服务贸易重点领域的出口；提升金融、教育、电信、专利和特许等高附加值国际服务贸易领域的市场竞争力，缩小逆差；在文化、体育等服务贸易领域加快"走出去"步伐，形成相对优势；有重点地扩大服务贸易进口，吸引具有先进经营方式、适用技术、管理理念和经验的服务贸易海外投资企业落户上海，鼓励创办大型中外合资、合作医疗机构，培育一批有发展潜力和竞争实力的国际服务贸易企业。继续加大落实中国内地与中国香港、中国澳门"关于建立更紧密经贸关系的安排"（CEPA）中发展服务贸易工作的力度，争取在金融、物流、会展和汽车租赁等领域，进一步简化审批程序，提高审批效率。

2015~2020 年的长期发展，力争保持 30% 的年增长率，2020 年上海国际服务贸易进出口总额达 3000 亿美元。依托上海"四个中心"的建设，不断提高运输服务、旅游服务等境外消费的出口效益，在国际服务贸易重点领域电信、金融、保险、咨询服务贸易形成规模，进口增幅逐年递减；借助"走出去"规模的不断扩大，积极推进境外工程承包等商业存在活动的有序进行，促使建筑、文化、体育等服务贸易成为带动劳务输出、海派文化、上海城市精神走向世界的重要力量；依托上海社会事业深化改革的步伐，实现教育、医疗、保健服务贸易较快发展，出口逐年增长，努力培育中医药服务、文化教育以及技术服务等自然人移动的快速增长；依托高素质的服务贸易人才和几个具备国际竞争力的大型国际服务贸易企业，形成一个结构较为合理的国际服务贸易优势产业群，成为我国发展国际服务贸易的核心地区。

3. 放松行政管制，建立以企业为主体、市场为导向的服务贸易领域技术创新体制

目前对服务业 FDI 开放程度低的领域基本都集中在高端服务行业，尤其是金融、信息服务贸易领域，这在很大程度上制约了高端服务贸易领域的创新发展。因此，应进一步降低市场准入门槛，通过积极引进海外的跨国银行、保险、计算机信息类跨国公司以及国际知名的服务外包企业，提高上海高端服务行业的资源集聚和创新能力。同时，应建立以企业为主体、市场为导向的服务贸易领域技术创新体制，激活高端服务行业的市场活力。鼓励服务业企业增强自主创新能力，通过技术进步提高整体素质和竞争力。同时，通过直接引进外资高科技服务企业等方式，利用外资技术外溢效应，促进高端服务行业的技术创新。

4. 以差异化战略定位，提升上海服务外包产业能级

（1）明确发展重点优势产业立足高端实现服务外包产业升级。《上海服务外包发展规划（2010~2015 年）》已明确列出八个重点发展的服务外包产业，其中，金融服务外包、生物医药研发外包、应用软件开发外包、航运服务外包已取得明显优势，更应优先发展这四个领域。而对于其他服务外包细分产业的发展，上海

政府不需要在政策上采取特殊扶持措施，要让其在市场的自由竞争中实现优胜劣汰，在长三角和全国范围内实现优化配置和布局。如一些呼叫中心、数据录入等附加值较低的领域，因受到商务成本高、土地供应有限等因素的制约，并不具备特别优势，可以通过"上海接单、外地加工"的二次外包形式，剥离非核心业务，并借长三角联动发展契机，实行梯度发展，从而形成长三角服务外包的互补联动发展。因此，上海应充分发挥优势，从提高服务质量、管理水平、品牌意识、坚持立足发展高端服务外包，与中国其他服务外包基地城市形成差异化竞争。

（2）拓宽多元化的企业融资渠道，鼓励重点企业扩大经营规模，发挥领头羊作用。切实解决重点企业的融资困难问题，上海市政府可以在以下几个方面有所作为：一是在专项资金中安排一定比例的资金对企业进行信用担保，政府以市场机制为主导，对服务外包企业建立信用档案，对信用良好且有融资需求的企业，考核通过后提供信用担保。二是由政府出资成立企业信用担保中心，通过搭建投融资担保平台为服务外包企业提供贷款担保业务。三是要建立市场化的资金动作方式，利用传统融资渠道以外的机构，整合由小额贷款公司、信用担保机构、融资租赁机构、PE投资机构以及私募基金管理等各类风投机构组成的融资资源，搭建投融资平台，从而拓宽多元化的服务外包企业投融资渠道。同时，鼓励服务外包重点企业通过资产重组、兼并、收购或通过境内外上市等方式扩大经营规模，充分发挥行业带头作用。

5. 加大金融支持力度，落实和完善税收优惠政策

加大财政投入，重点支持金融保险、现代物流和航运、信息技术、专业服务、文化教育及国际服务外包等领域的服务贸易。对旅游、医疗出口以及依托互联网开展的服务贸易出口等给予支持。同时，鼓励高端服务业吸引外资，对新注册及新迁入本市的跨国公司地区总部，按有关政策规定给予资助和奖励。要积极争取对促进旅游、交通运输和电信等服务贸易出口的信息服务、国际市场拓展等给予资金资助，并支持这些领域的服务贸易企业"走出去"。

需要特别指出的是，针对服务外包产业的财政支持政策，要体现出扶持政策差异化的特性。服务外包差异化发展战略的另一个核心就是政策的差异化，政府在制定支持政策时一定要把握好以下四点：①上海市政府服务外包政策要超越单纯依赖补贴的思维模式，积极探索服务外包扶持政策的新形式，实现全能补贴向有限扶持的转变。②上海市政府应重视政府采购在扩大在岸外包市场方面具有不可替代的作用，尤其可以发挥国有企业的力量。③在财政资金的使用上，可将更多财力用于建设功能全面的服务外包交易公共服务平台，尤其应包括开拓市场、委托招商、人才培训、审批服务、电子商务、政策研究、技术服务等基础外向服务内容。但需要注意的是，政府所搭建的应是双向、多元的自助服务平台，属于指导性的，不能是指令性的，让企业在公共服务方面有更大的自主选择空间。

④加快落实上海作为服务外包基地城市对服务外包企业的有关税收试点政策，积极配合国家制定服务贸易出口的相关税收优惠政策，根据不同服务贸易部门的具体情况，进一步研究适用于服务贸易重点领域的税收政策，鼓励企业加快发展服务贸易。

6. 利用网络平台建设，继续强化政府以及行业组织的服务

（1）要继续搞好"上海服务贸易指南网"等网络平台建设，为企业提供贸易环境介绍、法律援助等服务，使企业通过平台实现网上项目对接、人才交流，创造商业机会，促进机构与企业和各服务业行业密切联系，及时为企业提供咨询服务，帮助服务业企业了解国外市场，提供贸易机会，为国内外服务业企业合作牵线搭桥。对企业业务人员出访实行一次审批、一年内多次出国有效和多次往返港澳的方法，为服务贸易从业人员提供出入境便利；针对服务贸易企业进出口业务的特点，参照在沪跨国公司地区总部的政策，给予通关便利；为来沪游客提供法律咨询服务，研究延长过境旅游免签时间；制定便捷的专项外汇管理政策，对国内服务业企业与国外服务业企业股权互换给予支持。

（2）充分发挥上海服务贸易行业组织的作用。积极扩大协会影响，完善协会职能，加强协会和政府、协会和企业的联系，开展服务贸易知识宣传等系列培训工作。切实帮助企业解决面临的实际问题。坚持协会市场化运作，做好与国际知名服务贸易企业和组织的联系工作，建立长期合作机制，相互交流信息。参与相关法律和法规、产业政策、技术标准、行业发展规划、行业准入条件的研究、制定，并组织实施。积极借助央行征信中心，探索提高信用信息采集的覆盖面，扩大信用产品的应用领域，完善行业自律性管理约束机制，维护公平竞争的市场环境。

（3）加强服务贸易促进领域的国际交流与合作。与国际组织、国外政府机构和服务贸易中介机构广泛建立联系，掌握国际、国内服务贸易发展动态和趋势。在人员培训、统计分析、企业交流等方面组织开展交流活动，促进双方服务贸易的共同发展。借助中国香港和中国澳门的区位优势和服务业国际化优势，提升内地服务贸易的国际竞争力。在建立合作对话机制、实现信息共享、合作举办推广活动、从事专题政策研究和共同培养推广人才等方面加强与中国香港和中国澳门相关主管部门的合作。积极组织上海企业参加商务部在中国香港举办的中国服务贸易洽谈会，并积极开展国际推介，树立国际声誉和影响力。

7. 加强服务贸易人才队伍建设，培养服务贸易行业急需人才

加大高端服务贸易人才的培育和引进力度，建立健全激励机制，加强培养和引进金融、保险、信息、中介等行业急需人才，有效利用科教资源集聚的优势，运用产学研相结合培养高端服务贸易领域的应用型创新人才：一是可整合大中专院校资源和社会培训机构，进行学科共建或订单式培养，开设复合型专业，设置相关课程，开展多层次、多类型的服务外包专业教育，形成专业人才的规模化培

训体系。二是依托产业园区、基地、企业等机构,建立特色鲜明的实训基地,通过企业人才定制培训、从业人员资格培训和职业鉴定、服务外包企业国际资质认证培训等方式,加快培养熟练掌握外语技能的各类实用型服务贸易企业人才。三是采取"请进来"、"走出去"等各种方式办培训,大力引进国际化人才,推进引进人才方式的多样化,进一步开展与国外培训机构、国际著名企业的联合办学,多模式、多渠道培养高质量的服务贸易人才。四是健全服务贸易人才信息库和人才服务机构,建立高端人才的信息跟踪和联系机制。

8. 培育上海服务贸易重点企业(行业)和国际品牌

建立专人联系和服务制度,重点培育和发展一批实力雄厚、具有竞争力的大型服务贸易企业和集团。研究建立上海服务贸易重点企业名录和评估管理办法。深入实施品牌战略,扶持服务贸易自主出口品牌,根据不同行业和不同目标市场国家(地区)的特点,引导企业创品牌,提升服务层次和水平,逐步提高和扩大品牌国际影响力。探索制定"服务贸易百强企业"评定标准,对评选出来的百强企业实行政策聚焦、服务聚焦。打造高端服务贸易领域重点服务企业的国际品牌效应。充分利用企业兼并、重组和上市等多种方式,在金融保险、计算机和信息、专业服务以及服务外包等高端服务行业率先培育一批具有自主品牌和自主知识产权、具有国际影响力和较强竞争力的大型服务贸易企业,在国际市场上逐步树立"上海服务"的品牌形象。

9. 进一步完善服务贸易统计工作

贯彻落实商务部《国际服务贸易统计制度》,进一步完善上海服务贸易统计指标体系。做好以国际收支(BOP)和外国附属机构服务贸易(FATS)统计为主体的服务贸易基础性统计,继续完善技术进出口统计、软件和服务外包统计等专项统计,尽快建立文化服务贸易统计、教育服务贸易统计等地方重点发展服务贸易行业的专项统计。积极探索外国附属机构(FATS)和自然人移动的统计汇总工作。建立全口径服务贸易统计分析体系和综合评估体系,深入开展统计分析,监测国内外服务贸易运行情况。

参考文献:

1. 上海市商务委员会:《2011 上海服务贸易发展报告》,上海三联书店,2011 年。

2. 上海市商务委员会:《2012 上海服务贸易发展报告》,上海三联书店,2012 年。

3. 范纯增、于光:《服务贸易国际竞争力发展研究——兼论上海服务贸易国际竞争力发展战略》,《国际贸易问题》,2005 年第 2 期。

4. 孙立行:《探讨"后危机时代"中国的服务贸易发展策略》,《世界经济研究》,2011 年第 6 期。

5. 殷凤:《世界服务贸易发展趋势与中国服务贸易竞争力研究》,《世界经济研究》,2007 年第 1 期。

6. 顾宝炎、崔婷婷：《服务贸易发展：上海的路径选择》，《国际经济合作》，2009 年第 2 期。

7. 鞠立新：《上海发展国际服务贸易的瓶颈破解与路径选择》，《科学发展》，2012 年第 6 期。

8. 上海市商务委国际服务贸易处：《上海服务贸易发展特点与前景分析》，《国际商务财会》，2010 年第 1 期。

9. 于立新、陈昭：《中国服务业与服务贸易协调发展对策》，《中国经贸导刊》，2011 年第 18 期。

10. 吴根宝：《加快推进上海服务贸易发展》，《中国经贸》，2012 年第 6 期。

11. 杨玲、吴根宝：《生产性服务贸易出口的结构模式与中国策略》，《改革》，2012 年第 9 期。

12. 周怀峰：《中国服务贸易竞争力的实证分析》，《经济纵横》，2005 年第 3 期。

13. 杨锦权、王迎新：《国际服务贸易提供方式：一个理论的研究视角》，《财贸经济》，2007 年第 5 期。

14. 陆燕：《加入 WTO 十年来中国服务贸易发展趋势》，《国际贸易》，2011 年第 9 期。

15. 张为付：《服务业与服务贸易发生发展机理研究》，《世界经济与政治论坛》，2006 年第 4 期。

16. 陈琰：《中国服务贸易增长方式转变的必要性研究》，《经济研究导刊》，2009 年第 24 期。

第三章　浙江省服务贸易发展研究

柯建飞① 　吴智敏②

一、浙江省服务贸易发展现状

（一）浙江服务贸易发展状况

近年来，浙江服务贸易逐步发展，成为拉动浙江经济发展的重要力量。浙江省的服务贸易在 2002~2012 年的（见表 3-1）进出口总额从 2002 年的 14.4 亿美元发展到 2012 年的 270.4 亿美元，增长了 17.8 倍，出口额从 6.8 亿美元发展到 173.5 亿美元，增长了 24.5 倍，进口额也从 7.6 亿美元发展到 96.9 亿美元，增长了 11.8 倍。浙江省服务贸易从 2004 年开始就出现顺差，并不断加大，是中国少数几个服务贸易顺差的省份之一。

表 3-1　浙江服务贸易进出口状况

单位：亿美元

年份	进出口总额	出口额	进口额	差额
2002	14.4	6.8	7.6	−0.8
2003	23.9	11.7	12.2	−0.5
2004	43.8	26.8	17.0	9.8
2005	61.7	42.7	19.0	23.7

① 柯建飞，男，中国社科院财经战略研究院博士后，宁波大学商学院教师。地址：浙江省宁波市江北区风华路 818 号，邮编：315211，电子邮箱：kejianfei@nbu.edu.cn。
② 吴智敏，女，浙江树人大学现代服务业学院讲师，"浙江省现代服务业研究中心"研究成员。地址：浙江省杭州市舟山东路 18 号，邮编：310015，电子邮箱：wuzhimin88@hotmail.com。

续表

年份	进出口总额	出口额	进口额	差额
2006	75.1	52.1	23.0	29.1
2007	111.0	63.0	48.0	15.0
2008	150.5	82.6	67.9	14.7
2009	156.1	91.7	64.4	27.3
2010	200.8	121.7	79.1	42.6
2011	238.8	145.9	92.9	53.0
2012	270.4	173.5	96.9	76.6

资料来源：2013 年浙江服务贸易发展报告。

2012 年，浙江的国际服务贸易出口稳中有升。国际旅游、国际运输、国际建筑工程承包仍然是浙江省服务出口三大传统支柱行业（见表 3-2）。2012 年，国际旅游出口同比增长 13.46%、国际运输出口增长 17.06%，国际建筑工程承包出口增长 27.50%。三大传统行业占全省服务贸易出口总额的 69.66%，但占比呈下降趋势，比 2011 年（70.0%）下降 0.34 个百分点。以计算机和信息技术服务为主体的国际服务外包 2012 年出口 369686 万美元，实现了 42.63% 的高速增长，通信服务也出口了 2081 万美元，增长 243.40%。医疗保健和社会服务 2012 年出口额为 16291 万美元，同比增长 297.44%。2012 年浙江省服务贸易出口增长最快的是通信服务与医疗保健和社会服务两个行业。

表 3-2　2012 年浙江省服务贸易进出口情况

行业	出口金额（万美元）	比重（%）	同比增长（%）	进口金额（万美元）	比重（%）	同比增长（%）	进出口差额（万美元）
总值	1734932	—	18.88	968853	—	4.30	766079
运输服务	323506	18.65	17.06	161939	16.71	14.59	161567
旅游服务	515300	29.70	13.46	583965	60.27	42.67	−68665
建筑及相关工程服务	371286	21.40	27.50	18642	1.92	−10.33	352644
计算机和信息服务	369686	21.31	42.63	4408	0.46	29.34	365278
金融服务	153	0.01	−37.30	1282	0.13	−16.15	−1129
保险服务	1708	0.10	156.46	1392	0.14	26.09	316
通信服务	2081	0.12	243.40	1255	0.13	−34.91	826
教育服务	21215	1.22	35.60	27189	2.81	11.24	−5974
文化、娱乐和体育服务	14562	0.84	22.86	65864	6.80	12.38	−51302
医疗、保健和社会服务	16291	0.94	297.44	16298	1.68	17.18	−7
分销服务	3446	0.20	15.52	63343	6.54	−14.74	−59897
其他商务服务	95698	5.52	324.55	23276	2.40	−25.43	42422

资料来源：2013 年浙江省服务贸易发展报告。

服务进口的主要行业是旅游、运输等，旅游服务进口金额同比增长 42.67%，进口比重高达 60.27%。运输服务进口同比增长 14.59%，比重达到 16.71%。新兴行业中，保险、教育、文化、医疗等行业的服务进口额都有增长，而金融、通信分销服务及其他商务服务的进口额有下降。

(二) 浙江服务贸易发展路径特点

运输服务、旅游服务、建筑安装及工程承包服务是浙江省服务贸易的三大传统出口行业，同时也是浙江省服务贸易顺差的主要来源（见表 3-2）。从服务贸易的出口行业结构（见表 3-3）来看，旅游出口占比从 2006 年的 41% 下降到 2012 年的 29.7%，建筑安装和劳务承包从 39.2% 下降到 21.4%。但是运输出口比重从 2006 年的 13.6% 上升到 2008 年的 22.6% 之后，受国际金融危机滞后的货物贸易出口增速放缓的影响，2009 年达到 11.3% 的低谷，2012 年运输的出口比重仍然保持在 18.7%。新兴服务贸易行业出口快速增长，尤其是计算机和信息技术服务出口占比从 2006 年的 1.7% 上升到 2012 年的 21.3%，在浙江省国际贸易发展中的地位与作用日益显现。

表 3-3 2006~2012 年浙江服务贸易出口行业结构变化

单位：%

行业＼年份	2006	2007	2008	2009	2010	2011	2012
总值	100.0	100.0	100.0	100.0	100.0	100.0	100.0
运输	13.6	16.2	22.6	11.3	19.1	18.9	18.7
保险	0.2	0.1	0.2	0.1	0.1	0.1	0.1
旅游	41.0	43.0	36.6	35.1	32.3	31.1	29.7
金融	0.0	0.0	0.0	0.0	0.0	0.0	0.0
通信、邮电	0.0	0.0	0.0	0.1	0.1	0.1	0.1
建筑安装和劳务承包	39.2	33.1	25.3	31.4	23.9	20.0	21.4
计算机和信息服务	1.7	2.9	2.6	13.4	14.8	17.8	21.3
专有权利使用费和特许费	0.2	0.4	0.3	0.0	0.1	0.0	—
咨询	1.3	2.2	2.6	2.5	2.1	0.9	—
教育医疗保健	0.2	0.2	0.2	0.2	0.3	—	—
广告宣传	0.1	0.0	0.1	0.1	0.4	—	—
电影音像	0.0	0.2	0.1	0.1	0.0	—	—
其他商务服务	2.6	1.6	9.4	5.6	6.7	—	5.5

注：2012 年的统计中没有专利、咨询、广告、电影音像等分类，统计分类有所变化。下同。

资料来源：2013 年浙江服务贸易发展报告。

服务贸易的进口行业结构也有显著的变化（见表 3-4）。传统服务贸易行业中的运输服务进口占比从 2006 年的 34.7%下降到 2012 年的 16.7%，旅游进口占比却从 2006 年的 2.7%上升到 2012 年的 60.3%。旅游进口额近年来增长迅速，比重也提高迅速，成为比重最大的行业部门。建筑安装和劳务承包的比重为 1.9%，比 2011 年有所增长。

表 3-4　2006~2012 年浙江服务贸易进口行业结构变化

单位：%

年份 行业	2006	2007	2008	2009	2010	2011	2012
总值	100.0	100.0	100.0	100.0	100.0	100.0	100.0
运输	34.7	23.7	17.9	11.2	20.1	15.2	16.7
保险	0.3	0.1	0.1	0.1	0.1	0.1	0.1
旅游	2.7	28.4	22.1	28.4	27.5	44.1	60.3
金融	0.1	0.1	0.3	0.1	0.1	0.2	0.1
通信、邮电	0.0	0.2	0.2	2.9	0.7	0.2	0.1
建筑安装和劳务承包	0.9	0.3	0.6	4.8	3.1	0.1	1.9
计算机和信息服务	0.7	0.4	0.4	0.7	0.4	0.4	0.5
专有权利使用费和特许费	6.6	4.4	3.7	6.1	5.1	4.1	—
咨询	10.9	7.8	8.5	5.2	2.8	1.6	—
教育医疗保健	9.2	12.7	13.3	22.6	20.9	—	—
广告宣传	2.5	1.5	1.5	1.9	2.3	—	—
电影音像	0.1	0.0	0.1	0.1	0.2		
其他商务服务	31.2	20.5	31.2	15.9	16.7		2.4

资料来源：2013 年浙江服务贸易发展报告。

受服务出口行业结构、进口行业结构变化的影响，浙江服务贸易进出口差额的主体对象也有了巨大的变化（见表 3-5）。传统服务贸易行业中，运输从 2008 年开始从逆差转为顺差，2012 年顺差高达 161567 万美元。旅游的顺差从 2006 年的 207082 万美元下降到 2011 年的 44855 万美元，2012 年则出现逆差，差额 68665 万美元，也是第一次出现逆差。建筑安装和劳务承包一直是服务贸易的顺差来源，从 2006 年的 201816 万美元上升到 2012 年的 352644 万美元。新兴的服务贸易行业中，计算机和信息服务的贸易顺差额从 2006 年的 6951 万美元上升到 2012 年的 365278 万美元。由于统计口径发生变化，2012 年的其他商业服务也出现顺差，差额为 42422 万美元。

从浙江服务贸易行业结构的变化结果来看，宁波—舟山港口的建设发展壮大了浙江省的国际物流产业，提升了浙江省服务贸易的实力。计算机和信息服务外包等新兴服务贸易行业将成为浙江服务贸易的增长主体。随着浙江省经济

表 3-5　2006~2012 年浙江服务贸易进出口差额变化

单位：万美元

年份 行业	2006	2007	2008	2009	2010	2011	2012
总值	291112	150108	147722	273472	426464	530361	766079
运输	-8920	-11518	65164	31736	74129	135026	161567
保险	189	52	1284	411	271	-445	316
旅游	207082	134593	152175	139843	175727	44855	-68665
金融	-307	-334	-1699	-805	-823	-1513	-1129
通信、邮电	137	-624	-1412	-18028	-4402	-936	826
建筑安装和劳务承包	201816	206903	204969	257092	266805	290170	352644
计算机和信息服务	6951	1666	18524	118549	176023	255377	365278
专有权利使用费和特许费	-14133	-18816	-22565	-38760	-39642	-37072	—
咨询	-18418	-23243	-23138	-10732	3934	-1504	—
教育医疗保健	-20036	-59651	-88533	-143606	-161755	—	—
广告宣传	-5306	-6843	-9446	-10959	-12369	—	—
电影音像	-13	993	102	-25	-1338	—	—
其他商务服务	-57930	-88050	-134703	-51244	-50099	—	42422

资料来源：2013 年浙江服务贸易发展报告。

发展、人民生活水平的提高，国外旅游也越来越普遍，从而导致国际旅游进口大幅上升。

二、浙江省服务贸易发展的瓶颈

浙江服务贸易是在中国服务贸易对外开放的大背景下发展起来的，起步晚但发展较快。浙江货物出口占全国货物出口比重在 2002 年的时候已经占到 9%，2011 年为 11.4%；2002 年的服务贸易出口占全国的服务贸易出口比重仅占 1.7%，而 2011 年已增长为 8%。

浙江服务贸易发展快，但总体水平与货物贸易相比，仍然严重滞后（见表 3-6）。虽然服务贸易整体占浙江贸易的比重从 2002 年的 2.3% 上升到 2011 年的 6.3%，但仍然低于全国的平均水平。浙江省的服务贸易的进出口差额 2002 年为逆差 0.8 亿美元，2004 年变为顺差后，2011 年顺差金额增加到 53 亿美元。但是与浙江省的货物贸易进出口差额相比，差距巨大。

浙江省服务贸易发展与服务贸易发展处于前列的上海、北京、广东、江苏等先进省市相比还存在较大差距。从 2010 年的五省市的国际服务贸易发展情况来

表 3-6　浙江省货物贸易与服务贸易的比较

年份 项目	2002	2003	2004	2005	2006	2007	2008	2009	2010	2011
浙江货物出口占全国货物出口比重（%）	9.0	9.5	9.8	10.1	10.4	10.5	10.8	11.0	11.4	11.4
浙江服务出口占全国服务出口比重（%）	1.7	2.5	4.1	5.7	5.7	5.2	5.6	7.1	7.5	8.0
中国服务贸易占全国服务贸易比重（%）	10.9	9.6	9.9	8.9	8.7	9.1	9.3	9.7	9.3	8.8
浙江服务贸易占浙江贸易比重（%）	2.3	2.7	4.4	5.3	4.9	4.7	5.1	6.4	6.3	6.3
浙江货物贸易进出口差额（亿美元）	168.6	217.8	310.8	462.1	626.4	796.9	974.3	802.9	1073.9	1233.2
浙江服务贸易进出口差额（亿美元）	-0.8	-0.5	9.8	23.7	29.1	15.0	14.7	27.3	42.6	53.0

资料来源：2012 年浙江服务贸易发展报告、浙江省统计信息网、国家外汇管理区中国国际收支平衡表。

看（见表 3-7），浙江服务贸易出口总额为 121.7 亿美元，列为第四，占中国服务贸易出口比重的 7.5%，与列为第一位的上海（406.4 亿美元，占 23.9%）、第二位的北京（388.2 亿美元，占 22.8%）、第三位的广东（281.9 亿美元，占 16.6%）相比差距明显。

表 3-7　2010 年五省市国际服务贸易发展状况

区域	服务贸易进出口额（亿美元）	排名	服务贸易出口额（亿美元）	各省服务贸易出口占全国服务贸易出口比重（%）	排名	服务贸易出口占货物与服务贸易的比重（%）	排名
浙江	200.7	5	121.7	7.5	4	6.3	5
上海	1046.8	1	406.4	23.9	1	18.4	2
北京	798.3	2	388.2	22.8	2	41.2	1
广东	510.4	3	281.9	16.6	3	5.9	6
江苏	216.2	4	108.1	6.4	5	3.8	8
全国	3624.2		1702.5				

资料来源：2012 年浙江服务贸易发展报告。

浙江服务贸易发展需要服务业整体水平的提高。虽然浙江省相对较高的经济发展水平对承接服务业的转移提供了有力的支撑，但第三产业的就业比重和第三产业的劳动生产效率仍有待提高。2010 年浙江省第三产业的就业比重为 36.1%，与北京的 74.1%、上海的 58.5% 相比，浙江省的服务业发展相对滞后。同时，浙江的第三产业内部结构尚待优化，金融、信息、咨询等现代服务业部门比重相对较低。

服务业的劳动生产率是反映服务业竞争力的一个重要因素，劳动生产率越高其生产成本和价格就越低，竞争力就越强。从服务贸易发展前五位省市的服务业劳动生产率来看（见表 3-8），2001 年北京为 72837 元、上海为 70122 元，浙江为 31291 元。到了 2010 年，上海的服务业劳动生产率为 181790 元，远远超过了北京的 108525 元，与浙江的 83701 元的差距明显。江苏省也在 2008 年超过浙江省，2010 年达到了 100389 元。

表 3-8　2001~2010 年五省市服务业劳动生产率比较

单位：元

年份 地区	2001	2002	2003	2004	2005	2006	2007	2008	2009	2010
北京	72837	79678	83150	73477	81440	88025	103146	90240	99173	108525
上海	70122	72996	78708	87672	92980	98766	116928	148653	167176	181790
江苏	27338	29004	31921	36013	42070	48301	56139	75898	84739	100389
浙江	31291	35743	43648	50636	57010	62934	67729	67530	72379	83701
广东	41401	46697	58793	62815	64121	69182	78746	73179	82661	91015

资料来源：各年份《中国统计年鉴》。

服务业能够快速发展起来，吸引外资是有效途径。近几年来，在浙江省政府的大力支持下，第三产业的外资利用比重在快速稳步增长。2011 年，第三产业的合同外资金额占外商投资整体的 45.8%，实际使用外资为 46.3%（见表 3-9）。但具体看服务业行业内部，外商在房地产的实际使用外资达到 24.8%，而在信息传输、计算机服务和软件业，科研、技术服务领域的外资比例相对较低，对这些服务行业的发展和竞争力提高的引领效应有限。

表 3-9　2011 年浙江省外商投资状况

编制单位	项目（企业）个数		合同外资金额		实际使用外资金额	
	本年累计	占总数 (%)	本年累计 （万美元）	占总数 (%)	本年累计 （万美元）	占总数 (%)
总计	1691	100	2058393	100	1166601	100
第一产业	18	1.1	5265	0.3	18021	1.5
第二产业	785	46.4	1110404	53.9	608628	52.2
制造业	772	45.7	1090435	53	598206	51.3
其中：轻纺类	167	9.9	189202	9.2	135511	11.6
重化类	59	3.5	127110	6.2	104027	8.9
机电类	512	30.3	725942	35.3	308614	26.5
电器机械及器材制造业	118	7	184952	9	77838	6.7
交通运输设备制造业	89	5.3	130036	6.3	65398	5.6
通用设备制造业	100	5.9	145620	7.1	59060	5.1
通信设备、计算机及其他	90	5.3	146098	7.1	48203	4.1
医药制造业	10	0.6	13921	0.7	42325	3.6

续表

编制单位	项目（企业）个数		合同外资金额		实际使用外资金额	
	本年累计	占总数(%)	本年累计(万美元)	占总数(%)	本年累计(万美元)	占总数(%)
化学原料及化学制品制造业	33	2	74401	3.6	39261	3.4
纺织业	32	1.9	36957	1.8	39168	1.4
纺织服装、鞋、帽制造业	46	2.7	55293	2.7	37076	3.2
专用设备制造业	66	3.9	55478	207	26923	2.3
金属制造业	36	2.1	41526	2	22599	1.9
第三产业	888	52.5	942724	45.8	539982	46.3
房地产业	39	2.3	344312	16.7	289477	24.8
批发零售业	464	27.4	160356	7.8	86541	7.4
租赁和商务服务业	124	7.3	135482	6.6	67721	5.8
科研、技术服务和地质勘查业	120	7.1	126099	6.1	35252	3
信息传输、计算机服务、软件	81	4.8	102735	5	31748	2.7
交通运输、仓储、邮政	16	0.9	49032	2.4	16064	1.4
住宿、餐饮业	12	1.2	3090	0.2	6125	0.5
居民服务和其他服务	6	0.4	3908	0.2	2158	0.2

资料来源：浙江统计信息网。

三、浙江省服务贸易发展战略

综上所述，近年来，浙江省服务贸易发展取得了长足的进步，发展势头良好，增长空间很大，但竞争力弱，浙江服务贸易企业在国际竞争中面临严峻挑战。服务业的劳动生产率有待提高，产业基础有待加强。本土服务企业缺乏国际市场开拓的渠道和经验，高端专业人才储备不足，外商直接投资在新兴服务业的投资比重仍然偏少。

进一步提高浙江服务贸易的竞争力需要政府的引导与配合。2008 年 9 月，国务院发布了《关于进一步推进长江三角洲地区改革开放和经济发展的指导意见》，明确了以上海为龙头、江苏与浙江为两翼的长三角地区把大力发展现代服务业和服务贸易为提高对外开放水平的重要内容。2011 年，国务院先后批复了《浙江海洋经济发展示范区规划》和《义乌国际贸易综合改革试点》国际级战略。2012 年，国务院常务会议决定设立温州市金融综合改革试验区，批准实施《浙江省温州市金融综合改革试验区总体方案》。中央政府给予的一系列"先行先试"

政策，为"浙江服务"品牌的发展提供了重大契机，将极大提升浙江服务贸易竞争力的产业基础。

浙江省围绕着国家战略，制定了"十二五"时期浙江服务贸易发展规划。把提升服务贸易国际竞争力和在重点领域、重点行业培育"浙江服务"品牌为中心环节，不断提高服务外包接包能力，显著提高服务贸易比重作为"十二五"期间浙江经济贸易发展的重点。"十二五"期间，浙江省服务贸易出口额的目标是实现翻一番半，达到300亿美元，同时，逐步提高服务贸易出口在外贸中的比重，争取服务贸易出口比重2015年达到9.3%。巩固发展国际旅游、国际运输、国际建筑工程承包等传统服务贸易优势的同时，把软件和信息服务外包、文化服务贸易作为发展重点领域，逐步推进金融、保险服务贸易、教育服务贸易、专有权使用和特许经营服务贸易、管理咨询与会计等专业服务贸易、医疗保健服务贸易，努力拓展商业存在以及自然人移动的服务贸易领域作为"十二五"期间浙江服务贸易比重显著提高的途径。

四、基于浙江省服务贸易总量的比较分析

服务贸易和货物贸易在浙江省乃至全国经济的发展中意义都非常重大。下面将从贸易总量的角度对浙江省服务贸易发展进行实证分析。

(一) 数据选取与说明

由于数据的可得性，本部分取1997~2011年的浙江省服务贸易和货物贸易数据来进行实证分析。在计算浙江省服务贸易和货物贸易总规模时，用浙江省服务贸易和货物贸易进出口额加总来作为浙江省服务贸易额和货物贸易额。数据均来自《浙江省统计年鉴》和《浙江省国际服务贸易发展报告2012》，具体用SX代表中国服务贸易出口额，GX代表中国货物贸易出口额。由于贸易规模这一时间序列一般是呈现指数增长，故对这两个时间序列分别取对数进行分析，即对LNSX和LNGX进行分析，分析软件使用Eviews6.0。

(二) 实证分析

1. 数据平稳性分析

对时间序列数据进行协整分析建立在数据平稳性的基础上，否则就有可能出现伪回归问题，所以在进行分析前，先要对LNSX和LNGX两个时间序列的平稳性进行检验。如表3-10所示，对序列LNGX直接进行平稳性检验，结果是非

平稳的。对其一阶差分序列进行平稳性检验，存在单根，是非平稳的。因此，继续对二阶差分序列进行平稳性检验，在1%显著性水平下拒绝了存在单位根的零假设，即序列 LNGX 为二阶单整（Ⅰ（2））。同时，对序列 LNSX 进行平稳性检验，结果也是二阶单整。

表3-10　数据平稳性检验结果

序列	检验统计量	1%临界值	5%临界值	10%临界值	概率值
LNGX	−0.693498	−4.004425	−3.098896	−2.690439	0.8174
LNSX	−0.604551	−4.004425	−3.098896	−2.690439	0.8400
D（LNGX）	−3.651888	−4.057910	−3.119910	−2.701103	0.0202
D（LNSX）	−2.990531	−4.057910	−3.119910	−2.701103	0.0621
D（LNGX，2）	−5.012158	−4.200056	−3.175352	−2.728985	0.0030
D（LNSX，2）	−4.947111	−4.121990	−3.144920	−2.713751	0.0027

2. 协整检验

协整检验采用的是检验法，其可方便准确地检验两个及两个以上变量协整关系的数目，并得到它们之间的若干种协整关系。因而采用验证多变量间多重协整关系的 Johansen 检验对以上几个变量进行协整检验，以确定各变量之间是否存在长期稳定的均衡关系。由于 LNGX 和 LNSX 都是二阶单整，所以对 D(LNGX，2) 和 D(LNSX，2) 进行协整检验，结果如表3-11所示。

表3-11　协整检验结果

检验变量	原假设：协整向量个数	特征根迹	显著性水平为5%临界值	最大特征值	显著性水平为5%临界值
D（LNGX，2）	None*	33.43651	25.87211	20.40996	19.38704
D（LNSX，2）	Atmost1*	13.02656	12.51798	13.02656	12.51798

注：* 表示在5%的显著性水平上显著，不加标志表示统计上不显著。

迹检验和最大特征根检验都表明在5%的显著水平上拒绝原假设，得出这两个变量之间存在一个协整向量。这就说明，虽然每个变量都是不平稳的，但是这些变量之间的某种线性组合却可以是平稳的，即在研究考察期内，这些非平稳变量之间一定存在着长期稳定的均衡关系，也就是说，在1997~2011年，浙江省服务贸易进出口总额和货物贸易进出口总额之间存在着长期稳定的均衡关系。

3. VAR 模型的设定与估计

（1）理论分析。协整分析只能说明变量之间在结构上的因果关系和长期关系是否均衡，但是没有表现出各变量的单位变化对其内在联系的影响。为此本研究在协整的基础上建立 VAR 模型，分析 D（LNGX，2）和 D（LNSX，2）之间的关系并做进一步脉冲响应分析。VAR 模型通常是用所有当期变量对所有变量的若干滞后期进行回归，常用于预测相关联系的时间序列系统及解释各种经济冲击对经济变量形成的影响，经济学一般把一个变量受到其他变量冲击和影响的程度描述为脉冲响应，具体而言就是一个变量一个标准差的变化对其他变量的冲击和影响，什么时候达到影响最大，其程度由脉冲后曲线的高度体现。

本研究模型估计所采用的数据为 1997~2007 年的数据，利用 VAR 模型对变量 D（LNGX，2）和 D（LNSX，2）之间的关系进行了实证研究，由于没有同期变量值，所以 OLS 估计是有效的。VAR 模型需要确定最大滞后期 k，考虑到样本容量的限制及信息准则的最小值，这里选择 k = 2，建立 VAR 模型：

$$Y_t = A_1 Y_{t-1} + A_2 Y_{t-2} + \cdots + A_p Y_{t-p} + B_0 X_t + \cdots + B_t X_{t-r} + \varepsilon_t \quad t = 1, 2, 3, \cdots, n$$

其中，Y_t 是 K 维内生变量向量，Y_{t-i}（i = 1，2，3，$\cdots$，p）是滞后内生变量向量，X_{t-i}（i = 0，1，$\cdots$，r）是 d 维外生变量向量或滞后外生变量向量，p、r 分别是内生变量和外生变量的滞后阶数。A_i 是 K 阶方阵，B_i 是 K 行 d 列系数矩阵，这些矩阵都是待估计的参数矩阵。ε_t 是由 K 维随机误差项构成的向量，其元素相互之间可以同期相关，但不能与各自的滞后项相关以及不能与模型右边的变量相关。

（2）数据估计。在 Eviews 软件中的 Lag Struecture 中，提供了 ar roots table 和 ar roots graph 来判断 VAR 模型是否稳定。如果被估计的模型所有根模的倒数都小于 1，即位于单位圆内，则其是稳定的；反之，将是不稳定的，则其结果也不是有效的。

此式以矩阵形式表明三年里各个变量之间的平均数值关系，其中负一阶与负二阶表达式分别表示标准年的前年和大前年的数据矩阵。由 Lag Structure（滞后结果）输出的 ar roots table 分析数据以及 ar roots graph 分析图（见图 3-1）可知，所有根模的倒数都是小于 1 的，即所有根都落在单位圆内，证明了模型的稳定性。

D（LNGX，2）和 D（LNSX，2）的矩阵表达式为：

$$\begin{bmatrix} D（LNGX，2） \\ D（LNSX，2） \end{bmatrix} = \begin{bmatrix} 0.681820 & 0.009363 \\ 0.042623 & 0.217965 \end{bmatrix} \begin{bmatrix} D（LNGX，2） \\ D（LNSX，2） \end{bmatrix}_{-1}$$

$$+ \begin{bmatrix} 0.58060 & 0.099190 \\ -0.151876 & 0.048773 \end{bmatrix} \begin{bmatrix} D（LNGX，2） \\ D（LNSX，2） \end{bmatrix}_{-2} + \begin{bmatrix} 0.023298 \\ -0.000537 \end{bmatrix}$$

4. 脉冲响应分析

VAR 是一种非理论性的模型，对它的分析一般不是讨论一个变量的变化对另一个变量的影响如何，而是通过脉冲响应函数随机扰动项的一个标准差变动来

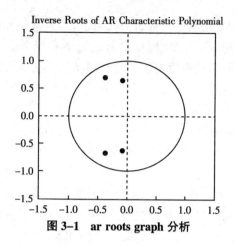

图 3-1　ar roots graph 分析

考察它对内生变量及其未来取值的影响，或者说模型受到某种冲击时对系统的动态影响，此分析方法称为脉冲响应函数法。

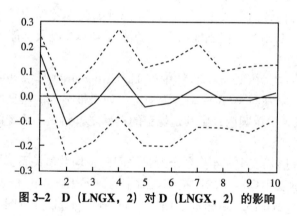

图 3-2　D（LNGX，2）对 D（LNGX，2）的影响

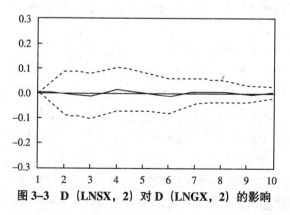

图 3-3　D（LNSX，2）对 D（LNGX，2）的影响

　　由图 3-2 可以看出，浙江省货物贸易进出口总额对其自身的一个标准差的冲击从第一期开始就只是显示了微弱的 0.167 的正效应，从第二期开始就马上显示出了负效应，接下来一直显示出微弱的负效应，只有在第四期、第七期、第十期的时候分别显示了 0.094、0.043 和 0.019 的正效应。前十期的总体来看，正负效应相互抵消后显示的是微弱的正效应。另外，由图 3-3 可以看出，货物贸易总额对服务贸易总额的影响极为微弱，表现为极弱的负效应。对于该响应背后的经济含义为：浙江省货物贸易进出口总额对自身存在一个正效应，但浙江省服务贸易进出口总额对货物贸易进出口总额呈现出一个极其弱的负效应，而且这种效应在反应初期并没有表现出来，而是表现出一种微弱的正效应，因此浙江省服务贸易进出口总额对货物贸易进出口总额所呈现出的较弱负效应是一种延时效应。

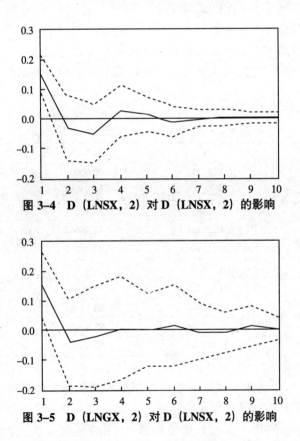

图 3-4　D（LNSX，2）对 D（LNSX，2）的影响

图 3-5　D（LNGX，2）对 D（LNSX，2）的影响

　　由图 3-4 可以看出，浙江省服务贸易总额对于其自身的一个标准差的冲击在第一期就立即显示出很高的正效应，达到正的峰值 0.149，但这种较强的正效应随后快速下降，到第二期立即表现出负效应，直到第三期开始回升，并在第四期达到第二峰值 0.025，之后波动幅度逐步减弱，正负情况交替出现。但是从前十

期的情况来看，正的效应明显强于负的效应，两者抵消后，主要表现为正效应。而对于 D（LNGX，2）对 D（LNSX，2）的影响中（见图 3-5），第一期出现很高的正效应，然后迅速下降至第二期的低谷-0.04，之后一直出现微弱的正效应，到第七期开始出现负效应，第八期开始又恢复到正效应，总的来说，这十期正效应强于负效应，两者抵消，表现为正效应。对于该响应背后的经济含义为：浙江省服务贸易进出口总额自身和浙江省货物贸易进出口总额均对浙江省服务贸易进出口总额有正的效应，在初期两者表现都十分明显，但之后逐渐减弱并趋近于 0，但二者的总体效应均表现为较强的正效应，促进作用明显。

5. 方差分解

为了更进一步了解浙江省服务贸易进出口总额和货物贸易进出口总额之间的相互作用关系，考察它们相互影响的重要程度，可以对 VAR 模型做进一步的方差分解分析。与脉冲响应函数分析不同，方差分解是将变量预测方差进行分解的技术，某个变量预测方差可能由其自身变化引起，也可能由系统内的其他变量引起。因此，将预测方差分解为自身和系统内其他变量作用的结果，可以发现该变量变化的原因。

表 3-12　D（LNGX，2）的方差分解

Period	S.E.	DLNGX	DLNSX
1	0.167352	100.0000	0.000000
2	0.203356	99.99532	0.004682
3	0.206527	99.56891	0.431094
4	0.227469	99.28067	0.719330
5	0.231456	99.28117	0.718828
6	0.233331	98.97808	1.021922
7	0.237298	98.95686	1.043136
8	0.237832	98.91763	1.082369
9	0.238318	98.84833	1.151665
10	0.239084	98.85313	1.146872

由表 3-12 可以看出，浙江省货物贸易总额的预测方差主要受其自身波动的影响，而服务贸易进出口总额对货物贸易进出口总额的预测方差影响在第 1 期表现为 0，之后才逐渐增大，但是即便是第 10 期的预测方差分解值也仅为 1.1%，其冲击影响的强度是比较小的。

由表 3-13 可以看出，浙江省服务贸易进出口总额受自身的影响比较大，最开始达到 49.1%。随着时间的推移，服务贸易进出口总额对自身的影响有微弱上升，而货物贸易进出口总额对服务贸易进出口总额的影响虽有下降，但也只是小

表 3-13　D（LNSX，2）的方差分解

Period	S.E.	DLNGX	DLNSX
1	0.212022	50.87175	49.12825
2	0.218197	51.40948	48.59052
3	0.225838	49.00307	50.99693
4	0.227310	48.42329	51.57671
5	0.227729	48.24700	51.75300
6	0.228457	48.32701	51.67299
7	0.228609	48.38735	51.61265
8	0.228841	48.47624	51.52376
9	0.229189	48.63142	51.36858
10	0.229190	48.63148	51.36852

幅波动，到第 10 期差距甚小，分别为 48.6% 和 51.4%，说明我国货物贸易进出口总额对服务贸易进出口总额的影响也十分重要。

（三）实证结果分析及显示解释

实证检验结果表明，浙江省服务贸易进出口总额和货物贸易进出口总额之间存在相互影响的动态关系，浙江省货物贸易进出口总体发展主要取决于自身的发展，服务贸易进出口总额对货物贸易进出口总额的促进作用有限，甚至在远期中会出现较弱的负相关关系，影响了货物贸易进出口整体的发展。但货物贸易进出口总体发展对服务贸易进出口总额起到了较好的促进作用，甚至重要性可以与服务贸易进出口总额对其自身的作用相抗衡，而且货物贸易进出口总额对服务贸易进出口总额的促进作用也不会在短期内有大幅减弱。

其现实原因是：由于现阶段浙江省货物贸易进出口总休态势仍然偏重于劳动密集型和价格竞争方面，而我国服务贸易的发展与货物贸易发展联系不够紧密，服务贸易没有能够给予货物贸易足够的支持，因此货物贸易进出口的增长主要取决于自身的发展。但是不可否认的是，未来国际市场的竞争将由以货物贸易为核心转向以服务贸易为核心，未来货物贸易的竞争优势将越来越倚重于服务贸易的提升，所以我国货物贸易迫切需要进行结构调整以及产业升级，在更大程度上使服务贸易的行业结构和产业发展得到优化。

五、关于浙江省服务贸易发展的建议

（一）政府层面

1. 加强统筹协调

在浙江省"十二五"服务外包专项规划启动实施时，设立服务外包领导小组办公室，统筹协调各方面工作，充分发挥领导小组办公室在统筹规划、综合协调、考核督促等方面的作用。同时重视浙江省服务贸易协会发挥的作用，充分发挥其信息交流、中介协调、平台服务等社团组织功能，促进服务贸易发展。另外，对外贸易的发展不仅对经济增长做出贡献，其本身也是经济增长的一部分。我省外贸可持续发展的基本立足点是经济增长的商品贸易与服务贸易协调发展。商品贸易与服务贸易的协调发展具体表现为两者比较优势的动态演进与有效组合，以及其增长效应的发挥。

2. 加强基础建设

浙江省要更加重视服务贸易中介组织建设，充分发挥浙江省服务贸易协会的桥梁与纽带作用，以及在活动会展中的组织协调作用。同时，加强全省服务外包和服务贸易业务统计申报系统的统计指标和体系建设，推进服务贸易统计的企业直报工作，深入开展服务外包、对外文化贸易、软件出口等领域的专项统计，进一步完善服务外包、软件出口和技术进出口统计体系，实现与服务贸易整个统计的衔接。此外还加强了相关的网站建设和出版物的出版工作，如"中国浙江服务外包网"的建立和完善，定期编辑出版《浙江省国际服务贸易发展报告》和《中国浙江服务外包指南》等。

3. 重视服务外包示范园区建设，提高服务外包产业集聚度

集聚发展是服务外包产业加快发展的基本条件，也是重要标志。浙江省内有2个国家级服务外包示范园区和28个省级服务外包示范园区，它们是浙江省服务外包发展的重要平台和主阵地。为推动这些服务外包示范区建设，要求各园区编制服务外包产业园发展中长期规划，并积极探索建立服务外包示范园区考核评价指标体系，加强园区管理；同时加大对服务外包示范园区的扶持力度和指导力度，加强对服务外包产业对接、招商引资的协调组织。

4. 加大服务外包人才培养力度

国际服务市场的竞争，实际上就是各国人才之间的竞争，要扩大服务输出，就必须提高服务人员的素质。服务贸易的"自然人流动"形式虽可发挥劳动力资

源优势，但这一类型对劳务人员的培训要求较高。目前我省劳务人员的素质普遍不高，因而无法发挥劳动力资源优势。因此，加强人员培训势在必行。人才是服务外包产业发展的关键和基础，浙江省应对现有的培训基地、培训机构加大扶持力度，鼓励校企合作，鼓励培训基地、培训机构与企业加强合作，形成政府、企业、培训机构三方联合推动共同发展的局面。对服务外包人才培训内容、结业考试和结业证书进行规范，加强对服务外包培训机构的监督和管理。对省内各市服务外包人才培训数量明确量化指标，定期实施考核。在省内多所地方高校计算机学院开展培养服务外包人才的试点工作。

（二）企业层面

1. 重视软件产业发展，提高软件外包出口竞争力

软件是信息技术的灵魂，软件出口作为软件产业加快融入全球产业价值链分工的重要途径，是服务贸易发展的重点领域。浙江省应更加积极贯彻落实国家对软件出口的贴息政策，出台鼓励软件产业、集成电路产业发展的新政策。结合浙江省软件产业发展实际，以金融服务软件、通信信息、企业信息化建设等具有比较优势的软件出口领域为突破口，加大政策信息、市场拓展、业务项目等方面的支持力度。加快培育一批主业突出、核心竞争力强、能够发挥骨干带头作用的软件出口企业，使软件出口成为全省经济转型升级的"转换器"。

2. 促进企业提高创新能力，鼓励企业开展技术贸易

对技术贸易企业进行分类指导，做好技术贸易发展的促进体系建设，鼓励企业开展多种形式的技术贸易。多组织出口贴息工作，鼓励企业积极用好国家的扶持政策，提高企业技术贸易积极性和企业技术创新能力。浙江省有关部门应加强技术进出口合同登记管理工作，按照限制性技术与自由类技术的不同登记要求，为企业办理合同证书登记提供咨询和办理服务。

3. 加强服务创新

在适应经济发展和科技革命的新形势下，应加强服务贸易领域的服务创新研究，不断拓展文化创意、中医药服务贸易等服务贸易新领域。科研机构和相关企业应加强物联网、云计算等新事物与服务外包作用与关系的研究，密切跟踪新型服务贸易与服务外包业态、交易内容与方式的变化趋势，有效提升服务贸易发展的规模、质量和效益。政府相关职能部门也要积极研究、探索适应服务贸易创新的相关政策，鼓励、支持和指导企业开展相关创新。

4. 企业应重视重点文化出口，提高文化出口竞争力

浙江省文化厅、广电局、新闻出版局等部门对省内重点文化出口企业进行审定，对这些重点文化出口企业加大政策支持力度，提高企业出口竞争力。企业应积极参加境内外文化展会，开拓国际市场，扩大文化贸易规模。为提高企业文化

出口竞争力，企业应多宣传重点文化。例如，浙江省出版部门与企业联合开展了"浙江出版物海外推广营销工程"，提高浙江文化企业的国际知名度。

参考文献：

1. 浙江省商务厅：《2011 浙江服务贸易发展报告》，浙江大学出版社，2011 年。

2. 浙江省商务厅：《2012 浙江服务贸易发展报告》，浙江大学出版社，2012 年。

3. 郑吉昌、夏晴：《浙江服务贸易国际竞争力与政策措施研究》，《商业经济与管理》，2004 年第 5 期。

4. 郑吉昌、夏晴：《浙江对外贸易转换：从货物贸易到服务贸易》，《现代管理科学》，2005 年第 5 期。

5. 郑吉昌、李文杰：《长江三角洲地区服务业对经济发展贡献的比较研究》，《国际贸易问题》，2009 年第 12 期。

6. 胡景岩：《中国发展服务型经济的外向战略选择》，《国际经济合作》，2012 年第 8 期。

7. 于立新、陈昭：《中国服务业与服务贸易协调发展对策》，《中国经贸导刊》，2011 年第 18 期。

8. 张莉：《"十二五"时期国际服务贸易发展趋势及我国的对策》，《国际贸易》，2011 年第 1 期。

9. 葛锦晶：《浙江省服务贸易竞争力分析及对策研究》，《产业与科技论坛》，2012 年第 11 卷第 4 期。

10. 李秉强：《浙江省承接服务业转移的内外部条件分析》，《对外经贸实务》，2010 年第 2 期。

第四章 江苏省服务贸易发展研究

汪素芹[①] 李俊毅[②] 李玉[③] 张英[④] 汪丽[⑤]

"十一五"以来，江苏积极促进经济与外贸发展方式的转变，加大了结构调整的力度，突出了服务业特别是现代服务业的发展，为此编制了《江苏省 2011~2015 年商务发展规划纲要》、《江苏服务贸易"十二五"发展规划》、《江苏服务外包"十二五"发展纲要》，出台了促进服务业发展的一系列政策措施，推动了服务业的国际化发展，从而为江苏服务贸易快速发展奠定了坚实的基础。

一、江苏服务贸易发展现状

江苏是全国贸易大省，货物贸易在全国位居第二。近年来，江苏省服务贸易规模也在不断扩大，居全国第五位。

（一）江苏服务贸易发展

1. 江苏服务贸易规模不断扩大，但逆差逐年增加

进入 21 世纪以来，江苏服务贸易规模不断扩大，增长速度较快，但贸易逆差总体上呈上升趋势。

---

① 汪素芹：南京财经大学国际经贸学院，教授。
② 李俊毅：江苏省商务厅服务贸易处处长。
③ 李玉：南京财经大学国际经贸学院，硕士研究生。
④ 张英：南京财经大学国际经贸学院，硕士研究生。
⑤ 汪丽：南京财经大学国际经贸学院，硕士研究生。

表 4-1   2001~2012 年江苏省服务贸易额及其增长率

年份	出口总额 (亿美元)	进口总额 (亿美元)	进出口总额 (亿美元)	进出口差额 (亿美元)	增长率 (%)
2001	2.7	12.1	14.8	-9.4	
2002	3.4	16.9	20.3	-13.5	37.16
2003	4.7	17.7	22.4	-13.0	10.34
2004	7.0	24.3	31.3	-17.3	39.73
2005	12.8	33.5	46.3	-20.7	47.92
2006	18.4	40.9	59.3	-22.5	28.08
2007	23.5	52.0	75.5	-28.5	27.32
2008	34.1	71.0	105.1	-36.9	39.21
2009	50.7	91.8	142.5	-41.1	35.59
2010	99.7	129.4	229.1	-29.7	60.77
2011	149.7	181.5	331.2	-31.8	44.6
2012	235.0	285.8	520.8	-50.8	57.2

资料来源：江苏省外汇管理局，《江苏统计年鉴》。

由表 4-1 可以看出，江苏省服务贸易快速增长，2001 年江苏服务贸易进出口总额为 14.8 亿美元，2012 年为 520.8 亿美元，2012 年是 2001 年的 35 倍，其中，2012 年出口是 2001 年的 87 倍。但同期服务贸易存在着逆差，且不断扩大。2001 年江苏省服务贸易逆差额为 9.4 亿美元，到 2012 年逆差额为 50.8 亿美元，虽然 2010 年逆差额有所减少，但到 2012 年持续回升。

2. 江苏服务贸易结构不断优化，但传统服务贸易比重较大

江苏服务贸易进出口额大部分的贡献主要是运输、其他商业服务和咨询等行业；以信息技术为基础的保险、广告、金融、电影音像等新兴服务业份额较小；通信、邮电等份额有所增加。

表 4-2   江苏省 2005~2008 年服务贸易分行业占比

行业	2005		2006		2007		2008	
	进出口总额 (亿美元)	占比 (%)	进出口总额 (亿美元)	占比 (%)	进出口总额 (亿美元)	占比 (%)	进出口总额 (亿美元)	占比 (%)
服务贸易	46.26	100.00	59.35	100.00	75.57	100.00	105.09	100.00
运输	9.09	19.65	11.46	19.31	15.08	19.96	20.76	19.75
保险	0.21	0.44	0.17	0.28	0.26	0.35	0.21	0.20
旅游	0.67	1.44	1.09	1.83	1.79	2.37	2.30	2.19
金融服务	0.06	0.12	0.13	0.22	0.10	0.13	0.21	0.20
通信、邮电	0.08	0.16	0.09	0.15	0.22	0.29	0.40	0.38
建筑安装和劳务承包	0.90	1.94	0.97	1.64	0.92	1.22	1.45	1.38
计算机和信息服务	4.62	9.98	5.78	9.74	4.22	5.58	6.58	6.26
专有权利使用和特许费	4.87	10.54	5.97	10.05	8.23	10.89	11.65	11.09
咨询	8.63	18.66	12.30	20.72	14.82	19.62	21.44	20.41
广告宣传	0.65	1.40	0.79	1.33	1.38	1.82	2.21	2.11

行业	2005 进出口总额（亿美元）	占比（%）	2006 进出口总额（亿美元）	占比（%）	2007 进出口总额（亿美元）	占比（%）	2008 进出口总额（亿美元）	占比（%）
电影音像	0.02	0.03	0.02	0.03	0.02	0.03	0.04	0.03
其他商业服务	16.48	35.62	20.60	34.70	28.53	37.75	37.84	36.01
别处未提及政府服务	0.00	0.01	0.01	0.01	0.01	0.01	0.01	0.01

资料来源：江苏省外汇管理局。

表4-2中显示，运输行业、其他商业服务在服务贸易中占比较大且变化不大，其中运输行业占19%左右，其他商业服务占35%左右；咨询行业、计算机和信息服务比重有所上升，特别是咨询行业占比从18.66%上升到20.41%；作为中国传统服务贸易的旅游业在江苏服务贸易总额中所占的比重很小；保险、通信、金融等新兴服务贸易所占比重非常小。

3.江苏服务贸易竞争力不断提高，但在长三角地区中处于劣势

长三角地区是我国经济实力最强的地区，服务贸易在全国位居前列，特别是上海市，2011年服务贸易进出口总额突破了1000亿美元，而江苏服务贸易竞争力总体偏低。

表4-3 江苏、上海、浙江服务贸易额占全国服务贸易份额

单位：%

年份	江苏	上海	浙江
2001	2.06	17.30	1.23
2002	2.37	13.54	1.68
2003	2.21	15.83	2.36
2004	2.34	18.31	3.27
2005	2.94	20.67	3.93
2006	3.09	21.04	3.91
2007	3.01	22.28	4.77
2008	3.45	24.16	4.94
2009	4.90	26.05	5.44
2010	6.32	28.89	5.55
2011	7.89	30.79	5.70
2012	11.07	32.21	5.75

资料来源：本研究整理所得。

由表4-3和图4-1可以看出，上海服务贸易在全国有明显的优势，从2001年的17.3%一直上升到2012年的32.21%；浙江服务贸易份额从2001年的1.23%一直上升到2012年的5.75%，发展比较稳定；江苏从2001年的2.06%上升到2012年的11.07%，之前大部分时间都落后于浙江，但2010年、2011年和2012年江苏赶上并超过了浙江。

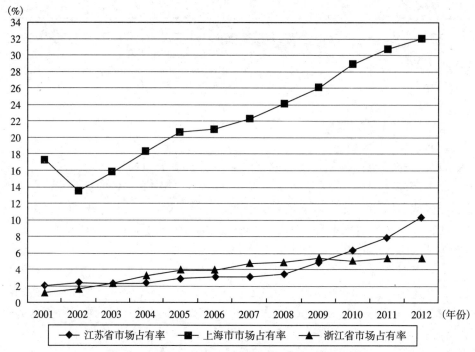

图 4-1 江苏、上海、浙江服务贸易额占全国的份额

资料来源：本研究整理所得。

表 4-4 江苏、上海、浙江服务贸易竞争力比较

竞争力 年份	RCA 指数[①]			TC 指数[②]		
	江苏	上海	浙江	江苏	上海	浙江
2001	0.0800	1.0605	0.8838	−0.6360	−0.0295	−0.1910
2002	0.0800	1.0682	1.0276	−0.6670	−0.0155	−0.0530
2003	0.0800	1.0535	1.0729	−0.5780	−0.0349	−0.0170
2004	0.0800	1.0668	1.3174	−0.5510	−0.0090	0.2240
2005	0.1200	1.0557	1.4719	−0.4470	−0.0068	0.3850
2006	0.1300	1.0019	1.4559	−0.3790	−0.0446	0.3880
2007	0.1256	0.9259	1.1315	−0.3770	−0.1025	0.0970
2008	0.2056	0.8343	1.1412	−0.3510	−0.1972	0.0980
2009	0.0200	0.8933	1.3101	−0.2910	−0.1989	0.1740
2010	0.3685	2.5211	0.4848	−0.1266	−0.2235	0.2139
2011	0.4790	2.7860	0.4997	−0.0967	0.0548	0.2218
2012	0.3345	0.9467	0.3394	−0.0975	−0.3200	0.2833

资料来源：本研究整理所得。

---

①RCA 指数即显示比较优势指数，是指一国某种出口商品占其出口总值的比重与世界该类商品占世界出口总值的比重之间的比率。

②TC 指数即贸易竞争力指数，是一国进出口贸易的差额占出口贸易总额的比重。

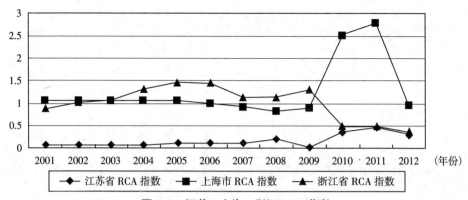

图 4-2　江苏、上海、浙江 RCA 指数

资料来源：本研究整理所得。

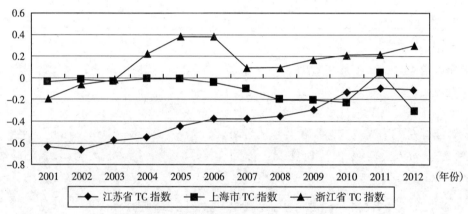

图 4-3　江苏、上海、浙江 TC 指数

资料来源：本研究整理所得。

由表 4-4、图 4-2、图 4-3 可知，江苏 RCA 指数从 2001 年的 0.0800 上升到 2012 年的 0.3345，上升趋势明显；上海 RCA 指数从 2001 年的 1.0650 下降到 2012 年的 0.9467，一直高于江苏省；浙江 RCA 指数有些波动，近两年有所下滑，但仍高于江苏。从 TC 指数来看，江苏 TC 指数虽然一直在上升，但还是落后于浙江和上海。

4. 服务贸易与货物贸易发展不协调

江苏货物贸易发展快、规模大，占全国货物贸易总额的比重也在不断增加，但服务贸易占全国服务贸易总额比例较小。

由表 4-5 可知，江苏货物贸易总额由 2000 年的 432 亿美元上升到 2012 年的 5391 亿美元，占全国货物贸易总额比重由 9.92% 上升为 13.94%；江苏服务贸易总额由 2000 年的 12 亿美元上升到 2012 年的 521.5 亿美元，占全国服务贸易总

表 4-5　江苏货物贸易、服务贸易占全国的比重

年份	江苏货物贸易额（亿美元）	中国货物贸易额（亿美元）	江苏服务贸易额（亿美元）	中国服务贸易额（亿美元）	江苏货物贸易占比（%）	江苏服务贸易占比（%）
2000	432	4355	12	660	9.92	1.79
2001	480	4668	15	719	10.29	2.10
2002	656	5674	21	855	11.56	2.41
2003	1050	7745	23	1013	13.55	2.26
2004	1584	10414	31	1337	15.21	2.34
2005	2132	12852	46	1571	16.59	2.94
2006	2616	15811	59	1917	16.54	3.09
2007	3218	19531	76	2509	16.48	3.01
2008	3611	22884	105	3045	15.78	3.45
2009	3094	19730	143	2868	15.68	4.97
2010	4183	26285	229	3624	15.91	6.32
2011	5067	32230	331	4191	15.72	7.90
2012	5391	38670	521.5	4710.8	13.94	11.07

资料来源：《江苏统计年鉴》。

额比重由 1.79% 上升为 11.07%。相比而言，江苏服务贸易占全国的比重与货物贸易有较大差距。

5. 服务贸易地区发展不平衡

江苏总共有 13 个地级市，分别是南京、无锡、徐州、常州、苏州、南通、连云港、淮安、盐城、扬州、镇江、泰州、宿迁。其中，服务贸易比较发达的地区为南京、苏州、无锡，这三个市占据了江苏服务贸易的大部分份额。

表 4-6　江苏省 2005~2012 年各地区服务业总产值

单位：亿元

地区＼年份	2005	2006	2007	2008	2009	2010	2011	2012
南京	1150	1352.1	1616.6	1922.6	2170.1	2662.8	3220.3	3846.5
无锡	1056.1	1271.4	1532.5	1797.6	2061.6	2479.5	3027.3	3420.8
徐州	431.8	518.5	631	781.9	891.5	1168	1438.4	1666.9
常州	450	564.3	704.2	865.7	997.9	1260.6	1518.3	1742.8
苏州	1365.6	1646.6	2100.2	2689.7	3049.6	3820.8	4576.2	5309.1
南通	491.1	620.6	765.9	923.2	1028.5	1289.2	1570.9	1823.5
连云港	184.4	216.6	255	304.7	351	465.4	551.5	635
淮安	190.6	234.1	290	360.2	399.3	545.4	672.6	783.7
盐城	347.1	409.4	484.2	574	663.3	863.1	1047.6	1191.8
扬州	343.8	395	480.5	587.6	670.2	838.3	1018	1173.3
镇江	310	373	463.1	543	623.7	785.1	938.4	1094.3
泰州	288.6	349.5	415.6	494.6	584.6	770.3	940	1075.1
宿迁	124	156.6	193.3	243.7	284.4	398	496.6	578.4

资料来源：《江苏统计年鉴》。

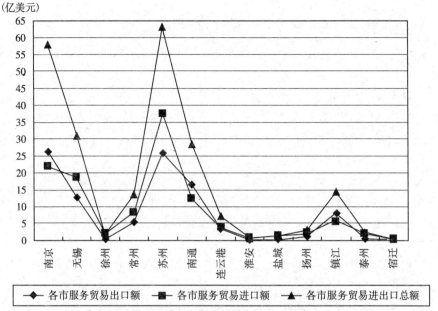

图 4-4　2012 年江苏省各地级市服务业产值

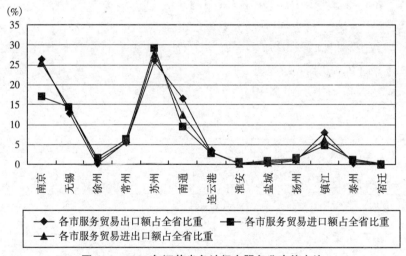

图 4-5　2012 年江苏省各地级市服务业产值占比

　　由表 4-6、图 4-4、图 4-5 可知，2012 年服务贸易出口额、进口额、进出口总额，苏州、南京、无锡基本分列全省前三名，进出口总额占全省服务贸易的比重为 66.6%，这反映了全省服务贸易区域分布的不平衡。

（二）2011 年江苏服务贸易发展特点

根据江苏省外汇管理局国际收支平衡表（BOP）数据显示，2012 年，全省服务贸易进出口总额为 520.8 亿美元，比 2010 年增长 57.2%，占全省货物贸易的比重达 4.4%，比上年下降 1.4 个百分点，全年服务贸易逆差 50.8 亿美元。2012 年，江苏全省出口 235 亿美元，同比增长 57%；进口 285.8 亿美元，同比增长 57.4%。全省服务贸易运行呈现四个特点：

1. 服务贸易继续保持高速增长

2011 年，全省外贸增速稳中趋缓，对外贸易进出口总额为 5480.9 亿美元，比 2012 年增长 1.6%，其中出口 3285.63 亿美元，同比增长 5.1%，进口 2195.57 亿美元，同比下降 3.35%。服务贸易继续保持高速增长，发展速度远远快于同期货物贸易，占全省对外贸易的比重由 2010 年的 4.7% 上升至 2012 年的 9.5%。虽然服务贸易在对外贸易中的占比依然偏低，但从发展趋势和潜力来看，服务贸易年均增长率已经成为"十二五"期间江苏经济转型升级中的一个重要指标，在调整产业结构、转变外贸增长方式中，服务贸易担负着越来越重要的角色。

2. 服务贸易结构持续优化

2012 年，全省服务贸易传统优势行业地位得到进一步巩固，但占比有所下降，同时以商业服务为代表的现代服务贸易发展迅猛，占比不断扩大。以旅游服务贸易为例，全年旅游外汇收入 63 亿美元，同比增长 29.2%，占全省服务贸易总额比重由 2010 年的 11.0% 下降到 9.8%；商业服务增加值 1415.19 亿元，同比增长 59.6%，占全省服务贸易总额比重由 2010 年的 62.6% 上升到 69.2%，提升了近 7 个百分点。

表 4-7　2007~2012 年江苏省旅游业和商业服务业发展情况

	2007	2008	2009	2010	2011	2012
旅游外汇收入（亿美元）	34.69	38.8	40.16	47.83	56.53	63.00
商业服务业增加值（亿元）	408.31	504.89	555.72	868.34	1191.29	1415.19

资料来源：江苏省商务厅：《江苏服务贸易发展报告》。

3. 服务外包增势强劲

2012 年，全省服务外包合同总额 612.9 亿美元，比 2011 年增长 3.82 倍，其中离岸合同金额 118.5 亿美元，同比增长 53.6%；全省完成服务外包执行总额 465.7 亿美元，同比增长 3.46 倍，其中离岸执行金额 97.8 亿美元，同比增长 53.3%；全省服务外包企业数量达到 6524 家，服务外包从业人数 84.27 万人。江苏服务外包业务主要集中在软件外包及信息服务、动漫创意、生物医药、工业设计、金融服务等重点领域，外包业务以南京、无锡、苏州三市为主要支撑，占全省服务外包比重达 93.2%。

4. 区域发展仍然不平衡

从区域发展情况看，由于各地服务业发展的基础不同，区域发展不平衡较为突出，苏南板块遥遥领先，苏中和苏北地区的服务贸易明显落后。苏南五市完成服务贸易额 265.9 亿美元，占全省服务贸易总额的 80.3%，苏中、苏北累计完成服务贸易额 65.3 亿美元，占全省比重的 19.7%。其中，苏州和南京两市完成服务贸易额分列全省第一位和第二位，分别为 97.6 亿美元和 75.9 亿美元，两市服务贸易额占全省半壁江山，达 52.4%，显现极化发展特征。常州市服务贸易总额同比增幅最大，达到 108.6%。

二、制约江苏服务贸易发展的问题剖析

（一）重货物贸易轻服务贸易

江苏贸易大省的地位主要来源于货物贸易的发展及其在全国的地位，相比货物贸易而言，服务贸易在全国所占比重远远低于货物贸易在全国所占的比重。2011 年，江苏货物贸易额与服务贸易额之比约为 16.3∶1，同期，中国货物贸易额与服务贸易额之比约为 8.7∶1。显然，在服务贸易与货物贸易的匹配程度上，江苏大大低于中国平均水平，存在着服务贸易与货物贸易的发展不协调。

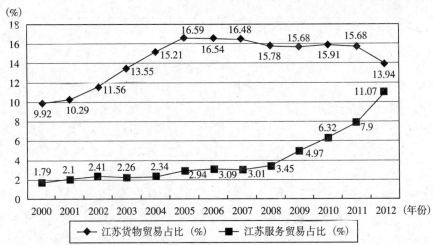

图 4-6　2000~2012 年江苏货物贸易总额、服务贸易总额分别占全国比重

资料来源：根据《江苏统计年鉴》计算整理得出。

江苏货物贸易与服务贸易发展不协调有多种原因。长期以来重生产、轻流通，重制造、轻服务的思想根深蒂固，江苏对外开放也多倾向于第二产业，外资大都投向第二产业，服务产业及其贸易的开放程度也远低于工业生产领域与货物贸易。因此，江苏第二产业基础好，加工贸易占 50% 以上，有些地区甚至达到80%。相比之下，江苏服务业发展跟不上制造业发展的需求，现代服务业的发展比较滞后，在产业内部，高技术含量、高附加值的产业份额还有待进一步提升。

由于重制造轻服务，经过 20 世纪 90 年代初期的产业结构调整，江苏产业结构由"二、一、三"转变为"二、三、一"。目前，江苏省正处于工业化进程的重要阶段，第三产业的比重低于第二产业。

表 4-8　江苏省三大产业的占比情况

单位：%

年份	江苏三大产业占比			中国三大产业占比		
	第一产业	第二产业	第三产业	第一产业	第二产业	第三产业
2002	10.5	52.8	36.7	13.7	44.8	41.5
2003	9.3	54.6	36.1	12.8	46.08	41.2
2004	9.1	56.3	34.6	13.4	46.2	40.4
2005	7.9	56.6	35.6	12.1	47.4	40.5
2006	7.1	56.5	36.4	11.1	47.9	40.9
2007	7.0	55.6	37.4	10.8	47.3	41.9
2008	6.8	54.8	38.4	10.7	47.4	41.8
2009	6.5	53.9	39.6	10.3	46.2	43.4
2010	6.1	52.5	41.4	10.2	46.9	43.0
2011	6.2	51.3	42.5	10.0	46.6	43.4
2012	6.3	50.2	43.5	10.1	45.3	44.6

资料来源：《中国统计年鉴》和《江苏统计年鉴》。

从表 4-8 的数据来看，江苏第二产业的比重高于全国平均水平。江苏产业结构在工业化过程中发生了较大的变化，自 2002 年以来江苏三大产业比例关系是第二产业大于第三产业，第三产业大于第一产业。2002~2012 年江苏省第一产业比重逐年下降，由 10.5% 下降至 6.3%，第三产业所占比重逐渐增大，但是仍然低于第二产业所占比重，2002 年三大产业比例关系是 10.5:52.8:36.7，2012 年调整为 6.3：50.2：43.5。与全国平均水平相比，江苏 2012 年第三产业占比水平与全国 2002 年第三产业占比水平相当。虽然与我国总体平均水平的差距由 2002 年的4.8 个百分点缩小到 2012 年的 1.1 个百分点，但是第二产业的比重仍然高于全国平均水平。

江苏第二产业比重较高，近年稳定在 50% 以上；第三产业比重总体呈上升的趋势，但是速度比较慢，自 2002 年以来，仅提高了 6.8 个百分点，2012 年占比为 43.5%。江苏省第二产业长期居于高位，表明江苏省的经济增长主要是依靠第二产业的拉动，对第二产业的依赖程度较高。以服务业和高新技术产业为代表的第三产业的发展受到一定程度的抑制。

由于服务产业、服务贸易的发展没有引起足够的重视，服务贸易的巨大发展空间还没有被充分挖掘出来，形成了服务贸易发展的相对落后。

（二）服务业创新能力不足

服务业创新能力的提高是服务贸易发展的关键，服务业比其他产业更依赖内在的创新活动。服务业创新能力包括知识创新能力、产品与服务的创新以及服务业体制的创新。知识创新能力是服务业创新的重要保障，产品与服务的创新是核心，服务业体制的创新是服务产品价值得以外化的重要条件，是使服务业国际化的关键。在现代方式下，服务贸易并不仅仅取决于自然资源，更重要的是要将这些自然资源转化为现实的产品，这个转化过程就需要不断进行创新。

服务业的创新重点在于生产性服务业的创新。目前，生产性服务业的技术进步与创新已经成为整个产业链技术进步与创新的源泉，对整体经济的技术进步和创新越来越具有关键性作用。江苏应围绕制造业升级，重点发展与制造业配套的现代金融、现代物流、科技服务、信息服务、商务服务等生产性服务业，实现现代服务业发展提速、比重提高和结构优化。逐步使服务业由制造业追随型向自主扩张型转变。从生产性服务企业来看，商业模式创新成为当代服务创新的新内涵，包括供应链、运营、销售渠道、服务方式、盈利模式等方面的综合创新，是企业成功的关键。

"十二五"时期，江苏率先建设基本现代化的特征更加明显，创新驱动的发展态势日益增强。充分发挥产业基础扎实、科技实力雄厚、教育资源丰富、劳动力素质较高的优势，大力发展创新型经济，将成为这一时期最显著的特征，推动江苏经济发展进入以创新驱动为主的新阶段，进而实现江苏经济第三次战略转型——由集体经济、开放型经济向开放型服务经济转变。

（三）缺乏龙头企业，难以引领"走出去"

服务企业是服务业发展的支撑，服务企业强则服务产业强。江苏全省服务企业中，规模在 300 万元以下的占 80%，"小"、"散"、"弱"的现象比较普遍。由于江苏服务企业多而不强，有高地少高峰，缺乏在全国有影响力、竞争力的龙头企业，难以"走出去"参与国际市场竞争。

（四）缺乏高素质的服务贸易人才

服务贸易是知识、技术密集型产业，目前正处于由劳动密集型向技术人才密集型转变的发展过程中。服务行业在很大程度上是一种通过人的智力完成服务的过程，服务业发展需要大批专业扎实、高素质的技术与管理人员，从业人员的素质直接关系服务贸易的质量和发展效益，对于服务贸易的发展起着关键作用。

2012 年，江苏省的就业构成中三次产业的比例关系为 20.8：42.7：36.5，而 2012 年全国三次产业的就业比例为 33.6：30.3：36.1，第三产业成为吸纳劳动力、创造就业机会的第一主力。相比而言，江苏省并没有更好地发挥第三产业的就业功能。

随着服务贸易的发展，对人才的需求不仅表现为对传统的专有流程人才（如金融、财务、人力资源等）的需求，还表现为对特定管理等方面的管理人才的迫切需求。江苏服务贸易进出口额大部分的贡献主要是运输、其他商业服务和咨询等领域，这些传统服务业在进出口中占据主要地位，以信息技术为基础的保险、广告、金融、电影音像等新兴服务业比较薄弱。虽然服务贸易就业人数增长迅速，但从业人员素质不高，经过专门训练和培养的人员所占比例极低。在传统服务业中，服务提供者只需具备一般的文化素质或经过简单培训后就可以上岗，加之对服务专业人才的培养不够重视，导致目前服务行业从业人员的素质普遍不高。熟悉并从事服务贸易的研究人员、工商企业家、金融家、会计师、审计师、律师和工程承包商等人才，尤其是高端人才大量缺乏，行业中高级管理人才的培育大大滞后于基础人才和纯技术人才的发展水平。然而这种人才供给状况并不能适应现代服务业的迅速发展，这在一定程度上削弱了江苏在全国乃至国际上的竞争力。因此，如何保证培养高质量的专门性人才成为江苏发展服务贸易亟须解决的问题。

（五）政策环境不够宽松，扶持力度不够

在我国社会主义市场经济体制的大环境下，政府在服务贸易发展过程中发挥了特殊的作用。从 20 世纪 90 年代初开始，党中央、国务院先后三度出台了关于服务业发展的政策文件。在国家政策的指导下，关于促进服务业跨越发展的政策意见不断推出。江苏在"十二五"规划中为了更好地推动服务贸易发展，制定了《江苏省服务贸易"十二五"发展纲要》等系列政策与措施，但政策创新不够，对服务企业尤其是知识密集型企业的政策倾斜与扶持力度有限，有关服务贸易发展的财政、信贷等优惠措施还十分欠缺。

（六）服务贸易保障机制不健全

在法律方面，服务贸易立法不够健全。我国的服务贸易立法与国际发达国家相比，长时间处于滞后的状态，并没有积极地发挥法律对于服务贸易发展的促进作用，甚至存在着由于立法不健全而深受贸易壁垒等贸易争端问题的困扰。近年来，我国服务贸易立法有了较大改观，目前已经陆续颁布了一些重要的有关国际

服务贸易领域的法律、法规，如《中华人民共和国对外贸易法》、《保险法》、《中央银行法》、《商业银行法》、《反不正当竞争法》等。这些法律、法规在构建真正适应我国市场经济和国际通行规则需要的统一开放、有序竞争、规范管理的服务贸易体制过程中起了重要作用。然而，我国有关服务贸易相当一部分的法律仍处于空白状态，尚未形成一个关于服务业的一般性法律，并且还存在着各职能部门的规章和内部文件与国际运作惯例不符合的情况，这严重影响了我国服务贸易立法的统一性和透明性，并进而阻碍了服务贸易的结构优化与深入发展。

在管理体制方面，服务贸易管理体制滞后。我国在对外服务贸易管理方面仍有许多缺陷，中央和地方在服务业国际贸易政策和规章上存在差异性，缺乏统一的促进服务贸易发展的协调管理部门。这种体制使得服务贸易的战略发展规划、服务贸易立法、服务贸易业态划分标准、服务贸易统计制度等涉及服务贸易发展的重大事项一直未能得到研究落实。服务贸易发展政策缺乏透明度，各有关职能部门在服务贸易方面上实行多头管理，容易造成责任不明确、交叉和条块分割、经营秩序混乱以及行业垄断。同时，部门协调机制较差，各个行业之间相互脱节，连锁效应微弱，不能促成服务业与其他产业之间形成相互促进的良性循环。

江苏服务贸易发展同样受到立法不健全、管理体制落后的制约。因此，需要加大改革力度，消除体制性障碍，为服务业与服务贸易的发展奠定制度保障。需要推进市场化、社会化、产业化进程；打破所有制分割和行业垄断，合理引导民资、外资参与服务业企业的改组改造；通过兼并、联合、上市、重组等形式，发展一批以品牌为龙头、资本为纽带，跨地区、跨行业的现代服务企业集团。

三、江苏服务贸易发展的经验路径

进一步落实省委省政府提出的"服务贸易提速计划"，紧紧围绕加快转变发展方式这根主线，加大结构调整力度，积极实施"三六九工程"，以大力发展文化贸易和服务外包为重点、以载体建设和境内外展会为抓手、以服务外包政策的延伸为手段，大力发展服务贸易，实现现代服务业快速崛起，传统服务业继续巩固，服务贸易结构持续优化，为江苏由制造大省向服务大省转变做出贡献。

（一）夯实服务产业基础

1. 发展现代生产性服务业

进入 21 世纪以来，江苏制造业快速发展，增加值由 2000 年的 2356.34 亿元增加到了 2012 年的 22393.82 亿元，增长 8.5 倍，年均增长率为 20.6%。2012 年，江苏制造业增加值占全省 GDP 的比重为 41.43%，占全省工业增加值的比重为 93.66%，占全国工业增加值的比重为 11.88%，占全球制造业增加值的比重约为 2.28%。同时，江苏制造业的总量已经跃居全国第一位。[①] 江苏正积极利用制造业发达这一显著优势向"服务型制造"转型，积极发展现代生产性服务业，推进制造业服务化。2012 年，全省生产性服务业实现增加值 9500 亿元，高于地区生产总值增速 3.8 个百分点，占地区生产总值的比重达到 17.6% 左右。全省已经形成由多种所有制、不同经营规模和服务模式构成的企业群体，具备了较强的核心竞争力和多功能、综合性、一体化的服务能力。

2. 建立现代服务业集聚区

截至 2012 年，全省已重点培育建设了 100 家省级现代服务业集聚区，其产业优势和集聚效应初步显现，共实现营业收入 3196 亿元，集聚企业 2.2 万家，从业人员 66.3 万人。并由此形成了以南京的金融、软件和科技服务，苏州的现代物流、风险投资，无锡的工业设计、物联网，常州的文化创意，扬州的旅游，连云港、南通的港口物流等为代表的一批优势特色产业。

（二）重点发展服务外包

1. 重点培养服务外包示范城市（区）

江苏省坚持将省、市服务外包引导资金向各级示范城市、示范区倾斜，所有国家级、省级、市级资金都用于示范城市、示范区的服务外包载体建设、平台建设、企业培育等。2007 年以来，江苏省共认定 6 个省级服务外包示范城市和 34 家省级服务外包示范区，初步形成不同的产业特色，集聚了全省 95% 的外包业务。江苏省南京、苏州、无锡三市还被认定为"中国服务外包示范城市"。目前全省建设的各类服务外包载体面积超过 2000 万平方米，载体功能逐步完善，涌现出南京雨花软件园、无锡 PARK 园、昆山花桥商务城等一批较为突出的特色园区。企业是产业的基础，我们加强引进和培育服务外包企业。截至 2013 年 4 月底，全省登记服务外包企业 6812 家，服务外包从业人数约 88.3 万人，两个指标分别占全国的三分之一和五分之一。2012 年底有 60 多家国际服务外包 100 强和国内服务外包 50 强企业在江苏省设立子公司、研发中心、接发包中心等。[②]

2. 大力开展境外服务外包市场开拓活动

组织服务外包代表团分别出访法国、澳大利亚、新西兰、美国、墨西哥、德国、瑞典等国家，积极宣传江苏服务外包的发展情况并大力吸引国外发包商来江苏开展业务，在生物科技、创意产业、医药行业、信息技术等方面取得了积极的

---

① 王志华、陈圻：《江苏制造业转型升级水平测度与路径选择》，《生态经济》，2012 年第 12 期。
② 参见《2012 年江苏省服务外包发展报告》。

成果。2011 年 5 月，省商务厅领导率江苏省新兴产业投资促进团出访澳大利亚、新西兰，参加"澳大利亚 CEBIT 信息及通信技术博览会"及其他交流对接活动。2011 年 10 月，江苏省生物医药服务外包代表团参加了"德国 2011 欧洲国际医药服务外包博览会"，并在瑞典开展了业务对接活动，还组团出访美国、墨西哥，参加了高特纳外包专业展会并开展业务对接活动。

3. 强化对服务外包示范城市、示范区建设的考核

从 2011 年 12 月开始，省商务厅分批分组对全省大部分服务外包示范城市、示范区进行了检查考核。通过听取各市商务局及园区领导汇报，全面掌握各市外包现状、所做的主要工作、存在的主要问题、努力方向及产业规划等；通过实地查看示范城市、示范区基础设施建设以及公共服务平台建设，了解各市服务外包发展水平。

（三）优化政策环境

政府部门对服务贸易高度重视，并为江苏服务贸易的发展提供了良好的政策环境。

1. 制定了服务贸易发展纲要

为了更好地推动服务贸易发展，江苏省制定了《江苏省服务贸易"十二五"发展纲要》，纲要提出，"十二五"期间全省服务贸易要努力实现双倍增长，2015年达到 600 亿美元，且结构不断优化、占对外贸易的比重不断提高。同时，规划了未来五年的工作任务和主要措施，提出了"三六九工程"的构想，并着重从组织体系、促进体系、统计体系和教育培训体系建设四个方面提出促进服务贸易发展的主要保障性措施。

2. 制定了"服务外包"相关政策

2011 年，江苏省商务厅与财政厅对《江苏省促进国际服务外包产业加快发展若干政策措施实施办法》进行了修订完善，于 11 月正式出台了《江苏省支持承接国际服务外包业务专项引导资金管理办法》。该管理办法立足江苏实际，以提升江苏外包综合竞争力为目标，坚持扶优扶强，大力培育本土领军型企业，优化江苏外包产业发展环境，围绕企业扶持、载体和平台建设、人才培训、境外市场开拓等方面进行重点支持，科学性、可操作性进一步增强，外包专项引导资金支持的重点更加突出。

2011 年 12 月初正式出台了《全省服务外包"十二五"发展纲要》。[1] 纲要对全省服务外包"十一五"期间发展情况、存在的困难和问题进行了客观科学的总结，分析了"十二五"时期服务外包发展面临的机遇和挑战，明确了"十二五"

---

[1] 参见《2011 年江苏省服务外包发展报告》。

发展思路和奋斗目标，提出了实现目标的六大工作举措，为进一步做好江苏服务外包产业明确了工作思路。"十二五"期间，江苏省服务外包产业发展的主要目标是：到 2015 年，全省服务外包接包签约金额和执行金额分别突破 300 亿美元和 250 亿美元，其中离岸外包执行金额超过 150 亿美元；培育 5 家出口超亿美元的服务外包龙头企业，10 家出口超 5000 万美元的基地型企业，200 家出口超千万美元的服务外包重点骨干企业；培养培训服务外包实用型人才 60 万人，吸引大学生就业 80 万人，服务外包从业人员数突破 100 万人。

根据国家鼓励发展服务外包产业的相关精神，结合江苏省国际服务外包产业发展的实际状况，2011 年 11 月正式出台了《江苏省支持承接国际服务外包业务专项引导资金管理办法》（苏财规〔2011〕46 号）。该管理办法立足江苏实际，以提升江苏外包综合竞争力为目标，坚持扶优扶强，大力培育本土领军型企业，优化江苏外包产业发展环境，围绕企业扶持、载体和平台建设、人才培训、境外市场开拓等方面进行重点支持。

制定了各项扶持资金政策。根据财政部、商务部《关于做好 2011 年度支持承接国际服务外包业务发展资金管理工作的通知》的要求，江苏省商务厅和财政厅联合组织全省服务外包企业、服务外包人才培训机构，针对公共平台、人才培训、外包企业国际资质认证等几个项目进行资金申报，最终财政部核定并拨付江苏省 10585 万元。江苏省成为获得国家级外包资金最多的省份，所获资金超过本次全国外包业务发展资金拨付总额的 1/6。2011 年 5 月启动了 2009 年度省外包引导资金补充申报工作，11 月启动了 2010 年度外包资金引导资金申报工作，两批共落实资金约 1.85 亿元。

3. 出台了专项资金支持政策

2010 年发布的《江苏省商务发展专项资金支持外经贸转型升级实施细则》指出：全省各类企业参加境外进出口商品或服务贸易展销会，对其摊位、展品运输等费用给予补助，补助标准为省自办展 80%、重点组织展 70%、推荐展 60%；海关统计出口 4500 万美元以上（含 4500 万美元）的各类企业自行参加市场化运作的境外进出口商品或服务贸易展销会，按不超过摊位费支出的 50% 予以支持。

（四）突出了服务贸易促进工作

1. 建立了江苏省服务贸易发展联席会议制度

2011 年 6 月 15 日，江苏省服务贸易发展联席会议第一次会议在省政府召开。联席会议制度的建立，健全了工作协调机制，明确了职责分工，进一步加强了对全省服务贸易工作的组织领导。会议还通过了《江苏省服务贸易"十二五"发展纲要》，为今后的服务贸易工作理清了思路、确定了目标。

2. 举办大型活动

（1）苏港现代服务业合作推介会。由江苏省人民政府主办，省商务厅牵头并联合省发改委等部门共同承办的"苏港现代服务业合作推介会"于 2011 年 7 月 28 日在香港成功举办。此次推介会是苏港两地第一次合作举办的现代服务业推介活动。大会取得了丰硕成果，现场共签署了 34 个苏港合作文件，包括 12 个苏港两地政府和相关机构签署的合作备忘录，22 个苏港双向投资合作项目，投资总额达 90 亿美元，此外，金融专场和 11 个省辖市专场活动共签署合作项目 168 个，累计金额 308 亿美元。

（2）第六届中国服务外包合作大会。2013 年 6 月 26~28 日在中国南京举行，前五届大会吸引了来自美国、日本、加拿大、英国、法国、荷兰、韩国、新加坡、印度等 25 个国家和地区的 2000 多家服务外包企业参会。在经济全球化进入服务业全球化的背景下，本届大会以"新技术、新模式、新机遇"为主题，围绕云外包、电子商务、移动互联网、物联网等新兴领域的发展契机，通过举办高峰论坛、圆桌会议、对接洽谈、专题研讨等系列活动，打造集政府研讨、行业评议、业务对接、国际合作为一体的品牌国际服务外包合作平台。

3. 完善了三个工作平台

（1）建好城市家政服务网络平台。指导南京、南通等城市按照《家政服务网络中心建设规范》的要求，开展家政服务网络中心的标准化建设和提档升级，完善服务设施，增强服务功能，扩大服务范围，提升服务水平，建立和完善"96180"咨询服务热线，以此带动全省家政服务业规范化、连锁化、产业化发展。

（2）加快推进电子口岸平台建设。2011 年，江苏电子口岸一期平台建设取得了突破性进展，海关总署同意江苏"报关报检"、"加工贸易联网管理"，国家质量监督检验检疫总局同意江苏开展"一次录入、多次申报"试点工作，为深化电子口岸建设提供政策保障。

（3）搭建培训交流平台，有效培养服务贸易相关人才。2011 年，服务外包人才培训工作不断推进。在 2008 年认定 15 家省级人才培训基地的基础上，经过单位申报、专家评审、实地考核等环节，年初与财政厅联合认定了 20 家省级外包人才培训基地，至此全省外包人才培训基地达到 35 家。同时，积极启动全省服务贸易培训计划，先后举办了新加坡、德国服务贸易专题培训班，组织各市商务局、服务贸易企业的负责同志参加培训。

4. 积极推动三大区域性国际商务中心建设

按照《江苏省服务贸易"十二五"发展纲要》的要求，推动南京、苏州、连云港三个区域性国际商务中心建设，经多次专题调研，形成了《加快建设南京区域性国际商务中心研究报告》、《建设苏州区域性国际商务中心调研报告》、《加快建设连云港区域性国际商务中心研究报告》三个专题调研报告。同时，充分利用

2011 年 4 月南京、苏州被商务部列入第二批落实 CEPA 示范城市，2011 年 6 月在南京举行的第四届中国国际服务外包合作大会，2011 年 7 月在中国香港举办的苏港现代服务业合作推介会等一系列平台，推介全省三大区域性国际商务中心建设。

5. 高度重视知识产权保护工作

着力促进服务贸易和服务外包领域的知识产权工作，帮助重点行业和重点企业建立项目管理与监督机制，加强员工的知识产权教育与培训，强化企业已有核心技术知识产权的保护，完善企业自主知识产权管理体系；强化展会知识产权保护，制定知识产权管理工作方案；继续加强知识产权联络点建设。根据商务部要求，建立知识产权海外维权重点联系企业制度，推荐江苏相关企业进入商务部知识产权海外维权重点联系企业库。

6. 促进企业更大步伐"走出去"，更高质量"引进来"

全面落实《2011 年江苏省商务厅贸易促进计划》，对境内外展会实行动态分类管理。省商务厅重点组织全省部分企业参加了德国汉诺威信息及通信技术博览会，法国昂西动漫节、戛纳电影节，美国高特纳全球外包峰会，欧洲国际医药服务外包博览会，国际视听、通信集成设备与技术展览会，第十届国际现代化中医药及健康产品展览会暨会议，苏台物流暨自动识别展，第九届中国软件和信息服务交易会等，均取得了积极成效。

（五）挖掘人才资源优势

江苏省目前已基本普及高中阶段教育，高等教育毛入学率达到 40%，高于全国 16 个百分点。现拥有普通高等学校 128 所，其中本科院校 46 所（部委属 10 所，省属 29 所，市属 4 所，民办 2 所，中外合作 1 所），高职高专学校 82 所（省属 37 所，市属 21 所，民办 23 所，中外合作 1 所），"211 工程"全国重点大学 11 所，国家级示范性软件学院 2 所。在校大学生 177 万人，在校职校生 170 万人，均居全国第一。目前，全省共建立企业院士工作站 142 个、博士后工作站 621 个、工程技术研究中心 592 个，省级以上科技孵化器面积达到 941 万平方米，各级设立创投机构 160 家，资金管理规模达到 300 多亿元，省级科技成果转化专项资金每年达到 10 亿元。2010 年，江苏人才资源总量 800 万人，其中各类专业技术人才 421.5 万人，从事研发人员 36.9 万人，仅次于广东，居全国第二位，具有高级专业技术职称或研究生学历的高层次人才 40 万人，居全国前列，人才总量呈逐年上升趋势。

目前，江苏全省经营性人力资源服务机构共 4027 个，总数居全国之首。在全省 4027 个经营性人力资源服务机构中，人才中介服务机构 385 个，职业中介机构 3642 个，专职从业人员已超过 3 万人，80%以上具有大专以上学历，90%以上持有职业资格许可证。经营项目主要包括人力资源中介、人才（劳务）派遣、人事代理、劳动保障事务代理、流动人员档案管理、人力资源培训、人才测评、猎头、人力资源服务外包等。人力资源服务机构的存在也保证了江苏省人力资源能得到充分利用。

为了使服务外包企业能更好地利用服务型人才资源，省商务厅和教育厅联合举办了"江苏省2011年服务外包创新人才引进暨高校毕业生专场招聘会"、"江苏省服务外包人才培养校企对接会"以及"江苏省服务外包人才培养试点高校校企交流推进会"，组织重点外包企业校园行活动。另外，在2010年启动第二批省级服务外包人才培训基地申报工作的基础上，2011年初，商务厅与财政厅又联合认定了第二批共20家省级国际服务外包人才培训基地。

四、促进江苏服务贸易发展的对策建议

（一）推进服务业集聚区建设，大力发展生产性服务业

生产性服务业是介于第二、第三产业之间的"2.5产业"，是近年兴起的全新概念，既有服务、贸易、结算等第三产业管理中心的职能，又具备独特的研发中心、核心技术产品的生产中心和现代物流运行等第二产业运营的职能。作为实体经济主体的制造业是生产性服务业发展的基础，为生产性服务业提供巨大的市场空间，而生产性服务业以其高度的创新性、广泛渗透性、深度产业关联性和效率倍增性等优势，支撑和促进制造业优化升级。利用制造业发展对生产性服务业的需求来促进现代服务业的发展，通过制造业产业链的延伸来支撑现代服务业的发展。

1. 加快生产性服务业集聚区的培育

规划和建设现代服务业集聚区是推进江苏服务业发展的重要载体，也是江苏生产性服务业发展的重要平台和抓手。现代服务业集聚区是以某一服务产业为主体，相关服务产业相配套，产业特色鲜明，空间相对集中，具有资源集合、产业集群、服务集成功能，现代服务业集聚度达到一定水平的区域。加快发展生产性服务业集聚区，首先，要发挥工业开发区产业优势，建设现代物流、科技研发、软件信息、创意设计等现代服务业集聚区，强化生产服务配套功能，形成集群分布、分工明确、互相支持的完整产业链，促进生产制造和生产服务共同发展。其次，立足各类交通枢纽，构建快速便捷、货畅其流的集疏运体系，推进现代物流和产品交易市场集聚区建设。再次，依托城市存量资产，结合城市功能定位，发

展商务服务、创意设计等高端服务业集聚区。最后，建立完善金融、会计、审计、会展等商务类平台，信息咨询、产权交易、检验检测等技术类服务平台，推动服务、资源和信息共享，促进集聚区提档升级。

2. 充分利用现代信息技术，发展生产性服务业

生产性服务业要实现对工业制造业资源配置效率的提高，信息技术能起到非常重要的作用，信息化对生产性服务业的促进作用主要表现为：一是信息资源可直接转化为收益，如生产性服务业中就有信息技术服务业；二是信息化可大大节约交易成本，促进产品创新，为客户提供更好的服务，如绝大部分的金融产品创新都极度依赖信息技术；三是信息化能大大提高生产性服务业的服务能力，利用信息技术，对客户行为进行分析，使提供的服务更具有针对性；四是信息化能帮助生产性服务业进行全球化、网络化拓展。信息化与生产性服务业这种天然的联系，决定了生产性服务业的快速发展必须充分利用信息技术和信息网络。

（二）优化江苏服务贸易结构

1. 合理布局，各地区服务贸易协调发展

根据江苏服务贸易区域发展的特点，在省内服务业发展空间布局中，要因地制宜，统筹协调，认真规划，合理布局，发挥各地特色，扬长避短，为服务业整体推进创造条件，在国际竞争中不断壮大实力。

首先，苏南地区要继续发挥示范作用，帮助后发地区发展；苏中地区要加强与苏南地区的联系与合作，积极参与以上海为龙头的长江三角洲的产业分工，加快与苏南经济一体化进程，苏北等欠发达地区要发挥自己的后发优势，按照市场需求的导向，重新定位产业存量优势和资源开发价值，借鉴先进地区的发展经验，使该地区的资源经济和技术经济联动发展。其次，省政府要平衡对各地区服务业的资金支持力度，加大对苏北、苏中地区的资金支持，同时省政府要出台相应措施，鼓励民间资本和外资向苏北、苏中地区倾斜，保证苏北、苏中在服务业发展上资金的充足。最后，加强地方政府管理理念和管理形式的创新。树立服务理念，大力发展教育，提供人力与智力支持。结合苏北实际，加大对服务人才的培养，为服务贸易的发展奠定坚实的人才基础。

2. 发展新兴服务业，改善服务贸易行业结构

根据服务业各部门对要素投入的需求特征，我们通常认为传统服务业属于劳动力密集型或者资本密集型，如旅游、运输、建筑、政府服务等；而现代服务业的核心是以信息技术服务为主体的生产性服务。江苏服务业优势主要集中在运输、咨询、其他商业服务这三大传统服务业，2008 年仅此三项就占到服务业总额的 76%。而占全球服务贸易量较大的金融、保险、计算机信息服务、广告宣传和电影音像等技术密集和知识密集型的高附加值服务行业占比较低，2008 年不

足 10%。作为我国工业大省，江苏应该依托工业化进程较快、居民收入和消费水平较高的优势，大力发展现代服务业，促进服务业升级换代。大力发展现代服务业，必须明确任务，突出重点。一是加快发展信息、金融、保险以及会计、咨询、法律服务、科技服务等商务服务行业，促进服务业行业结构优化。二是积极发展文化、体育健身、旅游、教育培训、社区服务、物业管理等需求潜力大的产业。不断拓展新的服务领域，加快发展计算机和软件服务业、创意服务业、动漫服务业、会展服务业等。三是运用现代经营方式和信息技术改造提升传统服务业，推进连锁经营、特许经营、物流配送、代理制、多式联运、电子商务等组织形式和服务方式的发展。

（三）加快重点行业服务贸易发展

江苏省"十二五"规划纲要提出，积极推进服务贸易出口，加快发展信息技术、动漫设计、服务外包和物流服务等新型服务贸易。培育扶持一批与江苏优势企业、新兴产业密切相关的省内重点展会。

1. 大力发展服务外包

当代服务外包是产品内分工原理对服务业生产方式以及其他行业生产性服务投入进行重组和变革的产物，由此派生的服务流程国际转移正在推动形成服务全球化新潮流。近年出现国际服务外包进一步发展和重新布局的形势，为江苏改变这一领域相对落后的状态提供了难得的机遇。承接国际服务外包有助于提高生产性服务流程效率，对进一步发展制造业具有积极作用。

"十二五"期间要抓住国际服务业加快转移的机遇，大力承接国际服务外包，提高江苏服务业发展水平，扩大服务贸易规模。支持服务外包企业取得国际认证和开拓国际市场，创建服务外包信息公共服务平台，完善服务外包知识产权保护体系。充分利用省委省政府加快发展服务业的相关政策，组织有实力的服务企业参加国际知名的服务外包项目配对展览会，主动走向国际市场承接各类外包业务。鼓励各地发展具有鲜明地方产业特色的服务外包产业，创建地方服务外包产业品牌，重点促进软件开发、医药研发、动漫创意、工业设计、供应链管理和金融后台服务六大服务外包产业集群加快发展。强化示范园区的服务功能，重点支持和引导各类技术支撑平台和信息服务平台建设，为服务外包企业提供更为优质的服务。按照国际化、规模化、集约化的发展模式，尽快在全省形成一批具有国际水准、品牌形象和产业特色的服务外包集聚园区。坚持离岸外包与在岸外包相结合，帮助江苏省企业积极开拓境内外外包市场。充分发挥江苏省外商投资企业众多的有利条件，促进在江苏省投资的跨国公司与江苏省服务外包企业的对接，鼓励江苏省外商投资企业将有关业务进行外包。进一步发挥各级服务外包企业协会力量，整合企业资源和力量，携手开拓国际服务外包市场。

2. 发展文化贸易

文化是软实力，地区之间、国家之间的竞争最终是文化的竞争。江苏省"十二五"规划纲要提出，把文化产业发展成为国民经济支柱产业。做大做强广播影视、出版发行、工艺美术、演艺娱乐等优势产业，加快发展创意设计、新兴媒体、移动多媒体广播电视、动漫游戏等附加值高的新兴产业，积极拓展基于数字、网络等高新技术的文化业态。

文化贸易中的文化服务是服务贸易的一个重要组成部分，文化生产和贸易具有高附加值的特点，能够加快国民财富积累、实现可持续发展，还能够向制造业提供丰富的文化附加值，为其他产业的外贸出口开辟广阔的道路，传播文化理念和生活方式，因此，发展对外文化贸易对提高服务贸易竞争力具有重要的意义。为实现江苏省文化贸易产业的整体实力提升，形成优势明显、特色突出的文化产业群，需要做到以下工作：首先，梳理完善全省重点文化贸易企业信息库，大力支持重点文化出口企业做大做强，积极组织文化企业开拓国际市场，鼓励文化企业打造自主品牌。其次，要加强文化贸易人才培养。文化产业是智力密集型的产业，人才是文化贸易发展的关键要素之一。因此，今后要加强文化贸易人才的培养，一方面可以在现有一些大学的传媒类、经济类专业中加设一些文化贸易类的课程或开设文化贸易专业；另一方面可以在现有从事文化产业和服务的人员中，选择一批有潜质的，通过培训等途径，将其培养成为具有国际视野的文化贸易人才。最后，坚持对外文化交流与对外文化贸易并举，拓宽对外文化贸易渠道。当代文化对外交流是一个内容更宽泛、层次更丰富的文化交流体系，需要在外交、文化、艺术、教育、科技、体育等部门之间建立横向合作，在对外文化交流中要有意识地加大对江苏文化产品与服务的宣传，通过深化对外文化交流来进一步提升江苏国际形象，促进文化贸易的发展。

3. 大力发展国际会展业

首先，针对目前江苏会展业存在管理不畅、主体弱小、产业链尚未完全形成等问题，政府要发挥积极引导作用，整合全省会展资源，协调各市、各部门开展行业内的协作，形成江苏省会展业发展的合力。其次，政府要积极引导和鼓励会展企业和各种展会，遵循市场经济规律，通过资源整合、信息共享和有序竞争等方式，进行战略重组，创办符合现代企业制度的会展企业，增强竞争实力。大力扶持会展主体，设立会展业专项基金，对会展主体举办的有发展潜力的大型国际展会给予资金支持，对会展主体引进国际性大型会展项目进行协调并给予政策扶持，对现有一些重复展会，通过结成联盟，整合提升，打造品牌展会。最后，充分发挥会展行业协会的桥梁纽带作用。积极推动会展行业协会发展，充分发挥会展行业协会的监管协调作用，配合政府加强对会展行业进行协调和监管。完善会展行业协会的功能，增强协会的权威性，提高行业协会的凝聚力和号召力，协助市场主体提升经营能力和创新能力，真正发挥行业协会的管理、自律和服务职能，提高行业整体素质，形成公平、有序、规范的竞争格局。

（四）推动服务业"引进来"与"走出去"相结合，打造"江苏服务"的整体品牌

服务业跨国转移和要素重组将成为新一轮国际产业转移的重点。推动服务业"引进来"与"走出去"相结合，强化国际服务领域的分工和协作，更好地实现互利共赢。在运输、金融、保险、设计、研发、医疗卫生服务和营销等行业引入战略投资者，加快江苏服务业的重组，鼓励外资参与软件开发、跨境外包、物流服务等，通过引进国际先进技术、管理形式和经营方式，促进服务业现代化，全面提升江苏服务业在全球生产网络和价值链中的位置。积极推动服务企业"走出去"，江苏服务业"走出去"要利用江苏制造业的优势，从制造业中寻找突破措施。几乎所有服务贸易出口大国，都有依托制造业出口拉动的经历。美国的计算机服务出口是由计算机出口拉动的，日本银行跟着日本的制造业走遍了全球。江苏是制造业出口大省，如何围绕制造业的优势，为制造业服务，帮助制造业更好地出口，将是一个巨大的服务贸易市场。江苏不仅可以提供一些常规的服务，甚至可以提供一些创造性的服务。

"江苏制造"已经为世界所熟悉，但"江苏服务"还处于起步阶段。提升现代服务业的规模和品牌，努力实现创新、融合、集聚和开放。鼓励并支持现代服务企业，尤其是电子商务服务、现代物流、服务外包、文化创意等产业，培育一批有品牌、有信誉、有影响力的优秀企业，加快培育服务龙头企业。通过多种形式创建"江苏服务"品牌，如国际服务贸易洽谈会、国际服务产品展示会、国际服务交易会等，通过这些形式推介"江苏服务"的整体品牌；政府部门也应积极创造良好环境，鼓励和引导企业积极开拓国际市场，培育服务品牌。

（五）完善服务业发展政策体系，营造政策环境优势

目前，江苏省已出台了系列政策，为服务业发展营造了良好的政策环境，有力促进了全省服务业与服务贸易的发展。今后，要专门进行政策创新研究，为加快服务贸易发展提供政策保障。要加大财政支持力度，首先，设立服务业发展的专项资金。目前，浙江、上海、广东等省市为支持服务贸易企业走向国际市场，参与国际竞争，纷纷设立了专项资金。为推动江苏省服务业发展，建议尽快设立江苏省服务业发展专项资金，专项资金可采用无偿资助或贷款贴息的支持方式，主要用于服务业特别是生产性服务业发展中的薄弱环节、关键领域和新兴行业。其次，除专项资金外，每年可从财政预算内再安排一定规模的资金，用于国家服务业发展引导资金的地方配套、高端产业功能区、服务业集聚区的公共平台、共

性技术平台和基础设计建设，奖励自主创新成果和开拓海外市场。

（六）加快服务贸易人才培养

做大做强"江苏服务"，最重要也最根本的是加快服务贸易人才培养。目前，服务贸易人才缺乏，如江苏要打造服务外包品牌，建立"江苏软件谷"，但服务外包人才培养体系存在诸多问题：一是由于高校的课程设置受教育部规定制约，很难根据服务外包市场需求开设课程。因此，大学生毕业通常不能直接进入服务外包企业工作。二是目前承担服务外包人才输送的主要是职业技术学院、国内培训机构，层次较低，这些机构不具备培育高端人才的条件。三是培训机构资金困难比较突出。为此，一要考虑给高校在课程设置上一定的自主权，让他们能够根据市场需要、就业需要创新课程设置；二要加强产学研合作，鼓励高校在企业、园区建立学生实训基地，实现零距离就业；三要推广学分互换机制；四要加强岗位培训，可给予企业一定财政补贴；五要鼓励发展服务外包培训机构；六要建立人才公共服务平台，国家要认定一批平台，为企业培训各类高级服务外包人才服务；七要积极引进领军人才，积极吸引海外留学人员归国创业。总之，要加快建立高校、服务外包企业、培训机构、行业协会共同协作的服务外包人才培养体系，可借鉴印度服务外包人才培养的经验，建立服务外包大学，解决人才匮乏问题。

参考文献：

1. 江苏省商务厅：《江苏省 2011~2015 年商务发展规划纲要》，2011 年。

2. 江苏省商务厅：《江苏服务贸易"十二五"发展规划》，2011 年。

3. 江苏省商务厅：《江苏省服务贸易发展报告》，2011 年。

4. 江苏省商务厅：《2011 年江苏省服务外包发展报告》，2011 年。

5. 王志华、陈圻：《江苏制造业转型升级水平测度与路径选择》，《生态经济》，2012 年第 12 期。

第二篇

珠三角区域篇

第五章 广东省及珠三角服务贸易发展研究

张庆霖[1] 屈韬[2] 廖东翊[3] 吴小慧[4]

一、广东对外服务贸易发展态势研究

(一) 广东服务贸易发展的概况与特点

受 2008 年国际金融危机的影响，近年来全球经济增长处于下行通道，世界经济的不确定性和外部需求的减弱给服务贸易的发展带来了不利影响。2008 年，我国服务贸易进出口总额为 3045 亿美元，2009 年则下降为 2867 亿美元，其后 2010 年、2011 年和 2012 年三年分别增长到 3624 亿美元、4191 亿美元，4706 亿美元，但是 2011 年、2012 年两年我国服务贸易增长速度分别下降到 15.6% 和 12.3%，是除 2008 年外近 10 年的增速新低，反映了世界经济和贸易形势仍然严峻。同时，2012 年，我国服务贸易逆差也再创新高，达到 905 亿美元。作为对外开放的前沿阵地，广东省的经济开放度一直处在全国各省市前列，在我国调整经济结构和外贸结构的大背景下，广东省服务贸易的发展保持了良好的势头，规模与结构逐步优化，显示出强大的发展潜力。

1. 服务贸易发展较快，规模有待进一步提高

近年来，由于国际金融危机的影响，广东省服务贸易增速波动较大，但规模

---

[1] 张庆霖：广东财经大学公共管理学院副教授，广东财经大学国民经济研究中心兼职研究人员。
[2] 屈韬：广东财经大学经贸学院，教授。
[3] 廖东翊：广东财经大学经贸学院，硕士研究生。
[4] 吴小慧：广东财经大学经贸学院，硕士研究生。

仍然呈现出不断扩大的势头（见图 5-1）。2007~2011 年，广东省服务贸易进出口总额由 407.4 亿美元增长到 619.9 亿美元，年均增长 11%，连续多年保持全国第三的位置。2011 年，广东省服务贸易进出口总额较 2010 年增速达到 21.4%，重新步入快速增长的轨道，其中出口 346.6 亿美元，同比增长 22.9%，进口 273.3 亿美元，同比增长 19.6%。但是与货物贸易相比，广东省服务贸易规模还是明显偏小。2011 年，广东省货物贸易进出口总额为 9134.8 亿美元，继续保持占全国 1/4 份额的外贸第一大省地位，其中出口 5319.4 亿美元，增长 17.4%，进口 3815.4 亿美元，增长 15%。从规模上看，服务贸易不及货物贸易的 7%，显示出服务贸易发展明显滞后，与广东省经济大省、外贸大省的地位严重不符。

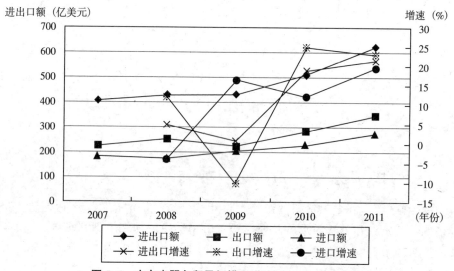

图 5-1　广东省服务贸易规模和增速（2007~2011 年）

2. 服务贸易收支持续顺差，显示出较强的国际竞争力

根据国际跨境收支统计数据，与全国服务贸易持续逆差的形势不同，近年来广东服务贸易与货物贸易一样，保持了持续的顺差。2011 年，广东服务贸易顺差额达到 73.3 亿美元，是全国为数不多的几个服务贸易顺差省份，也是第一大服务贸易顺差的省份，且远远领先于第二名的浙江省，这也从一个侧面反映出广东省服务贸易较强的国际竞争力。广东省服务贸易的巨额顺差形成的重要原因在于中国香港服务供应链模式在珠三角地区的延展。众多的供应链服务管理环节从中国香港转移到珠三角，并呈现出集聚发展的态势。图 5-2 为广东历年服务贸易顺差额。

3. 服务贸易业态全面发展，现代服务业成为新热点

广东省在商贸流通、运输、建筑安装、国际旅游等传统服务贸易保持快速发展的同时，服务外包、计算机和信息服务等现代服务业也得到较好发展，成为了

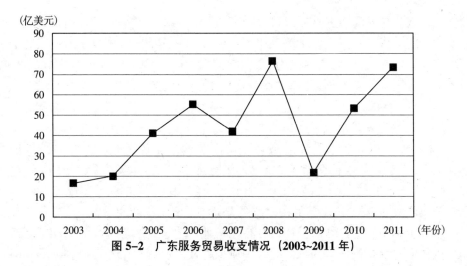

图 5-2 广东服务贸易收支情况 (2003~2011 年)

服务贸易发展的新领域。2011 年，广东省对外承包工程完成营业额 1034.2 亿美元，同比增长 12.2%，业务分布在 100 多个国家和地区；对外承包工程和劳务合作业务派出各类劳务人员 3.6 万人，累计在外各类劳务人员达到 4.3 万人，均位居全国第四位。广东省将服务外包作为服务贸易重点行业进行了大力支持，取得良好的发展成绩（见表 5-1）。2013 年广东省承接服务外包合同金额首次突破百亿美元大关，达到 106.54 亿美元，同比增长 31.3%，占全国总量达 11.2%；全省新增服务外包从业人员 20.7 万人。截至 2013 年底，广东省共有服务外包从业人员 84.3 万人，其中大学（含大专）以上学历 46 万人。在广东所有服务外包行业中，尤以软件与信息技术等高附加值服务外包发展最为迅速，业务流程外包发展势头良好，承接研发外包成为新热点。

表 5-1　广东省服务外包发展情况 (2009~2011 年)

年份	新增企业（家）	新增从业人员（人）	服务外包合同总额（亿美元）	同比增长（%）	服务外包执行总额（亿美元）	同比增长（%）	离岸合同总额（亿美元）	同比增长（%）	离岸执行总额（亿美元）	同比增长（%）
2009	192	52030	20.39	375	16.01	368	17.79	328	13.71	305
2010	421	182348	33.62	65	25.53	47	25.48	43	19.01	39
2011	269	136800	53.87	60	34.54	47	37.68	48	28.03	47

4. 贸易伙伴相对集中，市场分布多元化不明显

广东省主要依靠毗邻港澳的地缘优势发展服务贸易，特别是通过完善制造—服务产业链为外资企业进行服务配套，强化制造业企业与服务贸易企业之间的合作。由于合作的形式主要是外来投资的国外母公司与省内的制造业子公司之间的关

联交易，因此，目前广东服务贸易的伙伴与外资来源地、货物贸易伙伴高度雷同，相对集中于美国、日本、新加坡和中国香港等国家或地区，来自于上述市场的进出口贸易合计占到全省服务贸易总额的 60% 左右，其中中国香港更是广东最主要的服务贸易伙伴，广东与中国香港的服务贸易收支占全省的 40% 左右。服务贸易高度集中于为数不多的几个市场，也给广东服务贸易的健康发展带来了潜在的危机。

5. 吸收外资步伐加快，跨国企业成贸易主体

"十一五"期间，广东省服务业（第三产业）累计新签外商直接投资项目 18260 个，累计实际利用外资 324.52 亿美元，占全省实际利用外资总额的 35.8%，比"十五"期间提高 12.4 个百分点，年均增长 25.4%。2012 年，广东省服务业实际吸收外资 94.6 亿美元，占全省吸收外资总额的 40.2%。从行业分布来看，服务业利用外资已经从最初只分布在房地产业、交通运输仓储业和邮电通信业三大行业转变到目前除社会公共管理服务外几乎所有的服务行业，特别是跨国企业已成为服务贸易的主体。

（二）广东服务贸易发展的区域分布

从服务贸易发展的区域分布来看，广东省服务贸易区域集聚明显，地区发展不平衡现象严重。由于省内广州、深圳两大龙头城市在发展服务贸易方面的区位、人才、产业基础等优势，能发挥服务贸易的集聚优势，因此几乎集中了全省的服务贸易产业。

1. 服务贸易高度集中，广（州）深（圳）先行优势明显

出于战略布局的需要，广东省对于广州、深圳两大中心城市的服务贸易发展给予了积极的鼓励政策。重点支持广州市建设国家中心城市和国家创新型城市，支持深圳市建设全国经济中心城市和国家创新型城市，集中力量加快推进广州、深圳区域金融中心、国家高技术服务产业基地、国家服务外包基地示范城市等国家重大产业中心（基地）建设，形成一批有较强辐射和带动能力的服务贸易集聚基地。鼓励两市以高端现代服务业特别是高技术服务业为重点，提升现代服务业发展水平，率先建立以服务经济为主体的现代产业体系。根据服务贸易国际跨境收支统计数据，2011 年，广州、深圳两市服务贸易合计收支占全省服务贸易收支的 80% 左右。

2013 年，广州市外管局统计口径的服务贸易进出口 596.2 亿美元，占全国的 1/12，同比增长 48.4%，与货物贸易之比达到 1∶2。服务外包合同额 60.5 亿美元，连续三年居全省首位，同比增长 22%。在 2011 年在服务贸易行业类别中，比重最大的其他商业服务（包括转口贸易及贸易佣金、经营性租赁服务、法律、会计、管理咨询和公共关系服务等）占据服务贸易的半壁江山，达到 50.99%。其他依次是：与运输有关的服务占 16.77%，旅游占 12.37%，建筑、安装及劳务

承包服务占 8.58%，专有权利使用费和特许费占 6.98%，计算机和信息服务占 2.38%。2011 年全市软件和信息服务业收入为 1750 亿元，增加值占 GDP 的比重达 5.8%；软件收入超亿元的企业达 129 家、国家规划布局内的重点软件企业 17 家、上市软件企业 16 家，涌现出网易、海格通信、广电运通、动景科技、久邦数码和华多网络等一批领军企业。2011 年，全口径服务外包合同额约 35 亿美元，拥有 5 个各具特色的服务外包示范区——广州开发区、南沙开发区、天河软件园、黄花岗科技园、番禺区，集聚了全市 60% 以上的离岸服务外包企业，服务外包合同额占全市九成以上。汇丰、三星、爱立信、商船三井、埃森哲、美国银行、花旗银行、友邦保险、玛氏等世界 500 强企业在广州设立服务外包企业 21 家，微软、埃森哲、日电、凯基、惠普等全球十大服务供应商，东软、软通动力、文思创新、中软国际、海辉、浪潮国际等中国十大服务外包领军企业也先后落户广州。

2012 年，深圳市服务贸易进出口总额为 304.5 亿美元，同比增长 14.2%；其中出口额为 147.3 亿美元，同比增长 11.7%，进口额为 157.2 亿美元，同比增长 16.6%。服务贸易规模位于上海、北京之后，居全国第三。深圳市是全国服务外包示范城市之一，2012 年承接国际服务外包业务合同额、执行金额分别为 23.8 亿美元和 18.6 亿美元，从 2007 年起平均年增长 40.1%、45.6%。深圳市已成为全球重要的服务外包企业聚集地。在深圳市的服务外包行业中，IT 服务外包和供应链管理服务外包具特色支柱产业。IT 服务外包 2012 年业务收入超亿元企业数量接近 200 家，IT 外包正在由产业链、价值链中低端向中高端迈进。在供应链管理行业中，深圳集聚了全国 80% 以上的供应链企业。涌现出如怡亚通、朗华、信利康、越海、一达通等一大批供应链管理服务龙头企业。目前，深圳已经形成罗湖蔡屋围、福田中央商务区、前后海地区等金融和总部经济集聚地，成为服务贸易发展基地，有利于产业集聚效应的发挥。

2. 其他地区发展滞后，区域不平衡现象严重

广东其他地区服务贸易发展相对滞后。全省服务贸易地区发展不均衡，显示出广东省中心城市服务贸易发展的集聚效应大于辐射效应，中心城市在生产要素区域流动中未能发挥辐射中心的作用，其综合服务也未对区域经济起到显著的带动作用。导致该局面出现的根本原因在于现代服务贸易发展滞后，未能形成一定规模，无论中心城市还是其他地区，传统服务贸易仍占据主导地位，各城市间仍以竞争为主要关系。

（三）粤港澳服务贸易合作与进展

2003 年 6 月，中央政府与中国香港特区政府签署了 CEPA 协议（《内地与香港关于建立更紧密经贸关系的安排》），标志着粤港区域经济合作进入了实质性一体化的新阶段。之后，双方每隔一年签署一份与 CEPA 相应的补充协议。2012 年

6月，双方签署了 CEPA 补充协议九，在 CEPA 及其余八个补充协议的基础上，对香港进一步扩大开放。在服务贸易方面，内地在 48 个领域共采取 338 项具体开放措施，如进一步采取简化审批程序、放宽市场准入条件、放宽经营范围和经营地域等。在补充协议九中，将会计、建筑、医疗等 15 个领域的 17 个开放措施在广东先行先试。

广东省充分利用毗邻港澳的优势，着眼扩大区域共同利益、打造区域现代服务业发展新优势，以实现粤港澳服务贸易自由化为目标，深入实施 CEPA，全面落实粤港、粤澳合作框架协议。CEPA 实施以来，广东省累计新批港澳到粤投资服务业项目 16821 个，合同利用外资 474.27 亿美元，实际利用外资 232.01 亿美元，分别占港澳全部投资的 45.0%、40.8% 和 36.5%。按照国际跨境收支统计数据，2011 年和 2012 年，广东与中国香港服务贸易进出口额达 394.45 亿美元和554.6 亿美元，同比增长 41.13% 和 40.6%，2011 年，在广东服务贸易伙伴国家和地区进出口总额中中国香港地区排名第一，占比 44.57%，其中出口 210.60 亿美元，同比增长 34.53%；进口 183.86 亿美元，同比增长 49.53%。

为了做好服务业对港澳扩大开放政策在广东先行先试工作，积极争取尚未开放和部分开放服务领域对港澳加快开放和全方位开放，探索推动主要合作区域和领域的体制机制创新，广东省 2012 年出台了《推动率先基本实现粤港澳服务贸易自由化行动计划》，为深化粤港澳服务贸易合作提出了总体方针与行动指南。根据行动计划，广东省将在 2014 年率先基本实现粤港澳服务贸易自由化的总体目标。行动计划提出，为实现粤港澳服务贸易自由化，广东与中国香港、中国澳门将共同推动金融服务贸易发展，深化商贸服务业合作，促进专业服务业合作。

1. 遴选了重点合作行业和领域，公共服务和基础设施建设加快

为了进一步推动粤港澳服务贸易合作，粤港、粤澳已经签署合作框架协议，遴选出服务贸易重点合作行业和领域。

（1）金融领域。推动粤港澳跨境人民币结算业务全面开展，联手拓展与世界各地的跨境贸易和投资人民币结算业务，支持中国香港人民币离岸业务中心建设；支持粤港澳金融机构跨境互设分支机构，鼓励港澳资银行驻粤分行扩大异地支行网络，依法参与发起设立村镇银行、小额贷款公司等新型金融机构或组织；推动广东法人金融机构赴港开设分支机构，拓展境外业务；全面推进信贷、证券、保险、期货、债券市场和基金管理等金融业务合作，支持更多广东企业赴港上市；推动金融智力合作，支持两地金融培训机构和人才的交流合作，打造金融高端研究论坛和平台。目前，已有汇丰、恒生、东亚、永亨、南商等港资银行先后在广州、佛山、中山、惠州和江门等地设立支行，国内首家合资投资咨询公司——广州广证恒生证券投资咨询有限公司利用先行先试的优惠政策正式成立，实现了合资咨询公司"零的突破"。

（2）专业服务领域。积极推进区域专业服务业合作，支持港澳专业服务提供者到广东开办会计、法律、管理咨询、医疗等专业服务机构，充分发挥中国香港国际认证中心功能，联合探索建立一套促进粤港合作并为国际认可的检测和认证制度。目前，已有港澳服务提供者在广东独资设置并已领取《设置医疗机构批准书》的诊所、门诊部共 20 多家；广东设立的中国香港律师事务所代表机构已达21 家，1 家中国香港律师事务所与广东的律师事务所进行联营，53 名中国香港居民取得内地律师执业证；已经发布中国香港服务提供者设立独资人才中介机构的办事指南，已有 18 家中国香港独资人力资源服务机构在广东设立。

（3）物流与会展领域。加强物流与会展业合作，建立跨界交通无缝监管合作机制，打造区域航运衍生服务基地、生产组织中枢和国际供应链管理中心，构建大珠江三角洲现代流通经济圈和国际会展品牌。广东省已经正式发布《粤港电子签名证书互认试点项目申请程序》，并配合试点项目申请工作，佛山电子口岸和标澳电子商务有限公司（中国香港）利用试点项目为报关企业累计交易次数超过1700 次，货物总额超过 57 亿港元。

（4）文化创意领域。加强粤港澳创意产业合作，打造粤港工业设计走廊；以广东产业集群和专业镇为重点，规划建设一批综合性生产服务业集聚区，引入港澳商务服务、工业设计、广告营销等服务。

（5）服务外包领域。发挥粤港澳各自优势，搭建服务外包区域合作平台，合力拓展服务外包国际市场，建设服务全国、面向国际的服务外包基地。

（6）旅游领域。支持旅游企业拓宽粤港澳旅游合作范畴，推进粤港澳游艇旅游合作，共同开拓海外旅游市场。

（7）公共服务和基础设施建设合作领域。深化教育培训合作，共同推进专业资格互认、区域人力资源开发和专业人才流动，打造亚太区域人才教育枢纽。探索多种形式的合作办学模式和运作方式，支持双方高等学校合作办学，共建实验室和研究中心，扩大互相招生规模，联合培养本科或以上高层次人才。加强职业教育培训合作，推进职业技能实习实训基地建设。加强粤港澳社会保障服务，支持中国香港服务提供者到广东开设医疗门诊部发展高端医疗服务，探索开展粤港医疗机构转诊合作试点，支持港澳服务提供者在广东创办养老服务机构。完善粤港澳跨界基础设施网络建设，加强口岸综合配套服务功能，促进区域人员、货物、信息、资金等要素往来流通，努力构建规范化、国际化的营商环境。

2. 合作载体建设取得初步成果，有望形成服务贸易集聚基地

为了加快粤港澳服务贸易合作，广东省共规划建设广州南沙新区、深圳前海地区、珠海横琴新区等体制机制先行先试区域作为粤港澳服务贸易合作的具体载体，希望以点带面提升粤港澳现代服务业合作水平，加快推进粤港澳三地服务贸易自由化进程。深圳前海地区主要是发挥经济特区先行先试作用，利用粤港两地

比较优势,加快发展金融业、现代物流业、信息服务业等,建设深港现代服务业合作区。珠海横琴新区则定位"比经济特区还特",建设成为"一国两制"下探索粤港澳合作新模式的示范区,吸引国内外和港澳高端资源集聚,重点发展中医药、文化创意、教育、培训等产业,培育发展新兴产业。广州南沙新区则重点推进 CEPA 先行先试综合示范区建设,打造服务内地、连接港澳的商业服务中心、科技创新中心和教育培训基地。除此之外,广东省还将广州、深圳、珠海、佛山、东莞、惠州等作为实施 CEPA 重点市进行建设。随着上述合作载体和平台建设步伐的加快,将会形成越来越多、越来越有实力的服务贸易集聚区。

(四)广东服务贸易发展的特色与经验

1. 利用港澳优势发展服务贸易

广东在发展服务贸易的过程中,十分注重充分发挥香港作为世界上重要的以国际贸易、现代物流和金融业为主的服务业中心,中国澳门作为世界上具有吸引力的博彩、旅游中心的国际平台,制定港澳服务业投资广东的促进政策,完善 CEPA 框架下港澳服务业进入广东的便利化措施,利用港澳的服务贸易优势促进广东服务贸易加快发展。建立以广州、深圳为中心,辐射珠三角的服务贸易发展基地,发展与广东制造业配套的金融、保险、法律、会计、会展、管理咨询、现代物流等现代服务业,逐步开拓信息网络服务、视听娱乐服务、知识产权与专利服务、软件设计、信息服务外包、技术转让等新兴领域。同时,加大服务业吸收外资力度,促进服务贸易发展。支持广州、深圳开展国家服务业综合改革试点,加快建设粤港澳现代服务业合作示范区。

2. 重点鼓励服务外包行业的发展

广东省将服务外包作为服务贸易重点行业给予了重点扶持。目前,服务外包主要以承接软件外包业务为重点进入国际服务外包市场,逐步拓展业务流程外包业务;并且利用中国香港、新加坡等服务业发达地区的语言、技术等优势,建立中国香港、新加坡等地接单,省内交单的业务模式,共同开拓国际服务业外包市场。已经出台的服务外包相关政策包括《关于加快发展我省现代信息服务业的意见》(2007)、《珠江三角洲地区现代信息服务业发展规划(2010~2020 年)》(2010)。从 2009 年开始,广东每年还专门设立服务外包发展专项资金,用于鼓励服务外包的企业认证、培训以及园区和公共服务平台建设。2009 年和 2010 年每年资金为 1000 万元,2011 年增加至 2000 万元。广州市每年安排不少于 1 亿元的服务外包专项资金,主要用于国家及省级资金配套、培训、技术引进、公共平台建设、研发创新、认证、国际推广等方面。深圳市出台《关于加快服务外包产业发展的若干规定》(2012),从资金、人才培训、融资、人员出入境、知识产权保护等各方面大幅度提高对服务外包的扶持力度,以实现 2013 年服务外包营业总收入达 400 亿元人民币、服务外包从业人员达 15 万人的目标。

3. 创造服务贸易发展的体制机制环境

在 CEPA 框架下，广东省积极实施服务业对港澳扩大开放政策在广东先行先试。按照《珠江三角洲地区改革发展规划纲要（2008~2020 年)》的要求，广东省推进了金融改革创新综合试验区、全国旅游综合改革示范区等建设。成功争取并推进广州市、深圳市开展国家服务业综合改革试点。积极推进文化体制改革，将省直文艺团转企，并组建了广州市文化投资集团等一批文化传媒企业集团。利用国务院授权在行政审批制度改革方面先行先试的权利，清理了一批不利于服务业发展的行政法规，削减一批行政审批事项，简化外商对服务业投资审批程序，发展环境得到进一步改善。通过大胆探索和落实先行先试政策，积极推动制度创新，增强了服务贸易发展的活力。

（五）广东服务贸易发展的战略目标

1. 广东发展服务贸易的优势

（1）区位优势得天独厚，发展空间和潜力较大。广东与中国香港、中国澳门以及东南亚毗邻，拥有海陆空立体口岸，基础设施完备，凭借港澳地区"咽喉要道"的优势，配以"空、海、信息"三港合一的完善交通体系，区位优势十分明显。目前，广东加速了产业结构的转型和升级，产业结构步入以高新技术产业和资金密集型产业为主的支撑阶段，逐渐形成以 IT、通信、生物医药等为主导的高新技术产业集群，区域外商直接投资的增长，直接扩大了服务贸易的发展空间。近年来，在珠三角地区开展的地区经济合作大大加速了区域要素的整合，促进了区域内的物流、资金流、信息流、人才流等的聚合，为服务业及服务贸易创造了实体基础。此外，珠三角区域经济发展迅速，外商直接投资密集，消费能力强，市场容量大，服务贸易发展的空间和潜力较大。

（2）制造业产业基础雄厚，正朝着服务经济转型。改革开放 30 多年来，广东充分利用政策和地缘、人缘优势，已经积累起雄厚的制造业产业基础。广东制造业的发展已从原来的引进消化吸收再创新转向生产方式的模块化、链条化、集聚化和精细化发展，"广东制造"因"世界工厂"而闻名。国家质检总局发布的《2008 年全国制造业质量竞争力指数公报》显示，正处于发展转型的"广东制造"获得 87.26 分，广东以高出全国制造业质量竞争力指数平均水平 6.08 分的好成绩，首次跃居全国第一，领先浙江、江苏、北京和上海。此外，随着经济发展水平的提高，广东后工业化时期服务经济的比重越来越高。广东服务业从小到大，由弱到强，正高于同期广东 GDP 年均增长的增速，"十一五"期间，服务业增加值年均增长 11.7%，对经济增长的贡献率平均达到 40.6%，年均拉动生产总值增长 5 个百分点。

（3）市场体系日益健全，体制机制创新优势突出。广东已建立起市场对资源配置起基础性作用的体系，各类要素市场运作较规范，"外资+民营"的经济结构也使珠三角地区是全国市场化程度最高的区域。同时，通过实施外向型经济发展战略，广东创造了较好的经济发展业绩，资本原始积累已经完成，经济总量庞大；而且由于城市建设和发展速度快，吸引了大量外来劳动力、资金和智力，引进了许多先进技术和设备，工业化进程较快，商贸流通和服务业较发达，众多国外战略投资者纷纷进入，商业资本和其他产业资本共同构成的资本和要素市场十分有利于相关服务贸易领域的发展。此外，广州、深圳等城市已经形成了以市场为导向、以企业为创新主体、以创业企业家为领军人物、以建立现代企业制度为保障的城市创新体系，形成了较好的创新基础优势。

（4）实施 CEPA 带来良好机遇，粤港澳合作逐步深入。广东是内地唯一与港澳接壤的省份，占有优越的地理优势，加之同属岭南文化圈，语言文化相同，有较深厚的血缘关系。粤港澳有着经济合作深厚的基础，自 20 世纪 80 年代以来，中国香港的制造业就向广东大量转移。随着 CEPA 的实施，广东与港澳合作的规模和层次得到了进一步提升。

2. 广东发展服务贸易的劣势

（1）服务贸易规模偏小，优势项目较少。虽然近年广东服务贸易进出口总额不断增长，但总体规模仍然很小。这与广东服务业增加值占 GDP 比重有一定关联。在其他条件不变的情况下，服务业占国民经济的比重与服务贸易进出口依存度呈正相关关系，即服务业占 GDP 比重越大，则服务贸易进出口依存度越高，反之，则相反。2013 年，广东省三次产业结构的比重为 4.9∶47.3∶47.8，第三产业增加值 29688.97，增长 9.9%，对 GDP 增长贡献率为 53.3%。从总体发展水平来看，广东服务业增加值占 GDP 的比重与上海、中国香港相比有相当大的差距。从服务贸易结构看，广东服务贸易类型较少，劳动密集型服务领域所占比重较大，知识密集型服务行业发展则较为落后，形态相对单一，结构不尽合理。这主要是由于广东服务业层次较低，尚未进入以知识型、生产型等高端服务业为主导的发展时期，这对提高服务业竞争力十分不利。从广东服务业内部结构来看，传统的商贸服务、房地产、旅游、社会服务业等行业仍占较大比重，而代表服务业发展潮流的信息服务业、会展业、科技服务、中介服务等行业虽有一定的发展，但仍处于发育阶段，且规模较小，近期尚不具备支撑广东服务贸易发展的实力。

（2）服务贸易管理体制不够健全，统计体系尚未建立。目前，我国服务贸易管理零乱而不统一，外贸部门虽是主管部门，但对于诸如金融、物流、信息、文化等众多的服务贸易行业实质上没有管辖权。多头管理使得有关服务贸易的配套管理、信息共享及统一、监控指导等工作十分薄弱，出现服务贸易进口不平衡，有的服务贸易领域投资过度，有的则相对滞后。近年来，广东省虽然意识到服务贸易的重要性，但从政府宏观管理角度看，目前尚未建立起一个较完善的服务贸易管理体制和有效的组织保障，没有明确的专门管理服务贸易的机构，缺乏协调沟通机制，使得相关职能机构管理职责不明、相互推诿、协同力差，因此限制了服务贸易的快速发展。在统计体系方面，广东目前仍然主要通过外汇管理部门对服务贸易进行统计，但是这种统计方式存在明显缺陷，如无法统计不通过银行的服务贸易，尤其是个人出入境旅游的有关数据。此外，在这种统计体系下，服务贸易的第三种形式——"商业存在"尚不能反映。所以现有数据在一定程度上并不能完全反映广东省服务贸易的真实情况，根据实地调查走访的情况，广东省服务贸易发展存在着被低估的可能。

（3）服务贸易企业规模有限，缺乏高素质人才。尽管近年来广东在旅游、运输、餐饮等劳动密集型以及部分资金密集型的低附加值服务项目上发展较快，但是在金融、保险、计算机信息服务、技术咨询等资本密集型高附加值服务领域起步晚、发展慢、水平低。从事服务贸易的企业规模小、数量少，服务贸易仍处于初级发展阶段。广东服务行业对外投资远低于50%~55%的世界对外服务投资的平均水平，无法在国内外市场上同国外服务企业展开竞争，拓展海外市场更显得捉襟见肘，使得广东在现代服务业领域与发达国家之间甚至与北京、上海的竞争力差距加大。从事服务出口的企业由于公司治理的欠缺、产品创新能力弱，在人才竞争中处于劣势。高素质的服务贸易人才不仅无法与中国香港相比，与北京、上海相比也差距较大，特别是既懂商务、外语、技术，又懂项目所在国的法律及国际惯例的人才十分匮乏。

3. 广东服务贸易发展的目标

结合已有产业基础及发展的潜在优势，未来一段时期，特别是"十二五"期间广东服务贸易发展的重点目标在于：从行业布局来看，应大力发展金融、物流、商贸、信息、研发、服务外包等优势行业，出口领域从劳务及承包工程、旅游、运输、港口等行业向咨询、计算机和信息等高技术和高附加值行业拓展；从区域布局来看，仍需要以广州、深圳为中心，发挥集聚效应，同时加快以珠三角为重点地区的服务贸易培育。

（1）扩大服务贸易规模，优化服务贸易结构。继续扩大运输、旅游、商贸服务等传统优势行业的服务贸易出口，加快金融、保险、通信、文化、服务外包、计算机与信息等具有相当发展潜力的战略性新兴服务行业的对外贸易。按照广东省服务业"十二五"规划的要求，确保服务贸易额年均增长率达20%以上，力争2015年服务贸易额与货物贸易额的比例达到1：5。

（2）促进商业存在等服务贸易形式与发展水平显著提升。不断优化投资环境，主动承接服务业国际产业转移和外商直接投资，进一步吸引跨国企业集团投资现代服务业与高新技术产业，推动运输、旅游、金融、咨询、文化、服务外包等领域的国际合作。积极引导并鼓励海外优秀人才前来创业投资。同时，大力推动广东省有实力的企业或企业集团开展对外服务领域投资，全力推进以劳务派遣、设备安装等形式的对外服务，扩大广东省自然人移动类别的服务贸易。

（3）优化服务贸易区域布局，打造"广东服务"品牌。建立以广州、深圳为"双核心"，珠江三角洲其他城市为重点，粤东西北地区若干服务贸易功能区为依托，以粤港澳台紧密合作为支撑的内外资互动发展，在国内外具有较强竞争力的服务贸易空间布局。广州市优先发展高端服务业，与佛山联手发展金融服务贸易，创建亚太金融后援服务基地。深圳市发挥直接连接中国香港的优势，推进深港服务贸易深度合作，共建深港两地的金融、物流、旅游、互联网、文化创意、研发设计、服务外包等新型服务贸易中心。粤东西北地区则以发展成旅游业服务贸易基地作为重点布局，进一步拓展与世界各相关国家或地区的服务贸易，铸造"广东服务"品牌。

（4）全面推进粤港澳服务贸易自由化。在 CEPA 的框架下，用好、用足广东被赋予的先行先试权限，大幅提高广东对港澳服务贸易的开放水平，确保在2014 年率先基本实现粤港澳服务贸易自由化的总体目标，粤港澳基本形成一体化的区域服务市场，成为在国内外具备较强影响力和辐射力的现代服务产业带和重要的服务外包基地。广东与中国港澳地区之间的服务贸易处于低壁垒水平，服务机构跨境互设基本无障碍且趋于自由化，绝大部分行业的服务提供者从业资格实现互认，服务贸易争端解决机制更为完善。

（六）广东服务贸易发展的路径

为进一步促进广东服务贸易的发展，必须建立服务贸易与货物贸易协调发展的贸易结构，优势服务业与优势制造业共同发展的产业结构，服务业"引进来"和"走出去"共同增长的投资结构，形成与广东现代化、国际化相匹配的若干有特色的服务贸易产业和一批有竞争力的企业。

1. 建立有效的服务贸易促进体系

（1）建立服务贸易发展的促进体制。服务业是一个门类广泛的产业群，服务贸易涉及的行业范围极广，涉及众多部门。无论是省级部门还是地方部门，必须认识到大力发展服务贸易的重要意义，促进其结构优化、高效发展，打破目前不利于服务贸易发展的条块分割、各自为战的格局，建立新型的管理体制机制，力促各行业、各部门目标一致，通力协作。加强政府主导和协调作用，建立服务贸易发展协调工作机制，设立服务贸易发展联席会议制度，协调服务贸易发展中的有关事宜。省级财政以及地方财政要保持诸如服务贸易发展专项资金等资助政策的常态化和连续性，对服务贸易企业进行大力扶持。同时，服务业企业的经营活动需要良好的城市基础设施、发达繁荣的工商业、多渠道人才培训、完善的产业体系，因此需要进行较大的社会、经济、文化方面的基础性投资。

（2）发展和规范服务贸易中介机构。服务贸易中介机构既包括信息咨询、法律、会计、律师、代理等从事中介服务的行业，也包括专门从事服务贸易服务的各种贸易促进机构、商协会等。在发达国家和地区，以各种贸促机构、工商会及行业协会为代表的服务贸易促进机构相当活跃，在市场经济中发挥着重要的桥梁和纽带作用。因此，必须鼓励行业协会或服务业联合会等中介组织的发展，发挥行业中介组织的桥梁作用，加强服务贸易行业的交流与信息共享。进一步创新中介组织管理体制机制，允许中介组织下设企业，并可从事一定的商业活动，为中介的运营筹集部分资金。

（3）建立合理的服务贸易人才体系。对于发展服务贸易来说，人才需求比资金需求更为重要，加快服务贸易发展关键靠人才。当前，法律、金融、国际商务、外语、专业服务等方面的高层次复合型人才已经成为制约广东发展服务贸易的重要因素。为此，必须加大对服务贸易高级人才的培养力度，加快境内外服务人才交流、认证，构筑广东服务贸易人才"高地"；制定服务贸易人才需求目录和人才培养相关政策措施，以"人才引进"为主，大力吸引国内外人才落户广东，带动服务贸易人才的集聚。可以通过在高等院校增设相关课程，组织部分服务贸易骨干企业（包括外资企业）的中高级经理人员组成的讲师团，以讲座和讨论的形式参与实务教学，培养服务贸易的复合型人才。出台有关国际人才培训机构在深圳培训跨国公司或其他企业人才的许可制度，加快与国际接轨的进程。

2. 建立全方位的服务贸易开放体系

加入 WTO 后，我国在保留所有现存市场准入的情况下，将进一步放宽对服务贸易的市场准入和国民待遇限制。因此广东应根据我国"入世"服务贸易承诺开放的进度，积极争取先行先试，努力扩大外资进入服务贸易的领域，通过交流合作和竞争，较快产生集聚效应，提升现代服务业发展水平和产业竞争力，不断提高服务出口创汇能力。

（1）提高引进服务业外资的数量和质量。做好招商引资协调和服务工作，引进规模大、带动力强的服务贸易项目，争取国家和外资物流、计算机、咨询等服务行业大项目落户广东。进一步推动服务业招商引资工作，努力实现服务业利用外资的跨越式发展。针对国际知名服务企业投资的考察重点和服务企业发展的特殊要求，制定一系列符合服务业招商引资特点的工作思路和方法，提升服务业招商引资的竞争力，尤其需要重视吸引跨国公司在深圳设立总部和研发中心。在注重引进外商质量和数量的同时，应当注意应较多地以低成本利用外商的"溢出效应"，并尽量避免"挤出效应"，从而促进产业升级和扩大出口。优化投资环境，建立风险防范体系，提高政府行政效率、简化审批手续、增加政策透明度、连续性以及执法的严肃性。

（2）加快服务业企业"走出去"的步伐。要迅速改变旧的传统观念，走出片面认为服务贸易只是饮食、娱乐行业的认识误区，瞄准发达国家服务贸易市场，大力扶持高附加值、高创汇的服务业，力争用最短的时间、最优质的服务产品，打入世界服务贸易市场。大力鼓励和支持制造业中的生产企业走出去，到境外设立营销企业，拓展营销网络，进行售后服务，扩大市场份额，从而带动服务产品"走出去"。鼓励企业与著名跨国公司之间的合资合作，借助外企资金、渠道等优势拓宽国际服务贸易市场；进一步加大金融业支持力度，为服务企业"走出去"提供资金支持；积极实施市场换市场、项目换项目、承包换承包，扩大"走出去"的渠道；开展国际服务贸易交流和合作，建设服务贸易集聚区，全力培育服务贸易知名品牌；整合现有资源建立服务贸易信息服务平台。目前广东的服务贸易企业基本依靠自身力量寻找项目信息，往往由于信息不对称而错失良机。而已有的一些信息服务中心由于行业、部门分割等原因没有发挥应有的效用，可以整合这些资源建立一个专业化、市场化程度高的服务贸易信息服务平台，从而为企业"走出去"提供便捷、有效的信息服务。前期对这个平台给予适当的政策支持，鼓励其低价甚至无偿为企业提供动态及时的市场信息、法规咨询、预测预警案例研究等服务，在运作成熟后实现市场化经营。政府增加服务贸易的投入，用于支持服务贸易出口的前期费用补贴（包括项目投标费用补贴、项目融资贷款贴息等）以及出口鼓励（包括服务出口退税等），一方面可以提高服务贸易企业扩大业务的积极性，另一方面也可以使原来"地下化"的一些服务贸易交易"公开化"，有助于进一步规范并引导其健康发展。

（3）健全服务贸易管理和风险防范制度。服务贸易是把"双刃剑"，在获得贸易利得的同时，也隐含着巨大的风险，因此必须加强宏观调控和管理，建立风险防范体系，保证服务业健康、有序发展。在市场准入主体和行业选择上，要掌握好放开与控制的统一。对不同主体采取不同对策，如原有国有企业改制的文化、出版等行业应享受一定的政策倾斜。而在引资的行业选择上，要优先考虑生产性服务业，通过第二、第三产业联动促进广东制造业的转型升级。在开放策略上要采取分层调控策略，如根据行业性质，把服务业分为"鼓励外资进入的行业"、"允许外资进入的行业"和"禁止外资进入的行业"等。针对不同性质的行业采用不同的策略，在一定阶段、一定范围内，对某些服务业允许外资进入的数量进行适当规定。

3. 建立科学的服务贸易规划体系

（1）制定科学的服务贸易发展规划。加强对服务贸易研究和规划的投入和宏观指导，在对广东服务贸易现状充分了解和认识的基础上应尽快持续制定发展服务贸易的规划，明确服务贸易的发展战略、发展目标和发展思路，指导服务贸易持续、稳定、健康发展。主管部门应定期组织高等院校、科研机构、各服务行业协会的专家进行服务贸易课题的调查研究，编写《广东服务贸易发展报告》等发现现状与问题的研究报告。进一步加强对服务贸易相关知识和政策的宣传普及力度，使更多的政府部门和企业对其有深入的了解。可通过相关会展、论坛，邀请政府主管机关、国内外新闻媒体、专家、企业家，举办全国性甚至国际性的服务贸易会议或论坛；利用各种业务会议宣传服务贸易；在报纸、杂志上刊登普及性文章，为服务贸易的长远发展提供一个良好的环境和舆论氛围。

（2）建立完整的服务贸易统计监测体系。服务贸易统计对于服务贸易的发展具有很重要的意义。由于服务贸易涉及的行业和领域众多，而且贸易监管难度大，因此要全面、准确地进行服务贸易统计难度也很高。目前，国际上的服务贸易统计指标体系有两种口径：一是国际收支（Balance of Payment，BOP）统计，主要反映国际服务贸易进出口（创汇和用汇）情况；二是外国分支机构（Foreign Affiliates Trade，FAT）统计，主要反映服务贸易开放度（吸引外资和对外投资）情况。在国家级的统计体系尚未建立之前，广东可以借鉴上海、江苏、天津等兄弟省市统计调查经验，制定相应的国际服务贸易统计调查实施方案。在调查的基础上，建立起规范、完整、系统的国际服务贸易统计调查体系和以国际收支服务贸易统计以及外国附属机构服务贸易统计为基础，分行业、分地区、分国别的多层次的国际服务贸易统计评价监测体系。

二、广东服务业引进外资的状况、问题与对策
——基于广东、上海、北京、南京的区际比较

从20世纪80年代开始，世界产业结构从以制造业为主，逐渐调整、转变为以服务业为主。随区域和经济一体化进程加速，国际间服务转移成为国际分工的新趋势。实践调研表明：中国香港服务供应商进驻广东，带动了广东服务贸易的出口，使广东服务贸易呈顺差状态。广东作为改革开放的先锋，如何依托毗邻港澳的地缘优势，利用其加工制造基地和外贸大省的经济地位，提高服务业引资数量与质量，是工业化中期"促结构调整、转经济增长方式"的现实议题。本文基于定性实证，在研究近十年广东服务业引资结构和特征的基础上，探讨服务业FDI流入的趋势和动因，以期找到广东与其他区域引资政策和地区环境的差异，为后续研究提供思路。

（一）广东服务业 FDI 流入的结构与趋势

服务业 FDI 流入经历了"从无到有，从弱到强"的历程。2000~2012 年，广东服务业 FDI 流入呈"W"走势，引资规模翻一翻，从 33.85 亿美元增至 94.56 亿美元（见图 5-3），引资规模总计达 836.51 亿美元，占全国引资总规模（3400.53 亿美元）的 24.60%。服务业 FDI 在调整市场结构，促产业升级的作用越来越突出。

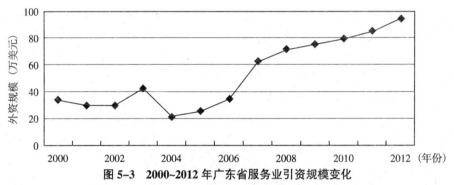

图 5-3　2000~2012 年广东省服务业引资规模变化

资料来源：根据《广东省统计年鉴》（2001~2013 年）公布的数据整理计算。

1. 广东省服务业 FDI 在产业分布结构中的地位

随引资规模的不断增加，广东 FDI 流入结构也发生变化。1998~2012 年，第二产业占比从 71.51% 跌至 57.83%；第三产业 FDI 占比则从 27.05% 增至 41.54%。服务业与制造业的 FDI 流入比由 37.82% 大幅增至 71.82%。自 2007 年起，服务业与制造业的 FDI 流入比超过 50%，暗示广东逐步改变外资引入结构，具备发展服务大省的潜力（见表 5-2）。

表 5-2　1998~2012 年广东省 FDI 总体产业分布结构

单位：%

年份	服务业 FDI 占地区 FDI 的比重	服务业 FDI 占制造业 FDI 的比重	第一产业占比	第二产业占比	第三产业占比
1998	27.05	37.82	1.43	71.51	27.05
1999	27.30	38.46	1.71	70.97	27.30
2000	27.66	38.88	0.11	71.15	27.66
2001	23.20	30.77	1.38	75.41	23.20
2002	22.95	30.27	1.21	75.84	22.95
2003	27.37	38.30	1.14	71.46	27.37
2004	21.50	27.85	1.30	77.20	21.50

续表

年份	服务业 FDI 占地区 FDI 的比重	服务业 FDI 占制造业 FDI 的比重	第一产业占比	第二产业占比	第三产业占比
2005	20.80	26.47	0.62	78.57	20.80
2006	24.06	32.16	0.79	74.80	24.06
2007	36.39	58.19	1.06	62.54	36.39
2008	37.19	60.25	1.09	61.72	37.19
2009	38.79	64.68	1.22	59.98	38.79
2010	39.34	65.62	0.71	59.96	39.34
2011	38.92	64.48	0.73	60.36	38.92
2012	41.54	71.82	0.63	57.83	41.54

资料来源：根据《广东统计年鉴》（1998~2013 年）公布的数据整理计算。这里以第一产业代表初级产业，以第二产业代表制造业，以第三产业代表服务业，进行指标换算。

2. 广东服务业 FDI 流入的行业分布

这里重点考虑生产性服务业，即生产过程中与中间产品相关的服务。根据国家统计局 2003 年公布的《三次产业划分规定》，生产性服务业涵盖交通运输、仓储和邮政服务业；批发和零售业；租赁和商务服务业；金融服务业；信息传输、计算机服务和软件业；科学研究、技术服务业。为突出不同生产性服务业的影响，研究中区分商贸流通和信息技术两类。将前三大服务产业归入商贸流通类；将后三大服务产业归入信息技术类（这里考虑到金融业属于信息密集型行业），分别比较商贸流通类和信息技术类 FDI 流入对地区制造业的影响。

2000~2012 年，房地产，商业、饮食、物资供销与仓储，交通运输、邮电通信是 FDI 流入最多的服务领域，分别占服务业 FDI 流入总额的 48.11%、15.95% 和 10.30%。房地产业 FDI 流入占比最高达 75.14%（2000 年），但近年来呈持续下降趋势。商业、饮食、物资供销与仓储业的 FDI 流入占比不断攀升，从 7.12% 升至 29.46%（见表 5-3），暗示在商贸流通领域，吸引 FDI 流入的区位优势日趋明显。

为比较行业要素密集度特征，我们进一步测算 2005~2012 年行业资本/劳动投入比（固定资产投入与雇用劳动人数的比例），以全省服务业的资本/劳动比为基准，凡行业指标大于该基准的，界定为资本密集型行业；反之，则界定为劳动密集型行业。结果发现：在商贸流通领域，仅交通运输、仓储及邮电通信业（8.9676）的资本/劳动比大于基准值（4.1055），有明显的资本密集型特征。租赁和商务服务（1.3731）、批发和零售贸易（0.2972）的资本/劳动比小于基准值（4.1055），表现为劳动密集型特征（见表 5-4）。

表 5-3　2000~2012 年广东省服务业 FDI 流入的行业结构

单位：%

年份 行业	2000	2001	2002	2003	2004	2005	2006	2007	2008	2009	2010	2011	2012	2000~2012 均值
科学研究、技术服务和地质勘查业	0.47	0.34	1.01	2.02	3.76	4.64	3.42	4.77	4.21	8.81	5.34	6.29	5.63	3.90
交通运输、邮电通信业	7.91	11.35	15.75	13.86	11.78	14.56	10.72	8.45	9.85	5.65	7.07	8.66	8.31	10.30
商业、饮食业、物资供销和仓储业	7.12	8.39	6.38	10.37	10.83	10.81	7.97	14.28	19.54	27.91	26.89	27.34	29.46	15.95
房地产、公用事业、居民服务业	75.14	67.55	67.31	56.30	37.06	38.09	28.06	57.34	49.55	40.24	42.03	34.87	31.95	48.11
金融、保险业	0.46	0.00	0.74	2.14	0.76	1.37	1.01	0.37	0.10	0.57	0.86	1.89	2.31	0.97
卫生、体育和社会福利事业	2.32	1.98	1.16	0.39	0.22	0.09	0.06	0.09	0.17	0.06	0.02	0.26	0.25	0.54
教育、文化艺术和广播电视事业	0.31	0.00	0.12	0.06	4.21	1.77	1.31	2.74	0.95	1.16	1.07	0.99	3.43	1.39

资料来源：根据《广东统计年鉴》(2000~2013 年) 公布的数据整理计算。

表 5-4　广东省服务业各产业资本密集情况

产业＼年份	2005	2006	2007	2008	2009	2010	2011	2012	2005~2012均值
广东省服务业	2.8500	2.9856	3.5217	3.9748	4.72307	4.29701	5.51553	4.9763	4.1055
交通运输、仓储及邮电通信业	4.7815	5.3277	5.8168	8.4174	12.7863	12.5102	10.7821	11.3184	8.9676
批发和零售贸易业	0.1565	0.1435	0.1582	0.1901	0.2923	0.3590	0.5327	0.5454	0.2972
租赁和商务服务业	0.5302	0.7337	0.8389	0.9055	1.5590	1.7760	2.2890	2.3523	1.3731
金融业	0.2028	0.0984	0.0944	0.2354	0.4950	0.6532	0.5421	0.6283	0.3687
信息传输、计算机服务和软件业	1.7775	1.3719	2.6802	3.1027	5.1826	4.8076	6.7017	6.6134	4.0297
科学研究、技术服务业	1.4410	1.0691	0.8716	1.2740	1.9658	3.7724	3.9566	4.0598	2.3013

资料来源：①根据《广东统计年鉴》（2006~2013）公布的数据整理计算。②这里所说的资本密集度，指资本/劳动比，单位为万元/人，反映每单位雇员持有的固定资产投资额。

在信息技术领域，金融（0.3687）；信息传输、计算机服务和软件（4.0297）；科学研究、技术服务业（2.3013）的资本/劳动比低于基准值（4.1055），表现为劳动密集型特征，暗示广东信息技术领域资本密集度偏低，但是否为信息密集型特征所替代，仍需进一步研究。

房地产、公用事业、居民服务等非生产者服务业 FDI 流入较多，但对地区制造业的效率拉动小。在生产者服务领域，交通运输、仓储及邮电通信等资本密集度高的行业也是 FDI 流入较多的行业，多集中在商贸流通领域，且流通领域的资本密集度高于商贸领域。

（二）广东服务业 FDI 与制造业的关系

生产者服务业与制造业相互依赖、相互作用、互为发展（韩德超，2009）。2005~2012 年，广东服务业 FDI 流入与制造业投资规模基本呈同向变化趋势。外资制造业固定资产值增长较快，从 4769.3 亿元增至 9472.0 亿元。国有控股制造业固定资产从 3061.5 亿元增至 7535.4 亿元。服务业 FDI 流入从 210.67 亿元增至596.91 亿元，外资服务投资约占制造业投资的 4%~8%，2007 年最高达 7.23%。2010~2012 年，受金融危机的影响，外资制造业固定资产规模下降，而服务业投资规模持续上升，这暗示服务业投资受经济环境的影响小（见图 5-4）。

进一步比较生产者服务业投资与制造业投资的关系，我们发现：2005~2012年商贸流通与信息技术领域的引资规模增长近 4 倍，分别从 10.96 亿美元和 3.66亿美元增至 49.08 亿美元和 10.09 亿美元，商贸流通领域服务投资占制造业投资的比例从 11.67%升至 37.16%。信息技术领域服务投资占制造业投资的比重从

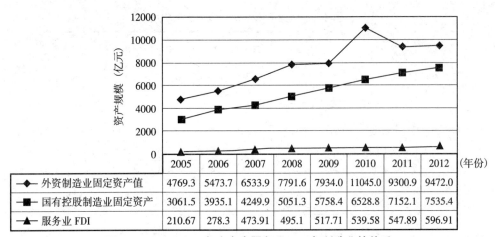

	2005	2006	2007	2008	2009	2010	2011	2012 (年份)
◆ 外资制造业固定资产值	4769.3	5473.7	6533.9	7791.6	7934.0	11045.0	9300.9	9472.0
■ 国有控股制造业固定资产	3061.5	3935.1	4249.9	5051.3	5758.4	6528.8	7152.1	7535.4
▲ 服务业 FDI	210.67	278.3	473.91	495.1	517.71	539.58	547.89	596.91

图 5-4 2005~2012 年广东省服务业 FDI 与制造业的关系

数据说明：单位为美元的，按当年平均汇价换算成人民币。换算公式为：当年平均汇价=∑月平均汇率/12。

资料来源：根据《广东统计年鉴》（2006~2013 年）公布的数据整理计算。

3.89%升至 7.64%，这暗示在生产链的增值服务领域，外资企业更重视商贸流通的作用（见表 5-5）。

表 5-5 2005~2012 年商贸流通类与信息技术类 FDI 对制造业的影响

项目 \ 年份	2005	2006	2007	2008	2009	2010	2011	2012
商贸流通类 FDI（万美元）	109594	139260	173631	267099	331978	346335	399847	490750
信息技术类 FDI（万美元）	36553	43566	53249	58472	94690	91643	120561	100933
制造业实际利用外资（万美元）	939406	1039463	1044892	1137991	1109713	1136217	1249445	1320742
商贸流通类 FDI 占制造业 FDI 比重（%）	11.67	13.40	16.62	23.47	29.92	30.48	32.00	37.16
信息技术类 FDI 占制造业 FDI 比重（%）	3.89	4.19	5.10	5.14	8.53	8.07	9.65	7.64

资料来源：根据《广东统计年鉴》（2006~2013 年）公布的数据整理计算。

（三）服务业引进外资的现存问题——基于北京、上海、南京和广东的区际比较

1992 年，国务院颁布《关于加快发展第三产业的决定》，各地政府纷纷出台各项开放性政策与措施。北京、上海、广东和南京都有一定的文化、历史沉淀，在人才、商业环境、基础设施等方面集聚有一定的优势。本部分基于四地区在引

资规模、引资结构与行业密集度等方面的定性比较，试图找出服务业引资活动存在的地区差异，及产生这种差异的区位因素。

1. 服务业引资规模比较

从引资规模看，上海服务业引入外资规模最大，为 546.25 亿元，广东与北京的引资规模接近，分别为 435.63 亿元与 352.87 亿元，而南京仅 99.40 亿元。但从服务业 FDI 占 GDP 的比重看，上海最高，为 3.48%；南京与北京较接近，分别为 2.36%与 2.84%，而广东仅 1.12%（见表 5-6）。这说明：广东虽拥有较大的服务业引资规模，但相对于经济总量，服务业引资规模偏小。

表 5-6　南京、广东、上海、北京 2006~2012 年服务业 FDI 与服务业 FDI 占 GDP 比值均值

地区	服务业 FDI（亿元）	服务业 FDI 占 GDP 比值（%）
南京	99.40	2.36
广东	435.63	1.12
上海	546.25	3.48
北京	352.87	2.84

数据来源：根据《南京统计年鉴》、《北京统计年鉴》、《上海统计年鉴》、《广东统计年鉴》（2007~2013 年）公布的数据整理计算。

2. 服务业 FDI 流入结构比较

比较 FDI 流入结构，我们发现：2006~2012 年上海与北京的服务业/制造业 FDI 流入比大于 1，已形成以服务业为主的引资结构，且该比值呈迅速扩大的趋势，分别从 1.65 与 3.16 增至 3.21 与 5.41，说明两地服务业增速较快，已具备服务型城市的区位条件。而广东与南京的服务业/制造业 FDI 流入比均值小于 1，且增幅较小，最高仅为 0.72 与 1.25（见表 5-7），暗示两地在引资结构上仍以制造业为主，必须加快引资结构转变，促产业结构升级。

表 5-7　南京、广东、上海、北京 2006~2012 年服务业 FDI 与服务业 FDI 占 GDP 比值均值

年份 地区	2006	2007	2008	2009	2010	2011	2012	2006~2012 年均值
南京市	0.55	0.60	1.01	0.94	0.84	1.25	1.07	0.89
广东省	0.32	0.58	0.60	0.65	0.66	0.64	0.72	0.60
上海市	1.65	2.05	2.11	2.68	4.01	4.89	5.09	3.21
北京市	3.16	4.37	2.73	5.87	7.83	7.73	6.15	5.41

数据来源：根据《南京统计年鉴》、《北京统计年鉴》、《上海统计年鉴》、《广东统计年鉴》（2007~2013 年）公布的数据整理计算。

3. 生产者服务业要素密集度比较

要素密集度特征，直接影响到投资溢出路径。当地区主要表现为劳动力优势

时，劳动密集型行业的 FDI 流入对经济具有直接拉动作用；而资本密集型行业的 FDI 流入则更显著地通过技术外溢和产业关联等间接方式拉动经济增长（韩燕，2008）。由于南京的数据缺损，这里我们主要比较北京、上海和广东三地服务业要素密集度特征。结果表明：三地在交通运输、仓储及邮电通信业突出表现为要素密集型，资本/劳动比分别为 11.00、9.57、13.70，而批发和零售贸易、金融业的资本/劳动比多小于 1，表现为劳动密集型特征。上海在交通运输、仓储与邮电通信（13.70）、批发和零售贸易（0.63）均高于其他两地，说明上海服务层次较高。广东金融业（0.39）的资本密集度远远落后北京（0.92）和上海（0.62）。这可能与金融业更倾向于信息密集型特征有关。这在一定程度上说明：广东仍处于服务业结构升级的初期阶段（见表 5-8）。

表 5-8 广东、上海、北京 2006~2012 年服务行业资本密集度比较

地区	交通运输、仓储及邮电通信业	批发和零售贸易业	租赁和商务服务业	金融业
北京市	11.00	0.22	0.46	0.92
广东省	9.57	0.32	1.49	0.39
上海市	13.70	0.63	1.38	0.62

数据来源：①根据《北京统计年鉴》、《上海统计年鉴》、《广东统计年鉴》（2007~2013 年）公布的数据整理计算。②这里的要素密集度，指资本/劳动比，单位为万元/人，反映每单位雇员占有的固定资产投资额。

对比 FDI 流入结构，可以发现，在资本密集度相对较低的行业，如批发和零售贸易业，广东（21.79%）的 FDI 流入占比高于北京（11.22%）。而在资本要素密集度相对较高的行业，如租赁、商务服务业，北京的 FDI 流入占比（32.07%）高于广东（12.58%）。在信息密集型行业，如信息传输/计算机服务业/软件业和金融业，北京的 FDI 流入占比（17.89% 和 2.83%）远远高于广东（4.23% 和 1.18%）。在交通运输、仓储及邮电通信业，广东（9.57）的资本密集度低于北京（11.00），但 FDI 流入占比（8.32%）却远远高于北京（3.80%），这可能与广东毗邻港澳的地缘优势有关（见表 5-8 和表 5-9）。广东在资本—信息密集型行业，吸引 FDI 流入的区位条件仍落后于北京。

表 5-9 广东、北京 2006~2012 年服务业 FDI 行业结构

单位：%

地区	交通运输、仓储及邮电通信业	批发和零售贸易业	租赁和商务服务业	金融业	信息传输、计算机服务业和软件业
广东省	8.32	21.79	12.58	1.18	4.23
北京市	3.80	11.22	32.07	2.83	17.89

数据来源：根据《北京统计年鉴》、《广东统计年鉴》（2007~2013 年）公布的数据整理计算。

（四）形成服务业 FDI 流入结构差异的区位因素分析

本部分主要基于经济发展水平、对外开放程度、市场化程度等指标比较分析形成服务业 FDI 流入结构差异的区位因素。

表 5-10　2006~2012 年南京、北京、广东和上海的经济指标比较

地区	服务业 FDI（亿元）	市场开放度（%）	人均 GDP（元）	市场化程度（%）	R&D 投入（亿元）
南京市	99.40	64.41	60035.57	66.77	21.41
北京市	435.63	151.24	70809.00	88.79	717.44
广东省	546.25	123.42	41410.86	91.80	830.97
上海市	352.87	152.26	71000.29	90.10	445.32

数据来源：①根据《南京统计年鉴》、《北京统计年鉴》、《上海统计年鉴》《广东统计年鉴》（2007~2013年）公布的数据整理计算。②市场开放度是指一定时期内进出口总额与 GDP 之比。③市场化程度是指非国有企业工业总产值占地区工业总产值比重。

研究中我们用人均 GDP 代表地区经济发展水平，用非国有企业工业总产值占地区工业总产值的比重代表地区市场化程度，用一定时期内进出口总额与 GDP 之比代表地区市场开放度，结果表明：广东人均 GDP（4.14 万元）远远落后于北京（7.08 万元）、上海（7.10 万元）和南京（6.00 万元），暗示广东地区经济发展不平衡，虽然拥有广州、深圳等一线城市，总体经济发展水平相对于北京、上海仍有较大差距，甚至落后于南京。虽然广东服务业 FDI 流入规模（546.25 亿元）高于南京（99.40 亿元）和北京（435.63 亿元），但经济发展水平一定程度上制约了服务业 FDI 流入的结构改善。

上海的市场开放度（152.26%）高于北京（151.24%）、广东（123.42%）和南京（64.41%），但市场化程度（90.10%）与广东（91.80%）相当。南京的市场化程度最低（仅 66.77%），R&D 投入最少（为 21.41 亿元），远少于广东（830.97 亿元）、北京（717.44 亿元）与上海（445.32 亿元），其服务业引资规模也最少（仅 99.40 亿元）。总体看，地区市场开放度和市场化程度与 R&D 投入基本上与地区服务业 FDI 流入正相关。开放程度、市场化程度与 R&D 投入越高的地区，服务业引资规模也越大。

（五）广东服务业引入外资的现存问题与对策

综上所述，市场开放度、市场化程度和地区经济发展水平都是影响服务业 FDI 流入的重要区位因素。改革开放 30 年以来，广东在加快资本形成、扩大对外贸易、创造就业与技术进步等方面取得巨大成果。但服务业引资规模、引资结构方面存在诸多问题，如广东服务业引资规模仍弱于制造业，以服务业为主的引资结构尚未形成;服务业 FDI 流入占 GDP 的比例仅为 1%,对经济增长的贡献小;生产者服务业 FDI 流入不足,且存在结构性缺陷:在金融、信息计算机和软件等资本—知识密集型行业,广东 FDI 流入占比远小于北京;在批发零售、租赁商务等劳动密集型行业,广东 FDI 流入占比大于北京。

导致这种结构性偏差的原因主要有:①国家垄断。如在电信业,我国设立有较高的外资准入门槛;在金融业,国家过度保护四大国有银行。这迫使外商投资转向准入门槛较低的劳动密集型行业。②市场规模。受经济水平的限制,国内市场需求仍集中在普通商品与一般服务,无法与新兴技术行业或专业化服务行业的服务供给对接,难以形成规模经济,从而降低对高端服务领域跨国投资的吸引力。③区域经济发展不平衡。广东服务业 FDI 在地区分布上存在"马太效应":珠三角地区经济相对发达,是 FDI 流入的集聚地;东西两翼与粤北山区虽占据全省近70%的面积,但因经济发展水平较低、基础设施匮乏,服务业 FDI 流入的规模较小,仅占全省服务业 FDI 流入的9%左右。④服务领域的法律法规与知识产权保护制度仍欠健全。虽然广东服务业在"硬件"方面已居全国前列,但配套"软件"仍有许多不足。对外资在土地使用、工商登记、税费、工作人员签证等方面仍有一定程度的政策歧视;服务业相关法规的立法进程较慢,部分地区甚至出现无法可依、有法不依的情况;服务业知识产权立法不足,知识产权保护落后于北京、上海,这些都将大大弱化了引资的区位优势。

因此,广东政府应根据地区经济发展状况,鼓励制造企业加大对物流、商贸流通、保险等服务领域的投入,使地区服务需求与外资供给对接,促本土服务企业做大做强。在引资结构上,政府应出台土地、税收、工商登记等方面的优惠、优先政策,重点扶持信息传输、计算机服务、金融或科学技术服务等领域的知识—技术密集型企业,加强对产业安全和政策导向的研究,引导外资流向关键性生产服务行业,创造区位条件促知识溢出,以期通过 FDI 知识溢出拉动本土高端服务的发展,直接或间接促进制造业的效率提升,促区域平衡发展,政府应充分利用劳动力、资源优势,引导外资流向相对落后的粤北山区与东西两翼,如在潮汕平原、雷州半岛建立外资集聚中心,利用集聚效应带动周边地区发展。在垄断程度较高的金融、保险、电信等行业,可以考虑在国家政策允许的范围内,下放审批权限,简化外资进入的审批程序,向中央政府申请在电信、银行业开展试点,探索以信息技术和金融创新推动制造业升级的路径;允许外资经营人民币业务和涉足保险业;允许合资建立电信公司等以探索如何在开放信息技术等敏感服务领域的同时,建立全方位的监控体系,降低引资风险;应加强相关服务法律法规的研究,完善知识产权保护,尽可能消除不公平竞争与垄断行为,为外资创造公平的市场投资环境。

中国香港作为全球服务业领先城市之一,其服务业占 GDP 比例将近90%。

香港服务业的发展、经验和市场运行模式为广东提供了借鉴。广东可充分利用CEPA（2003 年）带来的机遇，加强与港澳地区的服务交流和合作，如成立粤港澳服务业协调组织机构，以落实 CEPA 有关管理咨询、会议展览、广告、法律、会计、医疗、房地产、建筑工程服务、运输、分销、物流、旅游、视听、银行、证券、保险、电信等 18 个服务行业的条款，进一步降低港、澳资进入广东服务业的市场门槛，大力引入中国香港在会展、法律、会计、管理咨询、工业设计、物流、文化创意、商贸等生产者服务领域的优秀人才、技术与管理方法，加快服务业开放步伐。如在会计领域，降低粤港两地合作经营会计师事务所的门槛，将对港澳方年收入 2000 万美元与不少于 200 人的标准适当降低；在金融领域，加强粤香港合作，推动人民币结算和自由兑换方面开展金融创新活动。

参考文献：

1. 曹莉莎、候湘玲：《广东省服务业利用 FDI 的现状、问题及对策分析》，《经济观察》，2011 年。

2. 吕立才、牛卫平：《广东利用外资 30 年：现状与前景》，《广东行政学院学报》，2010 年第 5 期。

3. 刘洪清：《广东服务行业外商直接投资初探》，《中国外资》，2006 年第 10 期。

4. 李汉君：《我国 FDI 流入的地区差异与影响因素分析——基于 1992–2007 年省级面板数据》，《国际贸易问题》，2011 年第 3 期。

5. 肖文、周明海：《中国 FDI 的区位选择及其影响因素分析》，《江南大学学报》，2008 年第 2 期。

6. 文余源：《外商直接投资区位理论与实证的研究进展》，《经济评论》，2008 年第 3 期。

7. 中山大学中国第三产业研究中心课题组：《CEPA 背景下广东服务业的对外开放》，《广东社会科学》，2005 年第 4 期。

8. 袁上起：《广东服务业利用外商直接投资的现状分析》，《珠江经济》，2006 年第 3 期。

9. 韩德超：《生产性服务业与制造业关系实证研究》，《统计观察》，2009 年第 18 期。

10. 韩燕：《FDI 对我国工业部门经济增长影响的差异性——基础要素密集度的行业分类研究》，《南开经济研究》，2008 年第 6 期。

第六章 广州市服务贸易发展研究

陈万灵[①]

一、广州服务贸易发展状况

经过多年的快速发展，广州人均 GDP 已经超过 10000 美元，相当于中等发达国家的水平，这个阶段服务业及服务贸易得到了快速发展。近几年，外资也逐渐向现代服务业集中，承接跨国公司内部离岸外包能力也大大增强。

（一）广州服务贸易呈现跨越式快速发展态势

伴随着制造业发展，广州服务业获得较快增长（见表 6-1）。2011 年，广州服务业增加值为 7567.54 亿元，同比增长 11.05%，服务业从业人员占全市从业人员的 51%左右。广州服务业在国际市场上具备了一定的竞争力，服务贸易收支总

表 6-1　广州服务贸易收支情况

单位：亿美元

年份	贸易总额	贸易收入	贸易支出	差额	贸易总额比上年增长（%）
2004	41.98	26.16	15.82	10.34	—
2005	54.15	35.69	18.46	17.23	28.99
2008	131.30	82.24	49.06	33.18	37.33
2009	125.96	62.96	63.00	0.16	-0.04
2010	164.75	87.63	77.13	10.50	30.80

---

① 陈万灵：广东外语外贸大学国际经济贸易研究中心主任，教授。

年份	贸易总额	贸易收入	贸易支出	差额	贸易总额比上年增长（%）
2011	239.59	125.63	113.92	11.71	45.43
2012	403.28	206.48	196.79	9.69	68.32

资料来源：根据国家外汇管理局、广州州对外贸易经济合作局、广州市政府报告的数据整理。

额不断增加，主要有以下特点：

（1）服务贸易保持了高速增长，服务贸易呈现跨越式发展态势。近几年，广州服务贸易保持了高速增长，2004~2012 年，广州服务贸易额增长了约 8.6 倍，年均增长 32.68%，除了在 2008~2009 年国际金融危机的影响下，服务贸易规模有所减少；近两年，增速比较高，2011 年和 2012 年分别达到 45.43%和 68.32%，2012 年服务贸易额达到了 403.28 亿美元。

（2）离岸服务外包发展迅速。2008 年，广州各类服务外包企业达成离岸服务外包合同金额 4.2 亿美元；2011 年达到 19.6 亿美元，实现离岸服务外包值 14.5 亿美元，占广东省 51.7%；服务外包企业 625 家，从业人员 22 万人，占广东省的一半。

（3）广州服务贸易一直保持顺差，抑制了全国贸易逆差扩大。2008 年以前，广州服务贸易顺差不断扩大，在国际金融危机后有所缩小。与全国服务贸易逆差扩大相反，广州服务贸易顺差为全国服务贸易逆差扩大起到了抑制作用。2011 年中国服务贸易逆差由 2010 年的 219.3 亿美元扩大至 549.2 亿美元，同比增长 1.5 倍。

（二）广州服务贸易地位不断上升

从 2011 年的数据来看，广州国际服务贸易收支总额达到 239.59 亿美元，显著提高了服务贸易地位。

（1）广州服务贸易国际收支总额占服务业增加值的 19.95%，占同期货物贸易比重达到 20.62%，实现了服务贸易与货物贸易稳步协调发展。

（2）广州国际服务贸易规模占广东的比重从 2007 年的 23.47%扩大到 2011 年的 38.65%，2007~2011 年平均增速 25.81%，比同期广东省快 14.81 个百分点。此外，2011 年，登记服务外包企业 625 家，从业人数 22 万人，从业人数占广东省的一半；2011 年，全年服务外包合同额 34.6 亿美元，同比增长 88.5%，占广东省的 64.3%；离岸合同额 19.6 亿美元，同比增长 83.3%，占广东省的 58.5%；离岸执行额 14.5 亿美元，同比增长 89.9%，占广东省的 51.7%。

（3）广州服务贸易增速快于同期全国平均速度，与 2007~2011 年全国平均增速 13.68%相比，广州快 12.13 个百分点。

可见，广州服务贸易发展实现了快速发展，在广东乃至全国的地位得到快速提高。

(三) 广州服务贸易结构不断改善

随着服务业的发展,广州服务业对外贸易结构及其行业结构逐渐改善。根据外汇管理局 BOP 项下的服务贸易收支数据进行分析,从 2011 年的数据看,比重最大的是其他商业服务 (包括转口贸易及贸易佣金,经营性租赁服务、法律、会计、管理咨询和公共关系服务等),占比 50.99%,比 2010 年上升 15 个百分点;其次是运输及相关服务,占比 16.77%,其他依次是旅游 (12.38%)、建筑安装和劳务承包服务 (8.58%)、专有权使用和特许费 (6.98%)、计算机和信息服务 (2.38%)。[①] 与前几年比较,传统的运输服务贸易不断下降,旅游、建筑安装和劳务承包服务,包括现代服务贸易的其他商业服务的占比大幅上升,说明广州服务贸易结构正在不断改进 (见表 6-2)。

表 6-2 广州服务进出口 (收支) 的行业结构

单位: %

项目	2004 年	2007 年	2011 年
服务贸易总计	100.00	100.00	100.00
1.运输	36.55	30.37	16.77
2.旅游	3.14	8.03	12.38
3.通信、邮电	0.90	0.71	0.48
4.建筑安装和劳务承包	0.97	0.57	8.58
5.保险	1.10	0.88	0.64
6.金融服务	0.09	0.14	0.07
7.计算机和信息服务	2.12	2.02	2.38
8.专有权使用和特许费	5.87	6.16	6.98
9.咨询	11.73	—	—
10.广告宣传	3.96	—	—
11.电影音像	0.06	0.77	0.27
12.其他商业服务	32.78	49.71	50.99
13.别处未提及的政府服务	0.74	0.63	0.46

资料来源:根据国家外汇管理局广东省分局和广州市对外贸易经济合作局提供的数据整理。

如果把服务贸易分为国际商业服务、国际运输服务、国际旅游、咨询与公共服务、专利与特许权服务、邮电与信息服务、国际金融 (保险) 服务、广告宣传服务、经营性租赁服务、建筑安装与劳务承包、体育文化娱乐服务 11 个行业,那么,广州服务贸易输出结构改善更加明显 (见表 6-3)。国际商业服务、国际运输服务比重大幅度下降,国际金融 (保险) 服务、广告宣传服务、建筑安装与

---

① 广州市对外贸易经济合作局:《广州外经贸白皮书 2012》,广东人民出版社,2012 年。

表 6-3 2004 年与 2008 年服务输出项目构成比较

单位：%

项目	2004 年构成	2008 年构成
服务贸易总计	100.00	100.00
1. 国际商业服务	42.19	36.82
2. 国际运输服务	35.81	27.01
3. 国际旅游	1.88	14.40
4. 咨询与公共服务	10.51	13.57
5. 专利与特许权服务	0.42	0.84
6. 邮电与信息服务	3.68	3.82
7. 国际金融服务	1.15	1.06
其中：保险	1.14	0.63
8. 广告宣传服务	3.23	1.87
9. 经营性租赁服务	—	0.00
10. 建筑安装与劳务承包	1.10	0.29
11. 体育文化娱乐服务	0.02	0.33

资料来源：根据国家外汇管理局广东省分局和广州市对外贸易经济合作局提供的数据整理。

劳务承包服务输出的比重有所下降，国际旅游以及咨询与公共服务输出比重有较大幅度上升，专利与特许权服务、体育娱乐服务等也有所上升。

另外，以专利、信息、咨询为基础的软件产品出口获得快速发展，一是产业规模不断扩张。2011 年广州软件和信息服务业收入为 1750 亿元，软件和信息服务业增加值占 GDP 比重达 5.8%。二是软件企业不断发展壮大。2011 年全市软件收入超亿元的企业达 129 家、国家规划布局内的重点软件企业 17 家、上市软件企业 16 家。三是企业创新能力不断提升。软件著作权申请数量提升到 2011 年的 5000 件，CMMI 认证企业增加到 2011 年的 147 家，涌现出网易、海格通信、广电运通、动景科技、久邦数码和华多网络等一批领军企业。

（四）广州服务业开放程度不断提高

近几年，广州现代服务业对外开放水平不断提升，大批外商对服务业进行投资。2011 年，广州服务业引进外资项目 960 个，同比增长 22.76%；合同利用外资 41.74 亿美元，同比增长 26.39%，实际利用外资 23.95 亿美元，同比增长 12.24%；这三项分别占广州外资项目的 84.66%、合同外资的 61.86%、实际外资的 56.10%。[1]

随着以服务外包为重要内容的新一轮国际产业转移的加快，多数跨国公司在世界各地以投资形式从事离岸服务外包业务，广州承接服务外包获得了良好的发

---

[1] 广州市对外贸易经济合作局：《广州外经贸白皮书 2012》，广东人民出版社，2012 年。

展机遇。世界 500 强企业有约 200 家在广州投资设立研发机构、技术服务中心，形成了较强的服务能力，一批国际先进的现代服务业项目相继落户。

（五）广州服务外包业态快速发展

广州被认定为"中国服务外包基地城市"（2007 年）和"中国服务外包示范城市"（2009 年）后，服务外包呈现快速发展态势，高端外包业态获得有力支撑，促进了广州服务业国际竞争力的提升。

1. 服务外包规模迅速扩大，行业地位快速提升

2011 年，广州各类服务外包企业共有 625 家，从业人数达 22 万人，其中新增 132 家，离岸合同额超千万美元的企业有 42 家，比 2010 年同期增加 11 家，超亿美元的有广汽本田、汇丰软件和广汽本田汽车研发公司 3 家；离岸执行额超千万美元的企业有 39 家，比 2010 年同期增加 21 家，超亿美元的有 2 家。世界 500 强企业有 28 家在广州设立外包企业，国际外包专业协会（IAOP）2011 年全球外包 100 强企业有 31 家、十大在华全球供应商有 7 家，中国服务外包领军企业有 6 家在广州投资落户。

这些外包企业实现服务外包合同额 34.6 亿美元，同比增长 88.5%，服务外包执行额 20.21 亿美元，同比增长 69.31%，其中，离岸服务外包合同金额 19.63 亿美元，同比增长 83.25%；离岸执行额 14.49 亿美元，同比增长 89.86%。[①] 2012 年1~9 月，全市服务外包合同额同比增长 50%。经过近几年的快速发展，2011 年，广州市服务外包规模跃居广东省及华南地区首位，服务外包规模占广东省"半壁江山"。服务外包合同额及其执行额分别占广东的 64.19% 和 56.9%，离岸服务外包合同额及其离岸执行额分别占广东的 52.21% 和 51.75%。

2. 三大外包业态协调发展

按照服务外包复杂程度可以分为基础技术外包（信息技术外包）、业务流程外包和知识业务外包三大业态，广州这三种业态外包呈现协调发展态势。

（1）信息技术外包成为外商投资的重点。广州是国家软件产业基地和国家软件出口创新基地，软件产业整体实力居全国前列，涉及领域广泛。信息技术外包业涉及电信、银行、呼叫中心等以数据处理、信息系统设计、软件开发设计服务等领域，近几年正成为外资投资的新兴和重点领域。2011 年离岸执行额中，软件和信息技术服务占 29.75%，其中软件技术服务占 29.09%，行业应用软件研发服务占 3.27%，仅软件出口 4.45 亿美元，同比增长 87.83%。

（2）业务流程外包快速发展，成为广州服务外包新的增长点。业务流程外包已成为广州市服务外包新的增长点，主要涉及金融服务、物流服务、客户服务、

---

① 广州市对外贸易经济合作局：《广州外经贸白皮书 2012》，广东人民出版社，2012 年。

会展服务、供应链管理、人力资源服务、会计服务、研发创意设计服务等。2011年，业务流程外包业务占 31.59%，其中企业业务运作数据库服务占 11.99%，企业供应链管理服务占 4.68%。

（3）知识外包业务有较快增长，工业设计和技术服务成为增长新亮点，2011年，其业务占全部离岸外包执行额的 38.67%。

3. 离岸服务外包市场以亚洲为主，中国香港成为离岸外包的主要市场

在承接国际服务外包中，穗港密切合作的特点明显。广州离岸外包以亚洲为主，其次是欧洲。在广州离岸外包执行额中，中国香港占 50.7%，英国占 11.44%，美国和日本分别占 5.99% 和 4.89%。此外，对拉丁美洲、非洲和大洋洲等新兴市场的拓展加快，阿联酋、印度尼西亚、英属维尔京群岛、开曼群岛、澳大利亚等 14 个国家和地区的离岸执行额已突破 1000 万美元。

广州与中国香港在承接国际服务外包中合作密切，尤其在发展 ITO 业务方面的合作良好。一是共同搭建穗港软件外包合作平台，开通"穗港 IT 资源网"，实现了两地软件企业资源有效对接和共享，成为国家科技部开展软件产业基地公共信息服务平台的核心部分。2007 年，相继成立广州软件（香港）合作中心、中国香港软件（广州）合作中心等，并与中国香港软件外包联盟签订了穗港软件合作协议，两地软件企业联盟共同开拓国际市场。二是共同承接国际离岸发包和转包业务，共建国际服务外包承接地，并有效承接港澳服务外包产业转移，通过承接汇丰银行、东亚电子、电讯盈科、中国香港电信、中国澳门电信等企业的软件开发、呼叫中心、数据处理、客户服务争业务，促进了产业融合。

4. 一系列服务外包业务集聚园区逐步形成

广州 ITO 和 BPO 的快速发展，形成了软件、金融、物流、动漫创意设计等服务外包企业集聚园区，成为我国南方重要的区域服务外包中心、国家软件产业基地和国家软件出口创新基地，集聚了 60% 以上的离岸服务外包企业。

（1）广州经济技术开发区（萝岗区）。广州经济技术开发区是首批国家级经济技术开发区之一；广州开发区于 2005 年实行广州经济技术开发区、广州高新技术产业开发区、广州保税区、广州出口加工区"四区合一"的新型管理模式，并设立了萝岗（行政）区。2011 年投入大量资金完善科学城的配套设施，强化建设了广东软件园、中心商务孵化区、创意大厦、创新大厦、国际企业加速器、总部经济区等，为华南地区顶级的服务外包基地创造了一批新的载体；正在推进"两城一岛"核心组团建设——生态科技园广州科学城、高端产业聚集地中新知识城、生物医药自主创新高地国际生物岛；并投入 5000 万元扶持服务外包发展，对企业研发与自身建设、服务外包人才培训、国际参展费用、办公场地等方面给予补贴，为服务外包企业提供了良好条件，区内已形成以软件设计服务、研发与创意设计、商品检验检测、金融创新服务、咨询管理服务、创意产业服务和现代

物流服务等优势行业。聚集了微软外包设计中心、IBM 软件创新中心、百事高创意中心、英特尔数据安全管理中心等一批服务外包企业。

（2）南沙经济技术开发区（新区）。广州南沙经济技术开发区于 1993 年批准为国家级开发区，2005 年设为行政区，其《广州南沙新区发展规划》于 2012 年 9 月被国务院批准，南沙新区成为继上海浦东新区、天津滨海新区等新区之后的第六个国家级新区。其中一个定位是粤港澳全面合作的综合试验区，将形成以生产性服务业为主导的现代产业新高地、具有世界先进水平的综合服务枢纽。确定了南沙新区产业发展的定位，为现代服务业和服务贸易发展奠定了政策基础。未来重点规划和打造以南沙资讯科技园、科创中心、蒲洲高新技术开发园为核心的服务外包示范区。南沙区内已形成研发设计、数据加工处理、软件分包、软件设计、编写、测试、设计、制作、设备维修、人力资源管理、后勤服务、财务管理、研发支持、商务服务等服务外包企业群。广东外语外贸大学系列培训基地和广州金谷安博信息科技有限公司培训基地相继入驻。UL 和华工南沙产学研基地入驻了科创中心，广州润衡软件基地、达力集团软件培训和 IBM 高级软件人才培训等一批项目相继落户。

（3）天河软件园。天河软件园的前身是天河科技园。1991 年 3 月，在广州天河设立国家级高新技术产业开发区，采取"一区多园"管理体制，将"广州天河高新技术产业开发区"改名为"广州高新技术产业开发区"，由广州科学城、天河科技园、黄花岗科技园和广州民营科技园组成（1996 年 10 月）。在天河科技园的基础上成立了天河软件园（1999 年 8 月），其定位是科技创新核心区、高端现代服务业的集聚区、总部结算与展示中心区和生态软件社区。天河软件园已经成为国家软件产业基地、"火炬"计划软件产业基地、国家网络游戏动漫产业发展基地、国家软件出口创新基地以及中国软件出口欧美工程（COSEP）试点基地、中国服务外包基地城市和广州示范区，集聚了一批以国际化软件外包为核心业务的企业群。已引进中国移动南方基地、中国电信 IDC、广州超级计算中心等重点项目，中华网、亚洲脉络等知名服务外包企业也落户这里。产业聚集为服务外包产业的发展奠定了良好基础。

（4）黄花岗科技信息园。黄花岗科技园于 1991 年经国家科委批准成立，2000 年设立信息园，成为国家信息服务业示范园、广东省电子商务示范基地、广州市高新技术产业示范基地，集聚了以现代信息服务业为主导的通信内容提供商、服务提供商、网络运营商等，初步形成了信息技术企业的集群优势和现代信息服务业的产业特色。园区内已形成信息产业园、创意产业和健康产业园三大产业集聚区，重点发展以软件开发、系统集成、财务管理、数据处理为主的外包业务和以电信、金融、航空、交通、创意设计、动漫游戏等接包行业，拥有汇丰电子、友邦资讯、美银电子、新一代数据中心、超干软件、奥飞动漫、索奇数码等 1500 多家企业，涉及软件开发、动漫产品制作、财务外包和呼叫中心等服务外包业务。

（5）荔湾创意产业基地（广州设计港）。荔湾创意产业基地是对广州市区珠江西沿岸的旧厂房和旧仓库进行改造，形成的最具发展潜力的创意产业基地，形成了门类齐全、产业链完整的创意产业集群带。以此为基础发展的"广州市荔湾区创意产业集聚区"被列为广州市"十二五"规划重点发展项目。区内包括总部发展区、设计示范区、设计孵化区、设计发展区、国际交流与展示中心、岭南广告湾六个功能区，已经集聚了软件、工艺品、时装、环境艺术、灯光艺术、建筑设计电影、音乐、出版、电视广播、广告、艺术等门类设计企业，将形成产业特色鲜明、创新能力强大、文化品位较高、创业环境一流、专业人才会聚、知名品牌众多、公共服务完善的创意产业集群。

二、广州服务贸易快速发展的启示

（一）广州区位优势构成了服务贸易快速发展的基础

广州服务贸易发展得益于良好的区位优势、完善的服务业基础设施及条件。广州位于珠江三角洲北缘，是广东省政治、经济、文化和贸易中心，华南地区中心城市；具有联通全球、衔接港澳、辐射华南纵深腹地的独特区位优势。广州是"海上丝绸之路"的发祥地，一直是中国对外贸易的重要口岸，千年商贸名城的根基，加上工业化和城市化快速发展，其经济发展水平和实力为服务业发展和服务贸易发展奠定了坚实基础。广州城市发展促使了交通、通信及信息、教育、文化、体育等公共设施得到不断完善。

广州城市拥有完善的基础设施，交通便利，空港、海港和信息港条件优越，以"三港双快"（空港、海港、信息港，高快速道路、快速轨道线）为主骨架的现代化交通和通信网络基本建成并逐步完善。一是拥有国内规模最大、功能最先进、现代化程度最高的白云国际机场。广州白云国际机场是按照航空中枢理念设计和建造的国家三大枢纽机场之一，是辐射国内、东南亚和中东，连接欧、美及太平洋地区的综合性中枢机场。2011 年，白云机场旅客吞吐量达到 4504.03 万人次，居全国第二位，晋升全球机场客运量排名前 20 强，客流增幅在全国三大机场中居于首位。2012 年，白云国际机场旅客吞吐量达到 4830 万人次。二是拥有世界十大港口之一的广州港。广州港是华南地区综合性主枢纽港，货物吞吐量居全国沿海港口第三位；国际海运通达世界 80 多个国家和地区的 300 多个港口，将发展成为现代化的国际港和华南地区现代物流最大的中心节点。2011 年，广州港完成货物吞吐量 4.48 亿吨，集装箱吞吐量 1440 万 TEU，居世界港口前 6 名。三是拥有一流的信息交换枢纽。广州城市化和信息化建设在国内处于领先水平，成为国内三大信息枢纽、互联网交换中心和互联网三大国际出入口之一，国际互联网出口带宽流量占全国带宽的 34%。近几年，以建设"数字广州"和国际"信息港"为目标，积极推进城市信息基础设施建设，电子政务、电子商务、社会信息化和信息产业取得新发展，广州信息化综合指数位于国内前列，信息化水平接近发达国家中心城市水平。四是广州会展资源条件比较丰富。广交会流花馆、琶洲国际会展中心、白云国际会议中心以及各区场馆，为国际会展业创造良好条件。中国进出口商品交易会称为"中国第一展"，规模目前为亚洲第一、世界第二，每年举行两次，万商云集，广州会展业发展促进了商贸业和旅游业，也促进了服务业及服务贸易的发展。广交会、广博会、留交会、国际设计周等品牌会展影响力不断扩大。这些条件会促使物流运输、商贸、旅游、会展、金融及保险、总部经济、通信及邮电和信息服务、咨询及中介服务等服务业及服务贸易的发展。

（二）中国香港服务业辐射为广州服务贸易发展注入了契机和动力

随着中国香港经济社会的迅速发展，尤其是中国香港商贸中心、国际金融中心地位的加强，中国香港在亚太地区的国际经济中心地位日益提高。由于广州与中国香港在地域上的邻近和文化上的相通，比国内其他中心城市更便捷地得到中国香港经济发展的辐射。广州与中国香港服务业发展水平存在较大的差距，一方面意味着中国内地服务业发展水平落后，另一方面意味着两地存在巨大的贸易机会。广州利用中国香港的资金、国际市场渠道畅通、管理水平高的优势，发挥科研人员多、科技成果多和信息领域市场巨大的特点，两地合作，形成服务业互补合作局面，如建立穗港科技信息园，共同开发合作项目，成立科技信息服务机构，为双方科技合作提供信息咨询服务等。

实际上，进入 21 世纪以来，与中国香港工业向内陆转移一样，出现了中国香港服务业大量移驻广东（广州）的热潮，由原来"粤主制造，港主服务"的"前店后厂"模式，逐步过渡到"店厂合一"模式，一些服务业逐步移向内陆，其中主要是广东及广州。一些生活性服务业已成为粤港合作的重要领域，特别是自 CEPA 实施以来，中国香港企业内迁拓展服务产业十分踊跃。这些服务业涉及物流、分销、金融、律师、会计、影视娱乐等领域，其中物流和分销的认证最多，占到近一半，一大批物流企业已在广东乃至内地成立独资企业，争占内地广阔的服务业市场；而且广州也积极应对现代服务业的转移趋势，非常主动地利用服务业的辐射，不断加强引进中国香港服务业的力度。随着"南沙新区"机制运行，其《广州南沙新区发展规划》逐步实施，南沙以"粤港澳全面合作的综合试验区"的发展定位——立足广州、依托珠三角、连接港澳、服务内地、面向世界，建设成为粤港澳优质生活圈和新型城市化典范、以生产性服务业为主导的现代产业新高地、具有世界先进水平的综合服务枢纽、社会管理服务创新试验区，打造粤港澳全面合作示范区。这将进一步扩大穗港服务业广泛合作的空间，为两地的交流与合作开辟了新的产业方向。

（三）政府规划和政策先行对服务贸易发展构成了强力支撑

广州将制定全市服务外包产业的发展规划，力争用 5 年左右的时间将广州打造成为华南规模最大、国内水平领先、世界知名的国际性服务外包中心。为此，广州市政府及各部门还施行了一系列政策措施，提高了广州服务贸易开拓市场的能力。早在 1999 年，广州市政府施行了《广州市加快软件产业发展指导意见》（穗府 1999），接着制定了《关于加快我市服务外包发展的意见》（穗府 2008）、《广州市服务外包发展专项资金管理办法》（2009）以及关于服务贸易和外包业态发展的五年规划，还制定了一系列相关产业规划，如《关于大力发展广州金融业的意见》（穗府办 2005）、《广州市进一步扶持软件和动漫产业发展的若干规定》（穗府 2006）、《关于加快发展现代服务业的决定》（市委 2008）、《广州市贯彻落实〈珠江三角洲地区改革发展规划纲要（2008~2020 年）〉实施细则》、《广州市金融创新服务区建设发展规划》、《广州空港经济发展规划纲要》（穗府 2010）、《关于加快发展总部经济的实施意见》（穗府 2010）等，还制定了旅游发展区域规划等。除了规划政策引导外，广州市政府还加强了引导，一是组织大量招商和市场开拓活动。如面向欧洲、美国、日本、韩国等地区的服务业招商；连续组织广州软件企业参加欧洲、美国和中国香港专业展等。二是积极扶持企业多方式开拓国际市场。在广东省《关于加快建设广东商品国际采购中心的实施意见》政策的支持下，广州获得了 2 个"广东商品国际采购中心"（流花服装市场集群和狮岭皮具原辅料市场集群）和 3 个"广东商品国际采购中心重点培育对象"（站西鞋城、三元里皮具商圈、南天国际酒店用品批发市场）。三是搭建公共平台，加强国际交流。如穗港合作的"穗港 IT 资源网"，天河软件园与中国香港特区有关机构共同建设了"粤港国际软件园"，与美国硅谷联合建立了"广州硅谷工程研究中心"等。这些政府规划及政策和行政引导措施有力地支撑了服务贸易发展。

（四）完善的产业配套体系拓展了广州服务贸易领域的空间

广州市在新中国成立后，支柱产业不断变换，第二产业与第三产业并重，先后成为主导经济发展的支柱产业。到 20 世纪 90 年代以后，广州提出了继续提高第一产业水平，调整和优化第二产业，大力发展第三产业的方针；并提出扶持发展高科技制造业、金融保险业、交通运输业、商品流通业、旅游服务业、建筑与房地产业六个支柱和一个先导产业即信息产业的产业政策。

这些战略规划和产业政策有效地促进了相关配套产业的发展。进入 21 世纪以来，广州经济在保持快速发展的基础上，不断优化产业结构，传统产业、高新技术产业和服务业协调发展。第三产业的生产总值超过 50%，广州经济出现了软性化和产业高级化特征。可见，广州产业体系和配套条件逐渐完善，工业体系逐步转型，发展潜力正逐步显示出来。广州经过了近三十年的工业化发展和工业建设，已形成了门类齐全、设备技术较为先进、综合配套能力、科研技术能力和产品开发能力较强的现代工业体系，配套能力不断增强。汽车制造、电子信息制造、石油化工、生物医药等支柱产业发展强劲，高科技产业发展迅速，轻纺、家电、精细化工、食品、建材等传统行业升级换代，形成了较完整的产业链和颇具规模的产业体系，具有很强的区域辐射带动作用。可见，产业整体水平和竞争力不断提高，产业链高端地位进一步巩固。

（1）广州制造业及其重化工业发展带动了生产服务业的发展。以交通运输业、信息服务、房地产业为主的服务业得到了较大发展。2011 年，广州交通运输、仓储和邮政业实现增加值 832.01 亿元，增长 8.2%。其中，客运量 67756.11 万人次，货运量 64929.02 万吨，港口吞吐量 44769.53 万吨。邮电业务收入 312.34 亿元，2008~2011 年年均增长率分别是 9.13%、8.71%、6.41%和 6.24%。另外，电信业务收入 288.97 亿元，比 2010 年增长 7.1%，国际互联网总用户 569.73 万户，比 2010 年增长 34.7%，为服务贸易发展提供了有力支撑。

（2）金融、物流、商务服务、信息服务、科技及教育服务等领域形成了较高的要素集聚能力和辐射能力。广州现代服务业快速发展，整体水平进一步提升，已成为经济发展新的增长点，初步成为华南地区的商贸流通中心、金融中心、科技中心和信息中心。"十一五"期间，商贸、物流、会展、金融、旅游、信息服务、创意产业等现代服务业快速发展，其增加值年均增长 13.4%。广州科技创新能力不断增强，直接参与科技创新过程的机构有 509 家，科技咨询、中介服务产业逐渐发展起来，主要从事咨询服务的有 1282 家，从业人员近 3 万多人，从事律师、会计师服务工作的人员 1 万余人。

（3）高新技术产业群初步形成，发展势头良好，已成为广州经济发展的"增长极"和"领头羊"。电子信息、光机电一体化、生物制药、新材料、新能源和高效节能五大产业群，软件和生物制药两大龙头产业初步形成，共涉及约 1000 种高新技术产品。这些为软件及服务外包、技术研发与服务提供了基础。

（五）优越的人才资源为广州服务贸易发展提供雄厚的人力资本

广州是一座历史文化名城，人才辈出，人力资源丰富，为现代服务业及服务贸易的发展创造了条件。

(1) 广州可提供大批各类专业技术人才和外语人才，满足服务业及服务贸易发展对各类人才的需求。一是广州集中了全省 63% 的普通高校、97% 的国家级重点学科、77% 的自然科学与技术开发机构和全部国家级重点实验室。各类普通高等院校 60 多所，在校学生近 62 万人；研究生培养单位 24 个，博士点 151 个，其中在学研究生约 4.06 万人；各类中等职业技术学校近 200 所，在校学生约 21.6 万人。二是搭建了多层次、多形式的人才培训平台，每年培训项目管理人才和软件蓝领近 2 万人次。中山大学、华南理工大学的软件学院通过引进 CEAC 国家计算机教育认证项目创办了 IT 蓝领培训基地。还有 10 多家企业与国内知名高校联合培养高层管理人才。这些条件能够为服务业及服务贸易发展提供人才支撑，而且为教育服务及其贸易提供了良好条件。

(2) 广州有从事软件开发和系统集成的信息技术开发、服务人员约 3.1 万人，其中专门从事信息技术研究开发的近 1.5 万人，具有高级职称的有 3000 人，中级职称的有 11000 人。中山大学、华南理工大学等院校设有独立的软件学院，有 41 家院校开设了计算机技术专业，每年可提供软件工程硕士、电子信息、计算机专业等毕业生超过 3000 人；有 40 家院校开设了英语专业，19 家院校开设了日语专业，可为本地区发展提供大批外语专业人才。

(3) 广州科研力量雄厚，有信息产业部五所、七所和中国赛宝实验室等各类科研机构 200 个、国家级重点实验室 5 个、省级重点实验室 69 个、市属企业博士后工作站 25 个、国家级企业技术中心 4 个、省级企业技术中心 30 个、国家级工程中心 13 个、省级工程中心 35 个、市级工程中心 32 个，并与 20 多个国家和地区的 200 多家科研机构、大专院校和学术团体建立了合作关系。中国科学院与广州市政府合作共建广州中国科学院工业技术研究院，通过开展工业应用技术研究开发，将成为现代工业技术研发基地和产业化技术的辐射中心。

(4) 广州已建成专业特色鲜明、资源共享的企业孵化体系，拥有科技企业孵化器 12 家，孵化场地总面积达 20 多万平方米；依托企业组建了 25 家省级工程技术研究开发中心，建成了 3 个区域性生产力促进中心和 9 个行业生产力促进中心；现有各类科技服务机构 4000 多家，其中科技中介机构近 1000 家，初步形成了各级政府、行业和企业等多层次的科技中介服务网络；建设和完善了华南技术交易中心和技术产权交易所，2006 年技术交易额达 50 亿元，居全国前列。

三、广州服务贸易的发展态势及其发展方向

进入 21 世纪以来，服务业逐渐成为国际生产要素重组以及国际产业转移的

重要领域，服务贸易成为对外开放、参与国际经济竞争的重要手段。广州进入了后工业化阶段，也正处于经济发展模式转型、产业结构升级优化的关键时期，正契合了国际服务业转移的历史机遇。因此，广州正在通过规划和一系列支持政策措施对服务业及服务贸易发展进行促进和引导，创造条件迎接国际服务业转移的历史契机，广州服务贸易发展将呈现跨越式态势，各个产业将得到快速发展。

（一）信息服务及其服务外包业将呈快速发展

进入 21 世纪以来，广州逐渐形成了一批技术基础雄厚、产业规模较大的产业群体和以承接系统软件设计、数据处理、系统应用和基础技术服务、企业内部管理、供应链管理等为主要业务的服务外包企业群体。拥有从事软件开发和系统集成的信息技术开发、服务人员约 3.1 万人，其中专门从事信息技术研究开发的近 1.5 万人。中山大学、华南理工大学、广州大学等院校设有独立的软件学院，有 41 家院校开设了计算机技术专业，每年可提供软件工程硕士、电子信息、计算机专业等毕业生超过 3000 人；有 40 家院校开设了英语专业，19 家院校开设了日语专业，可为本地区发展提供大批外语专业人才。广州作为国家软件产业基地和软件出口创新基地，广州软件产业和出口规模列国内城市前列。可见，信息服务业已经形成了良好基础，有条件进一步优先发展信息服务业，促进信息服务外包产业发展。

在承接国外发包商的信息服务外包过程中：一方面加快提高承接更多外包业务的能力，另一方面必须逐步掌握拓展离岸外包业务的来源渠道，把握服务外包业的先机，从而更加了解国际市场，占据国际服务业高端市场。积极引导和鼓励企业整合资源、联合协作，推动建立软件与信息服务外包门户网站，为企业提供国际发包信息，鼓励本土服务外包企业以获取国际客户资源、培养专业技能为目标，与领先的跨国公司建立合资或合作。

（二）研发及咨询服务外包业具有较大发展潜力

设计、研发及咨询服务向发展中国家进行离岸也正成为一个新潮流。受离岸目的地（国）低成本劳动力、人才储备、接近当地市场和生产等因素的驱动，跨国企业正在将设计研发向东欧、印度、中国等地进行转移。广州有比较充分的条件发展高端设计研发及外包服务，研发中心和咨询业的发展势头良好，已有外商投资企业 605 家，从事研究、开发、设计、试制新产品，其中独立研发中心 10家，包括德国拜耳聚合物技术支持中心、美国普莱克斯焊接及应用技术研究中心、丰田汽车培训研发中心、法国安美特 PCB 表面处理技术应用中心、法国亚力氏电讯研发中心、本田汽车研发中心等。深度挖掘研发设计、咨询业等新兴行业发展，将形成中国服务外包（接包）业新的增长点。

（1）广州生物产业技术研发优势逐步发挥。首先，广州是国家生物产业基地和国家医药出口基地，广州有医药学科的高等院校 12 所、研究院所 30 余家、重点学科 68 个、重点实验室（中心、基地）78 个，近年来获得二类以上新药证书21 项、二类以上新药临床批文 16 项、专利 130 项，其中发明专利 33 项。其次，广州有中国科学院生物医药与健康研究院、国家基因药物工程研究中心、软件工程国家研发中心、达安基因公司国家级企业研发中心 4 家国家级研发机构，迪森热能等 9 家省级研发机构，广州微生物研究所等 11 家市级科研机构。最后，广州国际生物岛计划以中医药现代化和功能基因研究为重点开展中医药和基因组、后基因组研究，打造具有高度技术开发能力的研究产业群，发展成为具备国际一流水平的生物医药研究与开发基地。

（2）咨询服务外包业的发展潜力逐步挖掘。在咨询服务业方面，广州拥有法律、会计、专利、招商咨询、市场咨询、财务咨询、管理咨询、人才服务、国际货代、工程服务等中介服务机构 70 多家，如广州技术产权交易市场、华南国际市场研究有限公司、安利（中国）研发中心有限公司、广州龙沙研究开发中心等。下一步必须大力挖掘咨询外包服务业的发展潜力，大力实施软件与信息服务外包产业品牌战略，打造"广东外包"的国际品牌，树立品牌形象，制定广东总体外包品牌战略，明确广东在服务外包领域的价值定位。

（三）现代物流业和物流服务贸易会得到快速发展

在运输及物流服务领域，中国运输服务贸易出现了逆差，主要原因在于运输业需求的增长较快，国内运输供给不足。广州运输业贸易实现了顺差，说明运输业有一定国际竞争力。此外，高新技术产业和服务业得到较快发展，大量增加了对航空快捷、安全和远距离运输的需求。面对如此机遇，广州可以重点发展现代物流业，满足国内外运输及物流业发展的需要。广州空港和水运港的条件俱佳，协调发展空港和水运港的物流业，将会大大促进物流外包的快速发展和产业升级，将吸引更多的国外物流服务业务发包方到广州投资，促进广州的产业转型和升级。

（1）白云机场"南大门"空港定位会得到进一步稳固。白云机场逐渐会成为华南地区乃至泛珠三角地区的空港中心，成为广州乃至广东区域经济发展的强大引擎，依托空港带动力整合广州高端产业，推动广州经济的重大转型。

（2）以广州保税区为依托的区港联动体系逐步完善。以南沙和白云新国际机场为依托的保税物流中心，以区域性物流园区及汽车等重点骨干产业为依托的保税物流中心等重点项目建设稳步推进，逐渐形成了多层次保税物流网络布局。

（3）广州港吸引力增强。广州市内陆运、水运和空运的一体化为物流提供畅通的道路专线，促进物流运送速度和效率的提高，将吸引国内重要运输公司，同时，培育广州具有潜力和影响力的运输物流公司，与国际知名的物流公司如联邦快递合作，推进物流企业创新服务理念和运输模式。

（四）金融业及其金融服务贸易会得到拓展

广州是全国三大金融中心之一，是华南地区融资能力最强的中心城市，金融机构发展迅速、门类齐全。拥有各类金融机构网点近 3000 家，居全国前列。其中，各类金融机构及代表处 215 家，内资金融机构 138 家，外资金融机构 77 家，法人金融机构 31 家。聚集了广发银行、广发证券、易方达基金、华泰长城期货等一批综合实力居全国同行业前列的金融机构。广州已聚集了中国银行、中国工商银行、中国建设银行、中国农业银行、招商银行、民生银行、交通银行、广州风投和创投等 20 多家金融机构；友邦保险、信诚保险、中国人寿和中国平安等知名保险公司已常驻广州。广州形成了多层次、多种类的金融组织体系，拥有银行机构 63 个、保险公司 32 个、保险中介 72 个、证券公司 2 个。广州也是全国外资银行第二批放开准入的城市。金融对外开放步伐不断加快，外资金融机构逐渐增多，成为汇丰、东亚银行等外资金融机构计算机系统维护、电话服务、ATM监控、单证处理等非核心业务的承接地。

广州金融业务规模日益扩大，金融服务水平不断提高。资金容量不断扩大，截至 2012 年 11 月末，广州金融机构本外币存款余额 28972.56 亿元，同比增长 13.33%；贷款余额 19872.62 亿元，同比增长 12.48%，资金实力居全国大城市第三位。2012 年前三季度广州金融业增加值达 657.7 亿元，同比增长 12.9%，占 GDP 比重达 6.7%；预计全年金融业增加值将突破 1000 亿元。2012 年前三季度广州金融保险业税收收入为 146.7 亿元，预计全年有望突破 200 亿元。广州的保费收入为 382.1 亿元，居全国大城市第三位；广州地区证券交易额 2.6 万亿元，商品期货代理交易额 1.95 万亿元，拥有境内外上市公司 91 家，居全国大城市前列。

随着金融设施的不断完善，逐步形成了广州股权交易中心、广州碳排放权交易所、广州期货交易所三大市场交易平台，在区域上初步形成了广州国际金融城、广州民间金融街、广州金融创新服务区、南沙现代金融服务区等功能区。因此，广州有充分的条件大力发展金融业，并结合广州建设区域性金融中心地位的要求，可以适度把握开放的顺序、程度和时机，加快商业存在金融服务贸易的市场开放；优先发展商业存在形式的金融服务贸易，通过过境交付方式，促进金融服务贸易的市场开放；通过金融创新服务区规划建设，为国际金融机构提供金融软件开发、数据安全、数据交换服务等金融服务外包业务，积极发展更多的外资金融机构并促进金融服务贸易发展。

（五）现代会展业及其相关的旅游业会快速发展

进入 21 世纪以来，广州现代会展及旅游业已经进入一个新的发展阶段，初步形成了以北京、上海和广州为中心的全国性会展网络。2011 年，广州会展 370 场，占广东会展（664 场）的 55.7%；办展面积 735 万平方米，约占广东全省（1244.18 万平方米）的 60%，在全国排在北京和上海之后。广州旅游环境不断优化，广州的城市旅游国际形象不断提升，外国旅客在广州停留时间不断延长。2011 年全市接待游客总人数达 1.33 亿人次，同比增长 4.69%；旅游业总收入达 1630.80 亿元人民币，同比增长 29.98%；旅游业增加值 693.26 亿元，同比增长 29.98%，为拉动广州市社会经济发展做出了积极贡献。

（1）广州形成了"广交会"为龙头的服务品牌。"广交会"已经完成从出口功能向进口功能的转变，广交会场馆及功能已经具备了向会展业高端发展的条件，正在进行以货物贸易为主向凸显服务贸易、技术贸易功能的全方位贸易转变，将会形成以广州为中心的全球会展中心。

（2）与中国香港展览会议业协会联合良好，会展咨询服务合作良好。穗港合作开展会展策划、招展及相关经贸、法律知识培训和人才培训。通过港澳会展业的联系，与各国相关行业协会、中介机构等组织的联系密切，吸收各种品牌专业展览会议的经验。

（3）通过会展业的发展，带动旅游业对外开放，促进商贸、旅游、酒店等传统优势服务业的整合提升，并引进新的服务手段和服务形态。"广州服务"有了新突破，直接与外国旅游观光者接触，广州的服务形象得到提升。

（4）广交会正不断完善会展设施和服务功能，已经培育会展企业熟悉了国外的办展程序和流程，正逐步"走出去"把会展办到国外，承办国际著名的服务外包峰会、论坛和展会，拓宽业务合作渠道，扩大广州会展业的知名度和影响力。

（六）广州营商环境有利于挖掘总部经济的发展潜力

总部经济是指企业将总部从生产制造基地分离出来，聚集在某个区域所形成的对该区域经济发展产生重要影响的一种经济形态。一般而言，一个城市发展总部经济需要具备五个方面的条件（赵弘，2004）：一是区域拥有高素质的人力资源和科研教育资源，能够使得公司总部以较低的成本进行知识密集型价值活动的创造。二是良好的区位优势、交通运输设施、丰富的人力资本和教育资源等，成为外国公司总部和地区办事处首选的至关重要的原因。三是具有便捷的信息渠道，并在基础性资源条件方面能够同附近周边地区形成较大的差异。四是具备良好高效的法律制度环境，具有多元的文化氛围。五是区域应逐步形成围绕总部服务的专业化服务支撑体系。

广州作为国家级中心城市和国际经贸中心城市，是华南地区的经济中心和金融中心，是珠三角经济圈的重要核心城市，在与中国香港进行合作互动过程中，广州逐步成为珠三角地区新的企业总部聚集地。首先，广州开放经济环境吸引大量海内外技术、管理人才、优秀职业经理人，参与广州经济建设。其次，广州具备了一流的投资环境，城市综合营运成本比较低，政府的透明度和服务效率比较高，为投资商创造了良好的、与国际通行规则接轨的法律环境和良好秩序。最后，广州在保留和继承原有的"广府文化"的基础上，形成了务实、包容、多元的人文环境，能够吸收外来先进文化，营造多元文化交流的平台。在区域布局上，把天河区建成中央商务区（CBD），促进总部经济和高端服务业发展壮大，逐步成为金融中心、商贸之都、文化会聚的总部中心，以及成为国家中心城市的经济支柱。

广州总部经济发展能力排在北京、上海、深圳之后。2011 年，广州市首批认定总部企业 220 家，其中内资企业 142 家、外资总部企业 53 家、金融总部企业 25 家。目前，世界 500 强企业已有 35 家在广州投资设立了软件企业，分布在银行、保险、电信、数据处理、嵌入式软件开发等领域，包括 IBM、微软、英特尔、爱立信、怡和、法国电信、保诚保险、友邦保险、汇丰、埃森哲、西艾软件、索尼、NEC、卡西欧、LG 等众多国际知名企业。Microsoft、Motorola、AT&T、CISCO、IBM、ORACLE 等在广州设立了其亚洲总部、中国总部、华南总部、研发中心或办事处。

广州市的规划目标是把广州建设成为"总部经济之都"。2009 年 5 月实施的《广州市总部经济发展规划》要求经过 5~10 年的努力，实现总部企业数量明显增加，结构明显优化，可持续发展能力明显提升。为此，近几年，广州密集出台政策措施。2010 年 1 月，广州制定了《关于加快发展总部经济的实施意见》，到 2020 年广州将成为辐射环珠三角、泛珠三角，影响全国、面向世界的亚太地区最具活力的"总部经济之都"。与此同时，市财政 2010~2014 年五年计划安排 50 亿元资金支持总部经济发展，对新引进的总部企业给予最高 5000 万元的落户奖，对优秀总部企业给予最高 500 万元的经营贡献奖，对做出重要贡献的总部企业主要负责人给予税后 100 万元的奖励。

通过总部经济建设，广州逐步形成了与"总部"相适应的专业化服务支撑体系，初步形成了覆盖金融、保险、会展、商贸、航运、物流、旅游、法律、教育培训、中介咨询、公关、电子信息网络等诸多领域的服务支撑体系，促进广州服务贸易发展。

参考文献：

1. 广州市对外贸易经济合作局：《广州外经贸白皮书 2009》，广东人民出版社，2009 年。

2. 广州市对外贸易经济合作局：《广州外经贸白皮书 2012》，广东人民出版社，2012 年。

3. 陈万灵：《广州服务贸易发展的研究报告（内部报告）》，2008 年。

4. 黄铁苗、白国强：《积极创造条件，发展广州市东山区总部经济》，《探求》，2004 年第 1 期。

5. 肖振宇：《承接现代服务产业转移　加快广州国际服务贸易发展》，《大经贸》，2005 年第 12 期。

6. 赵弘：《总部经济》，中国经济出版社，2004 年。

第七章 深圳市服务贸易发展的现状、问题及对策

刘伟丽[①]

一、引言

随着经济全球化的快速发展，全球经济竞争的重点正从货物贸易转向服务贸易，全球产业结构处于由"工业经济"主导向"服务经济"主导转变的新阶段，服务业与服务贸易的发展水平已成为衡量一个国家现代化水平的重要标志之一。发达国家大力发展高附加值的现代服务业，抢占后危机时代经济发展的战略制高点，基于信息网络的现代服务业成为国际经济新的增长点，出现细分化、国际化、数字化的发展趋势。当前，全球服务业占世界经济总量的比重约为70%，主要发达经济体的服务业比重接近80%；服务领域跨国投资占全球跨国投资的比重已接近2/3；服务贸易占世界贸易的比重约为1/5（陈德铭，2011）。[②]近年来，发展服务贸易以转变中国对外贸易增长方式也已经成为我国经济工作的一个主要任务。2011年11月，商务部、发改委等34个部门联合发布了《服务贸易发展"十二五"规划纲要》，服务贸易的地位被提升到前所未有的高度。此纲要提出，我国要大力发展服务贸易，实现从贸易大国向贸易强国的跨越。由此可见，服务贸易在未来中国经济发展中的重要性不断显现出来。"十二五"规划中指出，适应我国对外开放，必须实行更加积极主动的开放战略，不断拓展新的开放领域和空间，扩大和深化同各方利益的汇合点，完善更加适应发展开放型经济要求的体

---

① 刘伟丽：深圳大学经济学院，教授。
② 陈德铭：《大力发展服务贸易 推动世界经济新增长》，《国际经济合作》，2011年第6期。

制机制，以开放促发展、促改革、促创新。加快培育以技术、品牌、质量、服务为核心竞争力的新优势，延长加工贸易国内增值链，推进市场多元化，大力发展服务贸易。加大智力、人才和技术引进工作力度，鼓励外资企业在华设立研发中心，借鉴国际先进管理理念、制度、经验，促进体制创新和科技创新。扩大金融、物流等服务业对外开放，发展服务外包，稳步开放教育、医疗、体育等领域，引进优质资源，提高服务业国际化水平。

根据国内外学者的研究发现：①我国服务业整体发展水平和开放水平较低，必须提高服务业对外开放，无论是服务贸易的形式还是利用外资的形式，都会促进产业结构升级。②服务业的对外开放会促进传统服务业向现代服务业转变，促进服务业的产业升级和优化，促进服务业总量和质量上的提升，优化投资环境，提高服务质量标准。③服务业的对外开放会通过产业关联效应，伴随着制造和服务融合的生产性服务业的发展，推动制造业向高端产业链转移，促进产业结构升级，提高制造业的劳动生产率和产品附加值。

2012 年 12 月 7 日，习近平同志在担任中共中央总书记之后，考察的第一站就是深圳经济特区，深圳的第一站是"特区中的特区"——深圳的"前海深港现代服务业合作区"。可以看出，国家对深圳服务业发展的重视，深圳的货物贸易一直处于全国第一位，在中国对外贸易中起到举足轻重的作用。目前中国货物贸易顺差过大，且屡遭贸易壁垒，在服务贸易逆差的情况下，强国必须通过服务贸易的发展，深圳必须利用货物贸易的优势，带动服务贸易的发展，争取在全国服务贸易的发展中也争取领先地位。

2012 年 3 月 9 日，在中共十一届全国人大五次会议广东代表团的省长记者招待会上，广东省省长朱小丹表示，深圳将开展国家服务业综合改革试点，前海政策很快出台。深圳前海是广东着力打造的推动粤港澳服务贸易自由化的示范区之一，将成为推动粤港澳三地服务贸易自由化的重要引擎，前海的工作定位和重点是金融创新。

2012 年 1 月 16 日，深圳印发了《深圳市现代服务业发展"十二五"规划》，大力发展现代服务业，不断提升现代服务业的规模、层次和水平，加快转变经济发展方式，创造"深圳质量"。

早在 2010 年 8 月，国家发展和改革委员会批准了全国第一批服务业综合改革试点城市（地区），这些试点最大的意义在于示范作用，希望能够找到制约服务业发展的主要问题和矛盾，并能够采取机制和措施解决这些问题和矛盾。2011年 7 月 5 日，深圳公布了《深圳市开展国家服务业综合改革试点实施方案（2011~2015 年)》，报告中指出，到 2015 年，全市服务业增加值超过 9000 亿元，占全市生产总值的 60%，服务业从业人员占全社会从业人员的比重达到 55%左右。三大支柱产业合计占全市生产总值比重达到 35%左右，其中金融业增加值占全市生产总值比重达到15%左右，物流业增加值占全市生产总值比重达到10%以上。深圳将成为国家服务业综合改革试点之一，这是一个重要的任务，也是深圳服务业发展的一个重要机遇，在这一改革的过程中，深圳应该从"深圳速度"蜕变成富有内涵的"深圳质量"。

本章主要在当前的国际国内形势之下，寻找深圳在全球和全国国际事务中的角色和地位，首先回顾深圳服务业发展的基本现状，其次分析深圳服务贸易发展存在的问题和最新发展，最后给出改进的对策建议。

二、深圳服务贸易发展的基本现状和存在的问题

（一）深圳服务贸易发展的基本现状

深圳是中国最早对外开放的城市之一，是中国第一个经济特区。近些年，深圳市显现出服务业经济水平不断提高的趋势，服务业和服务贸易在深圳经济中的地位与作用逐渐加强。据初步核算，深圳市2011年全市生产总值11502.06亿元，比2010年增长10.0%。其中，第三产业增加值6153.03亿元，增长8.5%，占全市生产总值的比重为53.5%，而2001年该比重为49.82%。2001年，深圳市国际服务贸易进出口总额为195.74亿美元，其中，服务贸易出口为100.39亿美元，进口为95.35亿美元；而2011年，深圳市国际服务贸易进出口总额为526亿美元，其中，服务贸易出口为258亿美元，进口为268亿美元。10年间，深圳服务贸易进口和出口均有较大增长，如表7–1所示。

表7–1　深圳服务贸易占世界服务贸易的比重

年份	世界服务贸易（十亿美元）			深圳服务贸易（亿美元）		
	进出口	出口	进口	进出口	进口	出口
2001	2962	1487	1476	8	3	5
2002	3161	1599	1561	11	4	7
2003	3614	1832	1782	16	6	10
2004	4362	2230	2132	22	9	13
2005	4869	2496	2373	29	12	17
2006	5489	2830	2659	33	14	19
2007	6580	3408	3172	103	43	60
2008	7465	3842	3622	152	63	89

年份	世界服务贸易（十亿美元）			深圳服务贸易（亿美元）		
	进出口	出口	进口	进出口	进口	出口
2009	6598	3386	3212	186	87	99
2010	7205	3695	3510	367	178	188
2011	8125	4170	3955	526	268	258
2012	8500	4350	4150	305	157	147

资料来源：《深圳统计年鉴》、国研网数据库以及 http://www.askci.com/news/201305/30/3015304982743.shtml。

服务贸易国际市场占有率可以直接反映一国或一地区服务贸易国际竞争力的强弱。服务贸易出口占世界市场份额越高，说明该国或者该地区服务贸易国际竞争力越强。

然而，服务贸易发展问题对于深圳来说还是一个新课题，深圳服务贸易与全国一样还存在诸多问题。当前国际服务贸易日趋知识化、技术化和资本化，世界服务贸易的部门结构已从以自然资源或劳动密集型的传统服务行业（如旅游、销售服务等）为主逐步转向以资本密集型的服务行业（如运输、电信、金融等）和知识技术密集型的服务行业（如专业服务、计算机软件、数据处理等）为主。而我国服务贸易以旅游、运输等传统性行业为主，在资本密集型、知识密集型服务方面较为薄弱，导致我国整体服务贸易的国际竞争力不强。

表 7-2　2011 年深圳国际服务贸易统计数据

单位：千美元

贸易部门	出口	进口	进出口差额
服务贸易	25793487	26797126	−1003639
运输	3343362	3091358	252003
旅游	294518	1747065	−1452548
通信服务	79821	112302	−32481
建筑、安装及劳务承包服务	224019	175188	48831
保险	702009	282801	419208
金融服务	2275	23261	−20986
计算机和信息服务	970038	228173	741865
专有权利使用费和特许费	29733	933205	−903472
体育、文化和娱乐服务	6364	4661	1703
别处未提及的政府服务	2976	608	2369
其他商业服务	20138372	20198505	−60132

资料来源：国家外汇管理局。

2011 年深圳第三产业的增加值为 61556537 万元,[①] 按照 2011 年美元兑人民币的平均汇率为 6.46 计算,2011 年深圳服务贸易进出口额占深圳市第三产业生产总值的 55.18%。根据表 7-2 所示,深圳国际服务贸易在 2011 年是逆差的,逆差额达到 10 亿美元,其中旅游业的逆差最大,为 14.5 亿美元,其次是专有权利使用费和特许费的逆差,为 9 亿美元;顺差最大的是计算机和信息服务,顺差额达到 7 亿美元,其次是保险。从 2011 年深圳国际服务贸易的数据来看,深圳资本密集型的计算机和信息服务业发展较为强劲,传统的运输、保险等也发展得较好,但是旅游、专有权利使用费和特许费、金融服务的发展较为薄弱,尤其是金融服务的出口仅有 227.5 万美元,逆差达到 2098.6 万美元。

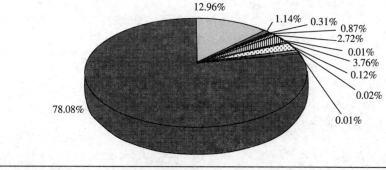

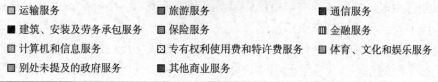

图 7-1　2011 年深圳国际服务贸易出口项目结构
资料来源:国家外汇管理局。

从贸易结构看,如图 7-1 和图 7-2 所示,2011 年深圳服务贸易进出口各项目比例保持相对稳定,深圳服务业继续保持稳步增长,运输仍是规模最大的项目。保险和别处未提及的政府服务项目出口呈现明显的增长,保险出口同比增长 103.21%,别处未提及的政府服务同比增长 310.48%。进口中除其他商业服务有较大幅度的增加外,其他项目的进口百分比均在不同程度上呈现下降的态势。通信服务与计算机和信息服务同比出口增长率较高,分别为 182.53% 和108.86%。

---

① 《深圳市统计年鉴》(2012 年)。

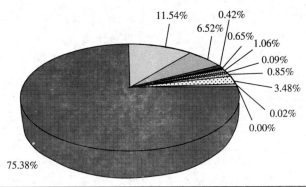

图7-2　2011年深圳国际服务贸易进口结构项目
资料来源：国家外汇管理局。

（二）深圳服务贸易存在的问题

1. 深圳特区已经不"特"

随着中国经济发展战略定位的转移，尤其是上海第一个批准建立自由贸易园区，深圳特区经济的特殊政策已经很难成为新的发展推动力，并且深圳的运营成本越来越高，制造业不断向内地进行产业转移，深圳传统的制造产业已经很难支撑快速发展的深圳，无法继续引领深圳未来的发展，此时更需要深圳服务贸易能够在"特区不特"的情况下，给深圳的经济注入新的生命力。所以，深圳服务贸易遭遇的首要问题就是如何解决特区不特的问题。深圳能否继续发挥邻近中国香港的区位优势，抓住当前国家提升对外开放的有利时机，探索科学发展的服务贸易新模式，成为深圳服务贸易存在的重要问题之一，也是急需解决的问题之一。

2. 服务贸易的结构问题

改革开放以来，深圳经历了30多年的发展，服务贸易的规模和数量有所增长，但是服务贸易的结构不尽合理，优势项目较少，知识密集型服务行业发展较为落后，没有进入知识型的高端服务业为主导的时期。服务业的国际竞争力相对较低，金融保险业和物流业具有一定的优势，但是无法达到国际一流城市的发展水平；信息服务业、会展业、科技服务、中介服务等服务业虽然具有一定的发展，但是无法支撑深圳服务贸易的发展；传统的运输、房地产、旅游和社会服务等行业所占比重较高。整体上看，深圳服务贸易需要优化结构，服务贸易产业需要从结构上进行转型升级。

3. 深圳服务贸易统计制度的混乱问题

深圳的货物贸易在全国居于第一的地位，但是服务贸易却位居第三，列于上海和北京之后，这与深圳货物贸易的高速发展极为不匹配，其中有一个很重要的原因就是服务贸易统计制度的混乱问题，深圳没有一个专门进行服务贸易统计的部门，其数据的统计需要多个部门进行统计，统计不规范。管理服务贸易的部门太多，没有一个完整的针对服务贸易发展的政策措施。从统计方法上来说，目前世界上对服务贸易的统计口径主要是 BOP 统计体系和 FATS 统计体系两种形式。国家外汇管理局已经建立了国际收支的 BOP 统计，作为内部使用数据，国家统计局关于服务贸易的统计工作还在研究、酝酿之中。国家外汇管理局深圳市分局依照国家外汇管理局的标准，建立了服务贸易的 BOP 统计体系，深圳市统计局尚未建立服务贸易的 FATS 统计体系。单靠 BOP 统计不能完全反映服务贸易的发展情况，如作为服务贸易的第三种形式的"商业存在"就无从掌握。

4. 深圳服务贸易发展的机制体制问题

目前，我国尚未建立统一的服务贸易基本法律，深圳贸易立法工作也严重滞后。虽然近年来深圳市政府一直强调服务贸易的重要性，也出台了深圳市现代服务业"十一五"、"十二五"发展规划，但从政府宏观管理角度看，目前尚未建立起一个较完善的服务贸易管理体制和有效的组织保障，尚未成立专门的服务贸易促进机构来牵头协调指导全市的服务贸易工作，服务贸易项目仍分散在各个部门或机构，造成宏观指导和协调服务的乏力。深圳市服务贸易的某些行业仍存在管理或服务的"盲点"，某些服务贸易行业或项目没有归属到政府服务部门的视野中，影响其发展壮大。此外，深圳服务业资源配置仍不尽合理，行业市场准入限制较多，市场投资主体多元化格局尚未真正形成。社会信用体系尚不健全、服务业信息管理机制和标准化建设相对滞后、重复征税问题日趋明显、服务业税收支持政策有待突破等问题也制约着深圳服务贸易的发展。深圳服务贸易外部最大的问题就是监管问题，旧文件制约着深圳服务贸易的发展，海关、国税、商检等的审批手续烦琐，执行过程死板，不能让重点地服务贸易企业充分发挥对中小企业的融资和服务的功能。例如，容错率的计算，应该给予示范平台一个更宽松的管理模式。

5. 粤港澳服务贸易的自由化落地问题

CEPA 签署至今已经历时十多年，服务贸易开放措施已达 400 多项，但是，在具体落实和落地的时候遭遇到很多不可逾越的问题，存在"玻璃门"等问题，如人民币在资本项目上无法自由兑换、服务贸易不能享受出口退税、中国内地和中国港澳的法律和会计等专业服务贸易领域的标准和准则不一致等，这些问题限制了深圳服务贸易的发展，限制了服务贸易自由化的进展。粤港澳服务贸易自由化存在的问题可以折射出，与中国签署双边和多边服务贸易协定的国家之间，在服务贸易自由化的进程中，存在更多已签署的协议无法落地的问题。

6. 高素质服务贸易人才匮乏

高素质服务贸易人才匮乏是深圳服务贸易可持续、健康发展的"瓶颈"。人才是服务贸易企业的第一资源，对金融服务、保险服务、咨询信息服务和各类技术服务行业等现代服务业来说更是如此。高素质的专门性人才是现代服务贸易的重要竞争要素，因此是否有丰富的人才资源决定了深圳服务贸易发展的深度和广度。深圳目前本土的、拥有知名度的高等教育学校数量有限，虽然深圳市政府也在政策上支持全国乃至中国香港的高校在深圳创办分校，但相较知名高校密集的北京、上海和广州而言，深圳的高素质人才的需求量远大于供应量。人才匮乏已成为深圳现代服务业和服务贸易发展的重要障碍之一。

三、深圳服务贸易发展的对策建议

（一）深圳服务贸易体制机制的政策建议

积极探索促进现代服务业发展的体制机制，营造符合国际惯例的产业发展环境，为全国现代服务业的创新发展探索新路径，为建立开放型经济体系创造新经验。

深圳服务业对外开放程度最高的是 CEPA 框架协定，但是这些协定在具体执行的过程中遇到很多问题，很多没有具体落实，或者外资企业在进入深圳本土落地的时候，才发现遇到很多体制和机制问题无法解决，如让框架协议如何真正落实，吸引外资进入，真正实现市场准入和市场透明度。深圳市政府要发挥政府的服务功能，在行政管理上要更加灵活，消除政策上的障碍。真正体现深圳特区的窗口作用，从"深圳速度"上升为真正的"深圳质量"。尽量给服务贸易提供的企业，如一达通和怡亚通等为中小进出口企业和大型进出口企业提供服务的重点企业更多的通关等优惠便利条件，使重点地服务贸易企业能够有个更加宽松的环境，从而提供更多更好的服务贸易产品。

深圳特区能否在服务贸易上继续领先全国，仍然需要靠制度和体制上的创新，应该借鉴前海在机制体制上的创新，在制度上重新建立深圳特区的"特"。根据前海的相关规划内容，加强深圳与中国香港的紧密合作，加快深圳服务贸易的整体规划建设和体制创新。根据《粤港合作框架协议》、WTO 服务贸易协定的最新动向、世界各国之间的地区贸易协定的最新合作领域和内容，进一步提高深圳服务贸易的基础设施、产业发展、环境保护、要素流动等各方面的合作文件，形成深圳与世界合作的政策框架。

（二）自由贸易园区建设

深圳是改革的前沿、开放的窗口，在自由贸易园区的试行中，已经具有了前海深港现代服务业合作区的先行先试的示范作用。深圳比邻中国香港，具有优越的地理位置，地缘优势可以更好地落实 CEPA 框架下的自由贸易内容；深圳是改革开放的窗口，特区优势可以更好地发挥自由贸易园区的窗口和示范作用；深圳前海是特区中的特区，前海定位可以更深入地发展自由贸易园区；深圳其他的海关特殊监管区如福田保税区、沙头角保税区、盐田港保税区、盐田港保税物流园区、深圳出口加工区、前海湾保税港区、海关监管仓等给予了自由贸易园区试点更广阔的空间。

深圳区位条件优越，产业基础坚实，发展潜力巨大，辐射带动范围广阔，具有推动粤港澳全面合作的独特优势。深圳要抓住当前国家进一步深化粤港澳合作、提升对外开放水平的有利时机，积极推动粤港澳经济、文化、社会管理服务等各领域广泛、深入合作，推进体制机制创新，探索科学发展的新模式。

"以开放促改革"，自由贸易园区将高度集中国际贸易、航运中心、金融中心、物流中心建设必需的功能，形成深圳的核心竞争力，增强深圳的国际竞争力。

深圳建设自由贸易园区有利于实现国家对外开放战略的新要求，培育参与全球竞争新优势。合作发展现代服务业是我国提高开放型经济水平的内在要求，有利于以现代服务业促进产业转型升级，探索加快转变经济发展方式新模式；有利于提升区域合作水平，打造粤港澳合作新载体；有利于在"一国两制"框架下，探索深化与中国香港合作的新途径；有利于继续发挥深圳经济特区先行先试作用，积累科学发展新经验。

（三）服务贸易发展定位和试点领域

深圳服务业对外开放的发展定位和试点领域，是要构建更具活力的体制机制，重点应该发展深圳现代服务业和生产性服务业，包括积极扩大贸易开放，在 CEPA 和 WTO 的框架下加强深圳服务业市场准入，提高深圳服务贸易的"量"和"质"的发展；加强外资开放，积极引进优秀的服务外资企业，并促进国内优秀的服务贸易企业走出去，进行对外投资，提高深圳服务贸易在世界范围内的地位和水平；积极承接服务业国际转移，在参与国际服务产业链的专业化分工之中，积极促进服务外包的示范效应。

集中优势资源，会聚高端要素，发展总部经济，促进现代服务业的集聚发展，增强资源配置和集约利用能力，建成全国现代服务业的重要基地和具有强大辐射能力的生产性服务业中心，引领带动我国现代服务业的发展升级。

先行先试区域包括前海深港现代服务业合作区、福田中央商务区、罗湖国际消费中心，其他区域协调发展布局。前海深港现代服务业合作区积极发展现代金融和物流业，积极促进深港一体化，之后以深港为辐射中心，向全球发展；福田中央商务区积极吸引世界优秀的企业，大力发展总部经济；罗湖国际消费中心，形成具有国际消费水平的中心，时机成熟时在特定地点发展免税店；龙岗区积极发展生产性服务业，依托发达的制造业发展水平发展高质量的生产性服务业。

重点产业包括金融业、物流业、文化创意产业、现代商贸业、服务外包产业、旅游业、信息服务业、科技与其他专业服务业、节能环保服务业、健康服务业等。

（四）促进服务贸易产品的创新和升级

有深圳制造业飞速发展的坚实基础，深圳的服务外包和服务贸易提供方式都是走在全国的前列，服务贸易产品层出不穷地进行创新和升级，服务贸易的企业在激烈的竞争中不断推出扶持中小企业和大型企业的服务贸易产品。深圳应该在积极发展制造业的同时，培养新的服务贸易平台，促进新的服务贸易产品不断创造和进行升级。

参考文献：

1. 商务部：《服务贸易发展"十二五"规划纲要》，2011 年 11 月。
2. 陈德铭：《大力发展服务贸易 推动世界经济新增长》，《国际经济合作》，2011 年第 6 期。
3. 深圳市人民政府办公厅：《深圳市开展国家服务业综合改革试点实施方案（2011~2015 年)》，2011 年 7 月 5 日。
4. 深圳市人民政府办公厅：《深圳市现代服务业发展"十二五"规划》，2012 年 1 月 16 日。
5. 国务院办公厅：《国务院关于支持深圳前海深港现代服务业合作区开发开放有关政策的批复》，国函〔2012〕58 号，2012 年 7 月 3 日。
6. 于立新、周伶：《现阶段中国服务贸易与货物贸易相互促进发展研究》，《国际贸易》，2012 年第 3 期。

第三篇

环渤海区域篇

第八章 天津市服务贸易发展研究

陈　昭[①]　徐兆东[②]　苑　涛[③]　李慧娟[④]

"十一五"时期，天津市经济取得了持续又好又快的发展，全市主要经济指标增幅位居全国前列，综合实力和发展水平迈上新台阶。全市生产总值由2005年的3905.6亿元增加到2013年的14370.2亿元，年均增长超过1300亿元，按可比价格计算，年均增长17.7%，比同期全国15.3%的平均增速高2.4个百分点。人均生产总值达到16419美元，地方财政收入达到3661.1亿元。[⑤]

服务业增加值由2005年的1658.2亿元增加到2013年的6905.03亿元，年均增长19.5%，比"十五"时期加快7.7个百分点；占全市生产总值的比重上升到48.1%，比"十五"末期提高5.6个百分点。旅游、批发零售、交通运输等传统优势产业不断壮大，现代金融、现代物流、文化产业、服务外包、楼宇经济等新兴服务业竞相发展。

一、天津服务贸易发展的总体分析

天津市作为北方举足轻重的沿海开放城市，大力发展国际服务贸易是提高国际竞争力和建设国际化大城市的需要，这也将进一步促进天津市对外开放程度的扩大，加快其产业结构调整，促进优势产业发展壮大，不断提高天津经济的发展质量和水平。

---

① 陈昭：中国社会科学院财经战略研究院服务贸易与WTO研究室，助理研究员。
② 徐兆东：中国社会科学院研究生院，硕士研究生。
③ 苑涛：南开大学国际经济贸易系，副教授。
④ 李慧娟：南开大学国际经济贸易系，硕士研究生。
⑤ 数据来源于《天津统计年鉴》（2011年）。本章数据没有特别说明，均来自《天津统计年鉴》，并根据情况经过四舍五入处理。

（一）服务贸易总额稳步增长，逆差有所收缩，利用外资取得突破性进展

1. 天津服务贸易总额稳步增长

伴随着服务业的快速发展与服务市场对外开放程度的扩大，天津市的服务贸易得到了较快的发展，呈现出稳步上涨的趋势。

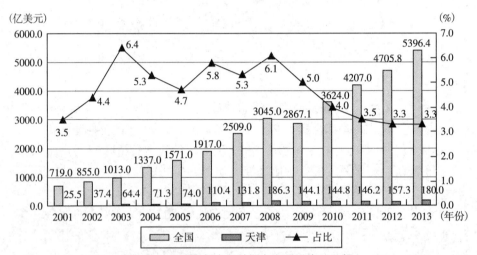

图 8-1 天津市与全国的服务贸易进出口总额

资料来源：中国商务部、天津外汇管理局。

从图 8-1 可以看出，天津市服务贸易的进出口总额在 2001 年为 25.5 亿美元，到了 2013 年上升到了 180 亿美元，占全国进出口的比重从 3.5% 经过波动又回调到 3.3%。从图中服务贸易的增长可以发现，天津的服务贸易进出口总额的增速总体呈上升趋势；占全国服务贸易进出口总额的比重在 2008 年之前，总体上呈现不断增长的态势，即由 3.5% 上升至 6.1%，但在 2009 年后，由于受到国际金融危机的影响，天津服务贸易占比出现了下降的态势。这说明了天津服务贸易在总额稳步增长的同时，容易受到外部市场环境等方面的影响，不能很好地抵御外部风险，增长速度波动幅度较大，发展的稳定性和可持续性不足。

2. 服务贸易逆差有收缩的趋势

自 2001 年以来，天津市服务贸易进出口额逐年大幅度增长，但同时保持着逆差的地位，并且逆差额呈现出了逐年增长的趋势。如图 8-2 所示，服务贸易逆差额在 2009 年一度扩张到了 32.5 亿美元，前文中已提及受国际金融危机影响，天津服务贸易出口大受影响，也就直接导致了逆差的急剧扩大。而可喜的是，2012 年天津服务贸易进出口总额为 157.3 亿美元，在全国排名第七，其中服务出口 77.4 亿美元，同比增长 11.4%；贸易逆差收窄，服务进出口结构更趋合理。从服务贸易内容上看，天津囊括了服务贸易 12 部类的全部内容。其中 2010 年的这 12 个子项中，有 6 项出现了顺差，6 项出现了逆差。其中顺差的项目有旅游服务，顺差额 4.2 亿美元；其他商业服务，顺差额 3.8 亿美元；建筑服务，顺差额 2.6 亿美元；咨询服务，顺差额 1.3 亿美元；金融服务，顺差额 1.2 亿美元；广告宣传服务，顺差额 0.6 亿美元。逆差的项目是专有权利使用费和特许费、运输服务、保险服务、计算机和信息服务、通信服务、电影音像服务，逆差额依次是 10.2 亿美元、8.6 亿美元、2.8 亿美元、0.04 亿美元、0.03 亿美元、0.76 万美元。

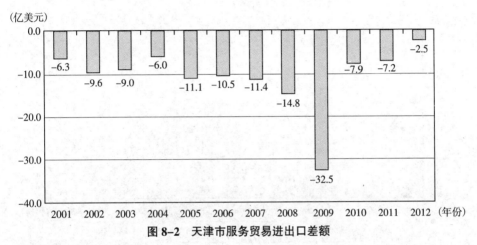

图 8-2　天津市服务贸易进出口差额

资料来源：天津外汇管理局。

3. 天津服务贸易商业存在情况

从全球看，服务贸易和服务业 FDI 发展迅速，一些发达国家通过商业存在实现的服务贸易超过其跨境服务贸易。如美国 2005 年拥有多数股权的境外附属机构的服务销售额为 5285 亿美元，已远远超过了 3678 亿美元的跨境服务贸易出口。商业存在方式实现的服务贸易发展迅速与服务业跨国投资规模的扩大有关。自 20 世纪 90 年代以来，商业存在服务贸易成为发展最快的服务贸易方式，也成为国际服务外包重要的实现途径之一。[1]

商业存在（Commercial Presence）是《服务贸易总协定》中最重要的一种服务提供方式，包括通过设立分支机构或代理提供服务等，具体表现为利用外商投资情况和对外投资情况。天津服务业外商直接投资实际到位资金情况良好。如

---

① 江小涓等：《服务全球化与服务外包：现状、趋势及理论分析》，人民出版社，2008 年。

图 8-3 所示，2003 年，天津服务业实际直接利用外资总额仅为 4.9 亿美元，到 2013 年已达到 94.7 亿美元，增长了 18 倍多，年均增长 54.5%。从 2007 年开始，服务业利用外资额就超过了制造业，当年利用外资总额占比 50.2%。其中全市新批和增资合同外资额 5000 万美元以上的项目 89 个，1 亿美元以上的项目 8 个；全市有 383 家外商投资企业增资，外方增资额 51.3 亿美元，占全市合同外资额的 33.5%；中国香港在津投资项目个数、合同外资额和实际到位额名列首位，美国、韩国和日本实际到位额分别增长 2.3 倍、72.5% 和 62.7%；年末在津投资的国家和地区达到 50 个，世界 500 强企业达到 143 家。

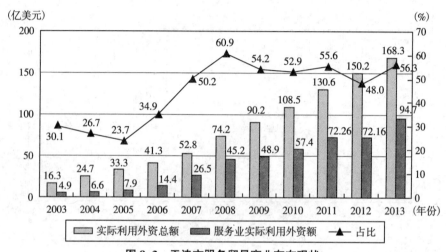

图 8-3　天津市服务贸易商业存在现状

资料来源：历年《天津统计年鉴》。

（二）服务贸易各项目发展不平衡

从规模上看，2010 年天津服务贸易进出口总额占比最高的为其他商业服务，占比达到 35%；其次为运输服务，占比达到 23%；再次为旅游服务，占比为 14%；最后为咨询服务，占比为 9%。仅运输服务、旅游服务、其他商业服务三项属劳动密集型的行业进出口额占比就高达 72%；相比而言，天津的资本、知识密集型服务业发展不足，如电影音像服务、通信服务、广告宣传服务、保险服务、金融服务等项目的发展规模很小。与上海、北京相比，天津的服务贸易规模小，服务贸易各个项目发展不平衡。

从进口项目来看，2010 年天津服务贸易进口项目主要集中在其他商业服务，占比 30%；运输服务，占比 27%；专有权利使用费和特许费，占比 13%；旅游服务，占比 11%。由此可以看出，天津的服务贸易进口行业也主要集中在劳动密集型的传统服务行业，对电影音像服务、通信服务、广告宣传服务、保险服务、金融服务等项目的引入不足。

从出口项目来看，2010 年天津服务贸易出口项目主要集中在其他商业服务，占比 40%；运输服务，占比 18%；旅游服务，占比 18%；咨询服务，占比 10%；建筑服务，占比 9%。与服务贸易的进口项目相类似，天津的服务贸易出口项目也在资本、知识密集型的行业出现所占比重过低的问题。

从以上分析可以看出，天津的服务贸易内部结构发展不平衡，主要发展领域仍然是劳动密集型的传统服务领域，资本、知识密集的新兴服务业发展不足。从表 8-1 可以看出，与北京相比，天津的新兴服务贸易无论在规模和结构上都存在一定差距。

表 8-1　2008~2009 年天津、北京服务贸易子项进出口额及全国占比

项目	天津				北京			
	进出口额（亿美元）		全国占比（%）		进出口额（亿美元）		全国占比（%）	
	2008 年	2009 年	2008 年	2009 年	2008 年	2009 年	2008 年	2009 年
运输业	123.56	45.62	13.92	6.5	144.38	140.58	16.27	20.0
旅游业	15.26	18.66	1.98	2.2	88.66	92.89	11.51	11.1
金融业	0.21	0.46	2.34	4.0	1.93	4.70	21.95	40.4
计算机和信息业	1.85	1.23	1.97	1.3	29.25	31.06	28.81	29.6
咨询业	10.17	11.92	3.21	3.7	84.38	81.08	26.64	25.3
广告宣传业	0.77	1.27	1.87	3.0	12.90	10.80	31.14	25.3

资料来源：中国商务部、天津外汇管理局。

（三）服务贸易国际竞争力不强

2006 年是天津服务贸易总量和增长率比较适中的一年，下文以该年服务贸易的国际竞争力情况作为分析的基础，通过天津市在 2006 年的服务贸易各部门进出口额，用 TC 公式计算出天津市各个部门的服务贸易出口竞争力。

表 8-2　2006 年天津市服务贸易各部门 TC 指数

	运输	旅游	通信	建筑	保险	金融	计算机和信息	专利与特许	人文与休闲	政府服务	其他商业服务
TC 指数	-0.019	-0.150	-0.279	0.466	-0.027	-0.764	0.219	-0.989	-0.420	-0.900	0.153

资料来源：天津外汇管理局。

从表 8-2 的具体行业上来看，天津市服务贸易各个行业的竞争力指数的大部分数值均小于 0，只有在建筑、计算机和信息、其他商业服务这三个行业的贸易竞争力指数大于 0，这说明天津市在这三个劳动力密集型行业具有一定的竞争

力；建筑服务是天津传统的服务项目，天津市在这个行业的 TC 指数最高，达到 0.466，主要原因是天津建筑行业拥有丰富的劳动力资源且劳动力成本较低，从而使其具有了一定的比较优势；计算机和信息服务行业的 TC 指数也大于 0，这跟我国的垄断政策和服务外包的发展有关。

在保险、金融、专利与特许等高附加值的服务贸易领域，天津市的服务贸易出口竞争力指数都为负数，这反映出天津市资本密集型、技术密集型的服务贸易的国际竞争力水平较低，特别是专利与特许行业的 TC 指数值最小，且数值接近于−1，即接近只有进口没有出口的边缘，这反映出该行业对进口的依赖很大。

二、天津服务贸易发展的优势条件

天津肩负着加快实施国家重大发展战略的历史使命，滨海新区先行先试的龙头带动作用进一步增强，天津经济发展完全有基础、有条件跃上新的台阶，国家明确了"北方经济中心"地位，这无疑有利于催生我国经济增长的"第三极"。处于环渤海地区中心的天津，可以依托其地理和经济优势，充分发挥其在区域经济振兴中的作用，大力发展服务贸易，成为带动环渤海经济发展的重要力量。

(一) 区位优势明显

天津地处环渤海的地理中心，位于华东、东北和华中三大区域的接合部，是东北通往华东、华南地区的重要交通枢纽，是华北和西北广大地区的出海口。2006 年 7 月，国务院批复同意修编后的《天津市城市总体规划（2005~2020 年）》，进一步明确：天津是环渤海地区的经济中心，要逐步建设成为经济繁荣、社会文明、科教发达、设施完善、环境优美的国际港口城市、北方经济中心和生态城市。2009 年，国务院批复同意天津市调整滨海新区行政区划，坐落于环渤海经济圈的中心地带、可以方便地辐射广大内陆地区的天津滨海新区的开发开放纳入国家发展战略，为天津加快服务贸易发展带来了千载难逢的历史机遇。经过十多年的发展，天津滨海新区的综合实力不断增强，服务功能进一步完善，是继深圳经济特区、浦东新区之后又一带动区域发展的新的经济增长极。

天津拥有我国北方贸易大港——天津港，为运输服务贸易的发展提供了不可替代的优势。天津港位于渤海西部端点，港区的陆域面积宽广，发展条件优良，天津港是我国沿海港口码头功能最齐全的综合性港口之一，跻身世界港口 20 强。经过十多年的实践，天津港逐渐进行体制机制改革，先后成立天津东疆保税港区、建立国际航运船舶特别登记制度、成立天津港集团有限公司和天津港整体上市，再到成立天津东方海陆集装箱码头有限公司、成立天津港财务有限公司和成立腹地无水港等；天津港从中央所有到下放管理权限，再到政企分开，从一个纯粹的国有企业蜕变成为一个现代企业，从"有水港"到"无水港"，从国有独资到合资合作，逐步建立现代企业制度、完善企业法人治理结构，使天津港走上按照现代企业制度规范经营、实现可持续发展之路。

天津居亚欧大陆桥三条线路的起点，具有辽阔的华北和西北腹地。良好的高速公路、铁路网络以及国际化的海、空港口设施，为大力发展服务贸易，拓展辐射功能提供了良好的载体。借助以上区位优势，天津国际服务贸易与航运服务区服务功能不断完善，在功能开发、产业聚集等方面取得新进展，有利于运输服务贸易的发展。

（二）产业基础雄厚

天津曾是我国近代工业的发祥地、民族工业的摇篮，也是我国重要的老工业基地。进入新时期，天津的制造业基础进一步夯实，制造业竞争力进一步巩固提高。

2010 年，天津的航空航天、石油化工、装备制造、电子信息、生物医药、新能源新材料、轻工纺织和国防科技八大优势产业完成工业总产值 15268.58 亿元，占全市规模以上工业的比重为 91.6%，比 2009 年提高 0.9 个百分点；高新技术产业产值完成 5100.84 亿元，占规模以上工业的 30.6%，提高 0.6 个百分点。按照天津"十二五"规划目标，到 2015 年，八大优势支柱产业占全市工业总产值的比重保持在 90% 以上。

随着生产技术的提高和分工的深化，生产性服务业作为产品生产制造过程中的独立环节被分离出来，为生产性服务业的国际转移提供了前提条件。在服务业外国直接投资流出总量中，有相当一部分服务业是由制造业跨国公司所控制的；也有很多参与国际转移的服务业跨国公司，追随其制造业客户，为已经转移的跨国制造企业和东道国制造企业提供配套服务。

天津的产业优势明显，主要表现为较强的制造业实力。目前，滨海新区已形成了电子信息、生物医药、光机电一体化、新材料、新能源、新环保六个高新技术产业群，在电子通信、汽车制造等行业已具有一定的国际竞争力和市场份额。摩托罗拉、丰田和三星等著名跨国企业都在外资产业园区建设了大型工厂；100万吨乙烯炼化一体化、空客 A320 系列飞机总装线、新一代运载火箭产业化基地、中航工业直升机以及无人驾驶飞机、卫星有效载荷即"三机一箭一星"也相继落户天津。因此，天津可以凭借强大的产业优势，为跨国制造业大企业和我国高新技术产业提供生产性服务，壮大生产性服务业。

（三）人力资源充足

天津高等院校和科研院所众多，具有充分的人力资源和知识资源储备，能够为工程服务、计算机及数据服务等知识和技术密集型产业提供技术熟练并受过良好教育的劳动力，来生产高附加值、高技术含量的产品。天津拥有高校 45 所，159 个各类科研院所，8 个国家重点实验室，10 个国家工程技术中心，230 家职业学校；每年 IT 及工程类、语言类、财经类的大学毕业生达到 3 万人。[①] 2010 年末，天津市新增本科专业 36 个、国家精品课 34 门、教学团队 10 个、特色专业 15 个，入选数量均位居全国前列。围绕优势产业发展，启动 198 个品牌特色专业建设。

毗邻北京，东临渤海，随着京津一体化步伐不断加快，天津可以进一步发挥京津城际交通带来的"同城化"效应，承接北京地区技术、人才、资本、信息等资源的辐射，集聚区域服务业发展资源。

（四）政策环境优越

紧随国家大力扶持服务贸易的政策，天津市政府及相关部门也相应出台了一系列的配套促进政策措施，为天津服务贸易发展提供了良好的政策环境，大大促进了天津服务贸易的发展。

天津市商委作为全市服务贸易工作主管部门，于 2005 年 12 月成立了国际服务贸易处。市有关委局和综合部门、各区县商务主管部门设立了服务贸易联络员。部门联动、区县一体的服务贸易管理体制已经确立。

2006 年，天津市出台了《天津市促进现代服务业发展财税优惠政策》，对落户天津并享受该政策的服务企业做出具体规定，给予总部经济、金融、物流等服务企业财税优惠。[②]

2007 年 3 月，天津经济技术开发区出台《天津经济技术开发区促进现代服务业发展的暂行规定》。重点支持软件研发外包、金融后台服务外包、医药研发外包、财务外包、行政管理及人力资源服务外包、客户服务中心等领域的发展。为促进天津的服务外包发展提供了大力的支持。

2007 年 11 月，天津市商委发布了《天津港保税区区域投资政策》，境内外投资者投资天津港保税区，将可享受减免增值税、消费税、不实行配额等相应税收优惠政策。此外，管委会每年拨出可支配财力的 30%，在预算支出中设立"企业发展金"，扶持企业经营发展。

---

① 天津市商委、发改委：《天津市国际服务贸易发展规划 2008~2012》。
② 资料（包括以下资料）来源于天津公开资料。

2007 年 11 月，天津出台《关于进一步促进服务业发展的若干意见》，从五大方面促进和保证服务业的发展。

2008 年 10 月，《塘沽区支持现代物流业发展暂行办法》正式出台，这个办法将对在塘沽区内注册且注册资本 1 亿元以上，企业自有仓储面积不低于 2 万平方米的特定的现代物流企业，采取三项扶持措施，着力支持现代物流业的发展。

2011 年上半年启动了天津市服务贸易协会筹建工作和服务贸易重点企业、重点项目和重点品牌建设工程，"政府—中介—企业"三位一体的服务贸易促进体系已经初步形成。

三、天津服务贸易发展的优势产业

天津服务业发展"十二五"规划指出，按照加快形成服务经济为主的产业结构的总体要求，紧紧围绕全市经济社会发展的中心任务，充分挖掘和用好天津的优势资源，重点发展现代金融、物流、科技服务等生产性服务业，提升发展商贸、旅游、社区服务等生活性服务业，大力发展楼宇经济、创意产业、会展经济等新兴服务业。

随着经济全球化进一步发展，发达国家服务业向我国等新兴市场国家转移的趋势不断增强，天津作为沿海开放城市和服务外包示范城市，在承接国际服务业转移方面必将大有作为。

（一）生产性服务业

从国外的发展经验看，生产性服务业的拓展和深化在很大程度上反映了制造业本身发展的内在要求，制造业发展到一定阶段后，其附加值和市场竞争力的提升更多是靠生产性服务业的支撑。从产业关联的角度来说，这一时期制造业的中间投入中的服务业投入的比重将越来越大，而制造业投入比重则相对降低，也就是说，制造业对服务业有着越来越大的引致需求。天津整体工业化的发展已经进入了要大力发展生产性服务业的阶段。

从世界范围内制造业转型升级的大趋势来看，制造业与服务业相融合，生产性服务业取代传统制造环节，将成为制造业增加附加值、迈向更高能级的必然趋势。为此，天津应抓住这一契机，加强政策引导和支持，充分发挥现有制造业优势，在制造服务业领域抢占先机，使之成为新时期推进产业高端化的重要抓手之一。

天津生产性服务业增加值从 2005 年的 386.4 亿元增加到 2010 年的 1146 亿

元，年均增长 23.5%，在服务业中的占比为 27.8%，实现税收 102.6 亿元。以滨海新区为例，生产性服务业发展较快。2008 年金融业共实现增加值 62.05 亿元，同比增长 18.0%。金融创新业务发展较好。滨海国际股权交易所和首家全国性排放权交易市场正式运营，工银金融租赁、民生金融租赁、长江租赁、华侨基金、中船基金、红杉资本投资基金等相继落户，在滨海新区注册的私募股权基金达到 108 家。物流业发展态势良好，天津港完成货物吞吐量 3.56 亿吨、集装箱吞吐量 850 万标准箱，滨海国际机场旅客和货邮吞吐量分别增长 20.1% 和 33.5%，开发区国电海运、同方环球、丰田物流、重油货运代理等物流企业营业收入增长超过 70%。此外，计算机服务及软件业、文化创意、科技研发等产业也呈现出又好又快发展的态势，成为滨海新区新的经济增长点。虽然滨海新区生产性服务业发展较快，但与新区飞速发展的工业相比，从服务于现代制造业基地的目标来看差距还很大，发展比较滞后，尚不能满足制造业的需要，导致制造业企业供应链较短、技术创新能力较低、产品附加值不高、产品品牌缺少、物流成本和管理成本较高等。[1]

今后天津应紧紧围绕先进制造业，坚持培育本土企业和引进外来企业相结合，细化专业分工，提高科技含量和创新能力，大力发展为先进制造业各个环节服务配套的生产性服务业；推进制造业企业内置服务市场化、社会化，促进现代制造业与服务业联动发展。

（二）服务外包

2006 年 12 月，天津市被国家认定为 11 个服务外包基地城市之一；2009 年起，经国务院批准，天津市与北京、上海、重庆等 21 个城市被确定为中国服务外包示范城市，发展服务外包产业为天津提供了新的发展机遇。

2011 年，天津接包合同签约额 9.3 亿美元，同比增长 45.2%，合同执行额 6.08 亿美元，同比增长 78.9%，其中离岸合同签约额 6.1 亿美元，同比增长 85.4%，离岸合同执行额 3.94 亿美元，同比增长 91.4%。截至 2011 年底，天津市登录商务部信息管理系统的服务外包企业共有 293 家，从业人员 4.66 万人，全球外包 100 强、世界 500 强企业累计 40 家在津设立服务外包机构。

天津市服务外包业务结构趋向产业高端，以医药研发、工程设计为主的 KPO 在离岸外包中占 43%，以金融后台服务、跨国公司共享服务中心等为主的 BPO 增速明显，以承接咨询、总体架构设计、整体解决方案为主的增加占 35%；全市外包业务额超过 1000 万美元的企业达 11 家，其中离岸服务外包超过 1000 万美

---

① 赵立华：《生产性服务业是建设现代制造业基地的保障——以天津滨海新区现代制造业基地发展为例》，《理论界》，2010 年第 3 期。

元的企业达 7 家，合计占全市的 70%；全市 9 个示范区和专业园区共规划服务外包载体面积 700 万平方米，已建成 215 万平方米，滨海高新区、保税区、开发区示范园区集中了全市 90% 以上的服务外包企业和服务外包业务，并依托各自优势，各具特色。

作为天津市唯一的国家级软件园，天津滨海高新区软件园目前已拥有"国家软件出口基地"、"国家'火炬'计划软件产业基地"、"国家'863'软件专业孵化器"、"国家服务外包基地示范区"和"国家综合性高新技术产业基地信息服务业核心区"五个国家级品牌。入园企业达 510 家，软件与服务外包业销售收入超过 100 亿元，从业人员逾 2 万人，成为天津市重要的软件产业基地。

为促进统计服务外包产业的发展，2007 年后天津市政府也相继出台了《天津市促进服务外包发展若干意见》和《关于进一步促进服务业发展的若干意见》，将服务外包列为"十一五"期间天津国民经济和社会发展的重点之一，并确立了市场准入、资金扶持、财税支持、办公条件、市场开拓、自主创新、知识产权保护等扶持服务外包产业发展的地方政策体系，鼓励服务外包企业加快发展。各辖区政府也根据自身特色，制定适宜地区发展的政策，如天津高新技术开发区出台《加快软件与服务外包产业发展办法》、《天津新技术产业园区加快动漫产业发展的鼓励办法》，启动资金、税收政策、贴息贷款政策等促进特色产业发展。政府政策的大力支持将会促进天津服务贸易又快又好地发展。

（三）文化产业

天津是国务院命名的历史文化名城，建城设卫 600 多年，具有十分深厚的文化底蕴。天津在近现代历史进程中占有特殊的重要地位，拥有大量近现代文化遗存、众多历史文化名人、风格独特的中西建筑和重大历史事件见证地，可开发利用的历史文化资源丰富。

天津是全国著名的戏剧、曲艺之乡，艺术门类齐全，拥有全国一流的专业院团，广播影视、新闻出版实力雄厚，文化产品影响广泛；天津教育发达，高等院校、职业教育、社会培训网络健全，为发展文化产业提供了强有力的人才支撑；滨海新区进一步开发开放，国家赋予多项先行先试政策，为发展文化产业提供了良好的政策环境和浓郁的创新氛围。

2007 年以来，天津电影制片厂、天津电视台电视剧制作中心、天津神界漫画有限公司、天津津宝乐器有限公司、天津出版对外贸易公司等企业，先后获国家商务部等四部门"国家级文化出口重点企业"授牌，并有五个项目入选"国家级文化出口重点项目"。

其中，天津电影制片厂拍摄的 28 部影片先后入选美国、日本、俄罗斯等多国举办的中国电影周，多次在国际电影节获奖，展示了开放的天津和中国优秀电影文化；2011 年已签订影片出口合同 39 万美元，并参加意大利中国年天津文化周优秀国产影片展示。

天津津宝乐器有限公司生产的铜管乐器、军鼓等 6 大系列，上百个品种已行销世界 50 多个国家和地区，2010 年直接出口 3200 万美元，间接出口 4500 万元人民币，企业全年总销售达 3.5 亿元人民币，同比增长 17%，上缴税收 3300 万元人民币。

天津神界漫画有限公司作为国内极具品牌影响力的领军型原创漫画企业，组团参加了第 13 届韩国富川国际漫画节，以我国"四大名著"等精品展示积极传播中国传统文化，促进了我国与世界的文化交流。

天津福丰达影视科技投资发展有限公司是成长型科技企业，近年来以前瞻的思维不断向影视动漫高科技发起挑战，连续开发了立体娱乐、立体数字电影、手机新媒体、球幕立体影院等项目，与加拿大蒙特利尔等世界多家著名企业集团建立了紧密的战略合作关系，2010 年向欧洲、美国等地出口立体观象器 38 万美元，2011 年协议出口大幅度增长。公司董事长刘勇获 2010 年度"天津市创意产业十大领军人物"的荣誉称号。

四、天津市服务贸易发展的制约因素

目前，服务业与服务贸易在国民经济与国际贸易中的地位不断上升，成为促进一国经济增长的主要动力。各省、市都将推进经济服务化以及促进服务贸易作为重要工作。对于天津而言，城市经济正在加速发展，城市基础建设不断完善，政府相关部门对服务贸易的发展也越来越重视，这些都在一定程度上促进了服务贸易的发展。

然而，在看到发展的同时，也应看到实际发展中的一些不足：天津市的服务贸易发展速度远远落后于货物贸易的发展速度；服务贸易的总体发展水平有待于进一步提高；服务贸易结构层次较低等。关于天津市服务贸易发展中存在的这些不足，其原因是什么，哪些是天津市服务贸易进一步发展的制约因素，这将是本研究探讨的内容。

（一）天津市服务贸易产业基础——服务业供给不足

服务业是服务贸易的产业基础，服务业的发展水平决定着服务贸易的发展水平和产业结构。服务业发展不足，将会从根基上制约服务贸易的发展。天津市的服务业发展存在着下列三种问题。

1. 服务业发展较快，但整体供给水平偏低

天津市服务业发展迅速，服务业产值占GDP的比重连年来持续增高，但与我国同属直辖市的北京、上海横向相比，却存在着较大差距，低于世界平均水平，更远远低于发达国家水平。另外，由于天津市经济发展现代化、工业化、城市化水平都较高，因此对服务业的需求相对于供给来说较高，连年的服务贸易逆差，尤其是对于知识、技术密集型的服务产品的逆差足以说明天津市服务业整体供给水平偏低。总体来看，天津市服务业的发展在一定程度上无法满足经济发展的需要，无法完全达到服务贸易的要求，在某种程度上制约服务贸易的发展。

2. 服务业发展结构水平有所改善，但整体上看仍有些失调

由天津市历年统计年鉴来看，天津市服务贸易的发展主要靠运输服务、旅游服务和其他商业服务等传统服务业支撑，这些传统服务业是劳动密集型行业，随着近年来我国劳动力成本优势的消减，靠劳动力成本低廉运营的服务业发展不可持续。知识、技术密集型服务业，如金融服务、保险服务、广告宣传服务、专有权利使用费和特许费等领域，相对于传统的劳动密集型服务业而言，有制约因素少、市场增长快、附加值高的优点。但目前天津市的知识、技术密集型服务业占服务业的总体比重较低。随着信息技术和知识经济的发展，提高服务业发展层次，促使服务业升级是赢取国际服务业竞争力的客观要求。在加大服务业内部行业结构调整力度上，天津市给予了极大的关注：正在建设中的于家堡金融区集金融办公、商业服务、配套公寓、文化娱乐、休闲旅游等功能于一体的国家级金融商务中心，是目前全球最大规模的金融商务区之一，为高级商务人士提供人文亲和、生态宜居的低碳城市；正在建设中的响螺湾商务区是天津滨海新区总部经济的核心区，是外省市、中央企业驻滨海新区的办事机构、集团总部和研发中心。天津市于家堡金融区、响螺湾商务区以及泰达MSD等高端服务业聚集区预计在不远的将来将会全线竣工，天津市金融服务、信息与科技服务等高端服务业将有较快的发展。

加大服务业内部行业结构调整力度，在继续推进传统服务业发展的同时，重点是要发展信息与科技服务、金融、保险等现代服务业，加大对服务业科技研究的投入，追踪国际服务业科技发展的最新动向，提高全市现代服务业的科技含量、整体素质和发展水平，进而提高服务贸易的水平，突破服务业发展结构水平偏低给服务贸易的长远发展带来的不利影响。

3. 生产性服务业从制造业中的分离不足

生产性服务业是以制造业为基础的服务业，是直接或间接为生产活动提供中间服务的行业，它贯穿于生产、流通、分配、消费等社会再生产环节之中，包括"微笑曲线"左端的可行性研究、风险资本控制、研发产品设计、市场研究等，"微笑曲线"的低端制造过程中的质量控制、会计、保险等，以及其右端的广告、

物流、销售等。随着制造业产业链的延伸，其产业链中每个环节所创造的价值差异越来越大，产品的价值更多地来源于研发和营销等"微笑曲线"两端的生产性服务业。天津市有着 140 多年的工业发展历史，加上改革开放以来的进一步发展，天津市的工业制造业根底雄厚，货物贸易发展迅速。但是，与之配套的生产性服务业以及生产性服务业贸易的发展却相对滞后。其中一个重要的原因是生产性服务业未能成功地从制造业中分离出来。

制造业企业的生产性服务业的内部供给，使制造业企业过多地分心于本身不太擅长而又非核心的服务环节，进而无法专注于核心技术的制造业务，不利于企业核心技术的形成。因而，对于制造业企业来讲，分离内部的制造环节和服务环节有利于其增强核心竞争力。此外，对于被分离出来的生产性服务企业，专注于产业链中创造高附加值的"微笑曲线"两端活动，在继续做好为原有企业服务的同时，向社会拓展业务，加快做大做强，从而使自己成为专业做服务贸易的服务型企业。这样，生产性服务业从制造业中剥离出来，形成专业化的分工，既可以为生产性服务业的发展提供巨大的空间，也有助于提升制造业自身的竞争力，在产业关联上可以形成生产制造业与生产性服务业的良性互动。

天津市有着坚实的工业基础，然而在生产性服务业从制造业中分离这块却不尽如人意。如天津汽车模具有限公司在制造汽车模具的过程中，前期设计和后期调试、改进等服务成本占整个模具生产成本的 30%~50%，由于其同为一个制造企业所做，没有在此环节将生产性服务业从中剥离出来，于是在汽车模具出口时，很难在出口过程中将服务贸易从货物贸易中分开计量，按照现行海关计量、统计方式，只能作为货物贸易出口，这样一来本应享有的服务贸易的相关优惠措施则无法正常享有。

生产性服务业从制造业中分离出来，形成单独的行业，是货物贸易和服务贸易发展的共同需要。"大而全"、"小而全"的企业生存方式将阻碍服务贸易的发展。

（二）天津市服务贸易结构需要提升

近年来，随着天津市政府对服务贸易结构升级的越来越重视，天津市的服务贸易层次有了较大的提升。但是，从占比上分析，天津市的服务贸易结构仍然需要改善。

从天津市服务贸易进出口现状看，2010 年，天津市服务贸易进口项目主要集中在其他商业服务（30%）、运输服务（27%）、专有权利使用费和特许费（13%）、旅游服务（11%）上，而出口项目主要集中在其他商业服务（40%）、运输服务（18%）、旅游服务（18%）、咨询服务（10%）和建筑服务（9%）上。天津市服务贸易仍以劳动密集型（运输、旅游等）的行业为主，而资本、知识密集型行业（金融行业、保险行业、通信行业）的国际贸易发展不足，尤其是出口，其电影音像服务、通信服务、保险服务、专有权利使用费和特许费在服务贸易出口额中比重较低，服务贸易结构相对不平衡。

服务贸易结构失衡的最重要原因是其产业基础——服务业的发展失衡。如果服务业发展水平较低，将会直接导致相应高层次、高资本、高技术含量的服务贸易发展不足。另外，天津市是外资投资的大市，充分利用外资以及进口资源，充分发挥其引导和带动作用，在天津市政府注重服务贸易结构升级的大政策背景下，企业要注重长远发展，提高发展层次，转变服务贸易发展结构，促进服务贸易结构升级，这是促进服务贸易长期健康发展的必要行动。

（三）环渤海地区区域发展不协调制约着天津市服务贸易的发展

环渤海区域以辽东半岛、山东半岛、京津冀为主，包括北京、天津、河北、辽宁、山东、山西、内蒙古七个省、市、自治区，面积共有127.82万平方公里，占全国的13.3%。环渤海经济区是在经济全球化与区域经济一体化的大背景下，结合我国区域经济发展规律而提出的构想。这一战略构想对于我国经济整体及环渤海地区经济发展、振兴东北、带动中部崛起、促进东北亚经济合作的意义重大。环渤海地区无疑正在成为带动我国经济发展的第三极。

天津市作为环渤海地区的中心城市，具有特殊的区位优势，但其带动作用并不显著。如天津港是我国北方的贸易大港，位于天津市塘沽区、海河入海口处，地处渤海西部海岸中心位置，经济腹地涉及京津冀以及中西部地区的14个省、市、自治区，是欧亚大陆桥在我国国内最近的起点。目前，天津港与世界上500多个港口建立了长期通航和贸易关系，已在内陆建设21个"无水港"，成为我国北方地区重要的枢纽港口。天津有如此得天独厚的区位条件，然而至今并未建立真正意义上的北方国际航运中心。欲达到这一目标，首先要克服的制约因素是环渤海区域内发展不协调问题。天津港和青岛港、大连港存在着较为严重的同质化竞争现象，没能合理避开重复建设、无序竞争的怪圈，借鉴发达国际航运中心发展经验并结合天津以及环渤海其他区域的实际情况，协调天津北方国际航运中心和国际物流中心与周边地区其他港口的发展，争取使环渤海区域各种服务业分层次错位发展、协作进步。此外，天津港的配套服务欠缺。天津市除了港口优势外，配套服务不到位，虽然仓储基地建设有所提升，但规模化、规范化大宗货物仓储基地较少，成型的货物交易中心有限，国际货物交易交割支撑和促进作用无法充分发挥。这是天津成为北方国际航运中心的一大障碍。

在环渤海地区当前形势下，在经济服务化的大背景下，中央政府应从大局着眼，妥善协调局部利益与整体利益、近期利益与远期利益的关系，给予天津市以及滨海新区相应的特殊政策优惠，允许天津以及滨海新区先行先试，起到引领环

169

渤海区域服务贸易协调发展的效果。另外，天津市应认真分析天津自身在服务业以及服务贸易中的实际情况，有针对性地发展有优势且具有长期发展潜力的服务业以及服务贸易，与环渤海其他地区形成错位发展，做好项目对接与合作，推进区域港口一体化、交通体系建设、资源整合开发利用，推进信息、旅游、科技、产权、港口、通关等各方面的合作交流，充分利用环渤海地区广阔的市场潜力，有层次、有协作地提升天津市服务业发展水平，促进服务贸易发展。

（四）货物贸易对服务贸易的带动作用不明显

服务贸易与货物贸易虽然是两种不同的贸易方式，但其之间关系却十分密切，一方面，运输、保险、咨询等服务行业是伴随着货物贸易的发展而产生的，支撑着货物贸易的发展，即服务贸易的很多部门是货物贸易的支撑产业，发展服务贸易对货物贸易的发展起到促进作用；另一方面，货物贸易的发展会增加对服务贸易的需求等，对服务贸易的发展有较强的带动作用。实证上，李静萍（2003）[①]运用对影响服务贸易的宏观因素（国内生产总值、人均国民收入、服务业增加值及年增长率、商品出口量、商品进口量等）进行了研究，结果表明，货物出口对服务出口有显著的拉动作用，货物贸易的发展过程中蕴涵着服务贸易的巨大机会。理论上，由于运输、保险等行业是服务于货物贸易的，货物贸易的发展定会带动相应服务贸易的需求，进而带动服务贸易的发展。

天津市是货物贸易大市，一直以来货物贸易额占全国货物贸易额的比重都比较大，但是天津市的货物贸易对天津市服务贸易的进口拉动作用较为显著，而对服务贸易出口的带动却不明显。导致这一现象的主要原因就是天津市发展的货物贸易中，劳动密集型的加工制造业所占比重较大，这些工业品生产过程的前期所需的可行性研究、研发等高端服务目前天津市发展的还不太充分，以从国外进口为主，在服务贸易中这些行业处于较大幅度逆差地位。而相对低端的服务业竞争相对激烈，附加值较低，形不成对服务贸易出口的重大促进。加快转变货物贸易发展方式，提高货物贸易层次，进而带动服务贸易层次提高，带动服务贸易的发展，实现货物贸易与服务贸易动态演进、协调发展。

（五）政府部门应该进一步加大力度促进服务贸易的发展

政府可以在公共服务、公共设施建设等方面加大力度，进一步促进服务贸易的发展。

1.服务业以及服务贸易的统计分析工作不完善

目前，服务贸易从职能上边际模糊，服务业分类不完善，国内各省、市之间

---

① 李静萍：《影响国际服务贸易的宏观因素》，《经济理论与经济管理》，2002 年第 11 期。

以及与服务贸易发达国家的统计标准不一致，难以形成相对精确的服务业发展形势监测分析制度，服务贸易的横向、纵向比较分析研究困难。

要使得统计工作顺利进行，要先确定服务业的分类标准问题。目前服务业分类方式不统一，不明确，不利于服务贸易的发展。在服务业统计分类中，需要很清晰的分类标准，在政府相关部门的政策文件中要使用统一的标准，一些没有实际操作意义的分类，不利于政府就具体目标对相关部门进行补贴措施的发放，也无法详细追踪到特定服务部门的发展状况。因此，服务业应对各服务部门进行单独的划分，将具有特点的服务部门从现有分类中提取出来，单独成项，进而根据服务业的分类，来完善服务贸易的分类。建立适合我国国情并符合国际社会要求的服务贸易分类标准是我国大力发展服务贸易的基础，是完善我国统计标准的前提条件。

有了明确的服务业以及服务贸易分类，给政府的政策实施提供了良好的方向以及依据，完善了服务统计制度。完善的统计制度、准确而翔实的统计数据是研究服务相关问题的前提条件，第一，可以用于国际比较的必要数据，有利于我国服务业的对外交流；第二，可以为从数据上追踪我国服务贸易政策，评价服务贸易政策效果，进行绩效的评估；第三，政府部门和研究机构可以通过这些数据分析本国或地区服务贸易竞争力情况，提供有效的政策建议。商务部对此问题应给予足够的重视，消除由于服务贸易计量统计的不完善给服务贸易带来的制约。

2. 服务贸易的税收优惠政策存在些许不足

目前政府对服务贸易有包括出口退税、外包企业补贴等优惠政策，然而力度却远不及货物贸易。

（1）对服务贸易征收的税率过高，影响服务贸易发展速度。目前，我国服务业和服务贸易的税收政策较为落后，服务业的税负成本明显高于制造业，也高于多数服务贸易发达国家。按照我国目前的税收政策，服务业企业需按营业收入的5%缴纳经营税及附加，有盈利的企业再缴纳税率为25%的企业所得税，而绝大部分服务出口时不能取得退免税优惠，这样我国对境内企业出口服务和进口境外服务均纳入征税范围，容易造成对出口服务贸易的重复计税。服务业企业一般按营业额全额征税，不是差额征税，这些都加重了服务业企业的税收负担。尤其是有些离岸服务贸易业务，本质上相当于服务领域的"加工贸易"，真正能获得免税出口的业务极少，在采取双向征税原则后，国际竞争力大为减弱，严重影响了服务贸易的发展。

（2）部分服务业部门营业税改征增值税在一定程度上促进了服务贸易的发展，其他部门营业税的征收制约服务贸易发展。在2012年7月25日温家宝同志主持召开的国务院常务会议上，决定扩大营业税改征增值税试点范围，决定自2012年8月1日起至年底，将交通运输业和部分现代服务业营业税改征增值税试点范围，由上海市分批扩大至北京、天津、江苏、浙江、安徽、福建、湖北、广东和厦门、深圳 10 个省（直辖市、计划单列市）。2013 年继续扩大试点地区，并选择部分行业在全国范围试点。

这对服务业的发展是一个极大的利好政策。我国对服务业广征营业税，阻碍服务业的发展，进而制约我国服务贸易发展。对我国服务业征收营业税，一方面，会造成对我国企业服务贸易出口的重复征税：由于我国的营业税不仅对服务贸易的进口征税，也对其出口征税，而对于我国出口到其他国家的服务产品，进口国也会征收相应的税收，这就导致了对我国服务出口的重复征税现象。另一方面，对我国服务企业增收营业税也不利于我国服务企业的专业化分工，形成更高效的产业链条，不利于我国服务业的长远发展，而服务业是服务贸易的产业基础，没有坚实的服务业根基，显然不利于我国的服务贸易。由于我国对服务业的征税是以营业收入全额为征税计算基础的，也就是说对营业收入中已经缴纳过的税收不予以抵扣，这样会导致对国内服务业重复征税的情况，而服务企业为了尽量减少或避免这种重复征税，就会在一定程度上将本属于下游的不该本企业去做的低端服务收入自己的业务范围，这样阻碍了我国服务贸易的专业化分工，不利于企业专业化生产和协作的细化和深化，妨碍我国服务业国际竞争力的提高，成为制约我国服务贸易发展的重要因素。

而目前我国将天津作为试点城市之一，对交通运输业和部分现代服务业营业税改征增值税，有利于天津市交通运输业等的发展。对于没有成为这次试点的服务业其他部门，仍是其发展的制约因素，对全体服务业取消营业税，推行增值税，是我国服务业税制改革亟待解决的问题。

（3）政府外包补贴标准难以达到，补贴的促进效应发挥有限。根据国家《关于技术先进型服务企业有关税收政策问题的通知》的规定，我国对经认定的技术先进型服务企业，减按 15% 的税率征收企业所得税；对经认定的技术先进型服务企业离岸服务外包业务收入免征营业税。这些技术先进型服务业务范围包括信息技术外包服务、技术性业务流程外包服务、技术性知识流程外包服务三大块。

这对我国服务外包企业具有很大的吸引力。但就实践情况来看，如果严格按照以上条件来对企业进行认定，则能够完全达标的企业并不多。在天津的调研中，包括政府有关部门人员和企业代表都提到了这个问题，如关于技术先进型服务企业认定条件的第五条：企业从事本通知第二条规定范围内（信息技术外包服务、技术性业务流程外包服务、技术性知识流程外包服务）的技术先进型服务业务收入总和占本企业当年总收入的 70% 以上；第六条：企业应获得有关国际资质认证（包括开发能力和成熟度模型、开发能力和成熟度模型集成、IT 服务管理、信息安全管理、服务提供商环境安全、ISO 质量体系认证、人力资源能力认证等）并与境外客户签订服务外包合同，且其向境外客户提供的国际（离岸）外包服务业务收入不低于企业当年总收入的 50%。这两条标准直接将一些大型非专业做外包的企业排除在外，这些企业具有这样的特征：企业是综合性大企业，大企业的一个或几个部门在做研发以及外包，而这些部门不具备法人资格，该部门内部的外包业务完全符合第五、六条标准，但该部门的外包收入和整个企业的总收入相比却十分有限，那些分明是做外包的企业难以得到这项税收优惠，而这些企业的外包服务所占比例是不容忽视的。又如我国企业从跨国企业驻华分支机构接包，以及之后的转包、分包等取得的收入，都不符合"从事离岸服务外包业务取得的收入"的条件，因而无法享受免征营业税的待遇。

这种补贴标准使得本应得到的补贴无法享受这种优惠，使得相应的鼓励作用效果变得不明显。

3. 政府应扩大导向作用

促进天津市服务贸易的发展，离不开国家和地方政府的强力支持。政府是一个国家或地区经济发展的引导、组织、协调者，政府通过一定的优惠措施，在一定程度下干预市场，会给市场一个强烈的信号，进而影响市场的发展方向。对于天津市的服务贸易发展而言，政府需要在下列方面加强政策的倾斜性，给服务贸易提供良好的发展环境。

（1）对企业分离发展生产性服务业的引导不足。制造企业之所以持续地将生产性服务业囊括在自己的业务范围内，部分原因是服务生产过程中的信息不对称，使用外部企业供给生产性服务业的交易成本较大。政府对此问题应给予及时的关注，帮助企业搜寻信息，降低企业搜寻成本，鼓励和引导企业分离发展生产性服务业。无政府的辅助与引导，生产性服务业发展缓慢，不利于服务贸易的发展。

（2）天津市服务贸易开放程度有待进一步提高，私营经济比例相对较低，制约了服务贸易的发展。我国整体上服务贸易的开放程度远远落后货物贸易，如银行业、电信业、民航业、广播电视业等，有着较为严格的市场准入限制。天津市向来有着"大外资"的优势，然而在这些国家控制较为严格的行业里，也只能相对保守地发展。这些行业基本上处于国家垄断状态，非公经济发展明显不足。这在一定程度上制约着天津市服务贸易的发展。

（3）对具有发展潜力的新型知识、技术方面的服务贸易行业的扶持力度不足。对于服务贸易中的高附加值、高技术含量的企业，政府未能及时给予鼓励与引导，在土地使用、信贷、税收、上市融资等方面予以一定的优惠待遇，在技术攻关、管理培训等方面政府应加大投资力度，否则将制约服务贸易的长期健康发展。

（4）配套设施有待于提高。其中公路、港口等基础设施建设要跟得上服务贸易的发展。加强金融业对其他服务业的支撑，打造金融机构、政府、企业的三方连动，加大对科技创业投资的支持力度，减少或避免配套设施建设不足给服务贸易带来的制约。

（5）人才引进培养的投资力度不足。在人才培养方面，天津市有南开大学、天津大学、天津财经大学等众多高校，但是如何将这些高校培育的人才留在天津工作，以及如何从外部引进人才、留住人才，鉴于未来服务贸易发展的方向是知识、技术密集型行业，这将是天津市服务贸易快速健康发展的一个核心问题。政府应给予这批具有专业技能、外向型、高素质的人才队伍以特殊照顾，如在住房、社会保险、子女上学等方面提供相应的政策支持。否则，人才缺失将是制约服务贸易发展的一个"瓶颈"性问题。

（6）政府在援外、采购中没能把自己的服务"嫁"出去。在不违反国际经济贸易规则的前提下，政府应尽量地多给服务贸易企业创造便利条件。在政府所做的援外工作或者进行的政府采购中，可以将后期的增值、维修等服务放在国内。如政府部门购买国外航空飞机等，可以在谈判时确定将该航空飞机的后期增值以及保养等工作放在国内。中国是一个大市场，在国外商品进入我国盈利的同时，我们也应尽量地利用它们盈利的机会为自己的发展找到立足点，学习国外先进技术，提高我国服务贸易企业竞争力，以市场换能力。而在对外援助中，一方面，可以通过增加对服务业的援助，使相应的服务业或服务企业得到充分成长的机会；另一方面，要加强对中国元素的宣传以及渗透，建立中国的品牌价值，从长远来讲，增加我国服务贸易企业的出口竞争力。

（7）目前服务贸易法律、法规仍不健全。长期以来，我国的服务贸易立法明显滞后，虽然近年来有了较大的改观，涉及服务贸易领域的《中央银行法》、《商业银行法》、《外资企业法》、《外资金融机构管理条例》、《保险法》、《广告法》等一系列法律、法规颁布，但同服务贸易广泛的内涵以及国际经济贸易规则相比，仍存在较大的差距。在颁布的法律、法规中，有些较为抽象，在实施过程中存在一定的困难。一些重要的部门，如电信等，尚无立法或立法不完备，使得我国服务贸易的立法尚未形成体系。这种法律、法规不足，管理缺乏协调性将会制约服务贸易的发展。

五、天津服务贸易发展路径与政策措施

（一）天津市服务贸易发展路径

经过数十年的发展，天津市的服务贸易取得了不俗的成就，服务贸易总额稳步提升，服务贸易的结构不断优化，服务贸易的竞争力也在逐渐提高。但同时也要看到，天津市的服务贸易发展还存在许多不足，除产业基础即服务业相比较为薄弱外，一些体制机制因素也严重制约了其良性有序的发展，而在环渤海经济圈中服务业及服务贸易发展定位的不清晰，同样在一定程度上限制了其服务贸易优势产业的发挥。鉴于此，通过深入剖析天津市服务贸易发展实际、问题及其制约因素，也对天津市发展服务贸易的路径选择进行了研究和探索。大体上，我们得出的结论是：天津市若想在"十二五"期间取得服务贸易上的突破，关键在于两点：一是要依靠生产性服务业，借助天津市雄厚的工业基础，大力发展与制造业紧密相关的生产性服务业及服务贸易；二是明晰天津市在环渤海经济圈中的定位，特别是要理清与北京的发展联系，取长补短，充分发挥优势产业的功能。

1. 以生产性服务业作为服务贸易发展的重要领域

服务业的国际转移与制造业对生产性服务的需求日益增加是分不开的。在生产技术水平不断提高以及国际分工逐渐深化的情况下，生产性服务业作为制造业中的一个重要流程被独立出来，这就为生产性服务业的国际转移提供了前提条件。跨国公司的国际移动，同样会带来配套服务提供商的转移，服务业的跨境提供也就产生了服务贸易，即生产性服务业有效地连接了货物贸易与服务贸易的发展。而事实上，在服务业领域的外国直接投资总量中，有相当一部分服务业是随着制造业跨国公司的转移而移动的，并为这些跨国制造公司和东道国的制造产业提供相应的配套服务。[①] 生产性服务业竞争力代表着一国服务业发展的实际水平，有效支撑着制造业的发展壮大，而生产性服务贸易竞争力的提高，同样有利于服务贸易质量与结构的提升。

天津市作为北方乃至全国的重要工业城市，制造业基础尤为雄厚，工业的迅速发展为生产性服务业拓展了发展空间，如天津市初步形成了航空航天、石油化工、装备制造、电子信息、生物医药、新能源新材料、国防科技、轻工纺织八大优势支柱产业，已成为国际国内公认的制造业中心。这也同时为航运物流、信息服务、金融保险、科技研发、商务会展等生产性服务业提供了较大的发展空间。而天津市政府也比较重视生产性服务业的发展，一系列涉及金融保险、航运物流和商务商贸的生产性服务业项目纷纷落地，如空港现代服务业示范区、金融城、响螺湾商务区、于家堡金融区、陆家嘴金融广场、小白楼商务中心区、津滨大道物流商贸区、滨海科技总部区等。这些在支撑天津市制造业发展的同时，也为下一步生产性服务贸易的发展奠定了良好的产业基础。简言之，天津服务贸易的发展必须发挥自身的优势，发展有特色的服务贸易，即围绕制造业中心，主打生产

---

① 尹刚：《我国发展服务贸易的优势及政策研究——以环渤海地区的天津为例》，《改革与战略》，2009年第 5 期。

性服务贸易，以实现制造业和服务业、货物贸易和服务贸易的协调发展。

2. 做好区域定位是天津市发展服务贸易的重要前提

从区位来看，天津市作为环渤海经济圈的中心城市之一，有着得天独厚的优势，如工业基础雄厚、港口航运便利等。但实际上，天津市在区域经济中的带动作用并不明显，究其原因就在于区域定位和分工不明确，同质竞争过于激烈。由于天津毗邻首都北京，受北京的影响较大，在许多优势资源和项目的争夺上均处在劣势，也就是说，在某种程度上天津的发展受制于北京。不过反过来说，北京也同样为天津创造了更多的机会。北京和天津的经济发展阶段及产业结构有所不同，北京的服务业较为发达，天津的制造业具备优势，因此，天津在发展服务业及服务贸易时应因地制宜，以生产性服务业及服务贸易为主要抓手，充分为制造业和货物贸易做好服务。

同时作为港口城市，天津也要积极发挥自身优势。从目前实际情况来看，环渤海经济圈港口众多，且未形成有效协调合作的机制，港口间重复建设现象较多，恶性竞争也颇为激烈。特别是大连、青岛、天津三个港口的竞争还处于整合各自区域港口的阶段，未来的竞争趋势会尤为激烈。单就天津而言，在被国家纳入整体发展战略规划后，其定位之一就是"北方国际航运中心和物流中心"。这就需要其扎根天津、跳出京津冀、立足环渤海、服务"三北"和中西部地区、辐射东北亚，实施航运中心港口组合模式，以天津港作为北方国际航运中心的核心枢纽，以河北、山东、辽宁三省的主要港口作为辅助枢纽，分工明晰、协调发展，打造天津北方国际航运中心（环渤海）三省一市港口群。服务区域主要为"三北"和中西部地区，以后将进一步延伸至蒙古国和中亚五国，乃至东北亚。积极开展国际船舶登记制度、国际航运税收、航运金融业务和租赁业务四个方面的政策创新，由传统港口和航运服务功能，转向国际中转、国际配送、国际采购、国际转口贸易和出口加工五项新型功能，最终形成较为完备的现代化航运服务功能体系，实现国际范围内的货流、资金流、信息流在天津的聚集，带动京津冀一体化发展，推动中国北方环渤海地区经济又快又好发展和加快产业结构转型升级。[①]

（二）天津市发展服务贸易的政策措施

天津市的服务贸易无论从规模还是竞争力上都有较大的提升空间。天津市发展服务贸易应在国家战略规划的指导下，遵循因地制宜的原则，凭借自身制造业基础优势，大力发展生产性服务贸易，并明确区域发展定位，改善制约服务贸易

---

① 高伟凯：《国际航运中心发展趋势与实证研究——以天津北方国际航运中心建设为例》，《现代经济探讨》，2012 年第 7 期。

发展的体制机制环境，进一步开放服务业市场，提高服务贸易出口竞争力。

1. 政府应转变传统观念，统一思想认识

服务贸易的发展离不开政府的大力支持与政策引导，在对服务贸易发展的思路上，转变传统对外贸易观念和统一思想认识也绝非是一句空话。改革开放三十多年来，货物贸易之所以能够取得如此大的成功，与当时的发展理念有相当大的关系。改革开放初期，在统一的思想指引下，无论是中央政府还是地方政府，都将货物贸易作为发展外向型经济的重中之重，因此也就有了今天的成就。而现阶段，在货物贸易发展受阻的情况下，我们也应该统一思想，把大力发展服务贸易提上工作日程，争取在下一步的对外贸易战略中有所拓展。当然，强调服务贸易也并非是否定货物贸易，二者的协调发展才是未来中国对外贸易政策调整的方向与思路。

2. 加强对服务贸易干部队伍的培养

服务贸易主管部门工作人员的培养也十分重要，只有这些人真正理解服务贸易的概念和界定后，才能更好地投入工作，并为相应服务贸易发展政策的出台和执行提供可行的建议。因此，在鼓励服务贸易发展时，政策除了向服务贸易项目、产业或企业倾斜外，也要拿出一定的补贴来强化服务贸易干部队伍的培养，定期组织主管部门的工作人员参加服务贸易相关培训，及赴发达国家或地区进行考察，学习先进的管理理念等。即对服务贸易发展的优惠政策一方面要落实到服务贸易的市场主体（产业或企业等），另一方面也要关注到服务贸易管理部门，提高管理人员的工作素养和能力。

3. 完善中国国际服务贸易统计体系

首先，要加强服务贸易统计调查工作的法制化和规范化管理，制定关于服务贸易统计的法律，以授权统计主体开展统计调查，依法推进统计工作的进行，以保证统计数据的真实性。其次，要确立有效率的服务贸易统计主体，建立由国家统计局垂直领导的、专业化的、封闭的统计管理体制。再次，要尽快实现与国际标准的完全接轨，改善国际收支间接申报工作的一系列问题。最后，要积极应对新兴服务贸易统计的挑战，如离岸服务贸易的统计等，并加强对四种服务贸易提供模式的统计研究。

4. 设计有利于服务贸易发展的制度安排

在财税、海关报关、结汇等若干方面，要根据服务业和服务贸易的特点进行调整，如目前于若干试点城市或省份推行的营业税改增值税方案，就是在交通运输业和部分现代服务业中开展，逐渐转变传统的货物劳务税收制度，以鼓励服务业的发展。对于促进服务贸易发展的优惠政策要根据行业和区域特点进行制定，切忌"一刀切"，而对政策的实施也要做到定期评估，适时调整。同时，要实施有利于制造业和服务业分离的有效措施，推进服务业和服务贸易的专业化发展。

此外，还要充分发挥服务业和服务贸易行业协会的纽带作用，辅助主管部门有效开展统计和相关管理工作等。

5. 强化部门间协调能力，实现资源共享

服务贸易的发展也是一项系统工程，需要各相关部门的协调合作。这就需要建立部门间的协调机制，以期遇到问题时，能够及时沟通，有效解决。如在统计方面，就需要国家统计局、外汇管理局、海关总署及商务部相关部门做好有关服务贸易的统计工作，并实现公共数据资源的共享。再如文化产业方面，也需要宣传部门、商务局、文化局和广播电视局的密切沟通与交流。这都是由服务业和服务贸易种类繁多的特点所决定的，协调合作便成了工作中的关键。

6. 促进服务贸易产业结构优化升级

天津市发展服务贸易时，要对当地服务贸易发展实际情况有全面认识，确定重点培育行业和领域。目前来看，天津市在运输、建筑等领域的服务贸易具有较强的国际竞争力，而在其他部门优势则不明显。鉴于此，天津一方面要继续发展有比较优势的劳动密集型服务贸易，另一方面要借助制造业优势，大力发展生产性服务贸易。在这一思路指导下，天津市应巩固传统服务贸易领域的发展，加快改造传统服务贸易，大力培育新型服务贸易行业的发展，使天津市的传统服务贸易和新型服务贸易实现共同发展。

7. 有序推进天津北方国际航运中心建设

北方国际航运中心建设是天津市提升服务业服务贸易发展的关键环节，若要推进国际航运中心建设，实现跨越式发展，天津就必须采取一系列举措，如进一步加强港口、道路等基础设施建设，完善集疏运系统，保障航运能力；尽快完善港航业法律、法规体系和政策环境；吸引国际知名航运企业总部或区域总部在天津的聚集，打造航运产业集群；完善金融市场环境，健全航运服务功能；推进信息化建设，提升航运服务效能；注重航运领域综合人才的培养，为航运中心的建设源源不断地输出优质适用的人力资源等。唯有如此，才能促进天津港航产业快速、健康成长，最终取得质的飞跃。

参考文献：

1. 雷鸣：《天津服务业发展存在的问题及对策》，《社科纵横》，2010 年第 8 期。

2. 李静萍：《影响国际服务贸易的宏观因素》，《经济理论与经济管理》，2002 年第 11 期。

3. 刘勇、杨运来：《天津发展现代服务业的对策建议》，《港口经济》，2012 年第 2 期。

4. 欧成中、唐欢、闫立伟：《加快天津服务外包发展的对策建议》，《天津经济》，2011 年第 4 期。

5. 汪德华、江静、夏杰长：《生产性服务业与制造业融合对制造业升级的影响——基于北京市与长三角地区的比较分析》，《首都经济贸易大学学报》，2010 年第 2 期。

6. 《天津建设中国北方国际航运中心战略规划》，《交通部水运科学研究院研究报告》，

2009 年。

7. 吕靖等：《大连东北亚国际航运中心发展战略规划研究》，大连海事大学出版社，2005 年。

8. 杨建文：《洋山港将影响东北亚航运格局》，《港口集装箱信息》，2005年第 12 期。

9. 孙光祈：《大连建设东北亚国际航运中心总体发展战略》，大连海事大学出版社，2005 年。

10. 林锋：《国际航运中心建设与上海城市发展》，学林出版社，2008 年。

11. 吴霞：《大力发展我市生产性服务业的对策建议》，《经济丛刊》，2010 年第 3 期。

12. 杨召东：《天津服务贸易出口竞争力研究》，《商业经济》，2012 年第 1期。

13. 叶正富、王善根、李麟：《2007 年宁波市服务业发展回顾与展望》，《经济丛刊》，2008 年第 3 期。

14. 于立新、陈昭：《中国服务业与服务贸易协调发展对策》，《中国经贸导刊》，2011 年第 18 期。

15. 于立新、周伶：《现阶段中国服务贸易与货物贸易相互促进发展研究》，《国际贸易》，2012 年第 3 期。

16. 赵立华：《生产性服务业是建设现代制造业基地的保障——以天津滨海新区现代制造业基地发展为例》，《理论界》，2010 年第 3 期。

第九章 北京市服务贸易发展研究

冯 远① 潘 默② 赵 鑫③

大力发展服务贸易，特别是现代服务贸易和新兴服务贸易，使我国服务贸易与货物贸易更好地协调发展，更快地促进我国经济发展结构转型升级，是我国"十二五"时期经济发展的重要任务，也是我国进入中等发达国家行列的重要经济发展战略选择。

北京具有发展服务贸易的区位优势、要素优势和环境优势，北京服务贸易与货物贸易协调发展调研报告，主要是对于北京服务贸易发展的概况、特点和发展经验进行总结和归纳，北京的服务贸易发展模式与经验能够带动全国服务贸易的发展，并能够为全国服务贸易与货物贸易的协调发展提供宝贵的发展经验。

一、引言：背景与发展规律

（一）北京服务贸易发展的产业背景

改革开放以来，中国积极承接全球制造业，促进货物贸易出口，已经成为全球第一大货物出口国。然而，近年来我国货物贸易发展出现了增长乏力的状况，反思原因，主要是由于我国服务贸易发展长期滞后所导致的。自 1995 年以来，中国服务贸易一直保持逆差，而且逆差规模有不断扩大的趋势，对外贸易结构出现了货物贸易和服务贸易"长短腿"的状况。这种状况表明服务贸易发展滞后不

---

① 冯远：中国社会科学院财经战略研究院服务贸易与 WTO 研究室，副研究员。
② 潘默：北京市国际服务贸易事务中心，中级经济师。
③ 赵鑫：中国社会科学院研究生院，硕士研究生。

仅严重制约着我国货物贸易的发展，而且制约着我国货物贸易的结构调整与升级。当前，货物贸易带动经济发展的后续力量以及贡献率的上升空间都已经有限，加快服务贸易的发展，特别是加快发展现代新兴服务贸易是我国转变经济发展方式和经济结构调整升级的内在要求。

解决服务贸易发展相对滞后的问题，是我国经济结构转型升级的内在要求，也是我国对外贸易可持续发展的必然要求。中国长期发展出口导向的外向型经济，依靠廉价劳动力和自然资源，出口产品附加值低、利润率低，形成了庞大的以劳动密集型为主的制造业。随着全球制造产业进一步向更低成本的其他发展中国家和地区转移，中国的成本优势将逐渐减小，对外贸易的发展将遇到前所未有的"瓶颈"。我国当前急需利用服务业和服务贸易独立发展的特性，充分发挥国际贸易资源配置的作用，承接国际产业转移，深度参与服务全球化，通过发展生产性服务业，特别是通过发展现代高端服务贸易，如物流、商务、金融、保险、研发等生产性服务业，实现产业结构的调整升级，有效提高产业效率，提高产品附加值，推动货物贸易的结构调整以及持续发展，进而间接提高第一、第二产业的产业效率，实现整体产业升级。最终实现我国经济增长方式和发展方式的转变。

从全球经济发展和产业发展趋势看，只有大力发展服务贸易，才能提高一国经济的国际竞争力。在现代经济中，商品利润增值的空间日益向产业价值链两端的服务环节转移，即研发和营销等服务环节。在国际分工比较发达的制造业中，产品在生产过程中需要的时间只占其全部循环过程的不到5%，而处在流通领域的时间占95%以上；产品在制造过程中的增值部分不到产品价格的40%，60%以上增值发生在服务领域。[①] 世界市场的竞争手段也由传统的价格竞争日益转向以金融、技术、运输、通信、信息等服务构成的服务经济竞争。随之而来的国际服务贸易与货物贸易的界限越来越模糊，全球贸易结构正在向服务贸易倾斜，服务贸易比重不断上升，经济服务化或者说服务型经济已成为世界经济发展的必然阶段与未来趋势。未来国际贸易的竞争将由货物贸易转向服务贸易，货物贸易产品中服务产品嵌入、复合的越来越多，服务贸易的质量将决定货物贸易的竞争力。根据WTO公布的《世界贸易报告2012》，2011年中国服务贸易出口额为1820亿美元（占全球比重4.4%），较2010年增长7%，比世界服务贸易出口额增长率低4个百分点，比印度出口增长率低13个百分点。由此可见，我国服务贸易增长速度不仅滞后于全球发展水平，在发展中国家中也面临着强劲对手。

（二）北京服务贸易发展与转型

北京正在发挥服务经济资源优势，发展服务贸易。北京作为我国的首都和国际

---

① 朱莉莉：《论我国货物贸易和服务贸易协同发展》，《现代商贸工业》，2009年第2期。

大都市，具有特殊的政治地位、雄厚的服务经济基础、较好的城市环境和城市建设水平，并作为重要的非港口式贸易中心，其服务贸易发展水平的不断提升，有力地贯彻了中央经济工作会议关于"大力发展服务贸易"、"努力扩大服务出口"的要求。

北京服务贸易发展带动资源向服务业配置。对外贸易在经济增长中的重要作用表现为资源配置功能。发展服务贸易，可以引导资源从重化工业向高质量、高素质、高水平的服务业和技术含量高、竞争能力强的新兴绿色工业转移。北京服务贸易的发展充分利用跨国公司提供进口服务资源，发挥国际市场形成的规模效应，对全国服务业发展形成强大的龙头带动和产业支持作用。2012 年北京市第三产业增加值 13669.9 亿元，对全国第三产业增加值的贡献率达 5.89%，在全国居于前列。[1] 此外，北京依托大型企业集团和科研院所集聚的优势，为全国第一、第二产业提高产业效率提供了有效的技术支持。在北京的全部服务业中，80%是生产型服务业，20%是生活型服务业。而在生产型服务业中，那些面对全国工业化总需求所支持的金融、保险、通信、邮政、信息传输等领域的比例更高。2012年，北京市限额以上外商投资企业 2767 家，仅信息传输、计算机服务和软件业及租赁和商务服务业两大生产性服务业就有 1347 家，[2] 面向全国市场提供服务。这表明北京现代新兴服务贸易不仅已经开始成为北京地区服务贸易发展的主导力量，而且也在带动全国服务贸易发展方面发挥着重要作用。

北京服务贸易发展成为中国承接国际服务产业转移的重要平台。随着新一轮的国际产业转移，众多发展中国家将发展服务外包视为进一步融入世界市场、从根本上改变各国的经济增长方式、提升本国在世界产业链中的地位和利益分配的重要手段之一。北京丰富的人力资源和科技资源，良好的基础设施，完整的ITO、BPO 和研发外包产业链，以及 KPO 的雄厚条件，发达的总部经济等优势，使服务外包的服务规模较大，为承接服务外包项目提供了强大的平台。2013 年 1~10月，北京在商务部"服务外包业务管理和统计系统"上登记的离岸服务外包合同执行金额达 30.67 亿美元，同比增长 22.2%。截至 2011 年底，北京市离岸业务超过千万美元的企业达 53 家，4 家企业入选"2011 年中国十大服务外包企业"，18 家企业入选"百家 2011 年中国服务外包成长型企业"，6 家企业在境内外上市。[3]

发展现代新兴服务贸易，提高北京服务贸易国际竞争力。在新兴服务贸易领域，北京在全国具有较强竞争优势，表明北京现代新兴服务业和服务贸易发展的水平和质量在不断提升。以通信服务、保险服务、金融服务、计算机和信息服务、专有权利使用费和特许费、咨询、广告和宣传、电影音像等为代表的新兴服

---

[1]《北京市统计年鉴 2013 年》及《中国统计年鉴 2013 年》。
[2] 陆昊：《北京服务贸易发展前景良好》，http: //tradeinservices.mofcom.gov.cn/local/2007-12-25/18707.shtml。
[3]《北京市统计年鉴 2013 年》计算所得。

务贸易进出口额，在北京服务贸易中所占比重由 2003 年的 30% 提高到 2011 年的 40.36%。2011 年，通信服务、电影音像、保险服务、专有权利使用费和特许费、计算机和信息服务、金融服务、广告宣传等新兴领域出口在全国占有相当大的比重，占比分别达 77.75%、54.6%、44.0%、37.4%、29.9%、27.8%、27.7%。[①]北京市现代新兴服务贸易的发展对于提升我国整体的服务业发展水平，优化服务贸易结构和增强国际竞争力，无疑将起到非常重要的促进作用。

（三）北京服务贸易与货物贸易协调发展的内在机理

服务贸易为货物贸易升级和转型创造条件，货物贸易则为服务贸易的发展创造需求，最终实现服务贸易与货物贸易良性互动和协调发展。

三次产业融合是服务贸易与货物贸易协调发展的主要形式。从产业结构角度，目前发展中国家发展生产性服务业和服务贸易，主要是发展信息技术外包服务、技术性业务流程外包服务和技术性知识流程外包。发展生产性服务业和服务外包是促进三次产业融合的一种有效途径，由此可以实现服务贸易对货物贸易的带动作用。服务业为工业生产提供金融、信息、管理及科研和综合技术等方面的保障，促进工业产业内部结构的优化重组，增强企业核心竞争力，提高工业信息化水平，形成以生产制造为基础，以生产性服务业为纽带，涵盖产业上、中、下游各环节的综合产业部门，从而提升产品服务环节的价值比重，使得服务贸易成为核心要素，而货物贸易成为一种载体，即达到服务贸易与货物贸易的复合模式发展。

技术外溢是服务贸易与货物贸易协调发展的有利条件。从技术外溢角度发挥商业存在的技术外溢作用，扩大现代高端服务贸易进口规模，有利于促进服务贸易与货物贸易协调发展。近年来，第三产业正在成为北京市外商投资的重要领域，通过充分利用外资和发展总部经济，北京市的外商投资服务企业不断为北京乃至全国的经济区域传递着世界水准的专业化服务，直接改善了服务质量，同时通过示范竞争效应以及服务业人力资本的国际流动，还提高了北京市服务业和服务贸易的发展水平，进而优化了北京地区货物贸易的结构，不断提高北京服务贸易和货物贸易出口竞争力，逐渐缩短了与发达国家服务发展水平的差距。

丰富的高端人力资源是服务贸易与货物贸易协调发展的重要基础。从人力资源角度，货物贸易对服务贸易的促进作用必须基于丰富的服务业高端人力资源基础，也就是说货物贸易的发展要求相应的服务贸易发展与之相适应。如果服务业高端人力资源发展滞后，货物贸易的发展反而会刺激服务贸易的进口，如运输行业就最能够证实这一点。服务业作为高技术、高科技以及高知识含量的产业，其竞争力离不开人力资源的积累。当前服务贸易发展必须借助一支国际化、诚信执

---

① 王屏：《北京服务服务全国　辐射世界》，《国际商报》，2012 年 5 月 28 日。

业、素质过硬的复合型高端服务人才队伍，为北京地区的货物贸易出口提供良好的服务，促进货物贸易发展，以服务贸易出口带动货物贸易出口。

（四）北京服务贸易与货物贸易协调发展的现状与走势分析

1. 服务贸易与货物贸易规模增长呈正相关关系，但差距在逐渐拉大

随着北京市经济发展，参与经济全球化的程度逐渐深化，北京市服务贸易与货物贸易的规模整体呈逐年上涨的趋势。1997~2012年，北京市服务贸易年均增长率达14.9%，货物贸易年均增长率为18.9%，货物贸易规模略快于服务贸易规模增长。在此基础上，两者的规模差距也呈现逐渐拉大的趋势。图9-1分别将北京市服务贸易和货物贸易的进出口总额条形图添加了"多项式趋势线"，[1] 可以看出北京市服务贸易规模与货物贸易规模整体呈一致上升的趋势，而两条趋势线的分离程度逐渐扩大。

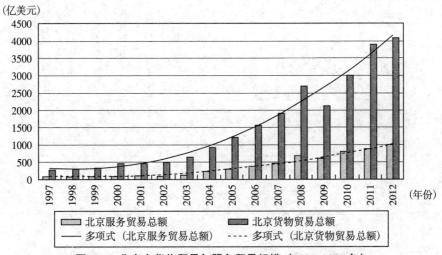

图9-1　北京市货物贸易与服务贸易规模（1997~2012年）

两条趋势线同时上升的走势表明，北京地区服务贸易发展的潜力随着北京地区的对外开放和对外贸易的发展已经开始渐渐显露出来，而两条趋势线的分离程度逐渐扩大，则表明北京地区的对外贸易依然是以货物贸易为主，北京地区的服务贸易发展的资源优势还远远没有开发出来，北京地区服务贸易发展的资源优势还没有形成服务贸易发展的竞争优势，服务贸易发展的竞争优势还有待于服务贸易发展的资源优势潜力的进一步开发，这也是北京地区未来服务贸易与货物贸易

---

① Excel 的"多项式趋势线"与增长或降低的波动较多的数据的拟合程度较高，而北京市国际贸易的增速波动幅度较大，因此选用多项式趋势线。

协调发展的主要着力点之一。

2. 服务贸易出口比较优势显著，增速赶超货物贸易

北京市特有的三次产业结构支持了北京服务贸易快速发展，从产业的资源优势来看北京地区的服务贸易发展拥有巨大的增长潜力和发展前景。1997~2010年，北京市服务贸易出口额年均增长率为16.7%，高于全国的15.5%，北京市货物贸易出口年均增长率为14.4%，低于全国的18.3%。从图9-2和图9-3的趋势线可以看出，在北京服务贸易和货物贸易规模同时上涨的趋势下，服务贸易与货

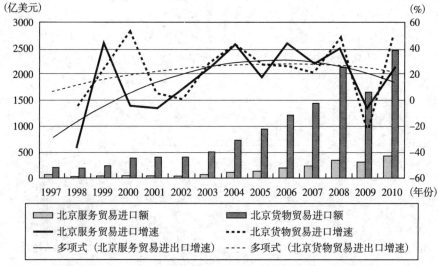

图9-2　北京市服务贸易与货物贸易进口情况（1997~2010 年）

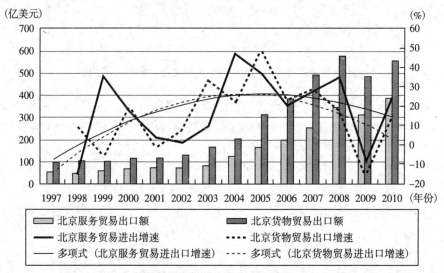

图9-3　北京市服务贸易与货物贸易出口情况（1997~2010 年）

物贸易在出口增速方面的相关性更加明显，两者表现出了较好的一致性。根据趋势线还可以看出，货物贸易的进口增速将高于服务贸易的进口增速，服务贸易的出口增速将高于货物贸易的出口增速。

北京货物贸易与服务贸易进出口趋势线描绘出的货物贸易的进口增速将高于服务贸易进口增速，以及服务贸易的出口增速将高于货物贸易的出口增速趋势线图显示出：一方面，北京地区的经济增长仍然需要大量进口货物产品，以满足北京地区经济发展的需要，包括北京地区经济结构的调整和城镇化发展的需要；另一方面，未来北京地区的出口发展中服务贸易出口很有可能将会替代货物贸易出口成为北京地区的主导出口产业。有一点需要说明的是，一方面，图9-2与图9-3的北京地区货物贸易与服务贸易进出口趋势线反映的是北京地区货物贸易与服务贸易进出口自然变化状况，货物贸易的进口增速将高于服务贸易的进口增速的趋势，表明北京地区旧的进出口贸易发展方式的惯性依然存在着一定的作用；另一方面，图9-2与图9-3的北京地区货物贸易与服务贸易进出口趋势线，没有加入相关制度与相关经济政策的因素，如果随着未来我国服务贸易进一步扩大对外开放，货物贸易的进口增速将高于服务贸易的进口增速的趋势可能会发生变动，北京地区的服务贸易的进口增速预期会大于货物贸易的进口增速。这表明，实际上服务贸易与货物贸易进出口协调发展一方面是三次产业发展与演变规律决定的，另一方面在一定程度上还会受到相关的制度与经济政策的影响与约束。

3. 北京服务贸易与高新科技呈高度正相关，显示出高端化发展趋势

现代科技的发展使得货物贸易的发展越来越依靠服务贸易的发展。科技革命的发展以及经济全球化使得越是生产高技术领域的货物贸易产品，越是依赖高附加值的服务贸易。货物贸易与服务贸易的相关度越大，货物贸易的附加值越高，含高附加值的服务贸易就越多。[①] 图9-4采用胡景岩（2008）使用的"货物贸易与服务贸易相关性曲线"例证了北京市服务贸易与货物贸易协调发展、服务贸易逐渐呈现高端化趋势。

2003~2010年，北京市货物出口以贱金属、矿产品、纺织原料为代表的传统低附加值出口产品的占比由37.9%降为27.4%，以高新技术产品为代表的高附加值产品占比由23.6%升为34.9%；以运输和旅游为代表的传统服务贸易出口占比由42.62%降为25.32%，以金融、保险、咨询、专利使用费和特许费为代表的新兴服务贸易占比由10.6%升为20.4%。

北京地区服务贸易发展与高新科技越来越高度相关的这种相关性的变化，主要是由于2000年以后，北京地区产业结构进一步提升，高新技术产业与服务业迅速发展，科技创新与文化创意产业也已开始成为新的经济增长点。北京地区的

---

① 胡景岩：《货物贸易与服务贸易的相关性曲线》，《国际贸易》，2008年第6期。

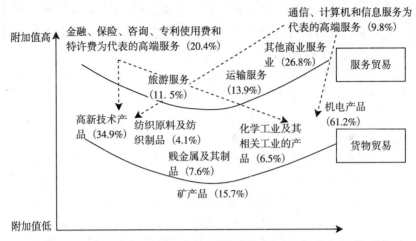

图 9-4 货物贸易与服务贸易相关性曲线例证（2010 年重点领域占比）

科技资源与高端人力资本资源随着北京地区产业结构的提升以及科技创新与文化创意产业的迅速发展，北京地区服务贸易与高新技术货物贸易的相关度日益加大，高新技术货物贸易的快速发展必然要求与之相配套的高端服务贸易的相应发展，因而北京地区的服务贸易发展也越来越呈现出高端化发展趋势。

（五）北京服务贸易与货物贸易协调发展中存在的问题

服务贸易比货物贸易增速波动幅度大。从图 9-5 可以看出，服务贸易各领域的增长率的变化幅度较货物贸易大。一方面，由于服务贸易基数相对货物贸易较小，较小数额的变化也会表现出较大的变化率；另一方面，说明服务贸易受国际市场变化的影响较大，抗风险能力相对较差，市场成熟程度不如货物贸易。

服务贸易存在结构性逆差，不利于与货物贸易互动发展。进入服务经济时代的大部分发达国家，如美国，其服务贸易常年保持顺差，呈现了服务贸易与货物贸易差额的替代性。北京虽然也开始进入服务经济时代，但服务贸易逆差依然存在，说明北京地区服务贸易还没有随着产业结构演进和经济结构调整的需要而有所转变，特别是高端服务贸易的发展依然落后于经济发展转型升级的需求。

图 9-6 显示北京在 1997~2010 年，有 6 年的时间为服务贸易逆差，这说明在服务贸易质量和水平方面仍然与发达国家存在一定的差距。同时，由图 9-7 可以看出，运输、保险及专利使用费和特许费是常年大额逆差项目，表明运输业、保险业以及专利和知识产权方面仍然与国际水平存在差距，且不能满足北京地区货物贸易发展的需求，需进一步加快服务贸易发展，以免造成短板效应，导致北京地区的货物贸易出口的增长不仅不能够引致服务贸易出口的增长，反而导致服务贸易逆差的日益扩大。

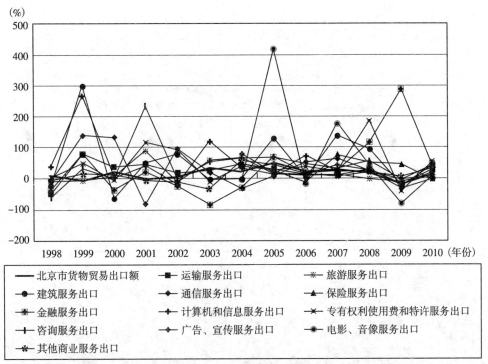

图 9-5　北京市各领域服务贸易与货物贸易增速比较（1998~2010 年）

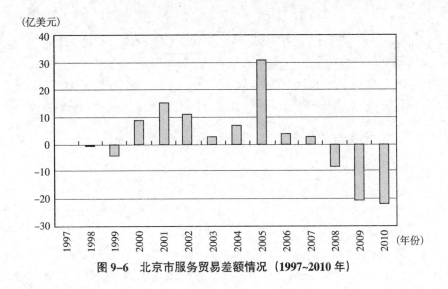

图 9-6　北京市服务贸易差额情况（1997~2010 年）

189

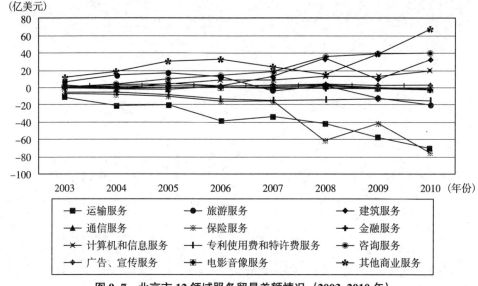

（亿美元）

图9-7　北京市 12 领域服务贸易差额情况（2003~2010 年）

二、北京服务贸易的关键要素与服务贸易增长分析

20 世纪 80 年代以来，国际经济横向一体化发展向全球扩散，供给与需求在国际经济横向一体化的基础上形成了新的供应链，当代服务贸易的发展，特别是生产性服务贸易的发展也顺应着国际经济横向一体化的发展趋势纳入新的供应链体系，同时专业化、标准化和国际化也成为当代服务贸易发展的关键要素。

（一）北京服务业发展的专业化、标准化和国际化

1. 服务业专业化水平较高，已进入服务经济社会

产业专业化是宏观层次上生产专业化和区域经济专业化的交集。专业化水平的简易判定方法通常表现为各产业在 GDP 中所占的份额，此外 RCA、CA 指数则是从国际竞争能力角度反映专业化程度的重要指标。

（1）服务业增加值占 GDP 比重已达发达国家水平。按照国际经济合作与发展组织（OECD）2000 年的报告，服务经济是指服务业增加值占 GDP 的比重超过60%的一种经济状态。北京市 2011 年第三产业增加值 12119.8 亿元，占 GDP 的75.7%，已经进入服务经济社会时代。

（2）RCA 指数即显示性比较优势指数，主要用于反映一个国际（地区）某一

产业贸易的比较优势，公式为：

$$RCA = (EX_{ij}/EX_i)/(EX_{wj}/EX_w)$$

其中，EX_{ij} 表示 i 国（地区）j 产业出口额；EX_i 表示 i 国（地区）包括服务贸易和货物贸易的出口额之和；EX_{wj} 表示世界 j 产业出口额；EX_w 表示世界贸易的出口总额。通常，RCA 指数大于 2.5 表示具有极强国际竞争力，RCA 指数介于 1.25~2.5 表示具有较强的国际竞争力，RCA 指数介于 0.8~1.25 表示具有中度国际竞争力，RCA 指数小于 0.8 表示国际竞争力较弱。

表 9-1 2005~2010 年北京市服务贸易出口 RCA 指数

年份	世界服务贸易出口占对外贸易出口的比重（%）	中国服务贸易出口占对外贸易出口的比重（%）	北京市服务贸易出口占对外贸易出口的比重（%）	全国服务贸易出口 RCA 指数	北京市服务贸易出口 RCA 指数
2005	19.2	8.9	34.9	0.46	1.82
2006	19.0	8.7	34.3	0.46	1.81
2007	19.5	9.1	34.1	0.47	1.75
2008	19.4	9.3	37.3	0.48	1.92
2009	21.6	9.7	39.2	0.45	1.82
2010	19.9	9.3	41.2	0.47	2.07

资料来源：根据 WTO 公布的历年《世界贸易报告》、历年《中国统计年鉴》及北京市商务委员会公布的数据计算所得。

由表 9-1 可以看出，2005~2010 年，北京市服务贸易出口一直维持了较强的国际竞争力，同时 2010 年的竞争力表现出明显的增强，并远远高于同期全国服务贸易出口的国际竞争力。

（3）CA 指数即显示性竞争优势指数，在出口 RCA 指数的基础上剔除了产业内贸易或分工下进口因素对产业国际竞争力的影响，公式为：

$$CA = RCA - (IM_{ij}/IM_i)/(IM_{wj}/IM_w)$$

其中，IM_{ij} 表示 i 国（地区）j 产品的进口额；IM_i 表示 i 国（地区）包含服务贸易在内的对外贸易的进口总额；IM_{wj} 表示世界贸易中 j 产品的进口总额；IM_w 表示世界贸易的进口总额。若 CA 指数大于 0，表示该国（地区）具有比较优势，若 CA 指数小于 0，则表示不具有比较优势，竞争力的强弱与 CA 指数值正相关。

由于 CA 指数剔除了进口因素的影响，因此更能显示北京市在服务贸易方面真实的竞争优势。从表 9-2 可以看出，全国服务贸易 CA 指数显示为负，而北京市服务贸易 CA 指数为正。

通过 RCA、CA 指数比较不难发现，北京市已经进入服务经济时代，服务贸易出口也表现出十分突出的比较优势，具有较高的专业化水平。

表 9-2　2005~2010 年北京市服务贸易 CA 指数

年份	世界服务贸易进口占世界贸易进口总额的比重（%）	中国服务贸易进口占中国贸易总进口额的比重（%）	北京服务贸易进口占北京贸易总进口额的比重（%）	中国服务贸易出口RCA 指数	北京服务贸易出口RCA 指数	中国服务贸易 CA 指数	北京服务贸易 CA 指数
2005	18.2	11.3	12.5	0.46	1.82	−0.16	1.14
2006	18.0	11.3	14.0	0.46	1.81	−0.17	1.04
2007	18.1	12.0	14.8	0.47	1.75	−0.19	0.93
2008	17.8	12.3	14.1	0.48	1.92	−0.21	1.13
2009	20.2	13.6	16.7	0.45	1.82	−0.22	0.99
2010	18.9	12.2	14.3	0.47	2.07	−0.18	1.31

资料来源：根据 WTO 公布的历年《世界贸易报告》、历年《中国统计年鉴》及北京市商务委员会公布的数据计算所得。

2. 服务业标准体系日渐形成，具备引领和研发标准的实力

（1）2011 年，北京市出台了《首都标准化战略纲要》。服务业领域作为北京未来发展的一个重要领域，在此纲要里成为重点内容，既包括涉及百姓民生的服务业、传统商业贸易的服务业，也包括下一步经济发展的现代服务业。根据《首都标准化战略纲要》以及《北京市国民经济和社会发展第十二个五年规划纲要》的精神和"十二五"时期首都标准化事业发展需要，北京市质量技术监督局会同北京市发展和改革委员会又编制完成了《北京市"十二五"时期标准化发展规划》，指导"十二五"期间北京市标准化事业的发展思路、发展目标、重点任务和政策措施。

（2）标准化工作推进框架初步建立。确立了由标准化主管部门统筹协调、与各相关委办局联席工作、社会各界共同参与的标准化工作模式，形成了"全市一盘棋"的标准化工作新局面。协调各委办局推进了地方标准的制定与实施，组织北京市各行业制定了标准发展规划和建设标准体系工作。在交通、环保、旅游、公共安全、信息、水务、体育、档案管理等 12 个领域建立了标准发展规划和标准体系框架，为各个领域标准化工作的进一步发展提供科学、规范的科技支撑。

（3）标准数量及质量位于全国前列。在北京服务业领域，从与市民紧密相关的餐饮服务标准、住宅物业管理标准，到创意文化产业分类标准，标准在提升北京服务业质量、促进服务业健康发展方面日渐显现出其特有的价值。截至 2011 年 7 月，现行有效国家标准 23000 余项，北京地区各单位参与制定与修订的国家标准超过 50%，行业标准 77000 余项，北京地区各单位参与制定与修订的行业标准超过 30%。[1] 截至 2012 年 8 月，经初步统计，现行有效国家标准约有 28802

①《关于印发〈北京市"十二五"时期标准化发展规划〉的通知》，京质监标发〔2011〕260 号。

项，其中直接以"＊＊服务"命名的标准有 225 项，[①] 占比 0.78%，而北京市现行有效的地方标准共 954 项，直接以"＊＊服务"命名的标准共 61 项，[②] 占比 6.39%，远远高于国家比例，主要集中在传统服务业（美容美发、洗染、照相、餐饮）、环境卫生 、公共服务（养老、政务、紧急避难等）、人才服务、文化娱乐 、汽车维修、旅游等。

（4）服务业标准化领域不断拓展。"十一五"期间，北京市推动了运输服务、人才服务、会展服务、旅游业及其配套服务的标准化工作；推进了旅游业相关标准化的研究和制定工作，宣传推广乡村旅游等业态特色标准；配合医疗制度改革，推进了医疗卫生服务标准化。实施了家政服务、餐饮、洗染、物业服务等居民生活服务业相关地方标准，选择有代表性的企业、服务业集聚区开展服务标准化地方试点；实施了人文景观、城市管理、人才行业服务、养老服务等服务标准化国家试点工作，48 家人才服务机构通过了 1A~4A 的等级评定；积极推进文化信息共享工程五级网络体系的标准化建设，全市建成 4300 个市区县街道行政村服务点；主导编制了服务业组织的标准体系国家标准；组织启动了北京市文化创意产业标准化研究工作，初步提出了文化创意产业的标准体系技术框架。

（5）服务业标准化发展潜力巨大。北京是政府和高等院校、研究机构、服务业跨国公司总部最集中的地方，拥有大量的标准化研发人员，不仅要在制定地方标准中发挥作用，在国家标准制定中也发挥主力作用。目前，服务国家标准的制定 75.6%是由居住在北京的研发人员制定。[③] 截至 2010 年底，中关村国家自主创新示范区企业参与了 86 项国际标准的制定，[④] 涌现出了一批标准创新的典范，其中，天元网络制定了 10 项国际标准、闪联制定了 3 项国际标准，TD-LTE-Advanced 技术方案正式被 ITU 列入 4G 国际标准之一，一大批核心标准从中关村走向全国、走向世界。由企业主导制定的 40 项标准获得"中国标准创新贡献奖"，占全国获奖标准的 13%。围绕核心技术和标准成立的产业技术联盟达到 48 个，产生了手机电视标准、OASIS 标准等一批先进联盟标准。[⑤]

3. 国际化水平位于全球前列，深度参与服务业全球化

北京市在世界城市排名中位次居于前列。全球化与世界级城市研究小组与网

---

① 经国家标准化管理委员会网站（http：//www.sac.gov.cn）搜索，国标目录查询共 28802 条记录，用"服务"关键词搜索得到 225 条记录。

② 经首都标准网（http：//www.capital-std.com.cn/）检索，填写"DB11"北京地区的标准号代码检索得出北京市现行标准记录，添加标准中文名称"服务"，共检索出 61 条记录。

③《北京市服务业标准体系建设研究》，北京市科学技术委员会网站（http：//www.bjkw.gov.cn）。

④《北京市"十二五"时期对外经贸发展规划》。

⑤《关于印发〈北京市"十二五"时期标准化发展规划〉的通知》，京质监标发〔2011〕260 号。

络（Globalization and World Cities Study Group and Network，GaWC）以国际公司的"高阶生产者服务业"供应，如会计、广告、金融和法律为城市排名，充分体现了该城市在高端服务业参与全球化的程度，2010年北京位于第一级世界都市级别。同时，美国科尔尼管理咨询公司（A.T. Kearney）和芝加哥全球事务委员会（Chicago Council on Global Affairs）基于商业活动、人力资本、信息交换、文化体验和政治参与五大关键因素，发布了全球城市指数（Global Cities Index，GCI）排名，北京位次也位于前列。

表 9-3 2012 年世界城市排名情况

城市	A.T. Kearney：全球城市指数排名			GaWC：世界城市排名	
	2012 年	2010 年	2008 年	2010 年	2008 年
纽约	1	1	1	Alpha++	Alpha++
伦敦	2	2	2	Alpha++	Alpha++
巴黎	3	4	3	Alpha+	Alpha+
东京	4	3	4	Alpha+	Alpha+
中国香港	5	5	5	Alpha+	Alpha+
洛杉矶	6	7	6	Alpha	Beta+
芝加哥	7	6	8	Alpha+	Alpha-
首尔	8	10	9	Alpha	Alpha
布鲁塞尔	9	11	13	Alpha	Alpha
华盛顿特区	10	13	11	Alpha	Beta+
北京	14	15	12	Alpha	Alpha+
上海	21	21	20	Alpha+	Alpha+

资料来源：《2012 Global Cities Index and Emerging Cities Outlook》，《The World According to GaWC 2010》及《The World According to GaWC2008》。

北京市积极参与全球服务市场竞争。北京服务贸易国际市场占有率处于较高水平，并呈现逐步增加的态势（见表 9-4）。2010 年北京服务贸易国际市场占有率为 1.1%，仅一个直辖市就可以在 WTO 服务贸易出口国家（地区）中处于 24 位，同年印度全国的市场占有率仅为 3.3%。[①] 同时，北京服务贸易外贸依存度逐年升高（见表 9-5），参与服务业全球化的程度逐渐加深。

商业存在成为北京参与服务业全球化的重要形式。商业存在作为北京服务贸易的重要表现形式，规模增速迅猛。截至 2010 年底，北京地区服务业外商投资企业 10030 家，占外资企业总数的 75.46%，其中 2010 年新设立企业 1545 家，占全市新增外资企业数量的 94.84%，实际利用外资 56.32 亿美元，占当年新增企

① WTO 官方网站。

表 9-4　2005~2010 年北京市和全国服务贸易出口国际市场占有率

年份	全球服务贸易出口总额（亿美元）	中国服务贸易出口总额（亿美元）	北京服务贸易出口（亿美元）	中国服务贸易出口市场占有率（%）	北京服务贸易出口市场占有率（%）
2005	24150	744	165.81	3.1	0.7
2006	27550	920	198.54	3.3	0.7
2007	32900	1222	252.81	3.7	0.8
2008	37800	1471	341.69	3.9	0.9
2009	33500	1295	311.61	3.9	0.9
2010	36950	1622	388.20	4.4	1.1

资料来源：根据 WTO 公布的历年《世界贸易报告》、历年《中国统计年鉴》及北京市商务委员会公布的数据计算所得。

表 9-5　2003~2010 年北京市服务贸易外贸依存度

年份	服务贸易总额（亿美元）	地区生产总值（亿美元）	贸易依存度（%）
2003	162.24	738.21	22.0
2004	235.70	889.48	26.5
2005	300.74	1027.52	29.3
2006	393.23	1196.81	32.9
2007	503.06	1451.72	34.7
2008	691.92	1638.69	42.2
2009	644.10	1791.72	35.9
2010	798.29	2080.77	38.4

业实际利用外资的 88.50%。从实际利用外资的金额上看，服务业的新增外商投资企业主要集中在租赁和商务服务业、批发和零售业、科学研究技术服务和地质勘查业、信息传输计算机服务和软件业等现代服务业领域。①

　　自然人流动提高北京服务业国际化水平。一个城市外籍人士的多少，体现了该地的开放程度及国际化水平。北京广阔的服务市场和良好的发展前景，吸引了大批高素质国际人才来京从事服务业，为北京服务业带来先进的管理和技术。据劳动部门统计，2010 年境外（含中国香港、中国澳门、中国台湾及持有中国护照的人员）来京自然人共计 3.58 万人，比 2009 年同期增长 7.56%。在京就业外籍人员中，大学及以上学历人员高达 89%，主要为中、外资企业聘用的管理人员、专业技术人员、职员、代表以及外国专家等，其中 97.85% 以上的人员在京工作一年以上。来京人员主要来自经济发达的国家和地区，人数最多的前 10 个

---

① 北京市商务委员会服务贸易处：《北京服务贸易发展特点分析》，《时代经贸》，2012 年总第 237 期。

国家和地区依次为韩国、中国香港、美国、中国台湾、日本、加拿大、德国、澳大利亚、法国、新加坡，[①]北京正在成为高度自然人流动的国际大都市。

（二）北京服务贸易发展开始进入快速增长期[②]

20 世纪 80 年代，受当时我国对外经济贸易政策的限制，北京从事服务贸易的企业主要是国际旅游和与我国对外贸易相关的一些行业，而且服务贸易在当时也没有作为一项统计指标纳入我国对外贸易统计范围。进入 20 世纪 90 年代，随着我国对外开放步伐的进一步加快，北京地区服务贸易也有了进一步的发展，服务贸易统计也开始作为一项统计指标正式纳入对外贸易统计范围。

20 世纪 90 年代初，北京对外贸易仍以货物贸易为主，服务贸易所占比重甚微。1993 年，北京进出口企业服务贸易额仅占其对外贸易总额的 9.5%，绝大部分进出口企业服务贸易收入不足其对外贸易总额的 2%。根据 1994 年对北京 39 家进出口企业的调查，进出口企业开展的服务贸易业务，主要包括寄售、代理、广告、市场调研、咨询、国际租赁、建筑承包、劳务输出、运输、售后服务等项目。其中，51%的企业主要开展寄售、代理、劳务输出、运输等传统服务贸易业务，且不十分充分；而广告、市场调研、咨询等业务却很少有企业涉足。

从 20 世纪 90 年代中后期开始，北京服务贸易进入快速增长和全面发展时期。随着国家对外开放政策的深入，《北京市总体规划（2004~2020 年)》、《北京市"十一五"规划纲要》和《北京市"十一五"时期外经贸发展规划》等政策先后出台，以及北京经济和高科技产业的发展，不仅传统的服务贸易领域国际运输、国际旅游等发展迅速，北京服务贸易不断地拓宽到知识、技术密集型领域，发展较快的有通信邮电、专利特许、咨询、计算机与信息服务、金融保险、建筑与对外承包工程等。2012 年，北京服务贸易进出口总额已达到 1000.20 亿美元（见图 9-8)，其中服务贸易出口额 445.11 亿美元，占全国的 23.3%。北京经济对服务贸易出口的依存度（服务贸易出口与 GDP 的比值）约为 16.9%。

20 世纪 90 年代中后期开始北京服务贸易进入快速发展时期的现象，既反映了北京地区经济发展和产业结构调整发展对于服务贸易发展的要求，也反映了北京地区经济发展正顺应着国际经济横向一体化的发展趋势在快速融入新的供应链体系。

[①] 北京市商务委员会服务贸易处：《北京服务贸易发展特点分析》，《时代经贸》，2012 年总第 237 期。
[②] 程玉华、杨炘、康乃昕、王邦宜、张雷、吴优：《北京服务贸易的历史、现状与发展前景研究》，http：//www.bjkw.gov.cn/n1143/n1240/n1465/n2216/n3710709/3717513.html。

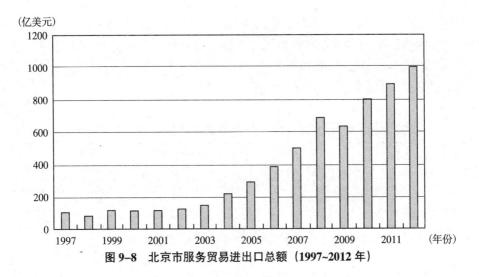

图9-8　北京市服务贸易进出口总额（1997~2012年）

（三）北京服务外包发展现状与问题

1. 北京服务外包发展现状

服务外包是当代国际经济供应链的一个重要组成部分，也是一种新的服务贸易发展形式。北京是中国最早开始离岸外包服务的城市。北京地区对日本和美国的外包服务分别在1985年和1992年就已启动，业务构成从最初的软件代码编写、软件测试等低端、低附加值业务逐步向行业应用开发、产品研发、咨询服务、解决方案等产业链较高端环节拓展，服务外包规模已突破20亿美元。北京市重点发展高附加值的服务外包，包括软件与信息服务外包、金融服务外包、技术研发外包、商务服务外包、物流服务外包、生物医药外包、设计创意外包、财务管理外包、人力资源外包等领域。同时，大力发展离岸服务外包市场，积极拓展欧美和日本市场，打造离岸外包交易中心。

北京的服务外包规模全国领先。2007年，北京成为商务部正式授牌的服务外包基地城市，在国内现已有的服务外包基地城市和服务外包示范基地中全方位领先。2011年，北京离岸服务外包执行金额达24.49亿美元，同比增长59.2%，[①]占全国离岸外包业务的18.8%。

服务外包产业以信息技术外包（ITO）为基础，逐渐向业务流程外包（BPO）市场拓展。2010年，北京软件和信息服务业从业人员41.6万人，实现业务收入2930亿元，其中，软件产业实现业务收入2425亿元，2006~2010年均增长21.6%。2010年，产业实现增加值1242.2亿元，占地区生产总值（地区GDP）

---

① 《去年国际服务外包达238亿美元　中国成第二大承接国》，《新京报》，2012年5月31日。

的比重从 2006 年的 8.6% 上升为 2010 年的 9.0%，出口 13.2 亿美元，出口目的地覆盖 30 多个国家和地区。在信息服务方面，以互联网信息服务、IT 外包、数字内容为代表，收入规模占全市的 27%，成为全国互联网信息服务中心和极具竞争力的全球新兴接包地之一。①

表 9-6　北京市限额以上信息传输、计算机服务和软件业发展情况（2008~2010 年）

年份	单位数（个）	从业人员平均人数（万人）	资产总计（亿元）	收入合计（亿元）	税收合计（亿元）	利润总额（亿元）
2008	2938	34.0	9683.9	2809.1	184.1	682.6
2009	2750	38.0	15086.0	3014.9	181.9	819.3
2010	2727	43.0	15828.8	3541.0	213.0	889.0

服务贸易企业并购活跃，打造领军企业。如图 9-9 所示，2010 年，北京市仅软件和新信息服务业并购案例数和涉及金额分别为 21 起和 3.76 亿美元，分别占当年总数的 40% 和 30%。② 通过并购活动，逐渐改变服务外包企业"散"、"小"的传统印象，提高企业的国际竞争力。2011 年，北京市从事服务外包业务的 400 多家企业中，4 家入选"全国十大服务外包领军企业"，19 家入选"百家成长型企业"。此外，已有 5 家北京的服务外包企业在中国香港和美国上市。③2012 年，北京服务外包企业文思信息技术有限公司与海辉软件（国际）集团公司合并成文思海辉公司，成为北京以及全国首家超过 2 万人的服务外包企业。

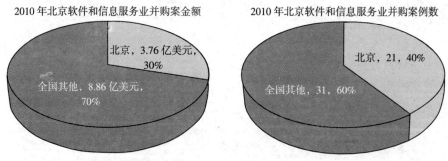

图 9-9　2010 年北京市软件和信息服务业并购案金额及案例数
资料来源：《北京软件和信息服务业投融资报告 2011》。

①《北京市软件和信息服务业"十二五"发展规划》。
②《北京软件和信息服务业投融资报告 2011》。
③ 刘昕：《服务外包企业跃跃欲试》，《国际商报》，2012 年 3 月 27 日。

　　建立服务外包政策促进体系，促进北京地区服务外包产业发展。北京市政府高度重视服务外包产业的发展，设立发展服务外包联席会议制度，分别从资金扶持、税收优惠、人才培养、知识产权保护等方面为服务外包发展提供良好的政策环境。据不完全统计，北京市服务外包企业享受的国家和地方性综合性政策有 9 项，财税鼓励政策 23 项，外经贸鼓励政策 7 项，劳动人事鼓励政策 7 项，其他鼓励政策 10 项。[1]资金扶持方面，北京市各级政府将从地方财政中安排服务外包产业发展专项资金，其中与商务部专项资金配套使用的资金，不低于商务部安排专项资金的两倍；税收优惠方面，对经认定的技术先进型服务企业减按 15% 的税率征收企业所得税，对于从事离岸服务外包业务取得的收入免征营业税；人才培养方面，通过"千百十工程"等项目，对服务外包培训公司或机构提供各项培训补贴，降低企业培训成本，加快服务外包人才培养；知识产权保护方面，北京市先后出台了《北京市鼓励计算机软件著作权登记办法》、《北京市专利保护和促进条约》、《北京发明专利奖励办法》和《北京市知识产权保护和发展专项资金、专利申请资质金管理暂行办法》等一系列地方性知识产权保护法律、法规，2011 年全市实现专利申请量达到 77955 件，同比增长 36.1%，专利授权量达到 40888 件，同比增长 22%，其中发明专利申请量占比近 60%，职务专利申请占比超过 80%，专利结构全国最优。[2]北京地区服务外包产业的快速发展，得益于北京服务外包促进体系的逐步建立与不断完善。

　　2. 北京服务外包发展存在的问题

　　（1）受成本因素制约较大，加快转型与创新的任务紧迫。北京地区劳动力、物业和商务成本持续上升的趋势明显，加上国家对节能减排提出更高的要求，以及对于人民币的升值预期等，将导致软件服务外包产业增速变缓，这就需要服务外包企业通过抓住市场机遇逐步向高端发展、快速进入国际主流市场来化解。图9-10 反映了北京地区软件与信息产业企业平均人工成本快速增长的发展变化趋势。2007~2010 年，电信和软件行业人工成本增长最为突出，电信和其他信息传输服务业年均增长 28.9%，软件业 38.9%。另外，进入 2000 年以来，随着我国房地产市场化发展（见表9-7），北京地区服务业的商务成本也在逐年上升，图 9-10 显示出北京市软件与信息产业企业商务成本大致呈逐年上涨的趋势。

　　北京地区劳动力、物业和商务成本持续上升，削弱了北京地区劳动密集型服务外包企业的国际竞争力，这也要求北京地区要加快服务贸易结构的调整和转型升级，要求北京地区加快技术创新与产业创新的步伐。

　　（2）服务外包企业规模普遍偏小，产业生态环境仍需进一步完善。服务业尤

---

① 根据北京市商务委员会官网《服务外包文件汇编》统计所得。
②《2011 年北京知识产权保护状况》。

表 9–7 北京市房地产价格指数 （2005~2010 年）

项目 \ 年份	2005	2006	2007	2008	2009	2010
土地交易价格指数	103.8	105.2	109.4	111.6	104.0	115.9
居住用地	103.7	106.3	105.9	114.6	104.5	117.8
工业用地	105.0	105.3	110.7	109.1	99.4	107.7
商业营业用地	104.4	103.8	112.7	113.3	103.8	114.1
其他用地	103.2	102.2	104.1	119.4	107.9	
房屋租赁价格指数	102.4	102.9	102.7	101.8	98.9	113.0
住宅	103.1	104.4	103.4	102.4	98.8	114.6
办公楼	97.8	98.6	100.4	97.4	100.3	105.3
商业营业用户	102.7	100.1	101.6	98.9	97.1	101.3
工业仓储用户	100.0	102.4	100.3			
其他	105.5	100.1	100.1	100.4	101.4	105.4
物业管理价格指数	100.5	100.8	100.1	100.2	100.0	100.2
#住宅	100.6	101.2	100.1	100.0	99.9	100.0
办公楼	100.1	99.0	100.7	100.7	100.3	101.0
商业营业用户	100.0	100.0	100.0	100.3	100.2	100.6

资料来源：《北京市统计年鉴》（2011）。

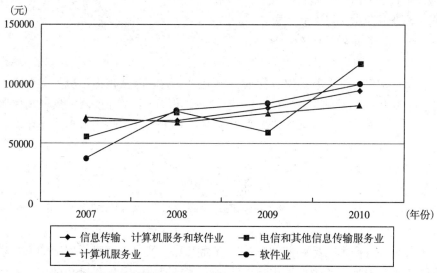

图 9–10 北京市软件与信息产业企业平均人工成本 （2007~2010 年）

资料来源：北京市人力资源和社会保障局网站。

其是服务外包行业的竞争力与规模经济和范围经济有着直接关系，中小企业难以
发挥规模经济和范围经济效应，成本相对较高，利润率及竞争力都相对较低。印
度服务外包目前产值超过 1 亿美元的外包企业有 86 家，大中型企业的人数占到

服务外包总人数的 70%~80%。① 2012 年北京市限额以上信息传输、计算机服务和软件业，单位 2303 个，从业人员平均人数 45.5 万，平均每家企业的规模为 198人，供应商的集中度有待继续提高。

（3）服务外包产业发展的关键要素配置有待进一步优化。产业转型发展所需的关键专业化技术、高端人才供不应求，急需掌握外包知识、具有外包项目实战经验、能带领外包团队、精通国际外包行业规则和具有国外市场开拓能力的专业化高端人才。此外，受金融市场发展阶段影响，企业初创期的风险投资难以满足要求，企业成长期的并购机制尚不完善。

（4）在形成国际竞争优势的过程中，面临国内外激烈的竞争。从国际上看，不仅美国、西欧、印度、日本等传统软件业大国加强布局，越来越多的新兴国家也把软件服务外包产业作为重点产业扶持。从国内看，众多省市都把加快发展服务外包产业列为战略性产业，推出力度更大的优惠政策和招商引资措施。在新一轮的激烈竞争中，特别是对战略性新兴产业的发展资源争夺加剧的情况下，北京地区必须坚持高端发展，加快高端发展才有可能保持领先地位。

（四）北京文化创意产业发展的现状与问题

1. 北京文化创意产业现状

根据《北京市文化创意产业分类标准》，北京市文化创意产业主要包括文化艺术，新闻出版，广播、电视、电影，软件、网络及计算机服务，广告会展，艺术品交易，设计服务，旅游、休闲娱乐和其他辅助服务 9 大类。文化创意产业的知识密集型、高附加值、技术整合性，对于增强城市文化竞争力、提升产业发展水平、优化产业结构具有不可低估的作用，被认为是 21 世纪最有前途的产业之一。北京作为享誉世界的历史文化名城，应积极推动文化创新，充分发挥首都全国文化中心示范作用，努力建设成为国内发挥示范带动作用、国际上具有重大影响力的文化之都。

文化产业逐渐成为首都新的经济增长点和转变经济发展方式的重要着力点。北京先后建立的四批共 30 个市级文化创意产业聚集区，2010 年实现了文化创意产业增加值 1697.7 亿元，占全市 GDP 的 12.03%，已经成为北京的支柱产业之一；从业人员平均人数 122.9 万人，占全市从业人员总数的 11.91%。统计数据显示：截至 2011 年，经认证的 31 家动漫企业资产总计 11 亿元，营业总收入 10 亿元，原创漫画、动画作品达到 203 部；经认证的 10 家产业示范基地，资产总计 40 亿元，经营面积达到 91 万平方米。② 2011 年和 2012 年数据如表 9-8 所示。

---

① 商务部服务贸易处：《中国服务外包企业核心竞争力的建设问题》，中国服务外包网。
②《北京市 2011 年文化发展概况》。

表 9–8　文化创意产业活动单位基本情况（2011~2012 年）

项目	资产总计（亿元）		收入合计（亿元）		从业人员平均人数（万人）	
	2012 年	2011 年	2012 年	2011 年	2012 年	2011 年
合计	15575.2	12942.6	10313.6	9012.2	152.9	140.9
文化艺术	551.2	470.8	237.0	217.0	7.2	7.4
新闻出版	1514.6	1260.4	883.0	755.6	15.6	15.1
广播、电视、电影	1570.7	1326.0	680.3	553.5	6.0	5.5
软件、网络及计算机服务	6529.0	5436.5	3888.1	3342.5	69.8	61.3
广告会展	1050.0	1002.2	1256.8	1154.9	12.5	11.5
艺术品交易	817.5	464.4	705.6	492.2	2.8	2.5
设计服务	1163.7	920.0	443.0	369.9	11.9	10.1
旅游、休闲娱乐	934.5	713.9	849.0	706.6	11.1	10.6
其他辅助服务	1444.0	1348.4	1370.8	1420.0	16.0	16.9

数据来源：《北京统计年鉴 2013 年》。

2. 北京文化服务贸易现状与问题

北京的文化产品及服务贸易发展"领跑"全国。[①] 2011 年，北京文化服务贸易额达 21.12 亿美元，其中出口 12.24 亿美元，同比增长 40%；进口 8.88 亿美元，同比增长 11%，均继续保持全国领先地位。

当前，北京文化出口模式主要包括三种模式，即"出口不出国"模式、"集成创新"模式、"借船出海"模式。"出口不出国"模式即在国内常年演出站稳脚跟，源源不断地吸引到中国旅游的外国观众，不出国门就实现中国演出产品"出口"。"集成创新"模式是指以集成的方式创新，以创新的手段集成。通过集成国内与国外的创意、资本等优势资源，融合中国多种元素，实施国际化制作，实现中国文化的国际化表述，为中国文化产品"走出去"创造和谐的语境。"借船出海"模式主要是与国外合作伙伴共同投资，借助国际营销网络打进国外主流文化市场。[②]

北京地区版权输出取得重大进展。主要表现在：一是版权输出数量大幅度增加，北京产权交易所已成为全国最大的产权交易市场。如表 9–9 所示，2010 年，全年地区版权输出 2297 项，同比增长 45%。全年实现海外收入 1.88 亿美元，版权输出成为中国文化"走出去"的重要力量。二是版权输出结构明显改善。从输出内容看，科技、教育作品成为输出主体。科技类和课本类占图书输出总数的 36%，教育类和语言类分别占录音制品输出的 58% 及 42%，语言文字类占电子出

---

① 《北京 9 年服务贸易进出口额增 733.2 亿美元》，《北京商报》，2012 年 5 月。
② 贾佳：《北京地区文化贸易走在全国前列》，《中国文化报》，2012 年 4 月 23 日。

版物输出总数的91%。从输出目的国家和地区看，除中国台湾依然占据海外输出首位外，日本、英国、韩国和美国购买版权数量均有较大增长，分别位列版权输出目的国（地区）的第二位至第五位，我国版权进入西方发达国家步伐明显加快。①三是朝阳区、东城区和中国人民大学三个国家版权贸易基地建设取得重大进展，国际版权贸易中心的框架基本形成。

表9-9　北京市版权贸易情况（2006~2010 年）

单位：项

年份	贸易类型	合计	图书	录音制品	电子出版物	软件	期刊
				单位：册、盒、张、件			
2006	输出版权总数	1188	1188	0	0	0	0
	引进版权总数	8257	7291	0	156	416	394
2007	输出版权总数	1529	1529	0	0	0	0
	引进版权总数	6613	6189	0	114	310	0
2008	输出版权总数	1232	1232	0	0	0	0
	引进版权总数	6271	5902	0	67	302	0
2009	输出版权总数	1484	1382	69	33	0	0
	引进版权总数	7989	7709	0	56	224	0
2010	输出版权总数	2297	2092	19	186	0	0
	引进版权总数	8403	8074	0	37	292	0

　　资料来源：根据历年北京地区输出版权汇总表、北京地区引进版权汇总表整理，该数据与《北京出版年鉴》（2011 年）略有出入，以年鉴为准。

　　以广告、宣传、电影、音像的文化贸易保持顺差。根据《北京市统计年鉴》，纳入服务贸易统计范畴的领域为广告、宣传、电影、音像贸易，此 4 项服务贸易增长迅速，总量基本保持顺差。如图 9-11 所示，北京市广告、宣传、电影、音像服务出口总额由 2003 年的 2.10 亿美元增长至 2010 年的 8.75 亿美元，年均增长率为 22.61%。同时，服务进口总额以及贸易规模皆以年均 23%左右的增速增长，进出口贸易增速均衡。

　　文化"走出去，引进来"工程积极扩大了中华文化的影响力。2011 年，北京市文化局受理对外交流文化项目 182 批，其 3081 人次。其中出访国外及中国港澳台地区 145 批共 2210 人次，引进国外及中国港澳台地区 37 批 871 人次。北京市专业艺术剧团海外演出的场次变化较大，表 9-10 显示专业艺术剧团海外演出场次以及占总演出场次的比重皆有逐渐下滑的趋势，表明近几年专业艺术剧团更加注重国内市场的开发。

---

　　①《北京出版年鉴》（2011 年）。

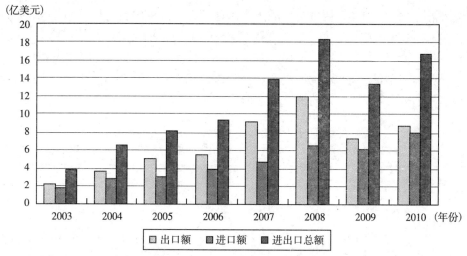

图 9-11 广告、宣传、电影、音像服务进出口情况（2003~2010 年）

表 9-10 北京市专业艺术剧团演出情况（2005~2010 年）

年份	海外演出场次	演出场次	海外占总场次比重（%）
2005	2125	11059	19.2
2006	1139	10929	10.4
2007	1644	11720	14.0
2008	754	11417	6.6
2009	447	10131	4.4
2010	500	10983	4.6

3. 北京文化创意产业服务贸易存在的问题

（1）北京文化创意品牌影响力有待加强。全球世界级文化中心，皆具有世界影响力的文化，有自己的品牌和能在世界范围流行起来的创意作品。北京目前的文化影响力还主要集中在传统领域，缺少有世界影响力的文化团体和文化活动，[①]与其他世界文化创意先进城市相比，还存在很大的差距，北京丰富的文化资源优势还未转化为产业优势。例如，虽然北京市"动漫产业"迅速发展壮大，但仍然是以"动漫消费"为主。

（2）盈利渠道较为单一。盈利渠道单一不仅不利于文化企业的持续经营发展，也不利于海外受众多渠道、多方位了解北京文化产品，从而影响国际文化品牌的确立。以版权为例，在输出品种上，绝大部分以图书为主，而那些既能代表中华民族优秀文化又能满足海外受众需求的录音制品和电子出版物数量则相对太

---

① 陈伟、李沛：《首都建设世界级文化中心的机遇与挑战分析》，《时代经贸》，2012 年第 4 期。

少。如电影行业，海外一部影视作品的成功不仅表现为票房收入，其衍生品收入才是收入的重要来源。

（3）创意人才紧缺。文化创意产业是知识密集型产业，文化品牌的缺乏归根结底是创意人才的紧缺。随着北京市文化创意产业的繁荣，极其缺乏既可以充分挖掘传统文化，又可以通过国际化表述让全球消费者所广泛接受的人才。而创意人才的培养并非学校教育即可短期实现，需要教育体制改革以及不断创造鼓励文化创新的环境。

（4）受贸易壁垒的影响较大。文化产品和文化服务传达着观念、价值和生活方式，是极具个性化的产品和服务。文化贸易与其他贸易相比，它会在意识形态等方面对输入国消费者产生潜移默化的影响。因此，文化贸易是各国服务贸易政策关注的重点领域。各国由于图书出版、演出服务、广播影视、网络服务及教育等直接关系到国家主权、国家安全和意识形态等敏感领域，更多地采用国内的政策、法令的修改进行限制，如市场准入制度以及非国民待遇等非关税壁垒形式。因此，各国在文化贸易的开放程度上，给北京文化产品出口造成了相对于其他领域服务出口更大的阻碍。

三、北京服务贸易与货物贸易协调发展中面临的挑战

（一）北京服务贸易与货物贸易发展的产业联动

自 2001 年加入世界贸易组织后，我国积极推动对外贸易发展，在货物贸易方面取得了举世瞩目的成就。据国家统计局最新统计数据显示，2011 年我国进出口总额 36421 亿美元，比 2010 年增长 22.5%；出口 18986 亿美元，增长 20.3%；进口 17435 亿美元，增长 24.9%。我国自 2009 年起已连续三年成为世界第一大出口国及世界第二大进口国。但我国外贸也面临很多问题，一方面，金融危机致使需求缩减，美国、日本等发达国家宽松量化货币政策引致的人民币升值及通胀压力都对我国货物贸易可持续健康发展构成挑战。另一方面，我国服务贸易持续增长，但一直保持逆差且差额有持续增长的趋势，缺乏国际竞争力。当今世界已逐步步入服务经济时代，服务业已成为拉动经济增长的主要动力和吸纳社会就业的主渠道，服务贸易也成为各国在新一轮产业转移及承接阶段竞争的焦点。

北京是重要的非港口式贸易中心。北京的服务贸易已经成为首都对外开放的一个重要方面。2009 年北京市商务工作会议报告指出，2009 年要"加快推进服

务贸易发展"：系统梳理现行政策措施，充分融合各部门政策资源，实现政策集成，推动服务贸易和服务外包发展。北京作为我国的经济、文化、政治中心，应积极推进服务贸易的发展，在促进服务贸易与货物贸易协调发展过程中起到应有的带头示范作用，即通过发展服务贸易为货物贸易升级和经济发展模式转型创造条件，通过发展货物贸易为服务贸易发展创造需求。北京市服务贸易与货物贸易的规模呈现出正相关性，但两者间的差距正逐步扩大，说明服务贸易增速与货物贸易增速并未形成良好匹配，这要求北京在稳定货物贸易的同时，应充分利用货物贸易带动的服务需求，深入挖掘服务贸易的增长潜力，真正落实对外贸易"两条腿走路"的发展战略。

产业是贸易的基础，产业基础决定贸易结构，要实现货物贸易与服务贸易的协调发展必须有与之相对应的产业结构，北京的产业结构是以服务经济为主导、服务贸易为先导并在经济发展中占主导地位的产业结构，服务产出、服务业就业、服务贸易、服务消费、服务业投资等指标已成为衡量其发展水平的重要指标。《北京市产业结构调整指导意见》要求"努力打造以现代服务业和高新技术产业为双引擎、以现代制造业和基础服务业为双支撑、以都市型工业和现代化农业为重要补充的产业格局，进一步提高创新能力，转变经济发展方式，调整产业结构，优化空间布局，提升产业综合竞争能力，完善城市综合服务功能，实现首都经济全面协调可持续发展"。北京产业结构调整的方向和重点之一是"大力发展金融、文化创意、旅游会展等优势服务业"。

（二）北京服务贸易与货物贸易协调发展的挑战

在推进北京服务贸易与货物贸易协调发展进程中，在承接国际服务业转移和加快现代服务贸易发展的进程中，北京将面临以下四个方面的挑战：第一，服务贸易结构不合理；第二，服务贸易国际竞争力不高；第三，服务贸易立法和管理体系尚不完善；第四，服务贸易人才队伍短缺。

1. 服务贸易结构有待继续深化

虽然近年来北京运输和旅游两类传统项目在北京服务贸易出口中所占比重开始出现较大幅度下降，而电影音像、咨询以及计算机和信息服务三类新兴服务项目出口增速较快，但专有权利使用费和特许费、保险以及金融等知识、技术和资金密集型的新兴服务项目的出口规模仍然较低，长期是北京主要的逆差项目，且逆差规模呈现逐年增长趋势。这一服务贸易结构格局与世界服务贸易结构日益知识化、高科技化和信息化的趋势以及将北京建设成为具有国际影响力的金融中心城市的金融业发展新定位是不相符的。运输服务由 2003 年的 19.58%下降至 2010 年的 13.87%，旅游服务由 2003 年的 23.04%下降至 2010 年的 11.45%。相比之下，包括通信、金融保险、计算机和信息、专有权利使用费和特许费、咨询、广

告宣传、电影音像等新兴服务贸易行业在内的其他领域，已由 2003 年的 51.1%
上升至 2010 年的 59.31%（见图 9-12）。

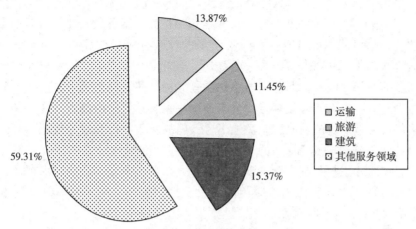

图 9-12　2010 年北京服务贸易各行业所占比重

2. 服务贸易国际竞争力仍需提高

虽然从国际市场占有率、比较优势指数、显示性比较优势指数、显示性竞争
优势指数和净出口显示性比较优势指数等几个测度服务贸易国际竞争力的常用指
标来看，北京服务贸易的整体国际竞争力优于全国水平（见图 9-13），但仍低于
世界整体水平。北京服务贸易的国际市场占有率仍然偏低，各类服务贸易项目的
国际竞争力发展不平衡，服务贸易的整体国际竞争力还有待继续提高。今后，北
京需要在加快服务贸易问题发展的基础上，进一步优化贸易结构，逐步提高新兴

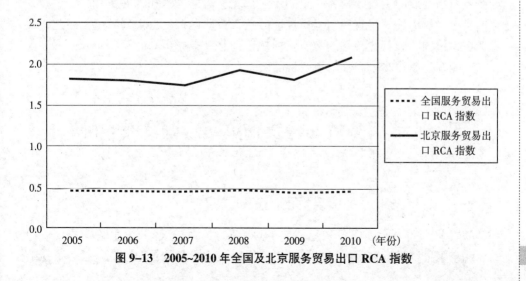

图 9-13　2005~2010 年全国及北京服务贸易出口 RCA 指数

207

服务行业的规模和竞争力。

3. 服务贸易立法体系和管理体系仍需完善

虽然我国已先后出台了《商业银行法》、《保险法》、《广告法》、《注册会计师法》、《律师法》、《外资金融机构管理条例》等一批涉及服务贸易相关行业的重要法律和法规，这对我国及北京国际服务贸易的健康有序发展都起着十分重要的作用。但这些法律和法规与 WTO 的相关规则及国际服务贸易的发展实践相比，仍存在许多不完善的地方，严重制约着北京服务贸易的发展。第一，重要服务行业的立法仍是空白，不能有效指导相关服务行业和服务贸易的健康发展，如对于占北京服务贸易重要地位的旅游业尚未出台专门的法律进行有效的规范。第二，服务贸易管理实施多关交叉管理、力量分散且容易出现监管混乱和监管不力。第三，中央和地方在服务贸易有关政策和规定方面存在差异，往往还出现地方对中央的政策贯彻不力，从而影响政策的正常发挥。第四，服务贸易统计制度不完善，不统计范畴以及划分标准上出现与国际惯例及发达国家不一致的地方，有些地方服务贸易管理部门对服务贸易统计工作仍然不够重视。

4. 服务贸易人才队伍建设仍需加快

人才是影响现代服务贸易发展的重要因素。《2004 年世界投资报告：转向服务业》的研究显示，发达国家设在发展中国家的服务分公司的工资报酬与制造业相对更接近设在发达国家的分公司水平。这表明，发达国家在向发展中国家进行服务业转移时，要求国外分公司基本体现母公司的全面基本技能，而发展中国家国内教育、培训和人才培养等方面还不具备与承接国外跨国公司服务业转移完全相适应的配套能力。虽然我国有充足的劳动力，在旅游、建筑等一些传统的劳动密集型服务项目上具有比较优势，但随着金融、保险等现代服务项目日益成为国际服务贸易发展的主流，具备一定的专业技能、信息技术和管理技能的知识型人才或者接受过培训、具有一定操作技能的熟练劳动力将变得十分急需。因此，要想抓住承接国际服务业转移的契机，加快促进北京服务贸易的发展，如何突破人才"瓶颈"将成为北京面临的重要挑战之一。

四、北京服务贸易与货物贸易协调发展的机遇

（一）北京未来服务贸易发展的定位选择

随着北京大力发展服务贸易战略的逐步实施和服务经济产业基础的日益稳固，北京服务贸易发展速度迅猛，进出口规模连续居全国领先地位，服务贸易结

构不断优化。在经济全球化不断加强、服务贸易国际产业转移日益加快的背景下，认清和把握国际服务贸易发展的新趋势，进一步推动北京服务贸易全方位、宽领域、多层次地发展，逐步加快服务贸易领域对外开放的力度，将具有十分深远的历史意义和重要的现实意义。

随着经济全球化不断深入和国际服务产业加快转移，国际服务贸易发展在规模、结构和提供方式方面日益呈现出以下特征：发展规模和速度持续增加，新兴服务贸易快速增长，服务外包和商业存在分别成为新的和最主要的服务贸易方式。北京服务贸易的发展应结合自身的产业优势，以生产性服务业、服务外包和文化创意产业服务贸易作为突破口，坚持政府主导、统筹发展、循序渐进、点面结合的原则，促进服务业及服务贸易的快速发展。

（二）北京未来服务贸易发展的重心

1. 服务经济产业基础日益稳固，大力发展生产性服务贸易

服务经济产业基础日益稳固，2010 年北京市地区生产总值为 14113.6 亿元，其中，服务业增加值为 10600.8 亿元，占 GDP 的比重为 75.1%，服务业就业人数占社会总就业人数的比重为 74.4%，服务业增加值对地区生产总值增长的贡献率为 65.7%。由此可以看出，北京服务贸易发展具有以服务经济为主的良好基础。

具体来看，在北京服务业中生产性服务业发展迅猛，占主导地位。信息服务、科技服务、商务服务均保持了两位数的增长速度，信息服务业实现增加值 1492.6 亿元，同比增长 22.9%，在服务业中增速排名第一。科技服务业实现增加值 1130 亿元，同比增长 10.4%。云计算、物联网等战略性新兴产业已创制了音视频编解码技术标准（SVAC）、新一代移动通信技术标准（TD–LTE）、闪联标准等国际和国内标准。而且，北京生产性服务业发展集群态势明显，其中，在金融和商务服务领域，CBD、金融街等集聚区发展较为成熟；在软件研发外包领域，中关村海淀园、软件园、上地信息产业基地等几个聚集区较为突出。除此之外，DRC 设计产业基地、临空经济区的现代物流集聚区、以歌华为龙头的雍和园数字媒体集聚区等也是北京比较有特色的生产性服务业产业集群。

2. 提高文化产业竞争力，推动文化创意服务贸易发展

文化产业已成为社会进步和经济增长的重要引擎，而发展文化产业的核心问题是提高文化产业竞争力。伴随着经济全球化的迅速发展和信息技术的普及应用，近年来文化产业取得了飞速的发展，已成为许多发达国家和地区的支柱产业之一。2009 年，国务院通过了《文化产业振兴规划》，这意味着文化产业振兴规划正式进入国家产业调整与振兴规划行列。北京市作为中华人民共和国的首都和历史文化名城，在发展文化产业方面具有得天独厚的优势。尽管北京市文化产业竞争力处于全国领先水平，但与国际许多城市相比还有较大差距，要进一步提升北京市文化产业的竞争力，推动其文化产业的快速发展。

文化科技和创新优势日益凸显，以知识化、高科技化和信息化为特征的现代服务业和服务贸易的发展，离不开发达的科技和创新能力的支撑。作为中国高校和科研机构最密集的地区，北京是全国科技最发达的地区。不仅拥有"中国硅谷"之称的中关村科技园区和昌平、丰台等经济技术开发区，同时也是全球跨国公司地区总部和研发中心集中的城市，北京在全国 35 个主要城市总部经济发展能力排行榜中名列首位。北京总部经济发展方兴未艾，2012 年，在世界 500 强企业排名中，中国有 79 家公司上榜，而北京的全球 500 强企业总部数量达到 41 家，全球排名仅次于日本，位列世界第二。同时，作为全国智力资源和人员最密集的地区，中关村科技园区将成为一个具有国际竞争力的国家科技全新示范基地，一个立足北京、面向全国的科技成果孵化基地和高素质创新人才的培养基地。依托作为全国文化教育中心的人才、科技和创新优势，以高技术产业和高增值服务业为主的产业基础将为北京服务业和服务贸易的发展带来强劲的驱动力。

（三）北京服务贸易与货物贸易协调发展的路径选择

北京服务贸易发展落后于货物贸易，要充分发挥货物贸易的优势，借助新一轮全球服务产业转移浪潮，实现国际和国内两个市场共同发展，把握国际服务外包加快发展的机遇，夯实服务产业基础，扩大服务业对外开放力度，以生产性服务业、服务外包和文化创意产业服务贸易作为突破口，以货物贸易为基石促进服务贸易发展，服务贸易带动货物贸易转型升级，坚持政府主导、统筹发展、循序渐进、点面结合的原则，促进货物贸易与服务贸易协调发展。

1. 夯实服务业基础，大力发展服务贸易，并反哺服务业

改革开放 30 余年，中国的服务业取得了长足的发展，尽管在规模上与发达国家还存在一定差距，但可以清楚地看到，服务业的增长尤为迅速，服务业增加值占国民生产总值的比重也有了较大程度的提高。而服务贸易作为服务业在海外市场上的延伸，贸易总量持续扩大，贸易结构不断优化，新兴的服务外包产业蓬勃发展。服务业与服务贸易的同向变动趋势说明服务业与服务贸易之间存在正向关联性。

（1）服务业是服务贸易的产业基础保障。首先，服务业决定着服务贸易的发展水平。服务业作为服务贸易的基础性产业，其发展水平及规模大小决定了服务贸易的质量与数量。近几十年来，国际服务贸易之所以高速发展，根源在于服务产业基础的奠定，服务业增加值及其吸纳就业人员占比过半，在某种意义上，代表了服务经济时代的到来。在这样的经济发展阶段，服务业已然成为推进国民经济增长的最主要的驱动力，这也使得服务贸易增长速度超越了货物贸易，并最终在规模上超越货物贸易，成为国际贸易的主流。在发展服务业的同时，由于各国

提供的服务产品存在质量和数量上的差距，因此，为了满足各自的需求，就必然会产生服务产品的跨国交易，大力发展服务贸易。其次，服务业决定服务贸易的结构。服务业作为产业基础，决定着用于贸易的服务产品的类别，服务贸易的结构也随着服务业内部结构的调整而有所改变。以中国目前的服务贸易结构来看，旅游服务、运输服务之所以占据主导地位，关键在于中国服务业基础仍以传统部门为主，并且在第二产业独大的情况下，服务贸易基本上是围绕货物贸易进行的，如运输服务、保险服务、国际结算和金融汇兑服务等。随着中国服务业规模的扩大及内部结构的优化升级，新兴服务业及生产性服务业势必取得较大发展，从而也会影响未来中国服务贸易的进出口结构。此外，外商直接投资向服务业倾斜的力度逐年加大，也带动了服务贸易的快速增长。

（2）服务贸易促进服务业的增长。通过考察若干发达国家及发展中国家的统计数据，可以发现服务贸易与服务业呈同向增长态势，且前者的增长速度要明显高于后者，这在一定程度上说明了服务贸易对服务业有一个正向的拉动作用。而经过多年的发展，国际服务贸易增速迅猛，这当然得益于服务产业竞争力的有效提升，但同时也要看到，服务贸易的发展也在反作用于服务业。随着经济全球化程度的加深，世界各国已不仅将视野锁定在国内有限的空间里，而是立足于国际市场，积极参与国际竞争，因此，服务贸易的发展势头在很大程度上也得益于国际市场的激烈竞争。为了能够提高国际竞争力，为国外市场提供优质的本国服务，服务业发展的重点也随之调整。

大力发展服务贸易，可以提高服务业增加值占国民生产总值的比重，优化产业结构，也符合节能减排的要求。同时，为了提升服务贸易国际竞争力，需要将其基础产业——服务业作为突破口，率先优化服务业内部结构，使得服务业发展重点逐渐由批发零售、住宿餐饮等传统部门向金融、保险、信息、技术、咨询、通信等新兴部门倾斜，产生一种倒逼机制，以促进服务业规模的扩大及结构优化。除此之外，服务贸易的发展还有助于服务业吸纳就业能力的提高、服务业资本积累的增加以及涉及服务业法律和法规的完善。

2. 以服务外包为突破口，充分发挥人力资本优势，有效促进服务贸易发展

外包服务通过"直接效应"及"间接效应"会促进一个国家或地区的服务贸易发展。外包对服务贸易的直接效应指的是服务贸易以外包的形式直接得到了发展；外包对服务贸易的间接效应则是指外包服务的发展通过优化投资环境、提高服务商的核心竞争力等途径手段发展外包服务，从而在一定程度上促进服务贸易进出口发展的现象。

大力发展服务外包是基于我国丰富的劳动力现实，同时，服务外包也能够极大提高大学毕业生就业率。服务外包是指企业将价值链中原本由自身提供的具有基础性的 IT 业务和基于 IT 业务流程剥离出来后外包给其他专业服务提供企业来

完成的经济活动，主要有信息技术外包和技术性业务流程外包以及技术性知识流程外包。服务外包不仅有助于提升产业结构升级，推动制造型经济向服务型经济转型外，还有助于对外贸易增长方式的转型。服务外包对经济发展的另一个重要作用是能够有效地提高大学毕业生的就业率，因为服务外包企业作为现代服务业的推动器，能够创造大量的就业岗位，在当前经济出现下行风险的情况下，大力发展服务外包是解决大学生就业难的重要手段。

服务贸易和服务外包给中国带来了巨大的经济效应，作为中国服务贸易和服务外包参与者，企业和政府都应该做出努力，促进服务贸易和服务外包的发展。首先，企业是参与服务贸易和服务外包的微观主体，企业的竞争力决定了所在产业甚至是国家的竞争力，所以企业应该积极参与服务外包的全球竞争，在竞争中谋求自身实力的增大；其次，中国政府是服务贸易和服务外包相关政策的宏观主体，应积极创设条件，形成适合服务贸易和服务外包发展的良好的产业环境、经济环境和法律环境等。

3. 创新文化"走出去"模式，大力发展文化贸易

文化产业逐渐成为首都新的经济增长点和转变经济发展方式的重要着力点。北京作为享誉世界的历史文化名城，积极推动文化创新，充分发挥首都全国文化中心示范作用，努力建设成为国内发挥示范带动作用、国际上具有重大影响力的文化之都。

参考文献：

1. 朱莉莉：《论我国货物贸易和服务贸易协同发展》，《现代商贸工业》，2009 年第 2 期。

2. 王屏：《北京服务服务全国　辐射世界》，《国际商报》，2012 年 5 月 28 日。

3. 胡景岩：《货物贸易与服务贸易的相关性曲线》，《国际贸易》，2008 年第 6 期。

4. 陈伟、李沛：《首都建设世界级文化中心的机遇与挑战分析》，《时代经贸》，2012 年第 4 期。

附：北京服务贸易企业发展调研问卷分析

近年来，北京文化服务贸易企业数量迅速增加，服务贸易规模不断扩大，国际化进程日益加快，从网络技术服务到影视传媒，从动漫娱乐到中国杂技，从数字出版到科技知识服务，北京服务贸易企业的国际服务贸易发展几乎已经扩展到所有文化服务贸易领域。一些文化服务贸易企业不仅已经发展到成功登陆美国纳斯达克股票市场，而且海外投资遍及四大洲。北京文化服务贸易企业发展在取得

辉煌业绩的同时，也积累了一定的丰富经验。2012 年，中国社会科学院《我国服务贸易与货物贸易中长期协调发展战略研究》课题组针对北京文化服务贸易企业发展中存在的问题，以及企业所关心的影响文化服务贸易企业发展的障碍因素，对北京 38 家国家级文化出口重点企业进行了问卷调查。

一、 北京 38 家国家级文化出口重点企业的基本情况

（一）北京文化服务贸易企业的所有制形式

北京 38 家文化服务贸易企业问卷调查的反馈信息反映，民营企业数占 73.7%，国有企业数占 18.4%，合资企业数占 5.3%，其他所有制形式的企业占 2.6%（见附图 1）。民营企业数量在北京文化服务贸易发展中占主导地位，一方面表明北京服务业和服务贸易领域的市场化经营的程度和市场开放程度均比较高，另一方面也显示出北京服务业和服务贸易领域民营企业发展的潜力巨大。

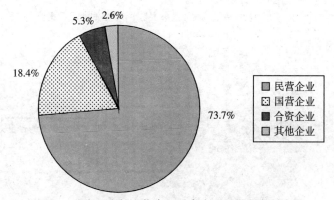

附图 1　北京国家级文化出口重点企业不同所有制比重
资料来源：2012 年 38 家北京国家级重点文化服务贸易出口企业的问卷数据统计。

（二）北京文化服务贸易企业规模与人力资本状况

北京 38 家文化服务贸易企业问卷调查的统计信息反映，绝大多数企业属于影视动画与文化传媒领域，其次是网络技术与数字传输技术服务领域，中国传统文化服务贸易领域企业很少。问卷调查的统计信息显示：38 家文化服务贸易重点出口企业中，本科以上学历的员工达到总数的 90%（见附图 2），硕士研究生以上学历的员工占到总数的 30% 以上，中青年员工占 90% 左右；企业年收入 500 万美元以上的占 70% 多（见附图 3）。统计数据还显示，企业员工人数一般在 50 人以下的小企业，大多是处于种子发展阶段，或是刚刚起步的文化服务贸易企业；处于发展成长阶段或是成熟、扩张阶段的企业，一般企业员工的数量都在 500 人以上，企业的年收入规模大都在 1000 万美元以上，企业员工中的研究与

开发人才所占比重一般也都比较高。这说明，文化服务贸易是属于知识与高端技术密集型行业，随着企业的发展与扩张，对于高端人力资本，特别是高端的研究与开发人力资本的需求也就越大。

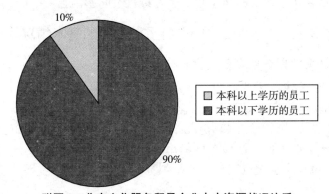

附图2 北京文化服务贸易企业人力资源状况比重

资料来源：2012年38家北京国家级重点文化服务贸易出口企业的问卷数据统计。

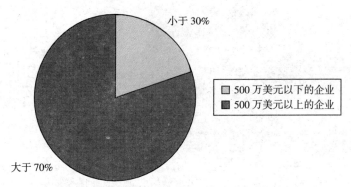

附图3 北京文化服务贸易企业发展规模比重

资料来源：2012年38家北京国家级重点文化服务贸易出口企业的问卷数据统计。

二、 影响北京文化服务贸易企业发展和国际竞争力的主要因素

（一）影响北京市文化服务贸易企业发展的宏观因素

虽然北京市文化服务贸易近年来发展比较快，企业规模的扩张速度和年收入的增长幅度都比较大，但是应该说与北京市所拥有的文化产业资源相比，北京市的文化贸易发展的潜力还远远没有开发出来。对北京市38家国家级文化出口重点企业进行的调研问卷显示，在技术资源、基础设施、资本资源、高端人力资源、文化资源和信息资源六个选项中，绝大多数企业认为存在的影响北京市文化服务贸易发展的主要因素有技术资源、资本资源、高端人力资源和信息资源。这

说明，北京市具有良好的文化资源和基础设施环境，对于文化贸易企业来说，影响企业发展的主要还是技术资源、资本资源、高端人力资源和信息资源这些因素，文化资源和基础设施环境不是影响北京市文化服务贸易发展的主要因素，文化资源的问题主要是如何把北京市文化资源的潜力发挥出来。从附图 4 可以清楚地看出影响北京市文化服务贸易企业发展的主要因素。

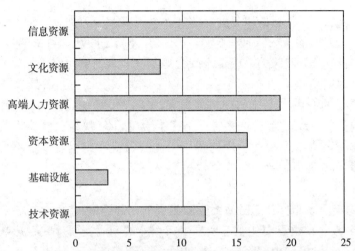

附图 4　影响北京市文化服务贸易企业发展的主要因素
资料来源：2012 年 38 家北京国家级重点文化服务贸易出口企业的问卷数据统计。

从附图 4 还可以看出，即使具有丰富的文化资源禀赋，但没有相应的高端人力资源通过信息资源运用资本资源和技术资源对于文化资源开发和利用，也难以形成强大的供给能力。

（二）影响北京市文化服务贸易企业发展的外部因素

1. 国内市场结构状况

目前，北京市的文化服务业和服务贸易领域的企业，除 38 家重点文化服务贸易出口企业以外，大型企业不多，主要是以中小企业为主，不仅规模小而且分散，基本上处于无序经营与竞争状态。同时同行业或者跨行业企业之间缺少应有的联合与合作，这种国内市场结构状况不利于北京地区丰富的文化资源的开发与发展。

2. 国际市场环境方面

首先，由于国际金融危机的影响，不仅国外市场规模和消费需求都在减少，而且国际市场的竞争也变得更为激烈。其次，国际区域市场和国别市场对于文化服务贸易存在着不同形式的种种文化传统、风俗习惯、法律等，对于文化贸易进口设置了各种各样的限制措施与障碍，如有些国家的法律、法规制度包括投资体制对于外资设置种种限制措施，以国内法律、法规为准，而不是依据 WTO 相关规则，不利于我国文化服务贸易企业出口或对外投资。最后，由于受语言、传统文化以及生活习惯等原因的影响，我国文化贸易出口的地区还主要是集中在中国香港、中国台湾以及东南亚、美国、加拿大、澳大利亚、欧洲等华人分布多的地区，文化服务贸易出口市场范围相对狭小。

3. 国内政策措施方面

首先，目前北京地区的服务业和服务贸易发展政策方面存在的问题仍然是政出多门，缺少权威的统一管理机构，不仅政府部门之间缺少紧密的合作与协调，而且相关的服务贸易政策与措施也不配套。其次，人力资源引进程序复杂，不利于国际化人才的引进。再次，不仅进出口手续繁多，而且各种质检、检验、物流等环节征收的费用太多，从促进服务贸易企业发展的角度应当减免。最后，服务贸易企业的税负过重，许多文化服务贸易企业反映企业前期投资数量比较大，而企业的融资难度相对于货物贸易企业的融资大，企业资金不足，影响企业的创新项目和创新活动；企业负税过重实际上增加了文化服务贸易企业开拓发展的困难。

（三）影响北京市文化服务贸易企业发展的内部因素

对于 38 家北京重点文化服务贸易出口企业的问卷调研反映，影响北京市文化服务贸易企业发展的内部因素主要有以下几个方面：①企业在经营方面还缺少全球视野和国际化经营的眼光，对于全球范围的产业集聚效应的认识不够。②民营企业的管理体制和经营机制都比较活，但是大部分民营企业的经营规模还比较小，而且企业的国际化经营经验不足，特别是新建立的企业更缺少开拓国际市场和国际化经营的经验。主要表现在，企业对于如何在海外创立公司的品牌，对于如何开拓公司的国际市场业务以及如何建立公司的国际市场营销渠道等都缺乏应有的经验。③我国文化领域国有企业旧体制经营模式和管理方式依然存在，对于文化服务贸易企业的进出口贸易和对外投资都存在不同程度的负面影响。

（四）影响北京市服务贸易企业国际竞争力的因素

根据 38 家北京国家级重点文化服务贸易出口企业的问卷数据统计，影响北京文化服务贸易企业国际竞争力的第一影响因素是政府的扶持作用，对于创业初期的企业政府的扶持作用尤为明显；第二影响因素是国际化，目前北京市大多数文化服务贸易企业的国际化经营能力和水平还不高，国际化经营能力和水平与文化服务贸易发达的国家相比，还有很大的差距；第三影响因素是专业化，专业化水平和专业化深度几乎是所有文化服务贸易企业创新和竞争力的基础。

北京市无论是历史遗留的文化资源，还是对于历史文化资源的继承与传播，都凝聚于北京的首都政治、文化中心，使得北京市的文化资源和高端人力资源在国内具有相对非常明显的优势，然而在国际文化服务贸易市场竞争中还未能显示出明显的竞争优势。影响北京服务贸易企业国际竞争力的因素主要表现在四个方面（见附图 5）：首先，对于文化服务贸易企业，政府的扶持作用力度仍需加大。对于 38 家北京国家级重点文化服务贸易出口企业的问卷数据反映，几乎所有企业都认为政府的扶持作用是直接影响企业国际竞争力的主要因素。一方面，政府对于文化服务贸易企业提供的公共服务需要进一步增强；另一方面，政府目前还缺少对于文化服务贸易出口企业扶持的促进体系。其次，企业国际化经营缺少获取国际市场信息平台，目前在文化服务贸易领域被认为是中国文化"走出去"在商业上面临的两大难题之一。缺少获取国际市场信息平台，企业对国外文化市场不够了解，缺少国际市场需求方面的信息，企业必然对于拓展海外市场了解不足。再次，企业"走出去"或国际化经营，缺少必要的法律保障，这是北京文化服务贸易企业"走出去"在商业上面临的第二大难题。由于缺少对于国外市场客户的资信调查，加之缺少必要的国际化经营的法律保障，许多企业对于出口产品的资金回收安全缺乏安全感，担心贸易出口或海外投资的社会风险，导致企业有定单不敢接。最后，对于 38 家北京国家级重点文化服务贸易出口企业的问卷数据反映，专业化是影响文化服务贸易企业国际竞争力的第四大因素。企业的专业化程度不深，专业化创新能力不强，企业就难以进行文化产品的创新与开发和文化服务贸易拓展，这也是目前北京市文化服务贸易企业文化资源开发不够、创新产品不足以及国际市场竞争力弱的一个重要原因。

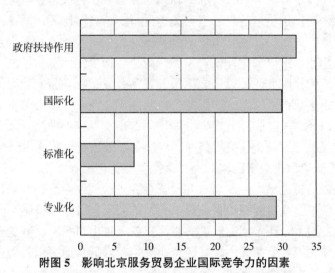

附图 5　影响北京服务贸易企业国际竞争力的因素

资料来源：2012 年 38 家北京国家级重点文化服务贸易出口企业的问卷数据统计。

三、结论与政策建议

近年来，北京市文化服务贸易企业的进出口和对外投资快速发展，取得了巨大的成就，也呈现出了巨大的发展潜力。但是，仍然存在着一些影响北京文化服务贸易企业对外贸易和对外投资发展的制约因素，因而需要进一步深化文化服务贸易领域制度方面的改革，需要进一步调整不利于文化服务贸易企业进出口发展和对外投资发展的政策与措施。通过改革与政策措施的调整，让北京市文化服务贸易企业发展的巨大潜力真正释放出来。

（一）加大对于文化服务贸易企业的政府扶持力度

38 家北京国家级重点文化服务贸易出口企业的问卷数据反映，几乎所有企业都认为加大对于文化服务贸易企业的政府扶持力度主要应该集中在出口鼓励政策、税收优惠政策和政府补贴三个方面，这实际是希望政府加大对于文化服务贸易企业资金方面的扶持力度。因为对于文化服务贸易企业而言，作为发展中国家和新兴经济体国家，企业发展的最大"瓶颈"主要是资金不足问题。特别是文化创意产业的创新产出费用巨大，但是文化市场回报率却相对较低，所以文化服务贸易企业需要政府加大对于文化服务贸易企业在税收减免、出口补贴等资金扶持方面的政策扶持力度。

（二）为文化服务贸易企业提供更多的服务平台

北京市文化服务贸易企业通过多年来发展服务贸易出口积累的经验，希望政府能够在共性技术服务、人才培训、知识产权服务、行业信息服务、国际法律服务等方面为企业提供更多的服务平台。提供行业信息和国际市场信息服务，为企业搭建多渠道的进出口和国际市场的公共信息服务平台，有利于促进文化服务贸易领域中小企业进出口和对外投资发展；为企业提供国际区域性法律、法规和政策咨询与知识产权服务，可以为文化服务贸易企业，特别是文化服务贸易领域对外投资的中小企业提供国家法律服务，能够减少企业"走出去"发展海外投资时不必要发生的经营风险和经营损失，保护"走出去"企业在海外投资经营的经济利益，为文化服务贸易企业进出口和"走出去"发展提供重要保障。

（三）进一步为企业出口和对外投资提供便利化服务

文化服务贸易进出口企业和对外投资企业，希望在今后企业的进出口和对外投资业务活动中，政府能够给企业提供更多的便利化政策和措施。在企业进出口和对外投资方面，企业希望能够进一步简化各项进出口手续，减少企业在各种验货、检验和物流等环节的费用，减轻企业负担，降低企业特别是创业初期企业的经营成本；高端人才引进方面，特别是国际化经营人才，已经成为国际化经营企业进行国际竞争的优势要素，这在文化服务贸易领域表现得更为明显。而且，优秀的国际化经营人才不足目前已经成为优秀文化服务贸易企业国际化经营发展的主要制约因素，因而在企业的高端人才引进方面，企业希望政府能够进一步给予鼓励政策和进一步简化人才引进方面的审批程序。

（四）为文化服务贸易进出口企业和对外投资企业培训

大多数文化服务贸易进出口企业和对外投资企业，都感到对于国际市场，特别是对于一些区域性市场信息量不足、信息资源渠道少，对于国外一些区域性市场的进出口和投资政策不了解。因而，一方面政府为企业提供更好的服务平台；另一方面企业更希望政府能够为企业提供更多的国际化经营和对外投资方面的人力资源培训，为文化服务贸易企业快速发展和"走出去"的顺利展开奠定良好的国际化人力资源基础。

第十章　大连市服务贸易发展研究

陈双喜[①]　杨　晨[②]

一、大连服务贸易发展研究

大连具有发展服务贸易的区位优势、要素优势和环境优势，是国家软件和服务外包产业的重要基地、领跑城市，还是国家的航运重镇。大连市先后被授予"国家软件版权保护示范城市"、"信息服务外包行业个人信息保护试点城市"、"中国服务外包示范城市"以及"国家现代服务业产业化基地"称号。大连服务贸易的发展模式与特点必然能够为全国服务贸易发展提供宝贵的可借鉴经验和参考价值。

（一）大连服务贸易发展的优势

一般来说，服务贸易的发展与当地的经济发展环境、资源禀赋差异、贸易模式和政府政策息息相关，大连服务贸易发展的优势体现在以下五个方面。

1. 经济发展迅速，为服务贸易发展提供良好的经济环境和产业基础

经济发展阶段是服务贸易发展水平最根本的决定性因素，随着经济水平的提升，服务业在产业结构中所占的比重增加，服务企业从事对外贸易的能力增强，服务贸易相应能够较快发展。2013 年，大连生产总值达 7650.8 亿元，按可比价格计算比上年增长 9.0%，与 2006 年的 2541.7 亿元相比，增幅达 200%（见图 10-1）。其中第三产业增加值为 3281.2 亿元，增幅为 9.1%，对经济增长的贡献率达到 41.4%。整个"十一五"期间，大连的经济平稳快速增长，年平均增长率达

---

① 陈双喜：大连海事大学交通运输管理学院，教授。
② 杨晨：中国社会科学院研究生院，硕士研究生。

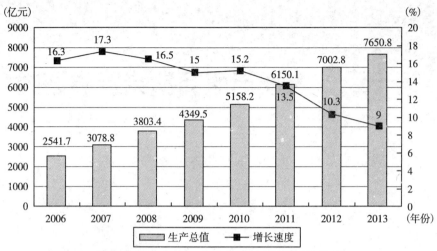

图 10-1　2006~2013 年大连地区生产总值及增速

资料来源：大连市统计局。

15.6%，为服务贸易的发展提供了良好的经济环境，服务业增加值也随经济发展而快速增长，奠定了服务贸易发展的产业基础。

2. 优越的区位优势提供了发展的契机

大连市西临渤海，东濒黄海，是东北、华北、华东地区的海上门户，是转运远东、南亚、北美、欧洲等远洋货物最有条件的港口及欧亚陆桥运输的理想中转港。大连港口天然条件得天独厚，深水岸线十分丰富，有平均 18m 的深水岸线 400km，以及国内首屈一指的 40m 以上等深线的深水航道，以大连湾、大窑湾及双岛湾为代表的大型专业化码头已达到国际领先水平。沿海的区位优势以及优越的港口条件为大连航运以及物流服务贸易发展提供了契机，为把大连建成东北亚航运中心、物流中心创造了条件。此外，大连凭借与日韩相近的地缘优势于 20 世纪 80 年代就开始发展服务外包业务，通过服务外包接单的"技术外溢"效应，一方面提高自身设计解决方案的技术水平，另一方面增强服务外包供应链管理水平，为大连市软件服务外包的发展积累了经验，为服务贸易的发展提供了机会。

3. 完善的空间规划及定位指明发展方向

截至目前，大连形成以软件服务外包为核心动力的服务贸易发展模式，服务外包产业规模不断稳定，业态齐全，关键在于大连早期完善的服务外包空间规划，指明了服务贸易发展的方向。为推动软件服务外包企业的发展，大连市政府开创性地"筑巢为先，预留土地"，建立了旅顺南路产业发展带，整个产业带规划面积 153 平方公里，充分利用大连依山傍海的独特自然地理优势，发挥软件产业集聚效应和规模效应。目前，大连总共有 967 家服务外包企业，有 736 家均在旅顺南路产业带上，占总数的 80%，总体规模效应凸显，成就显著。

4. 配套的优惠政策在服务贸易发展中发挥重要作用

大连市是首批"中国服务外包基地城市"和"中国服务外包示范城市"。近年来，大连市抓住软件和服务外包产业向发展中国家转移的有利时机，提出了"把大连打造成世界软件和服务外包的新领军城市"的目标，构建了以软件和信息技术外包、业务流程外包和研发中心为核心的服务外包产业体系，为了加快软件业的发展，大连市出台了一系列鼓励软件产业发展的政策，设立了专项基金，包括《大连市人民政府关于加快发展软件产业的实施意见》、《大连市软件和服务外包高级人才奖励办法》等法律、法规，以及各种税收优惠政策。由于服务产品的无形性，知识产权保护在服务贸易及承接国际服务外包业务中扮演非常重要的角色，大连率先在全国提出打造软件和服务外包产业信誉体系的理念，把知识产权保护、质量认证和个人信息安全保护作为新的竞争优势加以培育，构建企业发展所需的良好信用环境。同时，大连市被海关总署确定为开始国际服务外包进口货物保税监管试点之一，为充分利用我国现行的保税优惠政策，大连海关适时推出《创新适应服务外包发展的海关监管模式》研究课题，针对软件入口的特点，推出了专用窗口和集中报关的模式，开辟"绿色通道"，极大地方便了服务外包企业报关、通关。大连作为全国服务外包示范城市，还享受因实施服务外包技术先进型企业税收优惠政策，大连对服务外包企业实施退税、少征税等优惠措施，大力促进外包企业发展，配套的优惠政策给大连服务贸易的发展注入了活力。

5. 建立人才供给体系满足高端服务发展的需求

人才是服务业及服务贸易发展中最为核心的要素，人才的供给数量和供给结构直接制约着服务业和服务贸易发展的好坏。目前，大连有普通高校和高等职业技术院校 24 所，中等职业学校 116 所，其中 18 所高等学校设有计算机和相关专业，40 所职业中专设有 IT 专业，160 个进行 IT 人才培训的社会力量办学机构，构成了高、中、低三个层次的软件和信息服务人才培养体系。不仅学校教育与软件服务外包联系紧密，而且大连的职业培训也与 IT 服务外包紧密结合，一批大型跨国企业与当地企业联合建立培训机构，使产业园区外包人才更加国际化，如在 2010 年，为满足大连市及整个东北亚地区金融人才的需求，以及为大连建设"区域性金融中心"提供有力的人才保障，大连高新区、东北财经大学、安永企业咨询有限公司"官产学"合作，共同启动大连高新区东北亚金融人才培养工程，满足高端服务发展的需求。

（二）大连服务贸易发展现状

大连作为中国重要的沿海开放城市和东北地区最大的国际贸易口岸，具备发展服务贸易的先天优势及后续潜力，大力发展服务贸易是国家"十二五"期间优化对外贸易结构、加快转变经济发展方式的重要战略任务，也是把大连建设成

"三个中心，一个聚集地"——东北亚航运中心、物流中心、区域金融中心及现代服务业产业集聚基地——战略目标的重要举措。

1. 大连服务贸易发展总体情况

（1）服务贸易发展迅速，但规模较小。自 2006 年以来，大连服务贸易出口额[①]保持平稳较快的增长速度，从 2006 年至今实现了跨越式的发展。

表 10-1　2006~2013 年大连服务贸易出口额

年份	2006	2007	2008	2009	2010	2011	2012	2013
大连服务贸易出口额（亿美元）	15.98	17.60	15.20	19.15	25.74	31.73	40.12	50.45

资料来源：大连市统计局、中商情报网。

从表 10-1 可以看出，大连服务贸易出口额由 2006 年的 15.98 亿美元增长至 2011 年的 31.73 亿美元，增幅达 98%，几乎翻了一番。但是值得注意的是，从商务部公布的全国各省市服务贸易进出口数据情况看，上海、北京、广东遥遥领先于全国其他各省市，位于前三甲位置，三省市服务贸易额占全国服务贸易总额的 65%。辽宁省服务贸易额在全国仅位列第九，大连虽然占全省服务贸易额的 60% 以上，但是在五个计划单列市中名列最后，服务贸易规模相比于上海、北京、深圳、天津等地仍有不小的差距。

（2）服务贸易发展明显滞后于货物贸易的发展。大连作为重工业城市，其第二产业占比高，2013 年大连第二产业占比为 50.9%，对经济增长的贡献率为 55.4%，而作为服务贸易产业基础的第三产业占 GDP 比重仅为 42.9%，对经济增长的贡献率为 41.4%。产业结构的不平衡决定了贸易结构的不平衡，大连市服务贸易发展明显滞后于货物贸易。

从图 10-2 可以看出，大连市服务贸易与货物贸易增长率相仿，但由于货物贸易发展较早，贸易基数大，二者发展呈现出不平衡态势，而且有进一步扩大的趋势。当前大连货物贸易与服务贸易出口总额之比约为 7∶1，我国平均水平为 8.1∶1，世界水平为 2.2∶1，在服务贸易与货物贸易的匹配程度上，大连略高于全国水平，但远低于世界水平，这对大连转变粗放型经济增长模式、调整贸易结构、改变货物贸易出口独大的局面提出了更高的要求。

2. 大连服务贸易重点领域分析

围绕着"三个中心，一个聚集地"的战略目标，大连服务贸易迅速崛起，软件服务外包行业成为大连经济的支柱产业，国际航运中心、物流中心、会展中

[①] 大连服务贸易统计工作尚未完善，本研究用出口额代替进出口总额来进行评述。

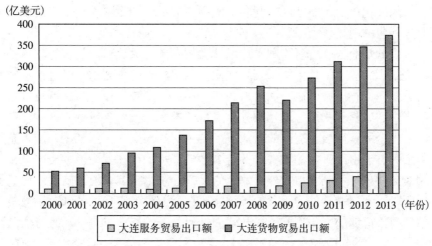

（亿美元）

□ 大连服务贸易出口额   ■ 大连货物贸易出口额

图 10-2 2000~2013 年大连市服务贸易与货物贸易出口额比较

资料来源：大连市统计局、中商情报网。

心、区域金融中心、东方文化之都的建设，标志着软件服务外包、航空运输、物流、金融，文化创意等传统与新兴服务业将在未来大连服务贸易的发展中发挥重要作用。

（1）软件服务外包产业为核心，未来发展仍存在不确定性。20 世纪 90 年代，大连依靠优越的区位优势、完善的基础设施、低人力成本，借助日韩发包的机遇，把软件服务外包作为服务贸易发展的重点领域，成为全国软件服务外包发展最早、规模最大的城市。

在遭受金融危机导致外部需求减少，外贸形势下滑严峻的背景下，2013 年，大连全年在线等级离岸服务外包合同金额为 20.31 亿美元；执行金额为 16.5 亿美元，比 2012 年同比增长 7.9%。截至 2013 年末，共有服务外包企业 1035 家，实现销售收入 1145 亿元，成效引人瞩目，巩固了"东北亚服务外包中心"的地位。

软件服务外包是大连服务贸易的核心，2011 年软件服务外包出口额为 25 亿美元，对服务贸易出口额的贡献度达到了 78.8%。大连软件外包在取得瞩目成就的同时，在未来可持续发展中也存在一系列的问题。

——对日本为主的软件服务外包市场过于集中，引发互相压价的恶性竞争。目前大连软件服务外包以对日本外包业务为主，对日本出口额一直占总额的 80%。而在全球软件服务外包市场中，日本只占据了发包市场 10% 的份额，对于世界上最大的软件服务发包市场美国和欧洲，大连企业所占的市场份额很少。外包市场高度集中于日本，限制了大连的市场空间。同时，由于市场过度集中于日本，对日本外包中大连企业互相压价，进行恶性、无序竞争，这种恶性竞争使得大连企业的外包单价不断下降，利润空间逐渐减小。严重依赖日本市场成为大连软件服务外包的明显"短板"。

——以低端业务为主，不利于技术外溢的发挥。大连目前提供的软件外包服务，其模式和制造业的加工贸易较为类似。日本的发包项目都是经过日本本土的软件服务商完成整体设计后分拆出来的，大连市大多数企业只是从事对日软件服务外包当中的编程、测试等低端服务，人员占用多、技术含量低。这一业务模式使大连本土企业获得极为有限的附加值，企业的利润空间小。虽然方便了企业进军日本市场，但由于日本的软件水平与国际先进水平存在差距，大连市又接收日本低端业务外包，不利于技术外溢效应的发挥，难以提高大连市软件外包的整体水平。所以，大连的软件和服务外包企业要在目前日本市场的基础上，力争使承接的项目向价值链的高端爬升，提升软件外包服务的层次，将中国制造变为"中国智造"。

——国内城市间竞争同质化，冲击大连软件服务外包市场。中国有北京、大连、成都、南京、无锡等 21 个服务外包示范城市，各地方政府都瞄准软件服务外包发展的潜力，颁发并实施更有力度的优惠政策吸引发包市场关注，鼓励当地企业软件出口。在沿用大连发展模式的同时，抢占大连外包市场，也以低端业务为主，导致同质化竞争凸显。此外，中央政策在对各城市软件服务外包的扶持上"一刀切"、"大锅菜"的特点明显，不利于把大连打造成中国"班加罗尔"规划的实现。

——高端技术人才短缺，人力成本提升。高端的服务外包以人为本。国家部委相继规定全国 21 个服务外包示范城市，使国内各地之间人才竞争激烈，与此同时，外资独资企业进驻大连后，不以追逐利润为目的地挖掘高端技术人才，更加剧了对人才的竞争。在供给方面，学校教育与市场需求脱节，学校将一部分培训教育转嫁给企业，造成企业人才培训成本提高，加上软件服务外包人员流动性大，企业在人才培养上的积极性不高。逐渐增长的人才需求及有限的人才供给导致人力成本迅速提升。

（2）航运业发展，推进东北亚航运、物流中心的建设。大连是我国北方重要的港口城市，是东北的重要交通枢纽，三面环海的独特地理位置使大连拥有发展国际海洋运输的天然优势。虽然与国内外领先的国际航运中心城市相比较，大连市港航产业仍存在着一定的差距：航运服务业增加值的绝对值和比重仍较小；航运资源配置能力相对较弱；口岸服务和航运贸易投资环境还有很大的改善空间。但是，在 2010 年大连市政府工作报告"要全面提升航运中心功能，制定完善港口经济区城镇联动建设和发展规划，加快北黄海港口建设和开发步伐，形成黄渤两海星罗棋布的港口群"精神的指引下，大连逐步实现基本建成东北亚重要的国际航运中心的阶段性目标，一步步地见证了大连东北亚国际航运中心建设的发展历程。

2013 年，全年港航固定资产投资 145.1 亿元。太平湾、栗子房港区开工建设，大窑湾集装箱码头 15 号泊位投入运营，长兴岛 30 万吨原油码头、大连湾杂货滚装码头迁建工程等重点项目进展顺利。空港国际物流园区开工建设，国内货站投入运营。铁海联运通道新开通德惠、大庆、齐齐哈尔 3 条班列，周班密度提高至 60 班/周；全年集装箱铁海联运量 36.2 万标准箱，居国内各市之首。大连周水子国际机场三期扩建工程完工，新增候机楼 7.1 万平方米、停机坪 34 万平方米、停车场 14 万平方米，新机场建设各项前期工作全面展开。大连航空有限责任公司正式成立并投入运营。大连周水子国际机场全年飞机起降 10.7 万架次；航线总数达到 163 条，其中国内航线 141 条，国际和特别行政区航线 22 条；与 8 个国家、89 个国内外城市通航。

2011 年 12 月 22 日，东北首个集装箱运价指数"大连航运指数"正式对外发布。其中大连出口集装箱运价指数包括 1 个综合指数和 14 个分航线的运价指数，大连内贸集装箱指数包括 1 个综合指数和 5 个分航线的运价指数。大连航运运价指数与其腹地经济结构和产品类型有密切关系，可以更为科学、准确、全面地反映大连自身航运市场的变化规律和发展趋势，有利于贸易商、船东等了解和分析大连航运市场，进一步促进大连航运业的发展，提升大连国际航运中心的服务功能，对推动大连建设东北亚重要的国际航运中心将产生积极的影响。

（3）把握建设区域性金融中心机遇，积极应对挑战。2009 年 7 月，国务院批准了《辽宁沿海经济带发展规划》，其中明确了大连在区域发展中的核心地位和龙头作用，并提出了大连要建设成为区域性金融中心。对于大连而言，这是一个千载难逢的历史机遇，具有里程碑式的伟大意义。根据《辽宁沿海经济带发展规划》的战略定位，大连市制定了《大连区域性金融中心建设规划（2009~2030)》和《推进大连区域性金融中心建设的实施方案》，形成了科学指导、加快推进金融中心建设的规划体系。截至 2013 年末，全市金融业拥有各类金融机构 639 家，其中银行机构 61 家、保险机构 47 家、证券机构 64 家、期货机构 76 家。金融资产 2 万亿元，比上年增长 11.1%。全市共有金融法人机构 19 家，金融营业网点 3000 余个，从业人员 7 万余人。

星海湾金融城一期工程建成并投入使用，人民路金融商务区东港拓展区开始启动，金融资源加快集聚。"十一五"期间，共引入美国花旗等内外资金融机构 72 家，是"十五"期间的 3.3 倍。外资金融机构已达 36 家，金融国际化程度明显提升。在国务院综合开发研究院首次"中国金融中心指数"排名中，大连位列全国副省级城市第三名，环渤海及东北地区第一名，被评定为核心区域金融中心。跨境贸易人民币结算试点是大连金融中心建设的一大亮点，2010 年，大连被国务院批准列入跨境贸易人民币结算第二批试点，并在东北地区率先开展业务，实现结算额 27.37 亿元，占辽宁全省的 70% 以上，占东北地区的 30%。

虽然大连市在"十一五"期间取得了长足进步，奠定了快速发展的基础，但是在当前国内主要城市竞相提出建设金融中心的激烈竞争中，大连市与同类城市相比尚未形成绝对优势，实现区域性金融中心的发展目标仍面临严峻挑战。首先，金融业总体规模仍不够大，与东南沿海中心城市相比有较大差距；其次，金融体系不够健全，城乡金融二元结构尚未根本突破，农村金融发展水平仍然偏低，直接融资不足，多层次资本市场有待培育，中小企业融资服务仍不充分；再次，金融功能不够强，金融机构的核心竞争力不足，综合实力和带动作用有待提升，要素集聚、对外辐射及对周边地区的影响力有待进一步增强；最后，金融业创新发展能力不足，受政策限制离岸金融市场尚未形成，直接影响金融中心的建设。

（4）会展经济崭露头角，加快国际会展中心建设。2011 年，大连市《政府工作报告》中指出要"积极发展会展经济"，会展业的发展，对提升城市竞争力，增强城市辐射功能，推动区域经济发展具有重要的促进作用。因此，大连制定了"以东港中央商务区、星海湾会展商务区、普湾新区国际会展城、小窑港商务区为核心，积极承办大型高端国际会议，建设区域性国际会展中心"的目标。

2013 年，举办展会 92 个，展出面积 107 万平方米，展会平均规模保持在 1 万平方米以上。参展企业 21755 家，其中境外参展企业 1900 家；参展商近 10 万人，其中境外参展商 5378 人；参观人数 820 万人次，其中境外参观人数 4 万人次。

会展业作为新兴服务业，虽然大连市在培育精品会展上做了很多工作，但是与国内外品牌会展相比，仍然存在较大差距。在会展的专业化、国际化诸多方面，在为参展商、采购商的服务规范化方面，尚有很多不足。会展市场竞争激烈，招展招商困难，办展主体资本单薄，实力不足致使会展项目不能如期举办或中途夭折，浪费了会展资源。这也暴露出大连市会展业现有管理体制的一些弊端，目前大连市还没有建立会展行业协会，政府对会展业的管理机制不成熟。此外，大连市会展业的国际市场开发力度不够、会展场馆布局规划不合理也阻碍了大连区域性国际会展中心的建设。

（5）文化创意产业的发展助力东北文化创意之都建设。文化创意产业是以创意为核心，以文化为灵魂，以科技为支撑，以知识产权的开发和运用为主体的知识密集型、智慧主导型战略产业。作为新兴服务业之一，文化创意产业正逐步成为国家和地区经济社会的重要支柱和发展动力。大连具备优越的区位条件、完善的基础设施、政府的大力支持、良好的学术环境等文化创意产业发展的优势，推动文化创意产业的发展，是大连实现经济结构转型的重要措施，对于促进大连经济社会的全面协调发展具有重大意义。

但是，在发展的过程中也存在一些问题值得我们重视并加以完善解决。一是国内外城市之间文化创意产业竞争压力不断加大，英国、美国、日本等国家的一些城市文化创业产业起步早，水平高，其产品涌入我国市场，对大连的文化创意产业产生一定的冲击；国内的北京、上海等城市也在纷纷制定发展规划，完善发展政策，优化发展环境，争夺人才、技术等资源，对大连发展文化创意产业形成了明显的外部竞争压力。二是政府层面缺乏有效的协调管理，目前从中央到地方都没有明确文化创意产业的主管机构和部门，在文化资源整合方面，缺乏统一协调和总体规划。三是大连文化创意企业规模小且竞争力不强，大连从事文化创意产业的大部分企业处于规模小、水平低的初步产业化阶段，缺乏市场拓展能力。四是缺乏创意复合型人才，据统计，大连文化创意产业的从业人员占总就业人口的比例不到千分之一，人才缺口较大，文化人力资源整合力度不够，没有形成合力。

3. 服务贸易补贴情况分析

2009 年，我国为扶持服务外包产业发展，国务院办公厅发布了《关于促进服务外包产业发展问题的复函》（国办函〔2009〕9 号），决定将北京、天津、上海、重庆、大连、深圳、广州、武汉、大连等 20 个城市确定为中国服务外包示范城市，并对示范城市内经认定的技术先进性服务企业实行非常优惠的财税政策。在税收方面，对符合条件的技术先进型服务企业，减按 15% 的税率征收企业所得税；技术先进型服务企业职工教育经费按不超过企业工资总额 8% 的比例据实在企业所得税税前扣除；对技术先进型服务企业离岸服务外包业务收入免征营业税。在财政补贴方面，对符合条件的技术先进型服务企业，每新录用 1 名大专以上学历员工从事服务外包工作，并签订 1 年以上劳动合同的，中央财政给予企业不超过每人 4500 元的培训支持；对符合条件的培训机构培训的从事服务外包业务人才（大专以上学历），通过服务外包专业知识和技能培训考核，并与服务外包企业签订 1 年以上劳动合同的，中央财政给予培训机构每人不超过 500 元的培训支持。

大连市积极争取国家服务外包人才培训资金和软件出口贴息资金支持，2011年共为 101 家服务外包企业申请到软件出口贴息资金 2265 万元；为 107 家服务外包企业，13 家培训机构申请到服务外包人才培训资金 3900 万元，比 2010 年增加 800 余万元。①

在用好用足国家政策的同时，大连市政府也制定了一系列服务贸易补贴政策，以期增强扶持力度，加快服务贸易发展。

2008 年，大连市下发《关于加快软件和服务外包产业发展的意见》指出：市

① 数据来源于 2011 年大连市外经贸局服务贸易处年度报告。

财政每年用于支持软件和服务外包产业的资金都要有一定的增加，主要用于扶持从事软件和服务外包业务（含软件开发、软件技术服务、系统集成、业务流程外包、集成电路设计、动漫游戏开发、工业设计和管理、互联网增值业务等）的企业以及相关人才教育培训机构的项目研发、市场拓展、基础设施建设、公共平台建设、人才培养引进和师资引进培训等。推行《个人信息安全保护规范》标准及其评价制度，加强知识产权保护。通过财政补贴等方式，鼓励和支持企业进行CMMI、PCMM、ISO、SAS70等国际质量和安全评估、认证工作，并通过评估、认证，实现企业内部管理的规范化和开发过程的不断优化。

2009年，大连市加大资金补贴力度，鼓励软件出口，帮助企业应对国际金融危机。在出口补贴标准方面，大连市财政对软件和服务外包企业给予每出口1美元补贴1.5分人民币的特殊政策。对其他出口商品，补贴政策是每增加1美元补贴2分人民币。此外，大连市企业每年总计从国家获得3000万元人民币的软件人才培训补贴，连续位居全国第一。为了进一步鼓励和支持软件和服务外包企业培训人才、储备人才，从2009年起大连市调高了地方政府配套补贴比例。按照国家补贴额度，市政府以1:1的比例对企业进行再次补贴。

2011年，市政府修订了《大连市引进人才若干规定》，调整了高层次人才安家补贴政策，将补贴标准由过去的每人6万元、15万元、30万元提高至20万元、30万元和100万元。市人社局组织开展了政策调整后的首次审核发放工作，共向288名高层次人才发放安家补贴1960万元。调整了引进人才来大连落户政策，将落户条件放宽至全日制专科生、具有中级职称和符合产业发展需要的中级工，这一条件在全国副省级城市中是最宽的。

2011年，大连高新区出台《大连高新技术产业园区企业改制上市费用补贴专项资金管理办法》。对工商注册、税务登记均在高新区的企业，在改制上市过程中因收入调整、资产增值等原因所需缴纳企业所得税的地方留成部分，区财政予以适当补贴。准备"新三板"上市，企业获得补助的条件是企业与具有主办券商资质的证券公司签订"新三板"挂牌协议，以及与其他中介机构签订相应服务协议；政府有关主管部门出具同意企业进入"新三板"挂牌的准入文件。对于符合上述两个条件的企业，补贴标准是人民币150万元，由高新区金融办按照确立中介机构、企业股份制改制、备案挂牌三个阶段进行拨付，从而实现企业"零成本"上市。此外，对于在"新三板"挂牌后实现转板（境内外主要证券市场）的企业，再补贴人民币150万元；企业首发上市补贴额度为人民币300万元。

不论是国家还是大连本地政府制定的服务贸易补贴政策，都在税赋减免、人才培养方面发挥了重要作用，但是在调研过程中了解到，这些政策还远远不够。在人才培训方面，企业为向产业链高端发展，需要大量高素质人才，而现今本科毕业生在校教育与市场需求脱节，本应在校培养的能力转移到企业，造成企业对人员培训投入过大；与此同时，外资企业不追求利润空间，在人才引进上投入超过本土企业，对人才市场的冲击使得竞争加速，造成人员流动性大，人员培训成本得不到补偿。国家对人才培训的补贴为每人每年 4000 元，据大连本土企业了解，这仅占到对人员培训成本的 1/3。在自主研发方面，大连软件服务外包企业对自主研发的投入已经形成一定规模，但是仍然不足以满足对资金的需求。一方面，企业进行自主研发、科技创新，需要具备一定的能力；另一方面，研发的投入大、周期长，资金投入的风险也较大。这两方面使企业对自主研发、提高价值链水准望而却步，选择"短平快"的投资模式，维持当前的利润率，这势必不利于创新性服务贸易的发展，阻碍新兴服务贸易领域在贸易结构中的延伸。

（三）大连服务贸易发展中的制约因素

大连凭借服务贸易发展的独特优势，在软件服务外包、运输物流、金融、文化创意等重要服务贸易领域取得了举世瞩目的成就，但是在其发展过程中，也存在一些问题值得探讨，这些问题可以具体分为宏观、中观和微观三个层面。

1. 宏观层面

（1）全球经济复苏缓慢，外需减少，冲击大连服务贸易的发展。

受欧美债务危机的影响，全球经济仍然处于低位盘整阶段。据经合组织（OECD）预测，2014 年下修至 3.4%。以美国、欧盟、日本为代表的发达经济体，正面临着"财政悬崖"、政府债务触顶的危险，经济提振乏力。西方国家过度消费、储蓄不足，造成长期的债务问题等金融危机深层次问题仍未解决。全球经济不景气导致外部需求减少、订单减少，以软件服务外包为核心的大连服务贸易处于产业链的中低端，势必遭受极大的影响。

（2）国内经济提振乏力导致服务贸易发展信心不足。

在国际经济形势下滑的背景下，我国国内经济表现同样不容乐观，我国 GDP 增长率已经连续放缓，2013 年 GDP 增长率为 7.7%。经济下滑的形势会影响全国各地服务贸易发展的信心，为完成当年外贸任务而将对外贸易发展目标转移到货物贸易上，进而继续加大服务贸易与货物贸易之间的不平衡，贸易结构恶化。

2. 中观层面

（1）服务贸易领域范畴广，不能一拥而上。服务型经济是未来经济转型的方向，但是服务业范畴太广，不能一拥而上、面面俱到，要找准发展的切入点和抓手，这样才能撬动整个服务业和服务贸易共同发展。就大连而言，目前应该选择软件服务外包、文化创意、中医药服务三个行业作为主要的突破口和作用点。对于软件服务外包大连基础深厚，目前需要从服务产业链低端向高端转型。文化创意产业中的动漫、游戏两个方向应该成为大连的主攻方向，因为动漫主要在日本，游戏主要在韩国，这两个国家与大连隔海相望，近年来已形成紧密的交流合作关系，因此，大连发展动漫、游戏拥有得天独厚的优势。然而，拿"动漫"产业来说，日本"动漫"发展得好，是因为有"静漫"的基础，大连在"静漫"方面显然欠缺。中医药服务在未来医疗服务和家庭服务中扮演重要角色，必将产生庞大的需求市场，东软公司已经在医疗服务方面做出了成绩，是这个领域当之无愧的第一，大连应该在中医药服务领域继续挖掘潜力。

（2）软件服务外包地区间同质化竞争严重，影响大连服务贸易健康发展。国家为鼓励软件服务外包产业集聚，自 2009 年起，发改委、科技部等五部委在全国陆续批准并建立了包括北京、上海、天津、大连、成都、深圳等 21 个服务外包示范城市。虽然建立服务外包示范城市的最初目标是推动软件服务产业集聚，但不可避免的是各地区同质化竞争逐渐严重，各地掀起"拼人头"、"拼规模"的恶性竞争，对整个中国软件服务外包行业造成负面影响。特别是大连在面对同质化竞争时更是面临巨大困难，因为大连工资水平不高，但物价很高，企业的人才很容易被高薪挖走，造成大连软件服务外包行业人才流失严重，企业员工忠诚度下降。另外，随着地区同质化竞争的加剧，服务外包合同单价不断降低，2007 年以前，大连软件服务外包合同单价基本在 35 万~40 万日元，但是目前只有 20 万日元，利润率从 40%下降到 13%左右。大连市服务贸易以软件服务外包为核心，地区间软件服务外包同质化竞争势必会影响大连服务贸易的发展。

3. 微观层面

微观层面主要包括企业和政府两个方面，政府通过制定服务贸易战略指导政策及对服务贸易的管理工作来影响服务贸易的发展，而从事服务贸易的企业则是决定服务贸易发展顺利与否的一分子，其经营状况与服务贸易的发展息息相关。

（1）政府在发展服务贸易上的观念意识与动力不足。由于长期以来，我国一直致力于货物贸易的发展，因此，围绕货物贸易建立了相对比较完善的政策体系，相比之下，发展服务贸易的观念意识与动力不足。目前看来，虽然大连政府已经逐渐意识到服务贸易的重要性，但是针对服务贸易发展的政策体系严重缺失。由于货物贸易与服务贸易在资产、人力资源和知识信息需求上的差别，在制度设计层面上，仅仅借鉴货物贸易发展的经验，不能有效促进服务贸易的快速健康发展。

（2）服务贸易管理体制及统计工作尚不完善。由于大连服务贸易起步晚、重视程度低，并且服务贸易涉及部门广泛，大连市尚未建立健全服务贸易管理机制和跨部门联系机制，各服务贸易管理部门从职能上边际模糊，降低了政府效率。另外，大连市服务贸易统计工作尚不完善，服务贸易领域的其他重要行业并未被纳入统计范围之内，对服务贸易的统计仅局限于软件服务外包，并且嵌入式服务外包统计混乱，导致大连软件服务外包的真实水平无法反映出来，也给量化管理造成困难。所谓嵌入式软件，是指嵌入硬件的操作系统和开发工具，其本身应该属于软件产业，而且就服务贸易来说，嵌入式软件应该单独计入服务外包。但实际当中由于服务产品没有物理形态、计量困难，因此嵌入式的软件往往直接被计入货物贸易，造成服务外包水平低估，也对软件服务外包产业的政策支持、研究管理造成困难。

（3）资金与人才的紧缺限制企业的发展。目前，大连市的投资渠道仍然比较单一，企业融资水平较低，运用市场渠道进行有效融资的意识仍未树立。与此同时，缺少风险防范政策与风险投资资金的推出机制，在吸引外来风险投资资金方面进展比较缓慢。大连服务贸易以软件服务外包为主，服务外包是以人为本的高端服务业，对人才的要求伴随行业的发展而逐渐变大，使得人才缺口变大、人才结构失衡。人力成本上升已经成为压缩软件服务外包企业利润空间的主要因素，而且人力成本也一直是软件服务外包企业最大的支出项，一般能够占其主营业务营收的60%~70%，甚至达到80%。近年来，软件产业每年需要涨薪10%，对于提供咨询等高级综合服务的技术人员，一般涨幅要超过20%，这就使得软件服务外包企业的利润率不断下调，增加企业负担。从大连几家软件服务外包企业2011年上半年的经营情况来看，文思的净利润率为10.4%、海辉软件为7%、柯莱特为10%。更为严重的是，软件外包企业全年员工流动率在30%左右，员工普遍追求高薪，因此，即便涨薪也难以留住人才，人力成本的上升给整个大连软件服务外包产业筑造了一道限制转型升级、压缩利润空间的坎。

（4）向产业链高端转移，企业能力或动力不足。向产业链高端转移已经成为当前国内产业结构调整的重中之重，是影响我国经济转变方式、调整结构的战略任务。大连市服务贸易企业以中小企业为主，其规模小、盈利能力差、竞争力弱、融资困难，不具备向高端服务发展的能力。而一些大型企业则由于向高端产业链转移的投资大、周期长等原因，满足于当前的盈利水平，自主研发、技术创新的进程缓慢，向高端服务发展的动力不足。

（四）大连服务贸易加速发展的路径与对策

1. 推进体制机制改革，完善服务贸易管理工作

纵观改革开放30多年来，中国货物贸易的大发展在很大程度上得益于出口退税的税收政策和出口贸易便利优惠政策的支持，以此而形成的贸易体制机制也主要针对于货物贸易大发展。相比之下，由于服务贸易涉及部门繁多，而且内部各行业所要求的服务制度环境千差万别，我国服务贸易创新管理体制严重缺位，政策扶持力度不足。因此，应该在中央层面上拟建国务院服务贸易委员会或服务贸易促进发展办公室，像当年"六五"时期建立国务院机电出口办公室促进机电产品出口那样，建立健全相应的管理体制和部门协调部际委员会机制。应在构建

充分竞争且开放完善的国内服务市场经济体制的基础上，借鉴澳大利亚联邦政府设立服务贸易权威"圆桌会议"制度安排的经验，统筹全国服务贸易发展的一切事物，避免多头管理的混乱局面，统筹规划并适时调整中国服务贸易发展战略，为服务贸易发展提供政策制度保障。

2. 提高服务贸易水平，满足对高端服务日益增长的需求

我国服务贸易结构仍有待改善，目前优势主要体现在旅游、运输等传统部门，高附加值和技术含量高的现代服务业发展落后。我国既要努力追赶发达国家水平，又要同发展中国家竞争以尽快改善服务贸易结构，需要促进新兴服务贸易的发展。我国要在继续扩大具有比较优势的传统服务贸易出口的同时，积极推进新兴服务贸易发展，重点加强金融、保险、计算机及信息服务、生物技术、国际物流、文化创意等领域的出口能力，引导服务贸易各行业均衡发展。将资源向多样化、高效率、低成本的高端服务贸易倾斜，构建起以供应链服务为核心的整合型外贸全程服务平台。通过为中小型服务企业提供解决方案，降低外贸交易成本，带动第三方服务业发展，提升我国服务贸易水平，满足对高端服务日益增长的需求。

3. 规划产业园区错位发展，避免同质化竞争

大连主要的服务外包产业基地是旅顺南路高新技术产业基地，已经聚集了软件和服务外包企业近 800 家，先后启动了 10 大园区和 20 个专业园区的建设，软件及信息技术外包在规模、增速、潜力等方面全国领先。但是产业园区内同质化竞争激烈，应实行错位发展模式，鼓励其继续发挥软件和信息服务优势，并大力吸引国内及跨国企业入驻，重点发展人力资源、公共信息、财务管理和金融保险等业务流程外包，丰富产业园区内服务外包领域内容，进一步促进大连市服务贸易加速发展。

4. 改变服务模式，应对人力成本上升

人力成本上升不仅存在于软件行业，而且是整个中国经济发展到今天必然出现的结果。随着人口红利的逐渐消失，企业要做的不是想方设法压低工资，而是从产业链、产品结构、供应链、销售渠道等方面寻找新的利润增长点。例如，大连有些软件服务外包企业从刚开始的编程逐渐开发出软件工具模块，这样就不需要再增加低端人力成本；再如，东软公司预见性地发现"卖人头"的软件服务外包传统模式走不通，转而向服务外包水平分工探索，在医疗健康和家庭软件服务方面，东软获利颇丰。服务外包的价值链并非只有一条，也并非必须在一条价值链上从低端向高端迈进，服务外包是最灵活的产业形态，企业只要有实力，就可以在其他服务外包方向突破，不能拘泥于业务，更不能在一种模式下故步自封。

5. 推动大连服务贸易与货物贸易协调发展

当前，国内经济下行之势日趋明显，经济发展方式转变，结构升级成为可持

续发展的重中之重。大连市工业经济占据主导位置，服务业发展仍相对滞后，导致货物贸易与服务贸易发展不均衡，不利于经济结构的调整。应充分把握服务业跨国转移和要素重组不断加速的机遇，在优化制造业与服务业结构的同时，调整传统服务业与新兴服务业的比重，积极发展技术含量高、附加值高的现代服务业，促进大连服务贸易与货物贸易的协调发展。

二、大连软件服务外包发展阶段、经验及对策

（一）大连软件服务外包的发展阶段

1. 产业萌芽期（20世纪90年代初至1997年）

以1992年、1996年大连市相继提出要把大连建成东北地区信息中心和建设大连信息港的要求为标志，大连软件外包产业进入萌芽期。虽然在大连软件园成立之前，大连的软件企业自发地与日本合作已经有了十几年的历史，也有如大连华信、海辉这样员工数量超过500人的较大规模软件企业。但是，从整体来看，大连的软件产业还是规模小、产值低。1997年底，大连市政府提出要大力发展软件产业的构想，成为改变现状的突破口。

2. 集群孵化期（1998~2003年）

大连市软件服务外包的集群孵化期是从20世纪90年代末至2003年，该阶段的主要特点是建立了"官助民办"的管理体制，即通过民营企业投入资本，进行投资建设，政府出台具体政策扶持和帮助。

1998年6月28日，大连软件园在由家村奠基，以华信为代表的本地中小型软件企业逐渐出现。1998年，大连软件和信息服务企业仅有100余家，最大的企业人员规模仅有100余人；但到了1999年，大连市软件产业销售收入超过5亿元，软件出口销售额超过1.5亿元，软件出口占全国近14%，软件出口占软件总产值的比重达30%以上。20世纪90年代末，大连软件园建立了创业中心，用来孵化和扶持一批软件企业的发展，仅1999年，软件园孵化企业和项目就高达20余个，其中申报火炬计划项目3项，"863"计划项目2项。

2000年3月，新加坡博涵咨询有限公司入驻大连软件园，成为进入大连软件园的第一家外资企业。随后，芬兰诺基亚、松下、GE金融国际服务亚洲集团、美国IBM、瑞典爱立信、日本CSK、古野电器等跨国公司相继入驻大连软件园，初步形成了大连软件服务产业集群。

1999年7月19日，科技部认定大连软件为"国家火炬计划软件产业基地"，

并于 2001 年 4 月正式批复支持大连市创建中国唯一的"软件产业国际化示范城市";2001 年 7 月,国家发展计划委员会与信息产业部召开国家软件产业基地命名授牌大会,大连被授予"国家软件产业基地"称号。

2000 年 6 月,中国第一所民办 IT 专业教育学府——东北大学东软信息技术学院成立,旨在为大连软件园提供软件产业最紧缺的人才资源,这是一所为培养实用性高级软件人才而创立的股份制学院。2001 年 4 月,大连软件园正式提出建设"中日软件产业战略门户"的园区发展目标。

随着一系列跨国公司落户大连软件园,大连软件与信息服务的销售收入从 2000 年的 9.8 亿元增长到了 2003 年的 45 亿元,年均增长率高达 66.21%。大连市从事软件和信息服务的企业数从 2000 年的 200 家增长至 2003 年的 358 家,从业人员也从 2000 年的 7000 人增长至 2003 年的 15400 人。

3. 快速扩张期(2004~2006 年)

大连市软件服务外包的快速扩张期是 2004~2006 年,该阶段的主要特点是明确提出了建设"中国 IT 外包中心"的发展战略,大连市软件销售收入显著增长,从业企业数量直线上升,企业规模急剧扩大。

2004 年 1 月,大连市政府明确了建设"一个中心,四个基地"的发展战略,"建设以旅顺南路软件产业带(大连软件园二期)为核心的'电子信息及软件产业基地'"正式写入政府工作报告;并于 2005 年 6 月,由大连软件园与新加坡腾飞集团合资建设的"大连软件园腾飞园区"项目正式启动,成为了大连旅顺南路软件产业带大连软件园二期正式开工建设的第一个产业项目。

2004~2007 年,美国肯沃基(Convergys)、美国甲骨文(Oracle)、Avaya、NCR、日本电信电话株式会社(NTT)等世界 500 强企业落户大连软件园,意味着大连逐渐成为跨国公司公认的最理想的开展离岸外包业务的基地。随着这些知名欧美企业的到来,大连软件园在日本外包市场取得大量份额之后,又打开了潜力更大的欧美外包市场。2006 年,大连软件园举办的"2006 中国国际软件和信息服务外包年会"中,首次推出了"中国服务"的概念,大连软件和信息服务外包产业正在实现产业升级,与此同时,软件销售收入处于稳步增长期。

在这一阶段中,大连软件园二期工程被辽宁省发展计划委员会列入了辽宁省振兴老工业基地重点高技术产业化示范工程项目;2004 年 3 月,科技部火炬中心实施"中国软件欧美出口工程项目",大连海辉、华信等五家软件企业被批准为首批试点企业,数量仅次于北京,大连软件园荣获首批试点基地称号;2006 年 6 月,在首届中国软件自主创新论坛暨中国软件自主创新排行榜中,大连荣获"中国软件自主创新特别贡献奖";2006 年 8 月,国家"千百十"工程正式启动,大连成为全国第一个被授予"中国服务外包基地城市"称号的城市,大连软件园成为第一个中国服务外包基地城市的示范区。

随着大连软件和信息服务产业的增长，大连市软件销售收入从 2003 年的 45 亿元快速增长至 2006 年的 145 亿元，比 2003 年的销售收入增长了 2 倍多；大连市从事软件和信息服务的企业也从 2003 年的 358 家增长至 2006 年的 620 家，企业数量增长了近 1 倍；而 2006 年的从业人员数高达 4 万人，比 2003 年的 15400 人增长了将近 2 倍。

4. 稳步增长期（2007 年至今）

大连市软件服务外包的稳步增长期是从 2007 年至今，该阶段的主要特征是着力打造大连软件产业竞争优势，承办高端会议，注重品牌塑造，不断提升大连的知名度。

2007 年 9 月 6~8 日，首届夏季达沃斯论坛在大连举行。大连软件和服务外包产业成为与会代表关注和讨论的重要话题之一，东软、华信两家大连软件企业和大连软件园投资商大连亿达集团成为世界经济论坛成长型企业会员。2011 年 6 月 16~19 日，主题为"绿色 IT，智能应用"的第九届中国国际软件和信息服务交易会在大连举行；同年 10 月 25 日，大连软件园及亿达信息技术有限公司在日本东京召开了大连服务外包产业十年经验交流研讨会，与日本软银集团、松下集团等近 50 家日本知名企业共同探讨离岸服务外包产业未来的发展方向，并就行业合作模式创新进行了深入探讨。这些会议的召开，意味着大连不断按照"立足日韩、面向世界、服务东北"的发展目标，构建了以日韩市场为主、以欧美和国内市场为辅的多元化市场体系，不断提升着大连软件产业的国际竞争力，塑造大连的产业特色，使软件产业逐渐成为大连市的支柱产业。

2008 年 1 月，日本富士通 BSC 株式会社在大连软件园设立的嵌入式软件开发中心投入使用；同年 4 月，东方源公司成为了第一家入驻大连软件园的荷兰软件及服务外包企业；2009 年 2 月，原大连软件园咨询服务有限公司并购了两家日本 IT 企业并正式更名为大连亿达信息技术有限公司，不仅使大连增加了一家千人的软件企业，更使大连掌握了日本也是全球最先进的光通信技术，意味着中国因大连而跻身世界光通信技术先进国家行列。

2007 年 9 月 5 日，由新加坡腾飞集团与大连软件园联手打造的大连软件园腾飞园区，作为旅顺南路软件产业带首个项目正式投入使用。夏季达沃斯论坛结束一周之后，中国香港瑞安集团与亿达集团共同投资建设的旅顺南路软件产业带上的大连软件园二期项目——"大连天地·软件园"破土动工，总投资超过 200 亿元；2010 年 4 月，大连启动了高新区 14 个特色软件园和产业基地建设，大连将用 5 年时间在旅顺南路软件产业带上继续建设 IBM 软件园、海辉软件园、亿达信息软件园、信雅达金融服务外包软件园、欧力士软件园、航天软件研发基地等 14 个特色软件园和产业基地。2010 年 12 月，我国首家软件服务外包产业海关保税中心——大连高新区国际服务外包保税研发测试中心开始运行，体现了大连软件和服务外包产业的不断创新和扩展。

这一阶段，大连软件服务外包的出口额从 2007 年的 7.5 亿美元增长至 2011 年的 25 亿美元，2011 年大连软件服务外包出口额占大连软件总销售收入的比例高达 21%；从事软件行业的企业数量也从 2007 年的 660 家增长至 2011 年的 960 家，从业人员更是上升至 11 万人。2012 年 1~8 月，大连软件园实现销售收入 760.9 亿元，同比增长 53.7%。

（二）大连软件服务外包的发展现状

1. 规模较小，增长快速

（1）总体情况。从 1998 年大连市开展软件和服务外包产业至今，大连软件和服务外包的产业规模急剧扩大，以令人惊奇的发展速度，完成了从软件园到软件业，再到软件城的历史跨越，成为跨国公司在中国投资软件和服务外包最为集中的城市。2012 年，大连离岸外包合同金额 17.92 亿美元，同比增长 17.3%；执行金额 15.29 亿美元，同比增长 41.05%；2013 年 1~7 月，离岸服务外包合同金额 12.8 亿美元，执行金额 8.5 亿美元，同比增长 24.5%。软件服务外包销售收入总额 760 亿元，增长率达 42.10%；地区生产总值 6150.1 亿元，增长率为 19.23%；软件服务外包出口额 25 亿美元（图中表示的单位为亿元），出口增长率为 38.89%。如图 10-3 所示（数据截至 2011 年）。

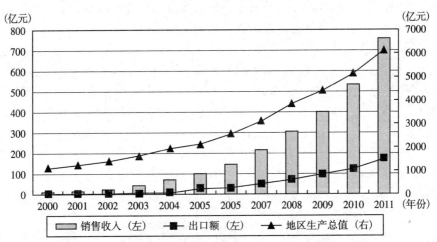

图 10-3 2000~2011 年大连软件服务外包总体收入及出口情况
资料来源：大连市外经贸局、中国外包网。

随着产业环境的逐渐优化，产业的规模效应和集聚效应开始凸显。大连拥有全国外包出口额最高、外资比例最高的软件园区——大连软件园。截至 2011 年底，大连软件园入园企业近 600 家，占大连市服务外包企业总数的 62.2%，外资企业所占比例为 41%。2011 年，大连软件园实现销售收入 338 亿元，软件和信息服务出口达到 12.5 亿美元。2000~2011 年，大连软件和服务外包企业由 200 家增加到 964 家，从业人员由 7000 人增加到 11 万余人，如图 10-4 所示，并且人均收入水平逐年提高，给城市带来了巨大的社会效益，大连软件和服务外包产业已步入快速发展的黄金时期。

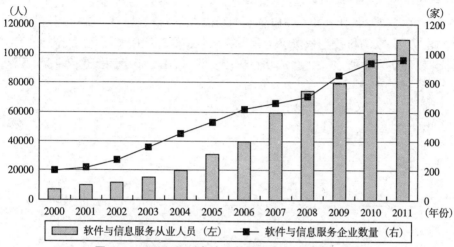

图 10-4　2000~2011 年大连软件服务企业与从业人员

资料来源：大连市外经贸局、中国外包网。

（2）主要企业。目前，全市已有人员规模超过 100 人的企业 70 余家，规模过千人、收入过 10 亿元的软件骨干企业达 13 家。其中，东软、华信、海辉三家软件企业出口收入自 2006 年起蝉联全国前三名。作为服务外包产业的龙头，东软集团一直保持着较快的发展速度，是我国从业人员最多、外包营业额最高的企业，现拥有员工 16000 余名，平均年龄 29 周岁。2012 年，东软集团总资产达 1416.91 百万美元，资产增长率为 11.94%；公司净利润 72.63 百万美元，如表 10-2 所示。

表 10-2　2006~2012 年东软财务状况

年份	资产（百万美元）	净利润（百万美元）	资产增长率（%）	利润增长率（%）
2006	403.56	13.40	—	—
2007	459.14	36.06	13.77	1.69
2008	893.20	75.43	94.54	1.09
2009	991.59	103.98	11.02	0.37
2010	1095.36	81.02	10.47	−0.22
2011	1265.67	67.64	15.55	−0.16
2012	1416.91	72.63	11.94	0.74

资料来源：东软历年财务报表。

大连华信是我国软件外包业务规模最大的公司之一，也是国内最早一批进入日本市场的企业，服务外包收入始终保持在25%以上的年增长率，2011年收入额达2.19亿美元，在中国服务外包企业排行榜中排名第五；公司拥有员工2300余人，本科学历占83%，研究生以上学历占7.4%，其中留学归国、海外进修归国人员占20%，形成了由资深的行业业务专家、丰富经验的项目管理团队和优秀的开发队伍组成的合理的人员结构。

海辉在2012年中国服务外包企业50强排名中荣登榜首，拥有超过7500名IT专业人才，在高科技和消费电子等领域积累了极具广度和深度的行业经验，成为全球软件研发中心之一，并成功在美国上市，2011年净利润达到18.4百万美元，如图10-5所示。

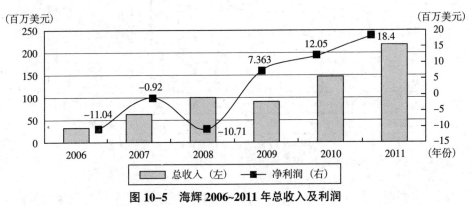

图10-5 海辉2006~2011年总收入及利润

资料来源：海辉历年财务报表。

2. 大连软件服务外包业的经济贡献度

（1）大连软件服务外包业对GDP的贡献度。大连软件外包服务业在外包服务业中主要以承接方角色出现，其业务领域多数集中于信息技术外包、业务流程外包以及两者相互绑定的层次上，因此大连软件和外包服务业又称为软件与信息服务业，其效益来源主要由国内销售收入和国际出口收入两部分构成。2000年，大连软件外包服务业在国内的销售收入为9.8亿元人民币，经过12年的发展和壮大，截至2011年，大连软件和服务外包产业一跃成为销售收入总额突破760亿元的支柱性大产业。12年间，大连软件外包服务业一直保持较高的增长速度，为城市经济做出了巨大的贡献。

从2000年到2011年，大连软件服务外包业发展迅速，销售收入突飞猛进（见图10-6）。中国服务外包网数据显示：2012年1~8月，大连高新区特色主导产业——软件和服务外包实现收入760.9亿元，同比增长53.7%，前8个月收入已达到2011年全年收入水平，总体经济持续平稳运行。多年来，国内销售市场收入占总体收入的 3/4 左右,形成以软件产品、系统集成、软件技术服务、嵌入式软件、IC 设计为主的市场布局,其中软件技术服务占有最大的市场份额;国际出口市场主要承接来自日本、韩国的软件和外包服务,收入占总体收入的 1/4 左右,形成以软件产品、嵌入式软件、软件服务为主的细分市场,软件服务占据最大的市场份额,嵌入式软件与软件产品分别居第二、第三位。

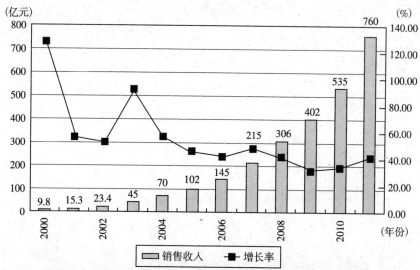

图 10-6 2000~2011 年大连软件与服务外包业销售收入及增长率
资料来源:大连市外经贸局、中商情报网。

2000~2011 年,大连市生产总值保持了稳步较快增长,2012 年,大连市 GDP 7650.8 亿元,而软件服务外包占据大连市生产总值的比例也越来越高(见表 10-3)。从 2005 年开始,大连软件与服务外包产业增加值占全市生产总值的比重超过 4%,已显现出未来支柱产业的雏形。2010 年,大连软件和服务外包的销售收入达到了 535 亿元,比 2009 年增长了 33.8%,净增加 133 亿元,对其 GDP 的贡献率达到了 10.37%。2011 年,大连软件服务外包销售收入一举突破了 700 亿元,增长 42.1%,占同期大连市地区生产总值的 12.36%。可以看出,软件与服务外包业已经成为大连市的支柱性产业。

(2)大连软件服务外包业对外贸的贡献度。目前,大连软件园一年的销售收入中的 80% 为来自国外的订单。随着软件行业的日益成熟,大连软件与服务外包额不断攀升(见图 10-7)。2000 年,大连软件与服务外包的出口额仅为 0.4 亿美元,经过短短十几年的发展,截至 2011 年,其出口总额一跃达到 25 亿美元,年均增幅达到了 60.6%。

表 10-3　2000~2011 年大连软件服务外包收入及其对 GDP 的贡献度

年份	软件服务外包销售收入（亿元）	软件服务外包收入增长率（%）	GDP（亿元）	软件服务外包收入占 GDP 比重（%）
2000	9.8	127.90	1110.8	0.88
2001	15.3	56.00	1235.6	1.24
2002	23.4	53.00	1406.0	1.66
2003	45.0	92.00	1632.6	2.76
2004	70.0	56.00	1961.8	3.57
2005	102.0	46.00	2150.0	4.74
2006	145.0	42.00	2569.7	5.64
2007	215.0	48.20	3131.0	6.87
2008	306.0	42.30	3858.2	7.93
2009	402.0	31.40	4417.7	9.10
2010	535.0	33.80	5158.1	10.37
2011	760.0	42.10	6150.1	12.36

资料来源：大连统计信息网、大连市外经贸局、中商情报网。

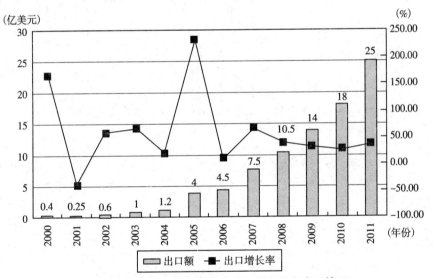

图 10-7　2000~2011 年大连软件与服务外包出口情况

资料来源：大连市外经贸局、中商情报网。

近年来，大连市的对外贸易出口额一直呈现出稳定上行之势（见图 10-8）。2000 年，大连市对外贸易出口额为 52.14 亿美元，其中软件与服务外包的出口额仅为 0.4 亿美元，占比 0.77%。2012 年，大连市对外贸易出口额突破 336.91 亿美元，2013 年 1~7 月外贸出口 200.42 亿美元，2011 年软件与服务外包的出口额为 25 亿美元，对外贸的贡献度达到了 8.01%，比 2010 年上升了 1.44 个百分点，如图 10-9 所示。

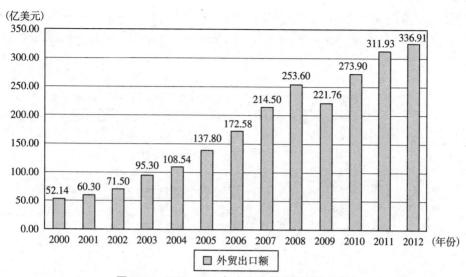

图10-8　2000~2011年大连市对外贸易出口额

资料来源：大连统计信息网。

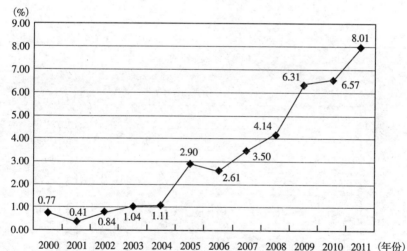

图10-9　大连市软件服务外包出口额占其外贸总出口额的比重

资料来源：大连统计信息网。

近年来，在对外贸易中，服务贸易呈现出迅猛发展的势头，2000~2011年这12年，大连的服务贸易出口额也一直呈现出稳定增长的态势。2010年，大连市服务贸易的出口额为25.74亿美元，其中软件与服务外包的出口额为18亿美元，对服务贸易出口额的贡献度高达69.93%。2011年，大连市服务贸易的出口额增长为31.73亿美元，其中软件与服务外包的出口额为25亿美元，比上年净增长了7亿美元，对服务贸易出口额的贡献度达到了78.79%，比上年增长了近10个百分点，如表 10-4 所示。纵观 2000~2011 年，大连软件与服务外包业对其服务贸易出口的年均贡献率达到了 35%，由此我们可以看出软件服务外包业在大连市对外贸易中的重要地位（见图 10-10）。

表 10-4　2000~2011 年大连软件服务外包对大连对外贸易出口的贡献度

年份	大连软件服务外包出口额（亿美元）	软件服务外包出口增长率（%）	大连服务贸易出口额（亿美元）	大连软件服务外包占服务贸易出口额的比重（%）
2000	0.40	166.67	9.14	4.38
2001	0.25	-37.50	14.70	1.70
2002	0.60	58.30	11.90	5.04
2003	1.00	66.70	12.40	8.06
2004	1.20	20.00	10.34	11.61
2005	4.00	233.00	13.50	29.63
2006	4.50	12.50	15.98	28.16
2007	7.50	66.70	17.60	42.61
2008	10.50	40.00	15.20	69.08
2009	14.01	33.30	19.15	73.16
2010	18.00	28.57	25.74	69.93
2011	25.00	38.89	31.73	78.79

资料来源：大连统计信息网、大连外经贸局、中商情报网。

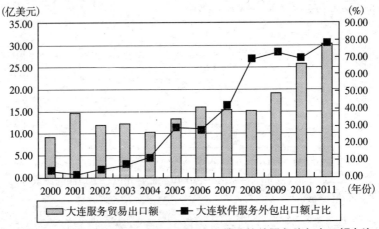

图 10-10　2000~2011 年大连服务贸易出口额及软件服务外包出口额占比
资料来源：大连统计信息网、大连外经贸局、中商情报网。

（3）大连软件服务外包业对中国软件服务业的贡献度。2000~2011 年是中国软件服务业发展的一个黄金期，其中大连软件服务外包业对此做出了巨大的贡献（见表 10-5 和图 10-11）。2010 年，中国软件服务业创收突破 10000 亿元，其中

表 10–5　2010 年中国各城市软件服务外包业收入及占比

指标 \ 城市	北京	大连	上海	深圳	西安
软件服务外包收入（亿元）	654	535	520	485	410
对中国软件服务外包收入的贡献率（%）	4.89	4.00	3.89	3.63	3.07

资料来源：中国工业与信息化部、中国服务外包网。

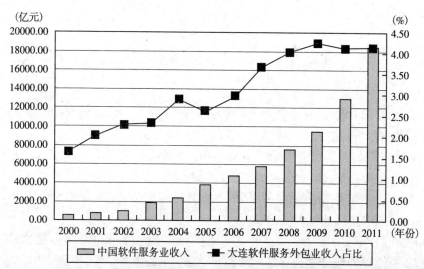

图 10–11　中国软件服务业收入及大连软件服务外包业收入占比
资料来源：中国工业与信息化部。

大连软件服务外包业对此的贡献度高达 4.21%。2011 年，中国软件服务业的收入持续显著增长，创收 18467 亿元，其中大连软件服务外包业对此的贡献度与上一年持平。可以看出，大连软件服务外包业的高速增长极大地促进了中国软件服务业的发展。

3. 外包业务① 结构：中低端业务为主，高端业务为突破

2009 年，大连的软件服务外包业业务构成分别为 50% 的软件开发和外包（ITO），30% 业务流程外包和资源中心业务（BPO），20% 的产品研发中心业务（KPO）。其中，应用软件开发和外包占比 40%，嵌入式软件开发和外包占比 10%，业务流程外包和资源中心业务占比 30%，产品研发中心业务占比 5%，CAD/CAM 业务占比 5%，动漫设计和其他占比 10%，如表 10–6 所示。

---

① 软件外包产品大致分为 ITO、BPO、KPO 三类，它们都是基于 IT 技术的服务外包。ITO 强调技术，更多涉及成本和服务，属于较低端服务；BPO 更强调业务流程，解决的是有关业务的效果和运营的效益问题，在结构中属于中间层次；而 KPO 则强调设计与研发，是服务外包的高端部分。

表10-6 2009年大连软件服务外包产品分类占比情况

产品分类	占比（%）
应用软件开发和外包	40
嵌入式软件开发和外包	10
业务流程外包和资源中心	30
产品研发中心	5
CAD/CAM	5
动漫设计和其他	10
合计	100

资料来源：杨丹辉：《差别化经营与服务外包园区的竞争优势——以大连软件园为例》，《当代经济管理》，2011年第2期。

同期，我国软件服务外包中ITO仍占主要部分，占总值的59.3%。2012年1~6月，我国软件信息服务外包中，ITO占59.4%，BPO占14%，KPO占26.6%。与国内平均水平相比，大连软件服务外包中的中高端服务产品比例略高，正在从原有的订单式软件开发、数据处理为主的业务形式向市场开拓、产品代理、技术咨询、售后服务等更广泛的领域拓展。大连软件与服务外包业已经走向成熟和规模化，正在向中高端外包市场拓展。

印度在软件与信息外包行业一直居于世界领先地位，2010年印度信息技术外包和业务流程外包分别占比57.2%和27.4%。由此可见，与印度相比，大连软件服务外包中ITO份额较印度少7%，而BPO份额多2.6%，如表10-7所示。

表10-7 2009年大连与中国和印度软件服务外包产品构成对比

单位：%

	2009年大连软件服务外包产品构成	2009年中国软件服务外包产品构成	2010年印度软件服务外包产品构成
ITO	50	59.40	57.20
BPO	30	14.00	27.40
KPO	20	26.60	15.40

资料来源：毕马威中国：《Inside the Dragon：Outsourcing destinations in China》2010年专题。大连软件行业协会：《2012年第八期简报》。周星年：《走向全球的印度软件与服务外包产业》，《群众》，2011年第5期。

4. 外包市场[①]结构：日韩为主，欧美为辅

与印度依靠国际市场发家不同，中国是以在岸外包为主导发展软件与信息产业，在岸外包占大部分市场。由大连软件服务外包收入和大连软件服务出口情况

---

① 外包市场分为在岸外包与离岸外包。在岸外包（也称为境内外包）是指外包商与其外包供应商来自同一个国家，因而外包工作在国内完成。离岸外包是指外包商与其供应商来自不同国家，外包工作跨国完成。

可知，大连软件产业 2000~2006 年国内与国际市场份额之比波动较大，如图
10-12 所示。大连由于地缘优势，紧邻日韩，出口比重较国内同期略高，但仍以
国内市场为主，在岸市场份额一直高于总份额的 2/3。2007 年后，国内市场份额
更加凸显，主要是国际市场日趋稳定，而我国内需庞大，国内外包业务发展态势
强劲，有较大潜力，在国际市场需求弹性较低时，开拓国内市场收益显著。

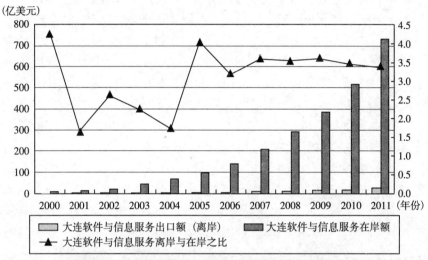

图 10-12 大连软件服务历年出口情况及在岸与离岸之比
资料来源：大连市外经贸局、中商情报网。

大连软件外包产业较早地打出了"国际牌"，在 20 世纪 90 年代末，就提出
了软件产业发展国际化战略，积极引进国际大公司，并注重与国内公司的合作，
使大连赢得了发展先机。国际金融危机过后，转型与创新刻不容缓。中国产业结
构转型升级所释放出的巨大市场需求，为软件的技术创新和应用开辟了难以估量
的发展空间。

在大连软件服务业的离岸外包中，对日本外包服务占据了主导地位。2011
年，中国承接国际信息服务外包业务量中，有 60% 来自于日本，而日本在此项外
包业务中，有 70% 是包给了中国。大连作为中日经济合作的重要桥头堡，每年承
接的对日外包业务达到离岸外包业务的 80% 以上。大连位于东北亚中心，紧邻日
本，由于地缘优势，对日本软件外包是大连市软件与信息服务外包业中最具影响
力也是最早开拓的国际市场，有超过 200 家企业从事对日本的软件服务外包，不
仅是因为地理位置近，往来方便，还由于大连会说日语的人较多。吸引外包生意
的决定性因素是大连较低的人力成本，而且大连的地价比北京和上海要便宜得
多，与东京和大阪的天价地皮更是无法相比，大连之于日本，就相当于印度的班
加罗尔之于美国。

5. 跨境交付与商业存在并存

根据《服务贸易总协定》，服务贸易有四种提供方式：跨境交付、境外消费、商业存在和自然人流动。大连软件服务外包主要是以跨境交付和商业存在的方式提供的。

大连软件服务业发展初期，主要是为国内企业提供软件服务，随后，面向日本、韩国、欧美等国际市场，提供 BPO、KPO 和 TPO 等服务。承包国外企业特定的活动发包或者将承接的活动发包再发包给其他企业，随着大连软件服务企业规模的扩大，销售收入的增加，企业实力不断增强，大连海辉、东软等企业均在国外设立了分支机构。海辉早在 2002 年就在日本东京、大阪设立了海辉科技日本了公司（DMK 日本），并陆续在美国、新加坡等地设立了办公机构；大连东软也在美国、欧洲、日本、匈牙利和阿联酋设有分公司。与此同时，跨国软件企业也纷纷入驻大连市场，以商业存在的方式开展软件研发及进行外包服务。2004年，全球最大的软件管理企业和协同商务解决方案供应商 SAP 公司在大连软件园内设立了 SAP 全球客户支持中心，是首家入驻大连软件园的世界 500 强中的纯软件企业。随后，日本富士通 BSC 株式会社在大连软件园内设立了嵌入式软件开发中心，荷兰东方源软件及服务外包企业入驻大连软件园，一系列跨国软件企业的入驻，推动了大连软件服务外包业的发展。

（三）大连软件服务外包的经验

1. "官助民办" 的经营模式

大连软件园是我国 11 个国家软件产业基地中唯一以"官助民办"管理机制运行的园区。起步于 1998 年的大连软件业，用"官助民办"的软件园区经营模式给中国软件园发展打出了"样板"。"官助民办"模式是一种真正持久、更专业化和市场化，更具有可持续发展性的创新模式。

所谓"官助"，就是政府在产业规划、政策引导、基础设施建设和重大项目推进方面，全力以赴地予以支持。"民办"就是在软件基地的开发、招商引资、商务配套和对软件企业的专业化管理层面，都是由一个独立的公司运作，按照市场经济原则来进行操作。"官助民办"符合社会主义市场经济条件下的基本原则，有利于调动企业和政府的积极性，一方面体现了政府前瞻性的政策导向，同时也避免政府在操作环节中出现低效率的现象；另一方面充分调动了开发企业的积极性，通过利益的激励和市场竞争的压力，来促进软件园区的更快发展，提高了软件园区开发和运行的效率，实现了优势互补，取得了政企"双赢"的良好效果。

在大连软件园创业之初，政府出台了相关费用由政府"买单"等新政策，软件园在 2000 年便迅速拥有了 56 家企业和千余名从业人员；政府招商团更是由市长亲自做推销员，帮企业拿回了大把"订单"。而软件区的产业定位、规划，则由大连软件园股份有限公司负责。2007 年以来，大连市先后出台、设立了《大连市关于吸引软件高级人才的若干规定》、《大连市进一步促进软件和服务外包产业发展的若干规定》、软件人才专项资金等。与此同时，大连市还先后建设了大连嵌入式系统公共开发服务平台、大连软件公共技术平台、大连软件开源公共开发服务平台等一批公共服务平台，为企业自主创新提供强有力的支持。2007 年，大连市出台了《大连软件及信息服务业个人信息保护管理办法》、《大连软件及信息服务业个人信息保护评价规则》和《PIPA 文件管理手册》；同年，发布辽宁省《软件及信息服务业个人信息保护规范》，这是我国首个针对个人信息保护的地方行业标准。2008 年，大连高新区出台《关于进一步加强软件和服务外包人才工作的若干规定》，提出高新区每年至少出资两亿元用于软件和服务外包产业的人才吸引、人才培养和人才服务工作，力图冲破大连软件业发展过程中的人才"瓶颈"；2008 年，辽宁省发布《个人信息保护规范》标准版，该标准是我国首个针对全行业的个人信息保护的地方标准；2008 年，大连软件行业协会与日本情报处理开发协会签订了 PIPA 与 P-MARK 的互认协议，互认方式也成为国际间个人信息保护合作的新模式。

大连软件和服务外包产业的快速发展，很大一部分得益于大连市委、市政府的高度重视以及全市上下所形成的齐抓共管的合力。在已经完成的大连软件园一期建设和二期规划上面，大连市政府都参与到其中，在土地规划、搬迁、交通建设、水电等基建方面，以及园区管理政策上都提供了广泛支持，做了大量的工作。大连软件园成为全市知识密集程度最高的产业区和全国最好的软件园之一，如果没有大连市政府各方面的通力支持，这是无法想象的。而这些都只是大连软件产业"官助民办"特色的一个方面。在软件园一期 3 平方公里开发完成后，大连软件产业同时也以 306 亿元产值跃居大连第一大产业，取代长期占据第一位的传统重化工产业，真正实现了城市产业向高科技、无污染的产业升级。

可以看出，大连软件园区的"官助民办"这一政策模式可以作为我国软件服务外包发展的经验之一，将其推广到全省乃至全国，以推动我国软件服务外包整体产业的发展。

2. 目标市场定位准确

大连地处东北亚经济区中心位置，与日韩毗邻。日本作为一个内销型的软件消费国，是全球第二大软件产业与服务需求国，对软件进口有着巨大的市场需求。大连利用与日本密切的经济、贸易、文化关系以及区位优势好、日语人才多、合作交流频的优势，因地制宜地提出建设"中日软件产业合作战略门户"，重点发展对日本的服务外包业务，吸引了如阿尔派、Transcosmos 等大批日本软件研发企业落户。2011 年，大连有超过 200 家企业从事对日本软件服务外包，承接的对日本外包达到离岸外包的 80%以上。大连在开拓对日本软件外包市场方面已经初步形成对日本软件出口开发的骨干企业群，投资环境越来越受到日资企业的青睐。

基于大连软件服务外包业市场对日本的发展模式，中国其他城市也要遵循区位分布与空间聚集的内在规律，进行目标市场的准确定位，合理利用城市的区位和资源优势，避免发展决策失误和资源浪费。

长三角城市可发挥上海国际经济中心、金融保险中心、贸易中心和航运中心的作用，显示战略中心城市的特色；杭州、南京、苏州等城市要发挥生产工厂型特色，通过各类工业园区的优势，推进服务外包业基础框架型生产的发展；珠三角示范性城市应以中国香港、中国澳门为中介，发挥地缘优势外包中心的特色，承接海外银行、证券、保险、物流、信息服务等生产性服务业务，形成服务外包业转移的合理分工格局；环渤海示范性城市天津以北京全国政治中心、金融决策中心、科教文化中心和国内外交往中心为依托，发展高端服务外包业；内地示范性城市要发挥在人才培养和储备、商务成本、交通和信息基础设施、人员稳定性等方面的比较优势，体现成本优势外包中心的特色，承接和细分服务外包项目，使东、中、西区域有机结合，资金、人才、信息资源合理配置，实现沿海内地城市优势互补。

3. 产学研一体化的发展模式

产学研一体化是企业、高校本着优势互补、互利互惠、共同发展的原则进行合作与交流。实施产学研是高校、企业，乃至一个产业得以持续发展的根本保证，是提高校企核心竞争力的前提条件。同时，它也是现代企业的新型发展模式，充分利用学校和企业多种不同教学环境和教学资源以及在人才培养方面的各自优势，把书本知识和实践能力有机结合，实现双方、多方的共同发展。大连软件服务外包业率先启用了产学研一体化的发展模式，构建了软件服务外包的人才支撑，其中以东软为典型代表。2008 年，东软集团与亿达集团共同投资创办了大连东软信息学院，作为中国第一所企业投资创办的 IT 专业学府、第一所"笔记本"大学，东软信息学院以培养实用化、国际化、个性化的 IT 人才为目标，通过各种教学形式和内容的创新，培养适应产业发展的 IT 人才。目前，大连东软信息学院在校学生超过 14000 人，几年来已经有 7000 余名毕业生走上工作岗位，很多学生进入东软、HP、IBM 等国内外知名 IT 公司，学校为软件行业源源不断地输送优秀的专业人才。

（四）大连软件服务外包存在的问题

1. 企业规模偏小，竞争能力较弱

从人员规模来看，大连软件服务外包企业中，员工人数在 50 人以下的小企业占了绝大部分，1000 人以上的软件企业数量较少，而印度前 10 家软件服务企业的人员规模多在万人以上。截至 2011 年，大连最大的三家软件服务外包公司东软、海辉、华信从业人员分别为 16000 人、7500 人和 2359 人，而印度软件服务外包企业塔塔、威普罗、萨蒂扬的从业人员分别为 45714 人、42000 人和 23000 人。

从盈利能力来看，公司的净利润水平可以较好地反映一家公司的盈利能力。在此以大连软件服务外包龙头企业东软、海辉与印度最大的软件企业之一威普罗做对比：2012 年东软净利润为 6409 万美元，海辉净利润为 259 万美元，而威普罗 2005 年度公司净利润已达 1.71 亿美元。从中可以看出，大连软件服务外包企业在盈利能力上与印度公司仍相去甚远。

从公司竞争力来看，在国际竞争力方面，大连外包企业相对薄弱。由于企业规模偏小决定了企业能够接手的外包项目规模不大，同时为了得到订单，只能通过压低报价来寻求贸易合作，在一定程度上影响总体收入水平。这一点从公司的收入中得到体现：2005 年印度 HCL、珀拉瑞斯、艾-佛莱克斯营业收入已分别达到 68.04 亿美元、113.4 亿美元、124.74 亿美元，而华信、海辉、东软在 2011 年收入仅达 2.16 亿美元、2.19 亿美元和 9.18 亿美元，可见即便是企业规模相对较大的东软，与印度公司比起来仍然差距悬殊。因此，大连软件服务外包企业的竞争力与印度大公司相比还存在很大差距。

2. 企业资金紧缺，融资环境欠佳

软件产业作为高新技术产业，具有高投资性、高风险性。由于大连市软件企业的规模偏小，技术创新能力较弱，经济实力较差，抗风险能力较低，因此单凭企业自身的力量无法进行大规模的自主研发，没有承担大项目的能力，也无法与国外大公司抗衡，因此政府的融资政策尤为重要。目前大连市的投资渠道仍然比较单一，企业融资水平较低，运用市场渠道进行有效融资的意识仍未树立。与此同时，缺少风险防范政策，缺少风险投资资金的推出机制，在吸引外来风险投资资金方面进展比较缓慢。

3. 高端人才紧缺，研发能力不足

大连服务外包产业发展迅速，服务外包人才缺口很大。比人才短缺更令人担忧的是人才结构失衡问题。从从业人员的数量来看，有数据表明大连市软件服务外包业人才结构问题较为突出。根据大连软件行业协会提供的相关数据，2011 年下半年大连市软件行业人才缺口达到 20%。大连市所需求的软件人才主要有三个层次：首先是软件架构师，占总需求的 5% 左右；其次是项目经理和系统工程师，比例是 20%~25%；最后是基本软件人员，占总比例 70% 左右。由此可见，尽管大连的软件人才较多，37 所软件学院与相关的计算机专业机构每年都有大批的毕业生，各个类型的培训机构和企业也有相关培训机构，但是真正符合产业发展需求的高端人才依然缺乏。

4. 企业认证匮乏，市场拓展受限

2004 年，虽然国内通过 CMM5 认证的软件企业不过 8 家，而大连市占了 4 席，但在级别相对较小的认证如 CMM2、CMM3 以及双软认证方面，大连与其他城市相比相差过于悬殊。这反映出大连不乏领军企业的存在，但基础却相对薄弱，这将对大连软件产业整体的未来发展产生影响。

在国际外包市场上，日本市场比较注重信息安全保护，并自 2005 年 4 月开始日本信息处理企业实行了 P-MARK 认证制度。如果企业拥有良好的质量保证体系和被认可的个人信息保护制度，针对日本市场的竞争力就会增强。

在欧美市场上，由于欧美比较注重 CMM 认证，这对需要开拓欧美市场的大连软件产业来讲就变得更为重要。外包企业要进军欧美市场，就必须进行相关的认证工作，否则，中小企业别说进入国际市场，就是从大软件公司拿到的外包项目中再分包也是不可能的。2011 年，大连专业从事软件服务的企业有 960 家，只有 37 家软件企业通过了 CMM 认证，其中只有华信和海辉通过了 MCC5 级评估。这无疑对大连软件企业对外市场的拓展造成严重阻碍。

5. 市场结构单一，对日本依赖过强

在全球软件外包市场中，美国、欧洲和日本是主要的需求国，据统计，美国在全球服务外包中的需求约占世界服务外包市场总额的 66%，而日本和欧洲约占 23%。但无论是软件出口额还是从事软件出口企业的数量，大连软件企业对日本软件出口都占据绝大部分市场。所有软件出口贸易中，大连对日本出口业务已占到大连软件出口总量的 60%~70%。结构单一导致大连软件与服务外包稳定性不够，2011 年 3 月的日本地震导致大量软件外包企业暂时停工、两国通信中断等现象，从而导致一段时间内日本订单和业务量的萎缩。大连市如果想要参与全球软件和服务外包分工的竞争，就必须从欧美市场获取一定份额。

（五）大连软件服务外包存在问题的原因

1. 自主创新能力缺乏，精细化程度不高

大连软件服务外包产业的发展与世界上其他发达国家服务外包产业的发展相比，还存在着较大的差距。从企业发展规模来看，大连软件服务外包企业规模偏小，产出能力不高，其原因也是多方面的。

接包企业的技术水平和国际认知度直接决定着接单任务技术含量的高低和订单规模的大小，进而决定了企业的规模和利润。大连软件服务外包业的产业结构较为分散，产品同质化现象也比较严重，这就造成了大连的服务外包产业的分工、发展的精细化程度普遍不高，业务多集中在技术难度较小的应用软件开发上。其面对的市场主要是给日本、韩国提供国际软件外包服务，大多走的是一条给国外大公司打工的道路，其贸易方式和制造业的加工贸易较为类似。同时，大

连服务外包企业在长期的发展中忽视自己的自主知识产权创新，具有自主知识产权的名牌软件产品很少，具有定制软件的驰名公司不多，以服务驰名的软件公司缺乏，企业认证匮乏，难以开发出占据市场主导地位的"拳头"产品，市场拓展受到限制。加上目前大连市的投资渠道仍然比较单一，企业融资水平较低，因此单凭企业自身的力量无法进行大规模的自主研发，没有承担大项目的能力，无法与国外大公司抗衡，进而接单任务规模小、技术含量不高。这样的产品结构和市场导向，最终决定了大连服务外包企业的规模偏小、竞争力不强。

2. 资本市场发展薄弱，企业信用度不高

首先，中小软件外包企业规模小，效益不稳定，难以形成对信贷资金的吸引力。中小软件外包企业的业绩不理想、信用不高是企业融资的最大障碍。大多数中小服务外包企业管理经验不足，基础薄弱，普遍缺乏规范的公司治理结构，财务制度不健全，透明度较低。这样就使银行对中小服务外包企业的信贷资产质量总体评估不高。其次，企业信用担保机构规模小，风险分散与补偿制度缺乏。

目前，面向大连企业的信用担保业发展难以满足广大软件外包企业提升信用能力的需要；政府出资设立的信用担保机构通常仅在筹建之初得到一次性资金支持，缺乏后续的补偿机制；民营担保机构受所有制限制，只能独自承担担保贷款风险，而无法与协作银行形成共担机制。此外，直接融资门槛高，多层次的资本市场尚未形成。我国资本市场虽已初具规模，但发展还不成熟，资本市场进入壁垒较高，国家对股票和债券发行的许多硬性规定使大连软件外包企业较难通过资本市场实现融资目的。

3. 人才培养模式落后，高端人才来源少

大连软件服务外包业整体上存在着高端人才紧缺，研发能力不足的问题，造成这种问题的原因是多方面的：首先，培养软件人才的学校没有顺应时代的变化。近年来，大学扩招，学习软件的人数大幅增加，而在学校里教材还是那几本，老师还是那几个，这种人才培养模式肯定会与产业发展相脱节。其次，一些私人 IT 培训机构一味追求利润，而忽略了人才培养的质量，这势必会造成大连软件产业存在着研发能力不足的问题。再次，软件公司的人才培养模式也存在问题，很多软件公司没有制定明确的人才培养路线，缺乏培养高端人才的路径。最后，近年来，大连市的经济虽然有了长足的发展，但与北京、上海等一线的大城市相比，大连市经济总量小、工资水平低的状况还没有彻底改变，对高端人才缺乏吸引力。

4. 企业认证过程复杂，CMM 评估成本较高

CMM 是国际上公认的最成熟、最有效的一种提高软件工程化水平的方法和标准。CMM 划分为五个级别，一级为初始级，二级为可重复级，三级为已定义级，四级为已管理级，五级为优化级。但国内实施 CMM 评估存在以下问题：一

是评估费用非常高，主要花费在培训、监督、预评估和正式评估上，如国内某公司通过 CMM2 级的评估花费就大约可达 150 万元人民币；二是时间非常长，在实施 CMM 的过程中，将过程复杂化了，增加了软件开发的难度和复杂性，整个过程操作起来非常困难，尤其是第一次评估。如上所述，CMM 是一个相当复杂的标准，很多企业在准备实施 CMM 的初期，就因其烦琐的过程和高昂的费用所终止。全世界的 CMM 主任评估师共有 300 余名，国内目前还没有自己的主任评估师，所以我国在 CMM 评估中要聘请外籍主任评估师，费用更高，要通过一个级别的 CMM 评估，费用是通过 ISO9001 认证的 10 多倍。所以这就需要政府资助企业参加 CMM 评估，在控制软件外包的商务成本、提供软件自主创新能力等方面提供更加优惠的政策。

5. 中日地理位置相近，合作互补性明显

中日之间服务外包合作互补性很明显，日本有巨大的外包服务市场，但其国内服务成本高，转移到中国，可以降低成本，并解决劳动力短缺的问题。而由于大连与日本地理位置相近，日语人才众多，日本企业在中国的软件外包业务落脚地首选大连，它也因此有"对日软件外包门户"之称。

（六）大连软件服务外包的对策建议

1. 增强企业实力，扩大企业规模

大连的软件服务外包企业现阶段所面临的一个根本问题是加强自身建设，扩大企业规模，加速大连从单纯依靠劳动力成本优势从事低端外包服务的成本中心，向主要依靠高素质劳动者的创造性劳动提供高附加值外包服务的价值中心转变。

技术水平的高低直接决定着接单任务技术含量的高低，进而决定着规模的大小和利润的高低。所以大连外包企业要做大做强，就要按照质量管理体系的要求严格管理，让质量体系深深地贯穿于开发的全部过程，按国际化的流程管理思想进行软件项目的管理，不断提高自身的技术水平，不断地对质量精益求精。提高企业技术水平，不仅是争取逐步摆脱代码编写等低级阶段，更要参与到软件设计中去，加大软件开发合作的深入，逐渐接包更大规模的服务外包项目。

同时可以建立软件外包企业联盟，把众多的小企业联合起来，将规模小、松散的企业整合成为一个战略利益集团，这样不但有助于降低各项成本、全面提高技术能力，还可以形成更大规模的开发能力和接单能力，形成价格优势，提高国际竞争力。这一举动首先有助于树立大连市整个软件产业的国际形象和品牌，同时大企业提高了自己的知名度、项目质量和生产效益，小企业也可以实现资源和利益共享，风险和成本共担，克服自身规模小的致命弱点。

大连软件外包市场需求量仅仅靠几个东软、华信、海辉是远远满足不了的，只有调动起整个行业的力量和优势才能在软件外包中立稳脚跟，发展壮大。对于东软、华信、海辉这样的对日本软件外包的龙头企业，一方面，发挥自己在行业内的领导地位或者借助自己日本的分公司进一步扩大接单规模；另一方面要对接单进行二次分包，将整个项目分成若干个模块，将自己不擅长和费时费力的模块外包给集群内其他中小型企业，以实现资源的优化配置，也可以促进其他企业的发展。这样最上面有龙头企业负责接单，下面形成紧密型合作企业，再下面还有松散型合作企业，不仅能有效解决企业规模小、缺乏竞争力的难题，而且形成了本地软件开发的合理梯队，大企业规模得以扩大，同时又给中小软件企业以生存空间，有利于大连软件整体行业的良性、快速、高效的发展。

2. 拓宽融资渠道，完善融资环境

政府、企业、社会各方面共同出资，建立风险基金，成立风险投资公司，优先考虑从事软件外包企业的资金需求，运用市场渠道进行有效融资；银行、证券公司、保险公司、信托资金公司等金融机构对软件外包企业研发创新、技术升级等方面的资金需求给予优先安排和特别关照；针对大连软件外包业的中小企业，应尽快完善软件外包企业贷款担保制度，设立贷款担保金，为中小软件外包企业贷款提供担保。

拓宽软件外包企业融资渠道，多方面进行融资，创造条件，降低门槛，鼓励软件外包企业上市融资和发行企业债券进行融资。着力提高大连软件外包企业直接融资比重，拓宽中小软件外包企业融资渠道。逐步降低直接融资准入门槛，大力发展金融租赁业务。减轻大连软件外包企业税负，发挥积极财政政策的作用，如果企业进行扩大再生产，政府要给予一定的补贴，加大财政支持中小企业融资力度，鼓励中小企业发展。大力推进大连软件外包企业信用体系建设，根据企业特点，建立软件外包企业信用档案，搭建信用信息平台，提高企业诚信意识，为软件外包企业信贷融资创造基础条件。

3. 引进高端人才，提升研发能力

为了应对大连软件服务外包高端人才紧缺、研发能力不足的现状，在专业人才培养方面，市政府应充分重视外包人才的培养。首先，加快高校服务外包相关学科建设，培养具备国际视野、英语水平高、文化交流能力和业务能力强的复合型人才。其次，积极利用国际外包市场的发展机遇，加强企业员工的职业化培训，建立起企业内部激励培养机制。再次，大力引进国内外现代服务外包方面有经验的高级管理人才，鼓励海外留学生回国创业。最后，借鉴印度、菲律宾的做法，同时也为更好地拓展欧美外包市场，分派专门人员到欧美接受培训，使中国承接外包领域的人才国际化程度得以提高。

4. 提升认证意识，加快认证步伐

大连市的外包业要和国际接轨，就必须使发包企业和接包企业的利益都得到保障，建立一个良好有序的信息化社会，全力推进大连外包业务的发展。从2001年起，大连市科技局先后投入200多万元组织各种培训，并资助企业开展认证，大连信息产业局与大连软件行业协会一起组织了多次中、小规模的 CMM、ISO9000标准培训班，聘请了劳氏船舶社等一些国际知名的咨询公司进行培训，帮助企业认识和掌握相关标准，并积极推进和促成企业完成 CMM、ISO9000 的认证工作。

对日本外包是大连软件外包产业的重要特点，也是大连软件外包产业的长处。自2005年4月开始，日本信息处理企业实行了 P-MARK 认证制度，这对大连市的外包企业造成了巨大影响。对于日本的外包业务，日方要求必须有规范，实质上，这也是一个市场准入证的问题。所以针对日本的外包市场，大连市软件外包企业要加强 PIPA① 认证或者 P-MARK 认证，加强对信息的保护意识，形成良好的质量保证体系。为了加快软件外包产业的发展，大连正努力开拓欧美市场，CMM/CMMI 认证也日益重要。大连软件外包企业要加强 CMM/CMMI 认证意识，充分利用政府提供的优惠条件，加快认证步伐，为开拓欧美市场做好充足的准备。

5. 完善市场结构，开拓欧美市场

为了提高大连软件外包业务的市场需求，深化产业稳定性，大连软件外包产业应加大对欧美市场开拓的引导。市场空间决定了未来产业的发展质量和规模，加大对欧美市场的开拓，是大连软件和服务外包产业实现跨越式发展的必由之路。大连软件企业对欧美外包市场的拓展起步较晚，并且面临着强大的竞争对手。由于软件开发具有高度的知识密集型特点，发包商在对承包商进行评估时，更看重对方的开发经验、双方在语言文化上的共通性以及长期合作的默契与信任程度。在大连投资的跨国公司，如 HP、IBM 在初期主要将日本业务转移到大连获得成功后，已经越来越多地将欧美业务转移过来，他们的做法在欧美企业中形成了极大的示范作用。可以预期，未来大连企业承接欧美业务的份额将越来越大。

总之，大连软件外包产业自1998年大连软件园建园以来发展迅速，特别是对日本软件的外包产业得到了快速发展。但与其他软件外包城市相比，还是存在企业规模偏小、资金紧缺、高端人才和企业认证匮乏以及市场结构单一等问题，但其"官助民办"的经营模式和产学研一体化的发展模式给大连软件外包产业带来了发展的潜力。从这几年的数据分析可以看出，大连软件外包产业正在走向成熟

---

① 个人信息保护评价（Personal Information Protection Assessment，PIPA），是针对使用自动或非自动处理全部或部分个人信息的单位而开展的个人信息保护能力的评价。目前主要针对软件及信息服务业，特别是外包企业。目的是帮助企业建立个人信息保护规章制度、运行实施并不断改进和完善，使单位的个人信息保护能力和单位信息安全级别得到提高，使客户、消费者和员工的个人信息得到有效保护。

的发展道路，特别是随着日本市场的巩固和欧美市场的进一步开拓，大连软件外包产业必将取得更大的成功，也将为我国软件外包产业的发展产生积极的促进作用。

参考文献：

1. 陈冲：《软件产业发展要走国际化道路》，《中国科技产业》，2005 年第 2 期。

2. 郭晓姝：《大连市信息产业与经济增长之间的关系》，《中国管理信息化》，2011 年第 23 期。

3. 黄小喆：《大连市软件外包产业的发展现状及对策》，《经济研究导刊》，2010 年第 21 期。

4. 江小涓：《服务全球化与服务外包：现状、趋势及理论分析》，人民出版社，2008 年。

5. 刘绍坚：《中国承接国际软件外包的现状、模式及发展的对策研究》，《国际贸易》，2007 年第 3 期。

6. 刘先雨：《大连软件外包产业集群发展探讨》，《现代商贸工业》，2008 年第 10 期。

7. 王勇：《中国软件产业发展现状及对策分析》，《经济观察》，2007 年第 3 期。

8. 王淑荣：《基于钻石模型的大连软件外包产业集群研究》，《现代商贸工业》，2010 年第 4 期。

9. 王淑荣：《大连软件业发展现状及对策研究》，《现代商贸工业》，2008 年第 7 期。

10. 杨丹辉：《差别化经营与服务外包园区的竞争优势——以大连软件园为例》，《当代经济管理》，2011 年第 2 期。

11. 杨大海：《大连市软件产业发展战略探讨》，《大连大学报》，2008 年第 2 期。

12. 杨兴凯、朱丹：《基于 SWOT 的大连软件和信息服务业发展战略研究》，《大连理工大学学报》，2012 年第 3 期。

13. 张耀、崔锦荣：《大连软件和服务外包发展新探》，《辽宁经济》，2009 年第 7 期。

14. 于立新、周伶：《中国现阶段服务贸易与货物贸易的相互促进发展研究》，《国际贸易》，2012 年第 3 期。

15. 徐丰伟：《大连建设东北亚国际物流中心的思考》，《现代物流》，2011 年第 10 期。

16. 沪东：《把发展高端服务业放在国际航运中心建设的重要位置》，《港口经济》，2009 年第 9 期。

17. 金孝柏：《服务贸易补贴与我国外贸发展方式》，《国际贸易》，2011 年第 6 期。

18. 李前、杨青山、于洋：《关于加快发展大连文化创意产业的几点思考》，《大连干部学刊》，2011 年第 2 期。

19. Ashish Arora，V S，Arunachalam Jai Asundi，Ronald Fernandes. The Indian software services industry. Research Policy，2001，30：1267-1287.

20. Bergman，E. In Pursuit of Innovative Clusters：Main Findings from the OECD Cluster Focus Group. Paper for NIS Conference on Network-and Cluster-oriented Policies，Vienna，2001.

21. DiRomauldo，Anthony，Gurbaxani and Viijay. Strategic Intent for IT Outsourcing. I.T. in Business，1998：29-32.

22. Savatore. Firm Specialization and Growth：A Study of European Software in Dustry. Liuc Papers，1996，35：12-23.

23. Swann P. and Prevezer M. A Comparison of the Dynamics of industrial Clustering in Computing and Biotechnology. Research Policy，1996，25：1139-1157.

第四篇

海南区域篇

第十一章 海南省旅游服务贸易现状、问题与政策建议

胡永和[①] 余升国[②]

一、前言

旅游服务贸易全称为国际旅游服务贸易，是国家间相互为旅游者进行国际旅游活动所提供的各种旅游服务的交易过程，包括本国居民的出境游，外国旅游者的入境游，以及围绕它们所展开的一系列活动，如饭店、宾馆、旅行社和旅游企业提供的服务、导游服务以及其他旅游服务。国际旅游服务贸易的快速发展具有一种巨大的乘数作用，将带动如餐饮、住宿、交通等行业的繁荣。

进入 21 世纪以来，世界服务贸易发展极为迅猛。2000~2013 年，世界服务贸易总额从 1.44 万亿美元增至 4.340 万亿美元，增长了 3.01 倍，年增长率达8.2%。据商务部服务司统计资料显示，2013 年在同期货物贸易增速下滑的背景下，服务进出口增速仍略有提高。2013 年，世界服务进出口总额为 89650 亿美元，比 2012 年增长 6.1%，其中出口 46250 亿美元，同比增长 6%；进口 43400亿美元，同比增长 4%。

建省以来，海南充分利用热带、海洋等特色资源大力发展旅游业，特别是2010 年 1 月 4 日，国务院颁布《国务院关于推进海南国际旅游岛建设发展的若干意见》，海南发展旅游业已经上升到国家战略的层次。海南旅游业也取得了飞速的发展，特别是入境旅游发展迅速，入境旅游人数从建省时（1988 年）的

---

① 胡永和：海南大学经济与管理学院，副教授。
② 余升国：海南大学经济与管理学院，副教授。

36697 人次增加到 2013 年的 756400 人次，26 年增长了 20.6 倍，年增长率高达 12.3%。国际旅游收入从 1988 年的 5759 万外汇券（折合人民币 5759 万元）增加到 2013 年的 3.31 亿美元（折合人民币 205075.7 万元），26 年增长了 35.6 倍，年增长率高达 14.7%。

在海南国际旅游岛战略确立四年的背景下，对海南国际旅游服务贸易发展的历程、现状以及存在的问题进行梳理分析，加强对海南国际旅游服务贸易发展状况的客观认识，并在此基础上有针对性地提出相应的政策建议，对促进海南旅游业发展，特别是国际旅游服务贸易的发展，进而对促进海南经济特别是当前国际旅游岛建设，无疑具有非常重要的现实意义。

（一）中国国际旅游服务贸易的发展现状

在国际旅游服务贸易蓬勃发展的同时，中国也不甘示弱。1978 年改革开放后，中国旅游业步入快速发展时期。2012 年，中国旅游业总体保持了平稳较快增长，其中入境旅游人数 1.32 亿人次，入境过夜旅游人数 5772.49 万人次，旅游总收入 2.59 万亿元。2013 年，全年共接待入境游客 1.29 亿人次，实现国际旅游外汇收入 517 亿美元。入境过夜人数达到 5569 万人次，旅游业总收入 2.95 万亿元人民币。目前，中国已是亚洲重要的旅游目的地，甚至取代了西班牙成为世界第三大旅游目的地。

（二）海南省国际旅游服务贸易的发展状况

作为具有丰富旅游资源并以旅游业为主导产业的海南省，目前正在全力打造建设国际旅游岛。这一政策的实施符合目前中国国际旅游服务贸易的发展趋势，不仅对中国国际旅游服务贸易的发展有很大的促进作用，也极有利于海南省经济的又好又快发展，但目前海南省国际旅游岛的建设却存在很大的问题。首先以近十年来海南省的入境旅游人数为例来探讨海南省的旅游服务贸易发展状况，见图 11-1。

从图 11-1 可以看出，总体上来讲，海南省的入境旅游是呈上升趋势的，但这种上升很不稳定，起伏不定。2000~2004 年，入境旅游人数明显呈现下降趋势，2005~2008 年经历了一个快速增长之后，达到顶峰 97.93 万人次左右，而在 2009 年又大幅下降，2009~2012 年又开始有所回升，2013 年又有所下降，这一状况说明海南省的国际旅游服务贸易存在不稳定性，对国际旅游岛的建设有很大的威胁。

其次看海南省旅游业的产业结构。在《关于推进海南国际旅游岛建设发展的若干意见》中，中央要把海南省打造成以旅游业为中心，第三产业全面发展的新型经济区域，可见旅游在海南未来经济发展中的重要性。不可否认的是，海南近几年来旅游确实异常火爆，对海南 GDP 的贡献越来越大，对整体经济的拉动作

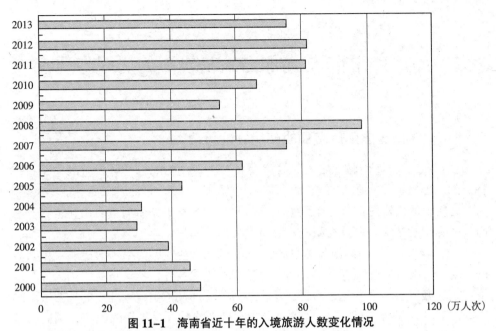

图11-1　海南省近十年的入境旅游人数变化情况
资料来源：历年《海南省统计年鉴》。

用和支柱作用日益增强，主导地位不断显现和巩固。海南已形成了具有相当规模的、功能较为齐全的旅游产业体系。但是，海南旅游给人的感觉不外乎"白沙碧浪，天涯海角"，其形成品牌的几乎是清一色自然资源的产品，给人的整体印象是品质单一、缺乏文化厚重感。长期的旅游实践证明，旅游的发展，如果没有足够的文化含量，它的发展就会受到一定的限制，海南旅游要有一个大的飞跃，就必须加快各种文化资源的有效开发。

　　从以上的分析可以看出，当今世界国际旅游服务贸易发展迅猛，中国的国际旅游服务贸易也是蓬勃发展，国际旅游服务贸易已是世界发展的潮流。为了抓住这一历史性的发展机遇，海南省也实施了一系列促进旅游发展的措施，国务院更是关注海南省国际旅游服务贸易的发展，制定和实施了一系列措施，力图把海南省打造成为国际旅游岛。但是，海南省的国际旅游岛建设还存在很多问题，海南省如何抓这一历史机遇，努力克服建设过程中存在和出现的一系列问题，并找出相关的对策是学者们目前关注的重点，也是海南省国际旅游服务贸易发展的重点。本研究就是在这样一个背景下提出来的，以期通过在对海南省国际旅游服务业的发展现状、问题分析的基础上提出相关的政策建议。本研究的第二部分将分析海南省国际旅游服务贸易发展的历程与现状，第三部分将分析海南省国际旅游服务贸易的影响因素，第四部分将总结海南国际旅游服务贸易发展的经验与教训，第五部分就前面的分析对加速海南省国际旅游服务贸易发展提出相关的对策建议。

二、海南省国际旅游服务贸易发展的历程与现状

（一）海南省国际旅游岛战略确立的历程

《体改院关于海南国际旅游岛的建设框架建议》指出，"国际旅游岛"是指在特定的岛屿区域内，限定在旅游产业领域范围中，对外实行以"免签证零关税"为主要特征的投资贸易自由化政策，有步骤地加快推进旅游服务自由化进程。海南省国际旅游岛的确立是其经济发展历史性的选择。

26 年前，位于中国南端的岛屿迎来了经济社会发展的第一次机遇：中共海南省委、海南省人民政府在 1988 年 4 月 26 日正式挂牌，从此跻身中国第五个经济特区的海南，从一个地处偏僻、经济落后的岛屿被推至改革开放的最前沿。改革开放后的这 30 余年里，经济腾飞的同时带来的是人民生活的殷实，国民的消费需求有了质的变化，出国、买房买车，甚至追求第二居所都很正常，人们追求生活品质、健康和闲暇。面对国内巨大的需求，海南国际旅游岛应运而生。2000年，中国（海南）改革发展研究院执行院长及研究员迟福林提出建设"国际旅游岛设想"，后来这一设想成为海南省的一个工作议程，到 2010 年，国际旅游岛这一设想上升为国家战略。2010 年 1 月 4 日，《国务院关于推进海南国际旅游岛建设发展的若干意见》发布，至此，海南国际旅游岛建设正式步入正轨，中国南海上的这颗璀璨明珠也因此迎来了历史性的第二次发展机遇。这一意见的发布意味着国际旅游岛的建设已经上升为国家战略，同时，国务院在此规划中提出了海南省国际旅游岛的战略定位，即将海南省打造成为我国旅游业改革创新的试验区、建成世界一流的海岛休闲度假旅游目的地、全国生态文明示范区、国际经济合作与文化交流平台以及国家热带现代农业基地。

海南国际旅游岛建设两年多以来，所取得的成绩有目共睹，海南整个社会经济发展面貌发生了巨大的改变，海南以它的华丽转身验证了国际旅游岛路径选择的正确性。国际旅游岛建设以来，老百姓的收入有了很大的提高。2013 年，全省生产总值 3146.46 亿元，是 2006 年的 3 倍，年均增长 16.7%；人均生产总值由 12810 元增加到 35317 元；三次产业结构由 2006 年的 32.7∶27.4∶39.9 优化为 24.0∶27.7∶48.3。其中，以旅游业为龙头的现代服务业加快发展，成为海南省最具特色、最具活力的主导产业，海南正成为中外游客青睐的度假休闲旅游目的地。同时，据《海南省统计年鉴》显示，在"十一五"时期，海南城乡居民的收入年均增长 14.7%左右，基本上实现了翻番的目标，新增财政收入的 70%也是用

于民生事业。

（二）海南省国际旅游服务贸易发展的历程

对于海南省国际旅游服务贸易的发展历程，在这里我们将其分为两个阶段，第一阶段是海南省建省并成为经济特区之后的国际旅游服务发展状况，第二阶段是从海南省开始建设国际旅游岛之后的国际旅游服务贸易发展状况。

1988 年海南建省办特区以来，国际旅游服务贸易由少到多，有了很大的发展。仅"八五"期间就创汇达 3 亿美元，年均增长 24%，为海南经济的发展做出了巨大贡献。旅游服务贸易发展的一个重要指标是接待旅游人数（含国内和国际游客）的多少，我们根据以下图表来分析。

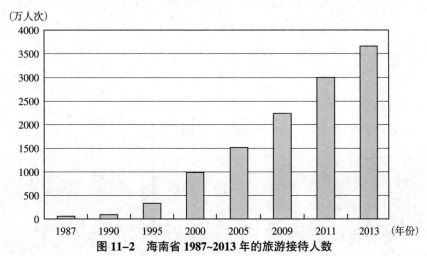

（万人次）

图 11-2　海南省 1987~2013 年的旅游接待人数

资料来源：历年《海南省统计年鉴》。

从图 11-2 可以看出，改革开放后海南省的旅游接待人数呈现出突飞猛进的增长趋势，从 1987 年的 75.06 万人次到 2013 年的 3672.51 万人次，这表明海南的旅游服务能力显著提升，旅游服务业发展迅猛。

虽然改革开放后海南省国际旅游服务获得了快速发展，但其发展还存在很多问题，与世界旅游服务贸易的平均水平也相差甚远，旅游服务贸易相对于世界而言发展程度还较低。为了进一步促进海南省旅游服务贸易的发展，中国（海南）改革发展研究院执行院长及研究员迟福林提出建设"国际旅游岛设想"，这一设想在 2010 年被国务院正式批准上升为国家战略。这一战略的确立无疑极大地促进了海南省旅游服务贸易的发展。2013 年，海南接待旅游过夜人数 3672.51 万人次，其中接待入境游客 75.64 万人次，海南境外游客市场有待大力开拓。

从以上的分析我们可以看出，近年来海南省的旅游服务贸易的发展是呈快速上升趋势的，但是，其入境游发展却很不乐观，表明其国际化水平还是很低，并且在发展过程中存在很多问题，因此进一步探讨海南省旅游服务贸易的发展现状及制约因素显得尤为重要。

（三）海南国际旅游服务贸易的现状

对于海南省国际旅游服务贸易的发展现状，我们主要从国际旅游服务贸易总额及差额的变化规律、国际旅游服务国际竞争力变化规律、国际旅游服务产品变化规律和国际旅游服务环境变化情况这几个方面来分析。

1. 国际旅游服务贸易总额变化规律

近年来海南省国际服务贸易发展迅速，最好的表现指标就是旅游外汇收入不断上升，下面我们就具体数值来分析海南省服务贸易总额的上升趋势。

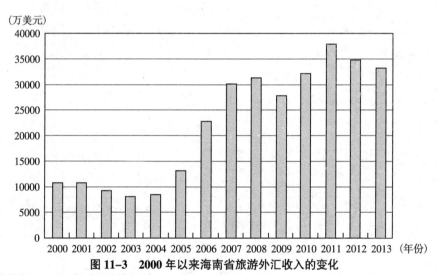

图 11-3　2000 年以来海南省旅游外汇收入的变化

资料来源：历年《海南省统计年鉴》。

从图 11-3 可以看出，海南省旅游外汇收入总额从 2000 年的 10900 万美元上升到 2013 年的 33100 万美元，其总额变化规律是呈波动式上升的。这同时也说明海南省国际旅游服务贸易总额增长快速，旅游服务贸易发展势头好。但从图 11-3 中我们也可以看到，虽然海南的国际旅游服务业得到了快速发展，但近年来其旅游外汇收入增长却是相对缓慢的。

2. 国际旅游服务贸易差额变化规律

对于海南省旅游服务贸易的差额变化规律分析，我们从海南省旅游服务贸易进出口差额这个角度来分析。

表11-1　海南省旅游服务贸易差额变化情况

年份	旅游总收入（亿元）	国内旅游收入（亿元）	旅游服务贸易（亿元）
2001	87.89	79.1	8.79
2002	95.38	87.74	7.64
2003	93.55	86.95	6.60
2004	111.01	104.24	6.77
2005	125.05	114.56	10.49
2006	141.43	123.57	17.86
2007	171.37	149.63	21.74
2008	192.33	165.01	27.32
2009	211.72	192.82	18.90
2010	257.63	235.61	22.02
2011	324.04	299.47	24.57
2012	379.12	356.79	22.33
2013	428.56	408.05	20.51

资料来源：2011年、2008年《中国统计年鉴》、历年《海南省统计年鉴》。

从表11-1可以得出的结论是，从总体上来看，海南省的国际旅游服务贸易是呈现贸易顺差的，并且这种顺差的数额在不断扩大，从2001年的8.79亿元上升为2013年20.51亿元。但同时我们也应该看到，海南省国际旅游服务贸易的进出口差额呈现出不稳定的增长趋势：2003年，旅游业贸易差额为6.6亿元，为近十年的最低点，2003~2008年，经历了一个快速增长后达到27.32亿元，2009年又大幅下降为18.9亿元，而2010年之后又开始上升。这种起伏不定的增长趋势说明海南省国际旅游服务贸易发展很不稳定，受世界经济形势的影响大。

同时，我们可以看到海南省的国外旅游服务收入很低，入境游是海南旅游服务发展的重点项目，但海南近年来的入境旅游收入却很低，在2013年只有20.51亿元，这使得我们不得不深思：为何海南省的入境游发展如此缓慢？

3. 国际旅游服务贸易国际竞争力变化规律

2010年，《国务院关于推进海南国际旅游岛建设发展的若干意见》发布，充分发挥海南的区位优势和资源优势，建设海南国际旅游岛，打造具有国际竞争力的旅游胜地，是海南加快发展现代服务业，实现经济社会又好又快发展的重大举措，对全国调整优化经济结构和转变发展方式具有重要的示范作用。竞争力的高低是海南省旅游服务发展的关键，那么海南省国际旅游服务贸易的国际竞争力到底处于什么样的状况呢？

改革开放以前，海南省的国际旅游服务贸易发展程度很低，因为在那个年代，整个国家追求的是怎样解决温饱问题和国民经济的稳定发展，中国的对外开放程度很低，这个时候的海南岛除了拥有自然赋予的丰富的旅游自然优势之外，其国际竞争力基本为零。改革开放后，国务院批准建立海南省并将其列为经济特区，这一政策为海南省旅游服务的发展提供了一个前所未有的发展机遇。海南省的旅游资源终于发挥了其应有的作用，有了政策优势和自然资源的有力结合，海南省的国际竞争力进一步提升。2010 年"国际旅游岛"这一战略的确立，为海南省旅游服务提供了第二次快速发展的机遇。这一战略的确立极大地提高了海南省的国际竞争力，主要体现在两个方面：一是免税幅度的扩大；二是开放度的不断提高。2011 年 1 月 1 日，海南离境游客退税政策正式启动，2011 年 3 月 24 日继境外旅客离境退税政策试点之后，财政部公布《关于开展海南岛离岛旅客免税购物政策试点的公告》，公布了免税购物离岛次数、金额、数量以及离岛免税政策实施流程。该公告自 2011 年 4 月 20 日起执行，这意味着海南离"购物天堂"已不远了。在扩大对外开放方面海南省积极引进国内外有实力的大型旅游企业，逐步培育一批旅游骨干企业和知名品牌。实行开放便利的出入境管理措施，2011年，在海南已有 21 国免签证的基础上又增加了芬兰、丹麦、挪威、乌克兰、哈萨克斯坦 5 国为入境免签证国家，并且，对俄罗斯、韩国、德国 3 国旅游团组团人数放宽至 2 人以上（含 2 人），入境时间延长至 21 天。所有这些都极大地提升了海南省旅游服务的国际竞争力。

4. 国际旅游服务产品变化规律

海南省传统的旅游服务产品基本上以观光型产品为主，缺乏具有国际水平的世界知名的休闲度假产品。因此，在全国旅游观光型产品竞争激烈的形势下，海南缺乏竞争优势明显的旅游产品。由于受旅游资源结构的影响，加之旅游产业结构不尽合理，海南旅游业淡旺季十分明显，旺季时旅游供给基本满足，淡季时旅游供给又相对过剩，既降低了旺季时的旅游服务质量，又抑制了淡季时的旅游经济效益。长期以来海南旅游实际上是"半岛游"、"东线游"，"三点一线"是最常规的旅游线路：海口、三亚，中间再串上一个兴隆或博鳌，其中一个关键的原因就在于旅游景点单一。目前海南省已逐渐意识到其旅游服务产品单一这一问题，并且开始实施一些新的旅游服务项目。在 2011 年"十一"长假期间，海口创新旅游推介方式，整合琼北海口、文昌、澄迈三市县旅游资源，分别以"国庆畅秋意，快乐乡村游"、"欢乐骑游八门湾，开心采摘甜柚子"和"重阳踏秋日，健康家庭游"为主题，推出"红色文化游"、"绿色生态游"和"乡村休闲绿道游"三大产品，深受市民的欢迎。在电影《非诚勿扰Ⅱ》的影响下，亚龙湾热带天堂公园成为中外游客争相前往的热门景区，国庆节假日 7 天共接待游客约 4.28 万人次，旅游与文化的充分融合为景区注入了强大的生命力，正逐步成为我省生态、文化旅游的新标杆。呀诺达景区推动踏瀑戏水、鹦鹉表演、动物合影、跳竹竿舞、雨林露营等活动，其呼吸天然大氧吧、与大自然亲密接触的生态和雨林文化概念吸引大批游客前往观光休闲，生态游、文化游展现出强大的吸引力。而且，海南旅游企业纷纷推出"海南人游海南"和"自驾游"等产品，"自驾游"成为游客的主要出行方式，如仅 10 月 2 日一天，南山文化旅游区自驾游车辆已达到 1300 多辆次。据抽样调查显示，国庆节假日期间，海南省散客和团队的平均比例为 69:31，散客已成为假日旅游的主力军，客源结构转型升级成效明显，进一步验证了我省旅游产品体系和服务体系正逐步完善。

5. 国际旅游服务环境变化情况

海南省旅游服务在硬件设施方面已经取得了突飞猛进的发展。在交通建设方面，"十二五"期间，海南省交通基础设施规划投资 540 亿元，其中公路投资 440 亿元，水路投资 100 亿元，着力建设东环高铁、田字高速等交通网络，海南省交通设施逐步完善，并正在力争建设功能完善、符合国际服务标准的特色旅游公路，以突出景观、生态和文化特色，为海南国际旅游岛建设增光添彩。在旅游服务配套设施如酒店、饭店、宾馆等方面，据统计，截至 2013 年底，海南省共有挂牌星级宾馆 177 家，包括五星级酒店 25 家。洲际、万豪、希尔顿、雅高、喜达屋等国际知名酒店管理品牌纷纷进驻海南，尤其是三亚，已经超越北京、上海、广州等大城市，成为国内高星酒店最密集、国际品牌管理公司最集中的城市。按照规划，海南还将有大量新建酒店，到 2015 年，将有超过 260 家高档酒店以及相当数量的高尔夫俱乐部、游艇会、高级会所等业态。海南省商务厅副厅长王克强认为："未来，海南酒店业的设施、经营管理和服务水平将与国际通行标准接轨。"这些变化体现海南省的旅游服务硬件设施正在不断完善，为旅游服务的发展提供了广阔的发展空间。

交通基础设施的完善，对海南旅游格局产生革命性冲击，打破以往"带状"旅游格局，形成一个点一个点的重点游，真正形成"一海（即南海）、两市（即海口、三亚）、三区（即东部旅游带、中部旅游区和西部旅游带）、多片（点）（即特色旅游镇、村）"的旅游整体发展格局。

对于旅游服务的软环境而言，这里首先要说的是政策环境，海南省国际旅游岛战略的确立为海南省旅游服务提供了历史性的发展机遇。这一战略的确立有利于提高海南省旅游服务的国际竞争力，为海南省旅游服务提供了广阔的国际市场，同时也使得海南省旅游业的发展越来越与国际接轨，不断地吸取国际旅游服务的发展经验和教训，促进海南旅游服务业的快速发展。其次是全省旅游市场服务管理软环境，主要包括治安环境、景区管理环境、游览购物环境、卫生环境、安全运营环境。2011 年 11 月 2 日，三亚市举行的全省创新旅游环境服务管理工作现场会强调，要强化监管和整治，净化全省旅游市场服务管理软环境。海南省省综治委主任肖若海提出："当前要紧抓保障和改善民生这一根本，实现社会服务管理工作的良性循环和科学发展。要紧抓提升服务水平这一关键，完善与国际旅游岛建设相配套的社会服务管理体系。"他强调，要绷紧弦，鼓满劲，为中共十八大胜利召开营造和谐稳定的社会环境。要把可能出现的各种问题考虑得更复杂一些，把各项应对预案准备得更完善一些，及时查找漏洞，有针对性地加强和改进。要强化监管和整治，净化全省旅游市场服务管理软环境。各市县、各部门特别是旅游行业相关各部门，要结合党的十八大安保工作，组织开展一次旅游服务管理市场综合治理。把治安环境、景区管理环境、游览购物环境、卫生环境、安全运营环境等五大环境整治有机结合起来，同步部署、同步推进，让中外游客高高兴兴，让广大群众平平安安，让海南环境干干净净，打响海南旅游的品牌。

三、海南省国际旅游服务贸易影响因素分析

从上面的分析中可以看出，海南省近年来国际旅游服务贸易总体上得到了快速发展，主要表现在：国际旅游服务总收入不断提高、旅游服务业的产品越来越多样化、旅游服务的国际竞争力越来越高、旅游服务环境不断提升等几个方面。但同时从上面的分析我们也可以看出，目前海南省的国际旅游服务业的发展总额在近年来增长缓慢、入境收入极为低下并且收入波动较大。那么，什么因素导致在海南省旅游服务快速发展的同时出现了这些问题呢？这里重点要分析的就是海南省旅游服务业的发展到底受到了哪些因素的影响。

对于这部分的分析，我们基于以前的分析（余升国、刘炫妤，2011），以Wilson（1967）提出的模型为基础，结合国内学者的拓展及海南实际选择相应的供给和需求方面的解释变量，构建了一个海南省入境旅游的引力模型：

$$N_{ni} = \alpha_0 Y_{ni}^{\alpha_1} Y_{nj}^{\alpha_2} P_{ni}^{\alpha_3} X_{nj}^{\alpha_4} E_{ni}^{\alpha_5} D_i^{\alpha_6} C_i^{\alpha_7} V_{ni}^{\alpha_8} G_{ni}^{\alpha_9} \tag{1}$$

下面分别说明式（1）中各变量的含义及选取方法：

（1）N_{ni} 为第 n 年海南省接待第 i 客源地的游客数量，作为海南对国外游客吸引力强弱的一个代理变量。

（2）Y_{ni} 为第 n 年第 i 客源地的 GNP，是影响客源地出境游需求方面的一个代理变量。

（3）Y_{nj} 为第 n 年海南省的 GDP，是反映旅游产品供给方面的一个代理变量。

（4）P_{ni} 为第 n 年第 i 客源地总人口，是影响客源地出境游需求方面的一个代理变量。

（5）X_{nj} 为第 n 年海南省的主要旅游景点数目，是反映旅游产品供给方面的一个代理变量。

（6）E_{ni} 为第 n 年第 i 客源地兑人民币汇率，是影响客源地出境游需求方面的一个代理变量。

（7）D_i 为第 i 客源地到海口的距离，是影响客源地出境游需求方面的一个代

理变量。海南省与各个国家间的距离统一取海口到各国首都的距离。

（8）C_i 为第 i 客源地与中国海南的文化差异，是影响客源地出境游需求方面的一个代理变量。我们根据样本对象与中国文化的接近程度分成 6 个不同的国家（地区）组：本国组（中国香港）、亚洲组（韩国、日本、马来西亚、新加坡、泰国）、欧亚组（俄罗斯）、美洲组（美国）、欧盟组（英国、德国）和太平洋组（澳大利亚）。对不同组别的国家（地区）分别赋值为 6、5、4、3、2、1。

（9）V_{ni} 为第 n 年 i 国与中国之间是否免旅游签证，是影响客源地出境游需求方面的一个代理变量。若双方实行旅游免签证，该值取 1，否则取 0。

（10）G_{ni} 为第 n 年是否发生突发性事件，指对旅游需求产生负面影响的突发事件，发生取 1，否则取 0。

（11）α_k（k 取 1、2、3、4、5、6、7、8、9）为 N_{ni} 对各变量的弹性系数。

（12）相关数据来源于历年《国际统计年鉴》、《中国统计年鉴》、《海南省统计年鉴》、海南旅游政务网。

对式（1）两边取自然对数（模型序数变量 C_i、V_{ni} 和 G_{ni} 和常数项 α_0 仍采用原变量形式），并加上误差扰动项，得到基本的计量方程：

$$LnN_{ni} = \alpha_0 + \alpha_1 LnY_{ni} + \alpha_2 LnY_{nj} + \alpha_3 LnP_{ni} + \alpha_4 LnX_{nj} + \alpha_5 LnE_{ni} + \alpha_6 LnD_i + \alpha_7 C_i$$
$$+ \alpha_8 V_{ni} + \alpha_9 G_{ni} + Ln\varepsilon \qquad (2)$$

模型确定后，我们就来具体分析各个变量对旅游服务业的具体影响程度。根据数据的可获得性，分析期为 1998~2011 年，样本为海南前 10 位境外客源地——韩国、俄罗斯、日本、新加坡、美国、马来西亚、德国、泰国、澳大利亚和英国，以及中国香港地区，分析结果如表 11-2 所示。

表 11-2　海南入境游引力模型回归分析结果

变量	系数	标准差	t 检验值
α_0	−38.25***	2.952	−12.96
Y_{ni}	0.4421	0.3982	1.11
Y_{nj}	1.735***	0.752	2.31
P_{ni}	1.098***	0.439	2.50
X_{nj}	0.5119	0.691	0.74
E_{ni}	0.1701***	0.07923	2.15
D_i	−0.8984**	0.4591	−1.96
C_i	0.9514***	0.1397	6.81
V_{ni}	0.04581*	0.02483	1.84
G_{ni}	−0.9651***	0.09641	−10.01
R^2	0.9817		
调整的 R^2	0.9288		
F 值	63.27		

注：*** 表示在 1% 水平下显著；** 表示在 5% 水平下显著；* 表示在 10% 水平下显著。

从表 11-2 可以看出，回归模型的拟合度非常好（$R^2 = 0.9817$），大多数变量对入境旅游人数均具有显著的影响，具体分析如下：

（1）客源地 GNP（Y_{ni}）对入境旅游人次的影响尽管为正，但是相对于海南 GDP（Y_{nj}）而言，数值较小，而且也不显著。客源地 GNP 反映的是客源地居民购买能力的粗略指标，而出境游对于一般居民来说是一笔不小的开支，在交流存在困难的情况下，经济能力居于出境游影响因素中相对较弱的地位是可以理解的。

（2）旅游目的地 GDP 的增长反映的是海南省经济的发展，经济的发展可以促进旅游业及相关产业项目投入水平的发展、旅游基本设施的完善和旅游服务质量的提高等，是旅游发展基础和动力之源。

（3）客源地总人口（P_{ni}）估计系数表明对总人口数量较多的国家或地区引力较大，这与前文的分析相符。

（4）地理距离（D_i）是对入境游人次影响较大的因素，结果也显著，但是起负面影响作用。这较好地验证了距离是阻碍居民出游的因素之一。

（5）文化上的差异（C_i）对入境旅游人次产生显著的正面影响，文化差异越小，越能吸引入境游客。

（6）汇率（E_{ni}）对入境旅游人次的影响相对较小，但影响比较显著。由于我国长期实施的是盯住美元的汇率政策，而且人民币汇率相对稳定，这使得汇率变化对入境旅游人数的影响较小。

（7）旅游地景点数目（X_{nj}）对入境游有着积极的影响，但是结果并不显著。这与目前海南省旅游产业粗放型的发展水平相符，旅游景点不能只重"量"而不重"质"。

（8）两国是否免旅游签证协议（V_{ni}）影响相对较小，样本自 2000 年起到海南已免旅游签证，因此地区之间是否互免旅游签证对因变量影响不大是合理的。

（9）突发性事件（G_{ni}）对入境旅游有着显著的负面影响，最近几年发生的金融危机、甲型 H1N1 流感、新旅行社条例等事件，使得海南入境游市场备受冲击。例如，受金融危机的影响，2009 年 1~7 月，海南省入境游客比 2008 年同期大幅度减少，其中俄罗斯、韩国、日本等客源国游客数量减少明显。这也是为什么表 11-1 中在 2009 年海南的入境游收入只有 18.9 亿元，而相对于 2008 年下降了 8.42 亿元。

我们发现模型中的引力变量能够解释 98% 以上的海南旅游需求的变动原因。所有变量符号都与预期相符，大多数变量从经济学上分析也比较显著，对于不显著的三个变量也给出了合理的解释。海南入境游需求影响因素主要取决于海南的经济发展水平、客源地总人口数、地理距离、文化差异及突发事件这几个因素，当然，汇率的影响也比较显著，但是相对来说，弹性比较小。众多错综复杂的因素影响和制约着海南省入境旅游业的发展。在海南岛国际旅游岛建设之际，认清这些影响因素，针对具体因素制定合乎实际的对策显得尤为重要。所以，我们应该对症下药，找准海南省旅游服务业发展存在的问题以及各种因素，找出最适合的解决方案来促进旅游服务的发展。

四、海南省国际旅游服务贸易发展的经验与教训

分析完海南省入境旅游发展的影响因素后，我们再来具体讨论一下海南省国际旅游服务贸易发展的经验与教训，只有全面了解海南省旅游服务贸易发展的优势和发展的不足，我们才能针对问题、结合影响因素、把握现有优势来提出相关的对策。

（一）海南省国际旅游服务贸易发展的经验

1. 政府主导，发展战略的制定立足于自身资源优势

海南省国际旅游服务贸易得以快速发展，与相关政府部门的主导作用是密不可分的。以旅游为先导，推动服务贸易自由化进程，已成为一些国家的成功实践。旅游服务贸易和旅游业是协同发展的，而旅游业能否高效可持续地发展很大程度上依赖于当地政府的产业政策。海南是中国最南端的热带岛屿，地理位置优越、生态环境良好，其旅游资源在中国具有独特性，在世界具有稀缺性。政府立足于海南独特的自身资源优势，制定了相关旅游发展规划，使促使海南旅游业发展的"旅游业改革创新的试验区"和"国际旅游岛建设"的政策相继为海南旅游业的发展服务，进而推动了海南旅游服务贸易的发展。

2. 突出特色，加强宣传

旅游作为一种时尚的休闲消费方式，已逐渐在世界范围内掀起消费热潮。据统计，在如此激烈的市场竞争环境下，一个地方的旅游产品能否突出其特色，很大程度上取决于宣传的有效性。在国际旅游岛等相关政策的指导下，海南政府和企业强强联合，策划了各种具有地方特色的文化节，如海南岛欢乐节、黎苗三月三、三亚天涯海角国际婚庆节、冼夫人文化节、东坡文化节等。同时，相关部门通过相互合作加快了体育赛事的发展进程，如围绕潜水、帆船、帆板、冲浪、垂钓、沙滩排球、沙滩足球等滨海运动项目和自行车、登山、漂流、野外拓展等户外运动项目等具有海南特色的体育赛事在国际上已初具影响力。鉴于海南国际旅游岛整体形象的有效策划、包装和宣传，许多投资者对海南发展有良好的预期，海南的旅游招商引资工作进展顺利，在游客方面，大量海内外游客降临海南，消

费海南的旅游产品，有力地促进了海南旅游服务贸易的发展。

3. 突破交通瓶颈，加强基础设施和景区建设

对于海南省交通运输的发展状况在第二部分已有详细介绍，这里只简要总结一下。海南是一个在地理位置上相对独立的热带岛屿，重大交通设施发展滞后曾一度成为海南旅游服务贸易发展的瓶颈。为了改善海南的交通状况，政府部门不断加强基础设施的建设，在铁路、公路和航空方面形成了便利的交通网络，全力提升交通的便捷性。同时，海南是全国唯一一个施行了燃油税费改革的省份，燃油附加税改革试点的成功，有力地促进了海南的交通发展。在景区建设方面，政府和企业不断加强景区的建设，使得海南旅游服务贸易的发展有更加坚实的硬件依托。

4. 政策优惠

海南旅游服务贸易的增长在很大程度上受惠于政府提供的政策优惠。如前所述，在《国务院关于推进海南国际旅游岛建设发展的若干意见》后，政府进一步地落实免签证政策，开放航权政策、离岛免税政策，促进国际旅游岛建设的招商引资优惠政策以及创新与海南旅游产业发展相适应的投融资政策等。这些政策使海南旅游服务贸易发展的硬件和软件设施不断优化，各项优惠政策的实施使海南国际旅游岛建设在国内外的影响力、吸引力不断扩大，海南入境旅游人数大幅增加，海南旅游服务贸易在政策优惠中蓬勃发展。

（二）国际旅游服务贸易发展存在的问题

虽然海南省近年来国际旅游服务贸易在总体上得到了快速发展，表现在国际旅游服务总收入不断提高、旅游服务业的产品越来越多样化、旅游服务的国际竞争力越来越高、旅游服务环境不断提升等几个方面。但从前文的分析中我们也可以看出，目前海南省的国际旅游服务业的发展总额在近年来增长缓慢、入境旅游外汇收入波动较大，这说明海南省旅游服务贸易的发展还存在很大的不足。

1. 主导产业选择的摇摆，使旅游产业发展起步较晚

在产业发展中，主导产业是代表工业化过程中产业结构演进的基本方向和趋势的产业。主导产业定什么、如何发展，海南长期处于摇摆不定之中，从1988~1991年经贸业为主导产业，到1992年以房地产为龙头，1993年又改为旅游业，再到1996年起转为工业，直到2008年海南省省长罗保铭又提出未来海南省的主导产业是旅游业之后，海南才最终将旅游业作为海南发展的主导产业。短短21年，海南省主导产业历经数次调整。

2011年，海南省经济发展成果表现为三次产业结构调整为26.2：28.4：45.4，然而，这一产业比重与世界先进的国际旅游岛屿相比还是存在巨大差距。主导产业选择的摇摆，使海南旅游产业的发展相对滞后。

2. 旅游产品无序开发，低端产品泛滥

旅游产品是旅游服务贸易发展的载体，而在国际旅游岛等相关政策的引导下，海南旅游业有了巨大的发展。然而，许多旅游产品的开发无序，低端产品泛滥。不少企业旅游产品的开发只是以盈利为目的，并未将产品的开发与海南独特的旅游资源相结合，这对于塑造与海南自然环境和旅游资源优势相匹配的旅游品牌形象、增加海南旅游的核心竞争力产生了负面影响。

3. 旅游市场秩序还不规范，宰客现象负面影响严重

海南旅游市场逐渐扩大，然而与之相伴的旅游市场秩序混乱，旅游市场不规范，缺乏监督。旅行社违规现象普遍，严重扰乱了旅游市场秩序，不仅损害了游客的合法利益，而且有损国际旅游岛的形象。这突出表现在强买强卖、随意加收费用、更改旅游路线、欺骗顾客购买质次价高的旅游纪念品收取回扣、旅游黄金周时期宰客等现象，这些使海南国际旅游岛的形象受损，海南旅游服务贸易的发展受到负面的影响。海南旅游市场的不规范源于旅游立法工作相对滞后，存在不少问题：①某些法律条文措辞模糊抽象、操作性不强；②部分法律、法规条文间存在矛盾冲突；③旅游法规建设与旅游贸易的发展需求和规模不相适应。

4. 产业发展成果未能真正惠及当地百姓

海南旅游产业在转型升级中取得了巨大进展，旅游产业的经济贡献率、旅游业的增加值有了可观的进步。然而，海南的当地百姓却极少地能从产业发展成果中得到优惠，旅游产业发展带来的房价高涨、物价飞升使海南百姓的生活并未得到改善。成果未能惠及百姓，当地百姓无法更好地为海南旅游业发展献力，在一定程度上制约了海南旅游服务贸易的发展。

5. 促销宣传力度不够

旅游服务贸易能否快速可持续发展与政府、企业、媒体的宣传有着紧密的关系。海南旅游在制定科学宣传促销计划和市场拓展战略，采用新型市场营销模式，对促销对象、促销投入、促销手段及促销效果进行科学选择、控制和评价，建立多元化的旅游产品销售体系方面存在许多值得改进的地方。如果海南能在旅游的促销宣传力度上有所加强，海南旅游服务贸易的发展将取得更辉煌的成绩。

五、加速海南国际旅游服务贸易发展的对策建议

（一）中央政府加大对海南的扶持力度

自国际旅游岛建设上升为国家战略后，海南旅游产业转型升级加速，旅游服

务贸易有了跨越式的发展。目前海南国际旅游岛的建设还处于初级阶段，如果中央政府能从以下三方面加强对海南的扶持力度，海南旅游服务贸易将蓄积更加坚实的前进力量。

首先，在出入境方面，创建更加便利的出入境环境，建立健全外国人在海南入境、居留、出境全过程动态综合管控体系的前提下，兼顾国内、国际两个大局，视情况争取增加入境免签证国家。适当扩大国务院已经批准的五个海港口岸水域开放范围，设立游艇停泊点和游艇活动区域。其次，在旅游购物方面，增加旅游购物方面的优惠，参考国际上先进的旅游度假胜地的旅游购物优惠政策，进一步完善免税店的运营管理工作。最后，在开发海洋旅游方面，放权让海南省开发海洋旅游，大力开发海洋观光旅游、海岛旅游、邮轮旅游、游艇旅游、海上运动旅游，实现海洋生态保护和旅游开发的有机结合。同时，三沙市的设立是海南开发海洋旅游资源的契机。政府可以加强政策引导和权力让渡，让海南能更好地利用独特的海洋资源优势，进一步促进海南旅游业和海南旅游服务贸易的发展。

（二）建立健全旅游产业支撑体系

海南旅游市场秩序不规范，旅游产品无序开发，严重地阻碍了海南旅游服务贸易的健康发展，因此，相关职能部门有必要建立健全旅游产业支撑体系。

1. 优化管理体制

进一步优化管理体制，转变政府职能，政府部门间进行有机的分工合作。建立健全的旅游市场监督管理体制会使旅游市场不规范的现象逐渐减少。同时，加强旅游综合协调职能，推进旅游综合改革和专项改革。加快旅游行业协会体制改革，使旅游行业协会等民间团体能更有效地与政府部门合作，共同促进海南旅游市场管理体制的完善，促进海南旅游业的发展。

2. 完善政策法规

完善旅游法制环境，建立海南旅游法规体系。目前，混乱的旅游市场秩序这一问题的解决急需规范旅游市场、解决旅游纠纷、保护旅游法律关系主体各方权利义务的法律和法规为海南旅游服务贸易发展提供全面的法律依据。因此，要加大旅游立法力度，填补现存的立法空白，建立多层次、系统化且相互协调的旅游服务贸易法律体系，规范旅游市场行为。

3. 加大创新旅游产品力度

旅游产品的创新是旅游产业可持续发展必不可少的环节。进行旅游产品的创新有利于海南旅游服务贸易的发展。旅游产品创新应立足于海南省情，以旅游市场的客户需求为导向，结合各旅游景点的特点，景区的开发应充分利用资源，努力开创新型品种，开发将自然、人文、社会三类资源进行综合利用的复合型产品，实现产品结构多样化、深层次化，提高旅游产品的内涵与经济附加值，使海南旅游产品的独特性和创新性凸显，最终实现旅游服务贸易的增值。

4. 开发旅游人力资源

提高旅游服务贸易竞争力的关键因素之一在于培育专业人力资源，提高从业人员的整体素质。从目前来看，海南旅游人才培养滞后于旅游市场需求，缺乏高素质、精通业务与管理、熟悉市场规则的综合性人才。因此要实行多专业复合型人才的培养战略，建立多层次的人才培养机制，吸取国际化的人才培养理念，拓展旅游人才开发的国际合作渠道，开展境外培训，进行全方位、多层次、系统化旅游业岗位训练和职业教育，培养具有国际竞争力的复合型、外向型、市场型人才，建立完善合理的旅游人才供给体系，提高从业人员素质和职业道德，最终为海南旅游贸易的发展服务。

5. 兼顾旅游资源开发和环境保护

海南旅游资源虽然丰富，但是有的地方资源开发不合理，不考虑本地实际情况和资源优势。因此，政府应用理性的招商引资办法予以开发，对开发进行统一的科学规划，使景点与周围环境相协调，使景区的整体旅游价值增加。在旅游资源保护方面，有力地倡导本岛居民以及岛外游客的环境保护意识，落实相关法规政策，使游客在享受旅游资源的同时兼顾保护海南独特的旅游资源，促进海南旅游服务贸易的可持续发展。

（三）合理规划，减少甚至是禁止低端旅游产品开发，大力发展旅游高端产品

海南旅游市场虽在逐渐扩大，但海南的低端旅游产品泛滥，旅游产品结构比较单一，且大都是一次性的观光产品，游客的回游率不高。因此，我们应减少甚至禁止低端旅游产品的开发，大力发展旅游高端产品。构建多样化、品牌化的旅游产品体系，加快对现有休闲度假旅游产品的升级改造，进一步扩大规模，提升质量。同时，大力开发新的旅游产品，进一步丰富旅游内涵，逐步形成以滨海度假旅游为主导、观光旅游和度假旅游融合发展、休闲疗养等专项旅游为补充的旅游产品结构。扩大消费需求，塑造与海南自然环境和旅游资源优势相匹配的旅游品牌形象，逐步形成海南旅游的核心竞争力，进而增强海南旅游服务贸易的竞争力。

（四）让当地百姓参与到旅游产品开发进程，享受产业的福利

海南旅游产业发展成果未能惠及当地百姓，使海南百姓的生活福利无法得到有力的提升。因此，政府应加大宣传力度，使百姓了解国际旅游岛建设的规划和进程；企业应创新管理体制，使当地百姓更多地为企业在旅游产品方面的开发出谋划策。总之，增强当地百姓的主人翁意识，让当地百姓参与到旅游产品的开发

进程中，使旅游产业成果真正惠及百姓。海南应以国际旅游岛建设为载体，实现旅游要素的全面国际化，实现海南旅游的转型升级，大力发展旅游业，有力加快海南旅游服务贸易的发展，以旅游业的发展带动现代服务业的发展，支撑海南经济的长期可持续发展，提高海南城乡人民生活水平。让百姓充分享受到国际旅游岛建设发展的成果，将海南国际旅游岛打造成为中外游客的度假天堂和海南百姓的幸福家园。

参考文献：

1. 陈洁：《我国旅游服务贸易发展现状与对策浅析》，《黑龙江对外经贸》，2008 年第 1 期。

2. 陈珂：《国际服务贸易与海南旅游业的发展》，《新东方》，2008 年第 7 期。

3. 迟福林：《国际旅游岛是海南发展的大战略》，《新世纪周刊》，2009 年第 5 期。

4. 郭为：《入境旅游：基于引力模型的实证研究》，《旅游学刊》，2007 年第 3 期。

5. 国务院：《国务院关于推进海南国际旅游岛建设发展的若干意见》，2008 年。

6. 胡蕲：《我国旅游服务贸易的国际竞争力分析》，《特区经济》，2009 年第 12 期。

7. 梁峰：《中国旅游服务贸易发展研究》，华东师范大学博士学位论文，2010 年。

8. 沈月荃：《我国旅游服务贸易存在的问题及对策建议》，《经济视角》，2011 年第 3 期。

9. 苏鹏：《海南省入境时空结构及其优化研究》，海南大学硕士学位论文，2010 年。

10. 王晓莹：《国际合作背景下海南旅游服务贸易的机遇与挑战》，《产业科技论坛》，2011 年第 10 期。

11. 吴晓匀：《国际旅游岛背景下海南现代服务业竞争力研究》，《生产力研究》，2012 年第 6 期。

12. 徐敏、董瑾：《我国服务贸易国际竞争力的实证分析》，《中国商界》，2008 年第 7 期。

13. 许晓鑫：《我国旅游服务贸易国际竞争力分析》，吉林大学硕士学位论文，2010 年。

14. 杨晓娟：《国际旅游岛建设进程中的海南省旅游业发展现状、问题及解决对策》，《特区经济》，2012 年第 6 期。

15. 余升国、刘炫妤：《海南省入境游人数的决定因素——基于引力模型的分析》，Proceedings of International Conference on Engineering and Business Management（EBM2011）。

16. 曾兴：《中国旅游服务贸易国际竞争力的影响因素分析》，《才智》，2009 年第 23 期。

17. 张干军：《海南省旅游业发展存在的问题、机遇及对策》，《现代企业》，2010 年第 12 期。

18. 邹滨：《我国旅游服务贸易竞争力分析》，《广西财经学院学报》，2009 年第 1 期。

第五篇

跨关境合作篇

第十二章 服务贸易与货物贸易协同发展

——基于上海、新加坡、中国香港的研究

殷 凤[①] 张云翼[②] 刘 慧[③]

一、引言

近年来，随着国际产业转移的重心继续向服务业调整，服务业国际投资规模日益扩大，离岸服务外包不断兴起，技术进步带来的服务可贸易化不断改变着贸易的深层结构，服务贸易活动愈加频繁，世界服务贸易额不断增长，服务贸易在国际贸易中的地位日益上升。1990~2000 年、2000~2010 年、2005~2013 年，世界货物贸易与服务贸易出口额基本保持了同步增长。从年度数据来看，世界服务出口和世界货物出口的增长率存在着一定差异，但总体走势基本一致，如表 12-1、图 12-1 所示。

表 12-1　世界服务出口与货物出口对照表

年份	金额（万亿美元）	年增长率（%）															
	2013	1990~2000	2000~2010	2005~2013	2000	2001	2002	2003	2004	2005	2006	2007	2008	2009	2010	2011	2012	2013
货物出口	18.784	6.5	10	8	13	-4	5	17	21	14	16	16	15	-22	22	19	0.2	2
服务出口	4.625	6.5	9	8	6	0	7	15	20	11	13	19	11	-11	10	11	2	6

资料来源：WTO 数据库。

---

① 殷凤：上海大学经济学院，教授。
② 张云翼：上海大学经济学院，硕士研究生。
③ 刘慧：上海大学经济学院，硕士研究生。

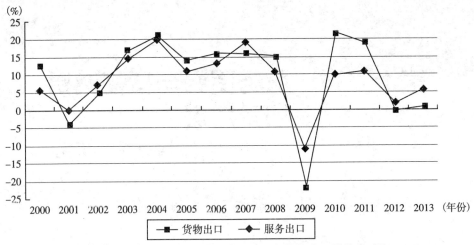

图 12-1　2000~2013 年世界服务出口与货物出口增长率对比

资料来源：WTO 数据库。

　　服务贸易与货物贸易之间存在怎样的关系？传统观点认为，货物贸易的发展为服务贸易提供了基础、需求和发展条件等，促进和推动了服务贸易的发展，特别是货物贸易连带的航运、金融、保险等服务贸易。服务贸易能够提高第一、第二产业的效率，提升出口产品的竞争力和附加价值，从而促进了货物贸易的发展和结构转型。也就是说，货物贸易与服务贸易间存在着"互动效应"或"协同效应"。然而，从现实经济情况看，很多经济体往往表现为货物贸易账户和服务贸易账户的"非对称性"，货物贸易顺差国的服务贸易账户为逆差，而服务贸易顺差国却是货物贸易逆差，货物贸易和服务贸易"双顺差"或"双逆差"的经济体很少。动态来看，多数经济体表现出服务贸易在国际贸易总额中的份额不断上升、货物贸易份额则有所下降的趋势。也就是说，在贸易差额和贸易结构上，多数经济体货物贸易与服务贸易之间存在着"替代效应"。如何理解这种总量上的"协同"与差额及结构上的"替代"？加拿大学者 James Melvin et al.（1989）认为，在消费性服务不可贸易而生产性服务可贸易的条件下，一国生产性服务贸易出口的发展对其货物贸易具有显著的拉动作用。同时，他们也发现，当开展要素服务商品贸易时，服务贸易顺差的国家必然存在货物贸易的逆差，反之，货物贸易顺差的国家也将在服务贸易上存在逆差。这显示了服务贸易与货物贸易在贸易差额上存在相互替代的关系。Jones & Kierzkowski（1990）从分析生产阶段的国际分散化出发，运用服务链理论研究企业如何通过增加对金融服务、信息服务、运输和管理等组成的生产性服务链的需求来进行生产方式的多种新组合，从而引发生产性服务贸易的开展。Marwijk et al.（1996）通过建立一般均衡模型，分析了服务贸易与货物贸易在规模上的相互促进关系，认为存在生产性服务市场的国家能够通过促进生产性服务贸易出口来拉动货物贸易的增长。Jones & Ruane (1990) 认为，一国增加服务贸易的出口会使货物贸易的出口减少，Hoekman & Braga (1997) 的研究也证实了这一结论。Deardorff (2001) 认为，服务贸易的发展会使货物贸易的开展更为完善和便利，研究结果证实了服务贸易发展能够推动货物贸易的发展。李静萍 (2003) 研究表明，货物贸易出口对服务贸易出口有显著的拉动效应，货物贸易的发展对服务贸易的发展具有巨大的推动作用。周燕和郑甘澎 (2007) 运用世界排名前十位的货物贸易和服务贸易出口国家或地区的出口数据进行研究，结果表明服务贸易和货物贸易出口均同该国或地区的 GDP 总量呈正相关的关系，在差额上则呈现明显的替代性。钟晓君 (2009) 利用中国 1985~2007 年的数据，对中国服务贸易与货物贸易在总量上的关系进行实证分析，证实中国服务贸易和货物贸易在总量上存在长期均衡关系，就贸易差额而言则存在替代关系，并指出这主要是由中国的产业基础和在国际分工中的地位所决定的，体现出中国贸易比较优势所处的领域。谢康 (2000) 运用 WTO (1950~1995 年) 和 IMF (1970~1993 年) 公布的中国、美国、法国、英国、加拿大等国货物贸易与服务贸易两套数据进行了实证分析，证实了服务贸易和货物贸易在差额上存在相互替代的关系。程南洋和余金花 (2007) 建立了货物贸易发展对服务贸易影响的弹性系数模型，得出货物贸易与服务贸易之间在差额上存在替代性的前提条件是服务贸易对货物贸易出口的弹性之和小于进口弹性之和。曲凤杰 (2006) 认为，服务贸易可以促进货物贸易的升级和转型，而货物贸易的发展可以创造出对服务贸易的需求，从而得出两者之间存在互动协调发展关系的结论。胡景岩 (2008) 利用相关性曲线对服务贸易和货物贸易的相关性进行了分析，认为两者之间有很强的相关性和内在规律性。陆锦周和汪小勤 (2009) 运用 1982~2005 年的世界人均服务贸易额、人均货物贸易额和产业结构等相关数据，从贸易增速、贸易结构等方面分析了服务贸易和货物贸易协调发展的问题。

我们认为，从总体来看，服务贸易与货物贸易在总量上存在长期互动、协同发展的均衡机制，但不同的经济体、不同的发展阶段以及产业链的全球延展和分布会使这种关系有不同的表现，也会让我们观察到更多的货物贸易与服务贸易在差额上的"非对称性"。同时，不同的服务贸易部门与货物贸易的关系会有很大不同，如货物贸易的发展可以增加对运输、保险和结算服务的需求，从而促进这些行业的发展，而这些行业的发展又能够通过向货物贸易提供更好的服务和降低货物贸易的成本来推动货物贸易的发展。但货物贸易与旅游、建筑、文化产业等的关系并不密切。由此可以引申出，各经济体的要素禀赋与贸易结构也是影响其货物贸易与服务贸易关系的重要方面。为了验证此观点，本研究将以上海、新加坡和中国香港这三个航运、金融中心为研究对象，通过数据比较与计量分析，探讨其货物贸易与服务贸易在总量和结构上的关系。

二、上海、新加坡和中国香港货物贸易与服务贸易发展情况与比较

（一）上海、新加坡和中国香港货物贸易与服务贸易的发展轨迹

新加坡是一个制造业和服务业并重的国家，在 20 世纪 90 年代依然是以制造业为主，由制造业拉动着服务业的发展。直到 21 世纪初，新加坡服务业迅速发展，批发与零售业、商务服务业、交通与通信业、金融服务业的比重大幅增加，已经在国民生产总值中占据了一定的主导地位，确立了其亚洲金融中心、航运中心、贸易中心的地位。作为亚洲最重要的自由港之一，对外贸易一直是新加坡的经济推动力，贸易依存度多年都保持在 200% 以上，是全世界最高的国家之一。中国香港贸易早年以转口贸易为主，自 20 世纪 50 年代起，出口贸易量开始大幅增长，成为世界主要贸易中心之一。20 世纪 90 年代初开始，中国香港制造业绝对规模开始萎缩并出现负增长，服务业尤其是金融业迅猛发展。1998 年之后，制造业的优势基本消失，服务业在离岸贸易推动下，其出口比重超过制造业，成为优势部门，在与内地经济互动和全球化推动下，中国香港经济的外贸依存度进一步提高，本地产品出口、转口贸易、离岸贸易的发展，使得与贸易相关的服务业、金融服务业等的出口显著增加。

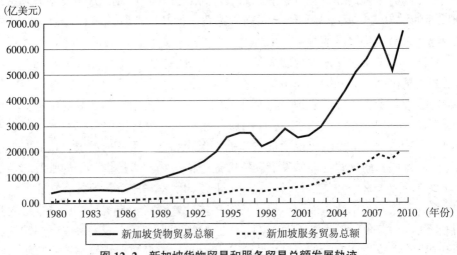

图 12-2　新加坡货物贸易和服务贸易总额发展轨迹

资料来源：WTO 数据库。

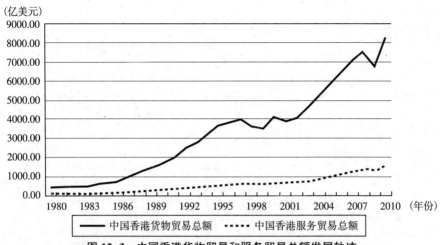

图 12-3　中国香港货物贸易和服务贸易总额发展轨迹

资料来源：WTO 数据库。

　　从图 12-2 和图 12-3 可以明显看出，从 20 世纪 80 年代开始，随着世界经济的发展，新加坡和中国香港两个国际化地区自身的经济也得到了极大的发展，两者的贸易量也有了巨大的飞跃，货物贸易的总额量较 20 世纪 80 年代初基本都增长了 7 倍之多。服务贸易量相较于货物贸易量的飞速增长而言，其总量水平依然保持在一个低位，但是从整体趋势上来看，均处于上升的趋势，而且比 20 世纪 80 年代初有了 1~2 倍的增长，这样的发展程度也是相当可观的。新加坡货物贸易的总额一直高于服务贸易，1997 年的亚洲金融危机和 2008 年的金融危机，使得货物贸易和服务贸易都出现了下滑，但是货物贸易的下降幅度略高于服务贸易。中国香港货物贸易的总额也一直高于服务贸易，1997~1999 年由于亚洲金融危机的影响，货物贸易总额从 3972.33 亿美元下降到 3525.97 亿美元，服务贸易额也出现了下滑，只是幅度没有货物贸易额大。2008 年的金融危机爆发，货物贸易额与服务贸易额也出现了类似的情况。

　　然而，从货物贸易与服务贸易差额的发展轨迹来看，两者却出现了巨大的反差。新加坡的货物贸易以及服务贸易的差额在 20 世纪 80 年代和 20 世纪 90 年代呈交互式的增长，步入 21 世纪则呈同方向增长，货物贸易的增长处于强势地位。新加坡是一个制造业和服务业并重的城市，在制造业上有着较多具有国际竞争力的产业，所以在较早期是以制造业为主拉动其服务产业的出口，直到 21 世纪之后，才开始进行贸易结构调整，然而，其服务贸易的发展相对较为缓慢，所以在总体的发展上货物贸易仍然处于优势地位。1994 年之前，新加坡的货物贸易一直是逆差，1994~2008 年，货物贸易呈现顺差且有增大趋势。20 世纪 80 年代，新加坡的服务贸易总额比较小，总体来看以出口为主。2000 年之前，服务贸易

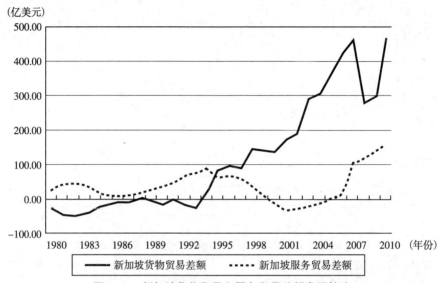

图 12-4　新加坡货物贸易和服务贸易差额发展轨迹

资料来源：WTO 数据库。

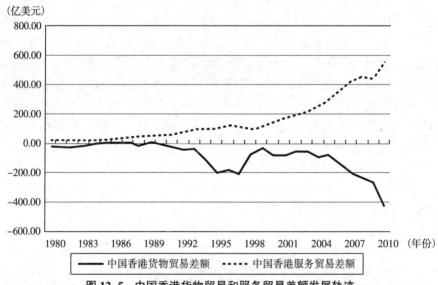

图 12-5　中国香港货物贸易和服务贸易差额发展轨迹

资料来源：WTO 数据库。

一直处于顺差，2000~2005 年，服务贸易出现了轻微的逆差，之后一直是顺差，并且出口的差额优势越来越明显，2010 年新加坡服务贸易的出口总额达到了1300 亿美元，已经走在了世界服务贸易的前列。中国香港从 20 世纪 80 年代初开始，其货物贸易的差额走势和服务贸易的差额走势呈反方向发展，除部分年份出现小额顺差外，货物贸易基本上均呈现逆差的态势，且有增大趋势，而服务贸易保持着稳定的顺差态势，并且顺差额呈现增大趋势。这很大程度上是因为中国香港缺少具有竞争力的制造业，其经济的发展很大程度上是依赖于它的金融中心和港口中心的地位，大力发展其服务产业，从而形成中国香港的经济支柱。但是，这样的发展模式带来一个问题，其制造业的薄弱导致其经济过分依赖服务产业，实体经济更容易受到威胁。

从新加坡和中国香港货物贸易增长率和服务贸易增长率的轨迹图中（见图12-6、图12-7）可以看到，虽然对于两个地区而言，货物贸易总额仍然是占强势地位，但是，在货物贸易和服务贸易的增长率上却表现出惊人的一致，货物贸易的增长与服务贸易的增长基本同步，在一定程度上可以说明货物贸易和服务贸易起着相互促进的协同作用。

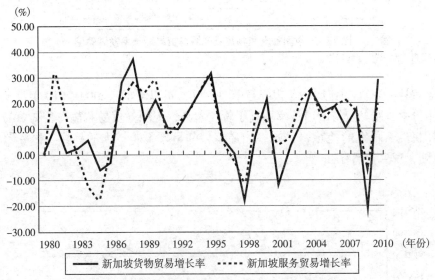

图 12-6　新加坡货物贸易和服务贸易增长率发展轨迹

资料来源：WTO 数据库。

新中国成立以来，上海一直是我国主要的工业中心城市之一，产业结构以第二产业为主，第三产业发展相对滞后，服务贸易规模很小。改革开放以来，随着经济的快速发展和经济体制改革的深入，上海第三产业发展迅速，服务贸易规模持续增加。2003 年，上海位居我国服务贸易进出口第一位，服务贸易进出口额占上海国际贸易总额的比重由 2000 年的 12.6% 上升至 2011 年的 22.8%。服务贸易依存度（服务贸易进出口额与上海生产总值之比）由 2000 年的 13.5% 上升到 2011 年的 43.5%。上海服务贸易进出口总额占全国服务贸易进出口总额的比重也逐年递增，从 2000 年的 12% 增长到 2011 年的 30.8%。然而，从上海货物贸易与

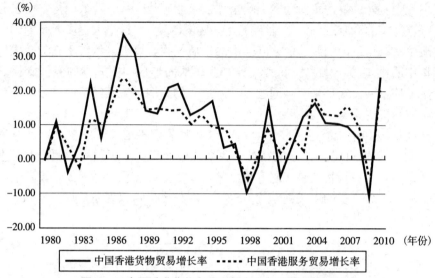

图 12-7　中国香港货物贸易和服务贸易增长率发展轨迹

资料来源：WTO 数据库。

服务贸易发展轨迹图上（图 12-8 至图 12-10）可以看出，2000~2010 年，虽然多数年份中，服务贸易的增长率均高于货物贸易，但服务贸易总额与货物贸易总额相比仍然有很大的差距，且始终为逆差，并呈现不断扩大的趋势。服务贸易的"短腿"现象依然存在。

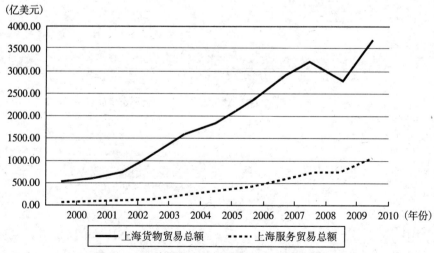

图 12-8　上海货物贸易和服务贸易总额发展轨迹

资料来源：上海商务委、《上海统计年鉴》。

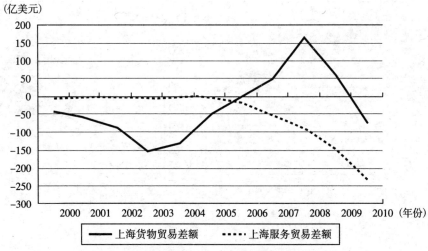

图 12-9　上海货物贸易和服务贸易差额发展轨迹

资料来源：上海商务委、《上海统计年鉴》。

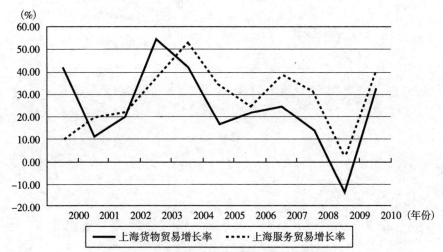

图 12-10　上海货物贸易和服务贸易增长率发展轨迹

资料来源：上海商务委、《上海统计年鉴》。

（二）上海、新加坡和中国香港货物贸易与服务贸易对比

1. 量的对比

如图 12-11 所示，从货物贸易和服务贸易的总额发展对比上可以看到，货物贸易总额上中国香港具有一定的优势，新加坡紧追其后，两者保持基本平稳的差距向前发展。上海的货物总量与新加坡和中国香港相比差距明显，而且这种差距在近几年逐渐拉大，说明上海传统的货物发展的力度已经明显不够。而在服务贸

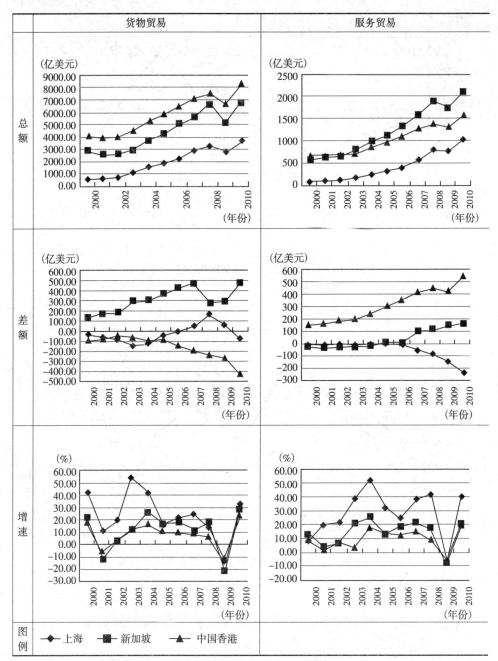

图 12-11 上海与中国香港、新加坡货物贸易和服务贸易 2000~2010 年
总额、差额、增速对比

资料来源：WTO 数据库、上海商务委。

易的总额上，新加坡和中国香港起步相当，两者的总量都保持在一定的高位。而上海与之相比，本身由于服务业发展的时间较晚，服务化程度不足，因而在服务贸易上，虽然在向上发展，但是一直在低位徘徊，与另外两个地区之间的差距依旧明显。

从差额的角度分析，新加坡的货物贸易常年保持顺差，而中国香港由于缺少核心制造业，其货物贸易的出口一直都是逆差，而且这种逆差趋势在加重。上海由于在20世纪80年代引进了先进的制造业技术，在货物贸易上先是处于逆差，但是这种状态很快扭转形成顺差，只是顺差的幅度与新加坡相比还存在一段距离。在服务贸易上，中国香港处于绝对优势的顺差地位，新加坡也只是在近几年才开始调整贸易结构，形成服务贸易上的顺差，而上海服务贸易发展最晚，现在依然处于大规模的逆差地位。

最后从货物贸易和服务贸易的增长率上看，上海、新加坡、中国香港保持了趋势上高度一致，虽然2009年由于全球金融危机导致增长下挫，但均在2010年得到了迅速的恢复。上海相较于新加坡和中国香港更占有一定的优势，这在一定程度上是由于上海目前的对外贸易处于一个发展的初期阶段，特别是服务贸易还处于一个积累的阶段，所以发展具有一个较快的加速度。

综上所述，通过三大地区的国际贸易"量"的比较来看，新加坡和中国香港有着不同的初始条件，但是两者都在向服务业发展，说明服务业是国际化大都市，特别是作为金融中心和航运港口中心、贸易中心的一个发展方向。而上海作为我国所要打造的国际金融中心和贸易中心，虽然在近几年有了相当大的发展，但是与其他两个成熟的国际化地区相比还是存在相当大的数量差距。因而上海需要在国际贸易上寻求更多的发展，先在"量"上寻求积累和改变，然后才能出现"质"的飞跃。

2. 质的对比

根据货物贸易和服务贸易 TC 指数的发展轨迹（见图 12-12）可以观察到，新加坡的货物贸易一直都处于一定的竞争优势地位，这与它拥有着核心的制造业是分不开的；而以服务业为根本的中国香港，它的货物贸易 TC 指数则一直处于劣势，这也是它的货物贸易常年保持着逆差的原因。而上海 2000~2005 年 TC 指数显示，其货物贸易处于竞争劣势，2006 年后，TC 指数由负转正，2008 年更是超越了中国香港和新加坡。但 2009 年后，受全球经济危机"拖累"，上海货物出口下降，TC 指数变小，2010 年则转为负数。而服务贸易上，TC 指数显示，中国香港具有明显的优势。新加坡通过近几年的产业结构调整和外贸调整，其服务贸易也具有微弱优势。但是上海的 TC 指数一直为负数，说明上海的服务贸易一直都处于劣势地位，而且这种趋势在加重，与中国香港和新加坡的差距逐步拉大，这进一步说明了上海需要在贸易的质量上不断提高。

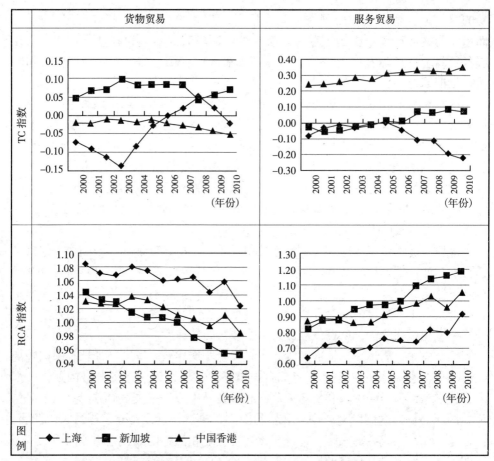

图 12-12　上海与中国香港、新加坡货物贸易、服务贸易竞争力对比
资料来源：根据 WTO 数据库、上海商务委。

　　RCA 指数剔除了世界总量和国家总量波动的影响，如果 RCA 指数大于 1 则说明具有较强的国际竞争力，如果小于 1 则说明国际竞争力较弱。而从 RCA 指数发展轨迹的对比来看，上海、新加坡和中国香港保持了趋势上的高度一致。虽然三个地区的货物贸易 RCA 指数表明三者都具有较强的国际竞争力，但是这种竞争力在逐年变弱。上海货物贸易 RCA 指数高于中国香港和新加坡，这与上海雄厚的制造业基础密切相关。而三者的服务贸易 RCA 指数均逐年上升，从较弱的国际竞争力发展到具备较强的国际竞争力。特别是新加坡，自 2003 年以来，服务贸易 RCA 指数一直高于中国香港和上海，2006 年达到 1，随后几年持续提高，即使是在 2009 年，受国际金融危机影响，其他两地 RCA 指数均相应下滑，新加坡也依然保持了向上的趋势。2000~2010 年多数年份中，上海服务贸易 RCA 指数低于0.8，明显低于新加坡和中国香港，表明上海服务贸易的国际竞争力还很薄弱。

从上海、新加坡和中国香港货物贸易、服务贸易的 TC 指数和 RCA 指数发展轨迹的对比上可以看出，新加坡、中国香港均呈现货物贸易竞争力不断弱化，而服务贸易竞争力明显提升的趋势。上海也在从货物贸易向服务贸易调整中，但是在这种调整的过程中，与新加坡和中国香港相比还比较落后，这与上海的产业基础、比较优势相关。但是，从国际贸易"质"的比较中，我们发现，这种差距并没有"量"上的明显，也可能是由于贸易量的差距过大，而无法将这种"质"上的差距完全充分地展现。总而言之，上海在发展国际贸易时，需要提高"质"上的优势，特别是还处于薄弱阶段的服务贸易，需要和货物贸易构建一种协调的发展关系。

三、上海、新加坡和中国香港货物贸易与服务贸易的协同效应——基于面板数据的分析

从上海、新加坡和中国香港货物贸易与服务贸易总额的相关系数及一元线性回归系数来看，三地货物贸易与服务贸易总额间存在着正相关关系，有互动作用，如表 12–2、表 12–3 所示。为了验证三地货物贸易与服务贸易之间是否存在协同关系，以下运用面板数据进行分析。

表 12–2　上海、新加坡和中国香港货物贸易与服务贸易总额的相关系数

上海	货物	服务	新加坡	货物	服务	香港	货物	服务
货物	1	0.964935	货物	1	0.982787	货物	1	0.992089
服务	0.964935	1	服务	0.982787	1	服务	0.992089	1

表 12–3　上海、新加坡和中国香港货物贸易与服务贸易总额的一元线性回归系数

上海	货物	服务	新加坡	货物	服务	香港	货物	服务
货物	—	0.286771***	货物	—	0.342795***	货物	—	0.210566***
服务	3.26097***	—	服务	2.797837***	—	服务	4.634358***	—

注：①*** 表明在 1% 显著性水平下显著。
②数据为时间序列，行为因变量，列为自变量，这是除去常数项只含单个自变量回归方程的结果。

（一）变量的选取和模型的建立

选取上海、新加坡、中国香港三个地区 2000~2010 年的货物贸易以及服务贸易数据进行面板数据分析，设定初始计量模型的方程组如下：

$$\Delta Service_{it} = \alpha_i + \beta_{it}\Delta Goods_{it} + u_{it}$$

$$\Delta Goods_{it} = \alpha_i^* + \beta_{it}^*\Delta Service_{it} + \varepsilon_{it}$$

$$i = sh,\ sg,\ hk$$

$$t = year2000,\ 2002,\ \cdots,\ 2010$$

其中，i 代表不同的横截面个体，即上海 sh、新加坡 sg、中国香港 hk，t 代表每个横截面成员的观察时期，即从 2000 年到 2010 年，$\Delta Service_{it}$ 代表上海、新加坡、中国香港三个地区在 2000~2010 年服务贸易量的增长率，$\Delta Goods_{it}$ 代表上海、新加坡、中国香港三个地区在 2000~2010 年货物贸易量的增长率，u_{it}、ε_{it} 代表误差项。

（二）面板数据单位根检验

表 12-4　面板数据单位根检验

变量	LLC	ADF–Fisher	PP–Fisher	平稳性
$\Delta Service$	−4.49168	16.3666	19.4584	平稳
	0.0000	0.0119	0.0035	
$\Delta Goods$	−4.73869	20.5614	20.5148	平稳
	0.0000	0.0022	0.0022	

首先，通过对各个变量的单位根检验来判断面板数据是否平稳，从表 12-4 的面板数据单位根检验中可以看出，服务贸易增长率和货物贸易增长率两个变量都在一阶平稳，不存在单位根。

（三）面板数据模型设定检验

表 12-5　模型设定检验

检验方程	F 检验	相应检验结论
$\Delta Service_{it} = \alpha_i + \beta_{it}\Delta Goods_{it} + u_{it}$	F=−0.89892<F (0.95，4，27)	两者均采用混合回归模型
$\Delta Goods_{it} = \alpha_i^* + \beta_{it}^*\Delta Service_{it} + \varepsilon_{it}$	F=−0.3974<F (0.95，4，27)	

对于模型的设定进行一系列的检验，得到表 12-5 的模型设定检验结果，可以看出，两个方程式的 F 检验值都不能通过相应的假设，而不能采用固定效应随机模型和变系数固定效应模型，而均需要采用混合回归模型，即将原方程调整如下：

$$\Delta Service_{it} = \alpha_i + \beta_i\Delta Goods_{it} + u_{it}$$

$$\Delta Goods_{it} = \alpha_i^* + \beta_i^*\Delta Service_{it} + \varepsilon_{it}$$

$$i = sh,\ sg,\ hk$$

t = year2000，2002，…，2010

（四）面板数据模型回归结果

表 12-6　面板数据模型回归结果

变量	相关系数	t 检验 （prob）
α	0.079563	0.0006***
β	0.642585	0.0000***
α^*	−0.012141	0.6899
β^*	0.910796	0.0000***

注：*** 表明在 1%的显著性水平下显著。

从表 12-6 的面板数据回归结果中可以看出，以货物贸易增长率为自变量的方程中，货物贸易增长率的系数为正，并且 t 检验显著，说明货物贸易的增长率与服务贸易的增长率为正相关的关系，货物贸易的增长能够有效推动服务贸易的增长。相应常数项的 T 检验依然显著，说明了货物贸易的增长对于服务贸易增长的贡献程度达到 0.64 也是合理的，货物贸易每增长 1%能够推动服务贸易增长0.64%。

在以服务贸易增长率为自变量的方程中，服务贸易增长率的系数也为正，并且 t 检验显著，同样说明了货物贸易增长与服务贸易增长的正相关关系，服务贸易的增长也能够推动货物贸易的增长，但是由于相应的常数项并不显著，所以服务贸易增长对于货物贸易增长的贡献程度并不能通过此面板数据分析有效地测量。

（五）协整检验

最后，通过对残差序列的单位根检验，来判断变量之间是否存在协整关系，从表 12-7 中可以看出，两个方程的残差序列都不存在单位根，因而有效地说明了货物贸易增长率和服务贸易增长率两个变量之间的协整关系是存在的，并且在1%的显著性水平下显著。

表 12-7　残差序列单位根检验

检验方程	LLC	ADF–Fisher	PP–Fisher	平稳性
$\Delta Service_{it} = \alpha_i + \beta_i \Delta Goods_{it} + u_{it}$	−6.70764	27.9888	39.7504	在 1%的检验水平下平稳
	(0.0000)	(0.0001)	(0.0073)	
$\Delta Goods_{it} = \alpha_i^* + \beta_i^* \Delta Service_{it} + \varepsilon_{it}$	−6.1249	31.6295	31.4258	
	(0.0000)	(0.0000)	(0.0000)	

（六）面板数据分析结论

通过对上海、新加坡、中国香港三个国际化地区的面板数据分析可以看出，货物贸易的增长变化和服务贸易的增长变化呈较强的正相关关系，货物贸易的增长率提高 1% 就能够带动服务贸易增长率提高 0.64%，货物贸易对服务贸易起着促进作用；同时，服务贸易的增长也能带动货物贸易的增长。这证实了我们的假说，即货物贸易与服务贸易在"量"上存在着互动、协同效应。上海作为中国打造的未来国际贸易中心，应借鉴新加坡、中国香港的发展经验，实现贸易结构的转型与升级，在货物贸易的基础上，为服务贸易的发展创造更好的条件，推动上海服务贸易的开拓和发展，从货物贸易的传统贸易方式逐步向货物贸易和服务贸易并重的新国际贸易方式转变，从而实现成为国际贸易中心的目标。

四、上海货物贸易与服务贸易的协同效应
——基于时间序列的分析

为了从"质"的方面验证货物贸易与服务贸易的关系，以下选取上海 2000~2010 年的数据进行定量分析。计量模型如下：

模型 1：$goods_{it} = \alpha_0 + \beta_{it} services_{it} + \varepsilon_{it}$

模型 2：$service_{it} = \alpha_0 + \beta_{it} goods_{it} + \varepsilon_{it}$

其中，$goods_{it}$ 代表不同年份的货物贸易 TC 指数，$service_{it}$ 代表不同年份的服务贸易 TC 指数以及不同年份的服务贸易分项目 TC 指数，依次为运输业（$trans_t$）、保险业（$insur_t$）、金融业（$finan_t$）、通信业（$commu_t$）、计算机与信息业（$compu_t$）、专利权使用费和特许费业（$paten_t$）、咨询业（$consu_t$）、广告宣传业（$adver_t$）、ε_{it} 代表误差项。

首先，运用单位根检验方法，对计量模型中涉及的变量进行 ADF 检验，并对不平衡序列进行差分处理得到平稳序列。检验结果显示，序列 goods、services 存在单位根，是非平稳序列，但它们的二阶差分序列均可在 5% 的显著性水平下拒绝原假设，接受不存在单位根的结论。

根据协整理论，虽然经济变量本身是非平稳序列，但它们的线性组合却可能是平稳的，这种平稳的线性组合可被解释为变量之间长期稳定的均衡关系。这里采用 E-G 两步法进行协整分析。

对同属二阶单整序列的 goods、services 序列进行最小二乘法估计，模型的估计结果如表 12-8。

表 12-8　模型 1 估计结果

自变量	系数	标准差	T 统计量
services	1.005951	0.013300	75.63666
R^2	0.996015	D.W.统计量	2.021953

其次，用 ADF 检验判断残差序列的平稳性，检验结果如表 12-9。

表 12-9　模型 1 残差序列平稳性检验结果

ADF 值	-2.924973	1%	临界值	-2.9075
		5%	临界值	-1.9835
		10%	临界值	-1.6357

可以看出，ADF 统计量值小于 1% 显著性水平下的临界值，由此可知，该残差序列不存在单位根，属于平稳序列。上述结果表明，序列之间存在着协整关系，模型设定是合理的。

回归结果表明，服务贸易 TC 指数的回归系数为正，且作用显著，可以证明服务贸易竞争力的提升有助于提高货物贸易的竞争力。

再以货物贸易 TC 指数为自变量，得到的估计结果如表 12-10。

表 12-10　模型 2 估计结果

自变量	系数	标准差	T 统计量
goods	0.992350	0.013120	75.63666
R^2	0.996126	D.W.统计量	2.031254

残差序列平稳性检验结果如表 12-11。

表 12-11　模型 2 残差序列平稳性检验结果

ADF 值	-2.997897	1%	临界值	-2.9075
		5%	临界值	-1.9835
		10%	临界值	-1.6357

结果显示，ADF 统计量值小于 1% 显著性水平下的临界值，由此可知，该残差序列不存在单位根，属于平稳序列，序列之间存在着协整关系。说明货物贸易竞争力对服务贸易竞争力具有促进作用。

综合以上结果可以得出，上海服务贸易与货物贸易竞争力之间具有长期稳定的协同互动发展关系，且服务贸易竞争力的提升对货物贸易竞争力有更为明显的促进作用。

以下考察服务贸易分项目 TC 指数和货物贸易 TC 指数之间的关系。估计结果如表 12-12。

表 12-12　时间序列估计结果

	因变量	自变量	系数	T 统计量	标准差	R^2	DW 值
估计 1	goods	trans	0.546351	9.053524	0.060347	0.751671	0.864205
估计 2	trans	goods	1.286353	5.301888	0.242622	0.757478	1.114848
估计 3	goods	insur	0.250200	6.190593	0.040416	0.527394	0.947829
估计 4	insur	goods	3.169711	6.190593	0512021	0.629555	1.103353
估计 5	goods	finan	−0.182065	−3.346478	0.054405	0.554432	1.409789
估计 6	finan	goods	−3.045235	−3.346478	0.909982	0.554432	2.056476
估计 7	goods	commu	−0.132419	−2.854580	0.046388	0.475177	0.508947
估计 8	commu	goods	−3.588428	−2.854580	1.257077	0.475177	0.803572
估计 9	goods	consu	−0.324235	−5.0462087	0.064253	0.356029	1.270594
估计 10	consu	goods	−1.566742	−2.459593	0.636992	0.401977	1.433000
估计 11	goods	adver	不显著				
估计 12	adver	goods	不显著				
估计 13	goods	compu	不显著				
估计 14	compu	goods	不显著				
估计 15	goods	paten	不显著				
估计 16	paten	goods	不显著				

从表 12-12 中可以看出，估计 1 至估计 16 的结果显示，货物贸易 TC 指数与运输业、保险业 TC 指数呈较强的正相关关系，货物贸易竞争力的提升能够明显提高运输业和保险业的竞争力，而运输业、保险业 TC 指数的提升，也能改善货物贸易 TC 指数。但货物贸易 TC 指数与金融业、通信业、咨询业 TC 指数呈负相关关系，与计算机与信息业、专利权使用费和特许费业和广告宣传业 TC 指数的相关关系不显著。而这些产业多为技术、知识密集型产业，这在一定程度上说明技术进步、技术创新的促进作用还没有充分发挥出来，货物贸易的发展也未能有效地促进这些产业的发展。而这对于上海贸易结构转型是非常不利的。

五、结论与对策建议

综上所述，21 世纪初至今，上海的贸易发展已经取得了相当大的成就，除了 2008 年受到全球金融危机的影响外，均保持了较高的增速。2013 年上海服务贸易进出口总额 1725.4 亿美元，同比增长 23.5%。占同期上海对外贸易总额的比重提高到 28.1%。随着上海自贸区建设的推进，服务贸易必将得到更大的发展。但是，从与新加坡和中国香港这样成熟的国际贸易中心相比较，无论是在贸易的"量"上还是在贸易的"质"上均存在着较大的差距。同时，上海货物贸易与服务贸易的协同发展效应尚未充分发挥，特别是货物贸易未能与金融业、通信业、咨询业、计算机与信息业、专利权使用费和特许费业形成良性的互动和协同关系。若现代货物贸易所产生的相关服务需求能在很大程度上由国内服务供应商满足，那么货物贸易必将带来服务出口的相应增加。然而，由于中高端服务产品缺乏、供给能力不足，制造业与服务业间的互动机制、双向溢出没有很好地实现，严重限制了货物贸易对服务贸易的带动作用，而货物贸易缺乏相关服务部门的服务而导致附加价值不高、竞争力提升乏力甚至下降。这也正是上海运输、保险等服务贸易长期以来高额逆差的主要原因，同时也导致了上海贸易结构转型的困境。

从发展阶段来看，目前上海正处于工业化的后期，制造业仍然是贸易和投资的重心，但是，由于人民币升值、传统产业贸易争端频繁、商务成本上扬、人力资源流动性加强、劳动力不足、用工成本提高等原因，一般加工制造业已无优势，亟须重视技术引进和自主创新，推动贸易结构和增长方式的加速转变，同时实现产业结构的调整。上海在建设国际贸易中心的过程中，应该以货物贸易为基础，以经济实力为根本，以改善贸易结构为途径，以提升贸易竞争力为目标，以科技水平提升为有效手段，真正提升上海货物贸易的竞争力，并在此基础上推进服务贸易发展，从而实现两者间的融合、互动效应，并进一步扩展下去，以实现上海成为货物贸易中心、服务贸易中心的双重目标。

（一）重视服务贸易的发展，寻求贸易"质"的突破

随着全球第三产业比重的不断增加，服务贸易在国际贸易中的比重也不断增加。一个成熟的国际贸易中心，不仅是一个货物贸易的中心，它必然也是一个高度发达的服务贸易中心。从本研究的实证中也可以看出，货物贸易的发展可以促进服务贸易的发展，而反过来服务贸易的发展也会促进货物贸易的发展。从上海来看，目前上海人均 GDP 已经超过 1.2 万美元。按照 1999 年世界银行发布的世界经济发展报告"分类法"，6500 美元的 GDP 水平被归入世界上"上中等收入国家（地区）"的行列。按照国际经验，这一期间正处于服务业和服务贸易快速增长的阶段。上海具有雄厚的产业基础、良好的基础设施、广阔的发展腹地、丰富的人力资源和日益提高的国际化程度，这为上海发展服务经济与服务贸易打下了坚实的基础。贸易结构是产业结构的国际市场表现，改善贸易结构必须由产业结构升级来支持。因此，拓展服务贸易出口，必须要加快产业结构的调整和优化，

适时促进服务业内部结构的调整与优化，重点发展以信息、科技、金融、会计、咨询、法律为代表的现代服务业，提高服务业整体水准；积极开拓技术型、知识型占优势的新兴服务业，加大对服务企业尤其是知识、技术密集型服务企业的政策倾斜与扶持力度，完善财政、信贷等优惠措施，辅之以积极的产业政策，使其成为竞争力提升的主力；运用现代经营方式和服务技术改组改造传统服务业，提高技术水平和经营效率；注重服务业的集约化发展，使服务业的增长真正建立在劳动生产率的提高和技术进步的基础之上，增强服务业的产业整合力、经济牵引力和国际竞争力。此外，在发展自身第三产业的同时，还应更多地推动服务业"走出去"。

2013 年 9 月 29 日，上海自贸区正式挂牌，这是中国在更加扩大开放、进一步促进改革方面迈出的极其重要的一步，将成为服务贸易的重要载体。上海应以此为契机，提高服务业开放度，加快推进服务贸易重点领域发展，创新服务贸易便利化政策，促进贸易转型升级。

（二）结合自身条件，寻求服务贸易和货物贸易的平衡发展

从新加坡和中国香港的国际贸易发展比较中可以看出，两个国际贸易中心有着不同的服务贸易和货物贸易的发展，新加坡的货物贸易依然是主体，而中国香港则是以服务贸易为支柱，这与其历史发展和自身发展条件有关，但是并不影响它们成为国际贸易中心。上海作为中国重要的经济中心，也是一个重要的港口城市，有着自身得天独厚的条件。近年来，上海服务业迅猛发展，而制造业正逐渐向周边城市转移，从而也推动国际贸易中服务贸易的比重逐渐提高，这使得上海的国际贸易结构发生了变化。上海需要根据自身的条件，在服务贸易和货物贸易中寻求一个合适的平衡点，以服务贸易提升货物贸易的竞争力和附加价值，从而促进整个国际贸易的发展，使上海真正成为世界贸易中心。今后无论发展货物贸易还是服务贸易，都要提升国际竞争力，从低附加值的传统贸易向商贸服务、技术领域拓展。如果上海可以借鉴中国香港的离岸贸易发展经验，使得其服务范围辐射全国，上海作为中国内地最重要开放口岸的地位才能真正得到体现。

（三）积极培育生产性服务市场，带动制造业与服务业的融合、互动与提升

当代服务业的国际竞争是与物质生产部门的国际竞争联系在一起的，国际服务贸易的强国也都是商品生产的强国。现代服务贸易的核心是以信息技术服务为主体的生产性服务，一方面，生产性服务的发展有助于提高商品出口的竞争力，另一方面，生产者服务自身竞争力的提高又可以改善服务出口结构，减少对服务进口的依赖。因此，要缩小服务贸易国际竞争力的差距，当前应当积极培育生产

性服务市场，依靠技术进步提升生产性服务业在服务业中的比重，推动服务外部化，增加对生产性服务的需求，从而促进服务出口。未来上海的发展，应依托先进制造业和高新技术产业的优势，以金融、航运、信息等生产性服务业为着力点，延伸重点领域产业链，加快完善生产前期研发、设计，中期管理、融资和后期物流配送、市场销售、售后服务、信息反馈等服务环节，增强产业配套服务能力，同时加速内生性服务产业从制造业企业（特别是大型、国有企业）分离的进程，以长三角、长江流域、全国乃至世界为服务对象，不断拓展服务半径，使产业链中的服务环节增加并拉长，扩大产业的辐射度与影响力，充分形成和发挥"集聚，扩散，管理，服务和创新"的能力，并以生产性服务业的发展带动制造业与服务业的融合、互动与提升。

参考文献：

1. 程南洋、余金花：《中国货物贸易与服务贸易结构变动的相关性检验：1997~2005》，《亚太经济》，2007 年第 1 期。

2. 李静萍：《影响国际服务贸易的宏观因素》，《经济理论与经济管理》，2002 年第 11 期。

3. 胡景岩：《货物贸易与服务贸易的相关性曲线》，《国际贸易》，2008 年第 6 期。

4. 陆锦周、汪小勤：《全球服务贸易与货物贸易发展的协调性分析》，《国际贸易问题》，2009 年第 3 期。

5. 曲风杰：《优化结构与协调发展——发展服务贸易与转变我国外贸增长方式的战略措施》，《国际贸易》，2006 年第 1 期。

6. 谢康：《货物贸易与服务贸易互补性的实证分析》，《国际贸易问题》，2000 年第 9 期。

7. 周燕、郑甘澎：《货物贸易与服务贸易：总量互补与差额替代关系》，《亚太经济》，2007 年第 2 期。

8. Alan V. Deardorff. International Provision of Trade Services，Trade，and Fragmentation. The University of Michigan，2001.

9. Marrewijk，C.V.，Stibora，J. and A.D. Vaal. Services Tradability，Trade Liberalization and Foreign Direct Investment . Economics，1996（63）：611-631.

10. Melvin. James R.Trade in Producer Services：A Heckscher–Ohlin Approach［J］. Journal of political Economy，1989，97（5）：1180-1196.

11. Jones，R. and Kierzkowski，H. The Role of Services in Production and International Trade：A Theoretical Framework，in the Political Economy of International Trade. Basil Blackwell Inc，1990：31-48.

第十三章 CEPA 对粤港服务业合作的影响

陈万灵[1]　宗伟濠[2]

一、粤港服务业合作概况及 CEPA 的意义

(一) 粤港服务业合作的概况

中国香港作为亚太地区乃至国际的金融中心、航运中心以及贸易中心之一，其服务业高度发达，服务业占 GDP 的比重在近十年来一直保持在 84% 以上。2000~2012 年，中国香港服务业增加值呈高速增长态势，除 2009 年因国际金融危机影响，服务业增加值有小幅下滑外，其余年份均保持着较高的增长率。2012年，中国香港服务业增加值为 18725.7 亿港元，比 2000 年增加 67.15%，占 GDP 的比重高达 91.92% (见图 13-1)。

金融、贸易及物流、专业服务和旅游是中国香港的四大支柱产业。从表 13-1可以看出，按照中国香港统计处对服务业的分类，进出口贸易、批发及零售业的比重最大，占了中国香港服务业总量的 27.32%。中国香港另一大支柱产业金融及保险业则占中国香港服务业总量的 17.05%。

改革开放以来，广东利用其制度、地缘及劳动力成本上的优势，承接了中国香港的产业转移，形成了"粤主制造，港主服务"的"前店后厂"模式。近年来，随着粤港合作的深化，服务业合作逐步成为了两地新的增长点，尤其是

---

① 陈万灵：广东外语外贸大学国际经济贸易研究中心主任，教授。
② 宗伟濠：广东外语外贸大学国际经贸学院，硕士研究生。

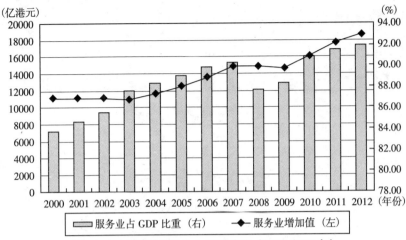

图 13-1　中国香港服务业发展过程（2000~2012 年）

资料来源：中国香港统计处。

表 13-1　2012 年中国香港服务业增加值分行业构成项目表

行业	生产总值（百万港元）	占比（%）
进出口贸易、批发及零售	511537	27.32
住宿及膳食服务	72044	3.85
运输、仓库、邮政及速递服务	120609	6.44
资讯及通讯	70866	3.78
金融及保险	319312	17.05
地产	116880	6.24
专业及商用服务	115536	6.17
公共行政、社会及个人服务	337747	18.04
楼宇业权	208036	11.11

资料来源：中国香港统计处。

CEPA 实施以来，两地正朝着服务贸易自由化的目标进发，开创了粤港两地服务业合作的新局面。据统计，2011 年粤港服务贸易额达 394.5 亿美元，同比增长 41.13%，占全省服务贸易总额的 44.6%，中国香港成为广东最大的服务贸易伙伴。其中，2011 年广东承接中国香港离岸接包执行金额 11.6 亿美元，增长 64.9%，成为两地服务贸易增长最快的领域之一。①

（二）CEPA 对粤港服务业合作的意义

1. CEPA 可以使两地服务业优势互补

粤港两地服务贸易具有很强的互补性。研究表明，目前，内地服务贸易的优

---

① 广东省对外贸易经济合作厅：《粤港生产性服务业合作指引 100 问答》，广东人民出版社，2012 年。

势行业主要集中在自然资源、劳动力密集的行业，其中，旅游服务、建筑服务只有微弱的比较优势，运输服务则完全没有比较优势，这与我国制造业劳动密集型产品在国际上几乎是占绝对优势的情况形成强烈反差。而中国香港服务贸易的整体优势明显高于内地，最具竞争力的行业部门主要集中在资金、技术密集的行业，特别是运输服务、金融服务、咨询服务、广告宣传服务及其他商业服务。CEPA 的实施可以加快中国香港生产性服务业到广东发展，为广东企业带来优质的服务，而广东也可通过 CEPA 增加向中国香港的服务输出，从而使两地形成互利共赢的局面。

2. CEPA 可以促进广东服务业的发展

广东的服务业发展迅速，占 GDP 的比重也在逐年上升，但是其规模与在经济中的比重不仅远远落后于中国香港，即使是与国内其他经济较发达省份和直辖市相比，优势也并不明显。从表 13-2 可以看出，广东的第三产业比重与北京、上海相比，差距非常明显，尤其是北京，其服务业占 GDP 比重高达 76.5%，已达到发达国家的水平。

表 13-2　2012 年广东与北京、上海、天津三次产业结构比较

单位：%

地区	第一产业	第二产业	第三产业
北京	0.8	22.7	76.5
上海	0.6	38.9	60.4
天津	1.3	51.7	47.0
广东	5.0	48.5	46.5

资料来源：根据 2012 年《中国统计年鉴》计算所得。

因此，中国香港服务业进入广东不但能为广东带来优质的服务，同时带来了先进的管理制度及专业技术，促进广东服务业的发展，增强广东服务业的竞争力。可以预见，粤港产业合作模式将会从"前店后厂"模式逐渐向服务业合作的方向进展。

3. CEPA 可以提高广东参与国际分工的地位

经过改革开放 30 余年的发展，广东已成为世界重要的制造业基地之一，其中部分制造业如 IT 产业等，就集中了全世界最先进的技术，然而广东现在却仍处于国际产业链的底端位置，其中最重要的原因之一就是其服务业特别是生产性服务业发展相对滞后，如金融服务、财会服务、法律服务、信息服务等难以与制造业相配套。生产性服务业的滞后给广东经济发展带来了一系列的问题，制约了国际竞争力的提高。CEPA 的实施可使粤港联手，将有利于承接全球服务转移和外包业务，特别是在商务服务、计算机及互联网服务、金融服务、培训服务及专

业服务方面，抢占国际市场份额，共同进入国际服务业新一轮分工格局中，广东也可借此机会促使产业链向"微笑曲线"的两端发展。

二、CEPA 主要内容及实施进展

2003 年 6 月 29 日，中央政府与中国香港正式签订《内地与香港关于建立更紧密经贸关系的安排》（CEPA）。签署 CEPA 的目标是希望能逐步减少或取消双方之间实质上所有货物贸易的关税和非关税壁垒；逐步实现服务贸易自由化，减少或取消双方之间实质上所有歧视性措施；促进贸易投资便利化，从而加强中国内地与中国香港之间的贸易和投资合作，促进双方的共同发展。

CEPA 包括三方面的内容：消除货物贸易壁垒、服务贸易自由化、贸易投资便利化。2003~2013 年，中国内地与中国香港签署了 CEPA 主体协议及其十份补充协议，中国内地对中国香港服务提供者的限制性措施逐步减少，开放范围不断扩大，开放程度不断加深，至《CEPA 补充协议十》，双方已在 48 个服务贸易领域公布 403 项开放措施，现已涵盖了会计、法律、金融、旅游、运输等数十个服务行业，如表 13-3 所示。

表 13-3　CEPA 各阶段服务贸易开放的主要内容

协议及生效时间	主要内容
CEPA 协议 2004 年 1 月 1 日	新开放的市场准入优惠：会计、房地产与建筑、广告、保险、证券、视听、银行、法律、物流、仓储、管理咨询、增值电信、会展、旅游、医疗、分销、货代、运输
补充协议一 2005 年 1 月 1 日	新开放的市场准入优惠：专利代理、商标代理、机场服务、文化娱乐、信息技术、职业介绍、人才中介、专业资格考试
	进一步扩大市场准入优惠：法律、会计、医疗、视听、建筑、分销、银行、证券、运输、货运代理
补充协议二 2006 年 1 月 1 日	进一步扩大市场准入优惠：法律、会计、视听、建筑、分销、银行、旅游、运输、个体工商户
补充协议三 2007 年 1 月 1 日	进一步扩大市场准入优惠：法律、建筑、信息技术、会展、视听、分销、旅游、运输、个体工商户
补充协议四 2008 年 1 月 1 日	新开放的市场准入优惠：与管理咨询相关的服务、体育、市场调研、公用事业、建筑物清洁、摄影、印刷、环境、笔译和口译、社会服务、计算机及其相关服务
	进一步扩大市场准入优惠：法律、医疗、房地产、人才中介、会展、电信、视听、分销、保险、银行、证券、旅游、文娱、海运、航空运输、公路运输、个体工商户

协议及 生效时间	主要内容
补充协议五 2009 年 1 月 1 日	新开放的市场准入优惠：采矿相关服务、与科学技术相关的咨询服务
	进一步扩大市场准入优惠：会计、建筑、医疗、人员提供与安排、印刷、会展、分销、环境、银行、社会服务、旅游、海运、航空运输、公路运输、个体工商户
补充协议六 2010 年 1 月 1 日	进一步扩大市场准入优惠：法律、建筑、医疗、研究和开发、房地产、人员提供与安排、印刷、会展、公用事业、电信、视听、分销、银行、证券、旅游、文娱、海运、航空运输、铁路运输、个体工商户
补充协议七 2011 年 1 月 1 日	进一步扩大市场准入优惠：建筑、医疗、技术检验分析与货物检验、专业设计、视听、分销、银行、证券、社会服务、旅游、文娱、航空运输、专业技术人员资格考试和个体工商户
补充协议八 2012 年 1 月 1 日	新开放的市场准入优惠：跨学科的研究与实验开发服务、与制造业有关的服务、图书馆、档案馆、博物馆和其他文化服务
	进一步扩大市场准入优惠：法律、建筑、技术检验分析与货物检验、人员提供与安排、分销、保险、银行、证券、医院、旅游、公路运输、专业技术人员资格考试和个体工商户
补充协议九 2013 年 1 月 1 日	新开放的市场准入优惠：教育服务
	进一步扩大市场准入优惠：法律、会计、建筑、医疗、计算机及其相关服务、技术检验和分析、人员提供与安排、印刷、会展、其他商业服务、电信、视听、分销、环境、银行、证券、社会服务、旅游、文娱、铁路运输、个体工商户
补充协议十 2014 年 1 月 1 日	新开放的市场准入优惠：复制服务
	进一步扩大市场准入优惠：法律、建筑、计算机及其相关服务、房地产、市场调研、技术检验和分析、人员提供与安排、建筑物清洁、摄影、印刷、会展、笔译和口译、电信、视听等 28 个领域

资料来源：根据历年 CEPA 协议内容整理所得。

CEPA 是中国内地与中国港澳签署的协议，但内地最大的受惠者是广东。因为广东有传统的地缘、人缘和文化优势，改革开放以来港商大举北上的首选之地是广东，因此 CEPA 中给予了广东许多先行先试的措施，让广东能够充分发挥地缘及经济上的优势，为粤港服务业合作创造优质的平台和广阔的空间。截至《CEPA 补充协议十》的签署，服务业对中国香港开放的广东"先行先试"政策累计已达 79 项。表 13-4 列出了部分 CEPA 有关服务业在广东先行先试的政策。

表 13-4　CEPA 中部分广东先行先试政策

法律	根据 CEPA 补充协议六，从 2009 年 10 月 1 日起，在内地设立代表机构的中国香港律师事务所，可与成立满 1 年并至少有 1 名设立人具有 5 年以上执业经历、住所地在广东省的内地律师事务所联营
分销	CEPA 允许中国香港服务提供者在内地设立零售企业的地域范围扩大到地级市，在广东省扩大到县级市；允许中国香港永久性居民中的中国公民依照内地有关法律、法规和行政规章，在广东省境内设立个体工商户，无须经过外资审批

会展	委托广东省审批中国香港服务提供者在广东省主办展览面积 1000 平方米以上的对外经济技术展览会
运输服务	允许中国香港服务提供者在广东省试点设立独资企业及其分支机构，为广东省至港澳航线船舶经营人提供船舶代理服务；委托广东省审批中国香港在广东投资的生产型企业从事货运方面的道路运输业务
个体工商户	允许中国香港永久性居民中的中国公民依照内地有关法律、法规和行政规章，在广东省设立个体工商户，无须经过外资审批，不包括特许经营，其从业人员不超过 8 人
银行	中国香港银行在广东省设立的外国银行分行可以参照内地相关申请设立支行的法规要求提出在广东省内设立异地（不同于分行所在城市）支行的申请
证券	允许符合外资参股证券公司境外股东资质条件的中国香港证券公司与内地具备设立子公司条件的证券公司，在广东省设立合资证券投资咨询公司
保险	允许中国香港的保险经纪公司在广东省（含深圳）试点设立独资保险代理公司，经营区域为广东省（含深圳）
旅游	委托广东省审批中国香港服务提供者在广东设立独资、合资或合作旅行社

资料来源：根据历年 CEPA 协议内容整理所得。

三、CEPA 对粤港服务业合作影响的评价

（一）CEPA 对粤港服务业合作的总效应

CEPA 的实施给予了中国香港服务提供者大量的准入优惠，有些是先于内地对世界贸易组织的承诺时间，有些则超越了对世界贸易组织的承诺，这将产生显著的贸易创造效应。

从《香港服务提供者证明书》申请的有关统计数据也可以大致了解 CEPA 实施以来对两地服务贸易造成的初步影响。CEPA 规定中国香港法人服务提供者如果要以 CEPA 规定的优惠待遇在内地提供服务，必须先向中国香港工业贸易署申请《香港服务提供者证明书》（见表 13-5）。

表 13-5　2003~2012 年《香港服务提供者证明书》申请书统计

	法律	建筑	广告	管理咨询	会展	分销	金融	运输物流	旅游	总数
2003	0	0	1	0	0	6	3	7	0	20
2004	6	31	47	19	7	198	5	303	1	648
2005	4	16	23	5	2	42	3	113	2	248
2006	4	9	5	3	0	7	5	38	3	106
2007	0	8	9	3	1	3	2	45	4	133

续表

	法律	建筑	广告	管理咨询	会展	分销	金融	运输物流	旅游	总数
2008	1	2	13	0	0	1	3	41	5	128
2009	2	5	3	0	0	3	3	15	8	80
2010	1	2	7	1	4	3	4	17	4	100
2011	0	2	4	1	0	2	1	14	1	109
2012	1	1	10	3	1	2	3	13	3	131
总数	19	76	122	35	15	265	32	606	31	1703
占比（%）	1.12	4.46	7.16	2.06	0.88	15.56	1.88	35.58	1.82	

注：数据统计更新至 2012 年 12 月 31 日。
资料来源：中国香港工业贸易署。

据中国香港工业贸易署的有关统计，从 2004 年 1 月 1 日 CEPA 开始实施至 2012 年 12 月 31 日，中国香港已累计批准 1703 份《香港服务提供者证明书》。根据 CEPA 有关规定，企业在申请《香港服务提供者证明书》时，可同时要求中国香港工贸局签发多份《香港服务提供者证明书》副本，以便持有人同时向内地不同审核机关申请相关优惠；与此同时，一家中国香港企业从事多项业务，只需向中国香港工贸局提交一份申请，即可同时办理相关申请。这意味着一份获批的《香港服务提供者证明书》可能代表着多个中国香港与内地的服务业合作机会。

另外，据调查，在曾经或现时持有《香港服务提供者证明书》的企业中，约有 48%表示已在内地设立企业，其中按地理位置划分，广东仍是中国香港服务提供者设立企业的主要地点。[①]

从行业结构看，中国香港批准的《香港服务提供者证明书》中，前三大行业分别是运输服务及物流服务、分销服务和广告服务。截至 2012 年 12 月 31 日，这三大行业已批准的《香港服务提供者证明书》分别是 606，265，122，分别占批准证明书总数的 35.58%、15.56%和 7.16%。由此可以看出，中国香港服务业利用 CEPA 进入内地主要集中在物流、分销等领域，这些领域相对薄弱，是迅速发展的制造业所急需的领域。CEPA 的实施有效地带动了中国香港的服务业向内地转移，促进了中国香港与内地服务业的合作，形成优势互补的双赢格局。

中国香港在广东投资传统上以制造业为主，占中国香港投资的 2/3 左右。而在 CEPA 签署以及服务业在广东先行先试政策实施后，粤港服务业合作快速增长，服务业所占比重稳步上升，中国香港资金成为了广东服务业的主要外资来源地。2004~2011 年，广东累计新批中国香港投资服务业项目 17922 个，合同港资

① 中国香港工业贸易署：《〈内地与香港关于建立更紧密经贸关系的安排〉对中国香港经济的影响的最新评估（服务贸易)》，2010 年。

568.1 亿美元，实际吸收港资 285.1 亿美元。① 2011 年，广东服务业实际吸收港资比重为 43.59%，比 CEPA 实施前的 2003 年提高近 17 个百分点。

其中，批发和零售业、租赁和商务服务业、交通运输、仓储和邮政业是粤港服务业合作的主要领域。数据显示，2004 年至 2012 年 5 月，广东批准中国香港投资者投资上述行业项目 11975 个，合同港资 249.93 亿美元，实际吸收港资 120.92 亿美元，分别占中国香港投资广东服务业的 65.20%、42.71% 和 40.45%。② 港商投资的百佳超市、万宁连锁店、屈臣氏、7-11、OK 便利店等遍布广东主要城市。随着内地降低了外商投资商业、物流等行业的最低注册资本要求等准入门槛，大量中小型中国香港服务业企业纷纷来粤投资，它们成为 CEPA 的直接受惠者。

同时，广东企业投资中国香港也日趋活跃。广东一些优势企业，如 TCL、美的等纷纷到中国香港投资设立控股公司，利用中国香港国际金融、信息、物流等中心的平台作用拓宽融资渠道，开展国际化经营。

（二）CEPA 对粤港服务业合作的结构效应

CEPA 实施以来，中国内地与中国香港已在 48 个服务贸易领域公布 403 项开放措施，惠及会计、法律、金融、旅游、运输等数十个服务行业。中国内地对中国香港服务提供者的限制性措施逐步减少，开放范围不断扩大，开放程度不断加深，粤港两地在服务业各领域的合作成效显著。其中，物流、金融和会展业是粤港服务业合作的重点领域，CEPA 的实施对两地这三个行业的合作产生了巨大的影响（见表 13-6）。

表 13-6　CEPA 框架下粤港服务业合作的部分成果

银行服务	广东利用先行先试政策措施多次降低港资银行准入门槛；截至 2011 年底，已有汇丰、恒生、东亚、永亨等 13 家港资银行在广东设立了 4 家法人机构、27 家分行、111 家营业性机构
证券服务	国内首家合资投资咨询公司——广州广证恒生证券投资咨询有限公司利用先行先试的优惠政策正式成立，实现了合资咨询公司"零的突破"
保险服务	2011 年，在粤的中国香港背景保险公司共 8 家，当年实现保费收入 462.8 亿元；在粤参加保险中介资格考试的港澳居民近 3000 人
医疗服务	截至 2012 年 5 月，港澳服务提供者在广东独资设置并已领取《设置医疗机构批准书》的诊所、门诊部共 15 家，其中 8 家已开业

① 广东省对外贸易经济合作厅：《粤港生产性服务业合作指引 100 问答》，广东人民出版社，2012 年。
② 数据参考广东省情快讯，http://lib.gddx.gov.cn/gdsqkx/study/sqkxsjk/articleshow.asp?articleid=201205240012。

续表

法律服务	2006 年 4 月，粤港首个中国香港律师事务所与内地律师事务所联营在广州成立；截至 2012 年 5 月，在广东设立的中国香港律师事务所代表机构已达 21 家，1 家中国香港律师事务所与广东的律师事务所进行联营，53 名中国香港居民取得内地律师执业证
电子商务	广东正式发布《粤港电子签名证书互认试点项目申请程序》，并配合试点项目申请工作，佛山电子口岸和标澳电子商务有限公司（中国香港）利用试点项目为报关企业累计交易次数超过 1700 次，货物总额超过 57 亿港元
人才中介	广东发布中国香港服务提供者设立独资人才中介机构的办事指南；截至 2012 年 5 月，已有 18 家中国香港独资人力资源服务机构在广东设立
个体工商户	截至 2012 年 5 月，目前在粤的中国香港居民个体工商户已达 3428 户，资金数额 2.44 亿元，去年新登记中国香港个体工商户 744 户，资金数额 6893.77 万元，同比分别增长 4.79%、44.62%

资料来源：根据广东省情快讯及相关新闻整理所得。

1. CEPA 对粤港物流业的影响

（1）两地物流业资本融合加强。物流业是中国香港的支柱性产业之一，物流设施和管理经营水平较高，理念先进。广东物流业无论在规模、技术、效益、管理方面都存在巨大差距，物流服务整合程度不高，大部分企业只从事个别环节的服务，未能提供一站式的整体服务。在 CEPA 制度安排下，港资能比外资更早进入内地市场，使物流业成为中国香港对广东投资的热门领域。截至 2011 年底，港澳在广东从事道路运输服务业的企业数量和投资总额分别占全部外商投资道路运输业总量的 74.2% 和 50.8%，占主导地位。2006 年 8 月，中央政府批准珠海市国有资产管理委员会与中国香港机场管理局签订合作协议，共同管理珠海机场，合作后中国香港机场租用珠海机场的设施，主攻货运业务，租赁管理时间为 20 年。深圳四大港区中，盐田港是由中国香港和记黄埔投资和运营，蛇口港区和赤湾港区由中国香港招商局集团投资和运营，大铲湾港区由马士基、招商局集团、九龙仓等投资。

（2）两地通关便利化得到有效推进。海关总署从 2006 年 7 月起，全面实施"属地申报，口岸验放"通关方式；积极推进"区港联动"试点工作和电子口岸建设，在部分地方实现了"提前报检，提前报关，货到验货"，进一步提高了出口通关速度。深圳公路口岸的自动核放系统不断完善，车辆通过海关通道时间由原来的 2~3 分钟缩短为 5 秒钟以内；皇岗口岸 24 小时通关运作顺畅，中国香港到深圳的陆路货运量日均超过 4 万辆车次；在水路运输方面，进行小型船舶快速通关模式试点，允许直航通过中途监管站；在空运方面，广东海关开通了"国际货物卡车航班"，简化了海关申报工作。

2. CEPA 对粤港金融业的影响

（1）金融机构跨境互设合作稳步发展。CEPA 实施之后中国内地对中国香港金融业的准入门槛不断下降，申请人民币业务资格期缩短，审查有关盈利性资格时由过去中国内地单家分行考核转变为多家分行整体考核，这些使得中国香港中小金融机构获得内地金融牌照的难度大为缓解，中国香港机构能够更容易在内地设立分行和法人机构。而广东庞大的港资企业聚集，使中国香港中小金融机构将广东作为进入中国内地的首选之地。在银行业方面，港资银行纷纷根据 CEPA 补充协议六在广东设立异地支行，目前汇丰、恒生、东亚这三家中国香港的大型银行均已在广东设立多家异地支行及营业网点（见表 13-7）。

表 13-7　汇丰、恒生、东亚银行在粤开展业务情况

汇丰银行	2012 年 6 月 18 日，汇丰银行（中国）有限公司清远支行开业，这是汇丰中国在广东省内开设的第六家异地支行；随着清远支行的开业，汇丰在广东省的网点增至 29 间，分别设于广州、深圳、东莞、佛山（南海及顺德）、中山、惠州、珠海和清远
恒生银行	2012 年 4 月 11 日，恒生银行在顺德大良正式设立异地支行，这是继佛山、中山、惠州支行后，恒生中国在广东开设的第 4 家异地支行
东亚银行	2012 年 4 月 11 日，东亚中国在湛江开设异地支行，这是东亚中国在广东开设的第 8 家异地支行；其他 7 家异地支行分别位于佛山、中山、惠州、肇庆、江门、东莞及顺德；东亚中国在广东共设有 31 个网点

资料来源：根据各大网站新闻整理所得。

在证券业方面，广州证券及恒生证券根据《CEPA 补充协议六》的规定，申请在广东省设立首家合资证券投资咨询公司，并获监管机构核准。届时广州证券在广州广证恒生证券投资咨询有限公司的股权比例将为 67%，而恒生证券则占合资股本的 33%。恒生与广州证券成立合资公司，对 CEPA 下跨境证券投资咨询合作起到了示范作用。

（2）资本市场合作深入推进。中国香港证券市场已成为广东省企业筹集境外资金的首选地。据中国香港证券交易所的统计，截至 2011 年 4 月，在中国香港上市的广东企业合共有 124 家，总市值超过 10600 亿港元，融资额超过 2600 亿港元，在全国各省市中位居首位。在签署的《CEPA 补充协议九》中提出，中国内地将修订完善境外上市的相关规定，支持符合中国香港上市条件的中国内地企业赴中国香港上市，为中国内地企业特别是中小企业到境外市场直接上市融资创造便利条件。广东省证券市场对中国香港投资者的开放程度也不断提高。《CEPA 补充协议九》明确规定，积极研究降低中国香港金融机构申请合格境外机构投资者（QFII）资格的有关资质要求，为中国香港有关长期资金投资中国内地资本市场提供便利。

（3）支付结算合作深化。粤港两地随着互设金融机构的增多和资金流动的加快，建立了粤港票据联合结算系统，建成了粤港港元和美元实时支付系统，开通了深港美元票据双向联合结算渠道，启动了中国香港人民币支票单向结算业务，并通过现代化支付系统城市处理中心软件实现了中国内地大额实时支付系统与港

澳人民币清算行的连接，保持了粤港跨境结算系统持续高效稳定运行。目前，已经在广东全省范围内实现粤港港币支票、汇票和本票等票据联合结算。

（4）合作机制不断完善。《珠江三角洲地区改革发展规划纲要（2008~2020年)》提出：发展与中国香港国际金融中心相配套的现代服务业体系，加强与港澳金融业的合作，并且赋予广东建立"金融改革创新综合试验区"和 CEPA "先行先试"的权限。

2010 年 4 月 7 日，粤港两地政府在北京签署《粤港合作框架协议》，提出"建设以中国香港金融体系为龙头，广州、深圳等珠江三角洲城市金融资源和服务为支撑的具有更大空间和更强竞争力的金融合作区域"。《粤港合作框架协议》还提出一系列深化粤港金融合作的政策、措施，包括共同推进跨境贸易人民币结算试点，逐步扩大中国香港以人民币计价的贸易和融资业务，支持中国香港发展离岸人民币业务；支持中国香港保险公司进入广东保险市场，加强粤港保险产品创新合作；准许中国香港金融机构深入珠三角经济腹地开设村镇银行和小额贷款公司等。这些都为深化粤港金融合作提供了重要的制度安排。

3. CEPA 对粤港会展业的影响

CEPA 对粤港会展业带来重要影响。一是港企来粤办展门槛降低。根据《CEPA 补充协议六》，从 2009 年开始将授权广东省审批中国香港服务提供者在广东省主办展览面积 1000 平方米以上的对外经济技术展览会，进一步降低了准入门槛、简化了审批手续。这对粤港会展业深度合作将会起到巨大的推动作用。二是广东与中国香港两地会展业迅速发展。CEPA 实施以来，广东逐步形成了以"广州—东莞—深圳"为中轴，包括佛山、珠海、汕头的珠三角会展经济带。加上广州于 2006 年与港澳会展业协会签订《穗港澳会展业合作协议》，两地参展办展交流合作机制已初步形成。广东每年举办展览 1000 多场，展览面积近 900 万平方米。目前，两地共同举办的较大规模的展会主要有泛珠三角区域经贸合作洽谈会、粤港物流合作洽谈会、中国国际中小企业博览会、粤港经济技术贸易合作交流会、中国香港设计及品牌管理博览会等。三是粤港企业合作不断深入。内地赴港参展企业也不断增多，2008 年已突破万家，其中绝大部分是珠三角企业。据不完全统计，每年有 10~15 家的中国香港展览公司通过与广东展览公司合资或参股的形式开展会展业务。CEPA 签署后的 2003~2008 年，中国香港会展企业仅到广州琶洲展馆办展就达 40 多场次。

（三）CEPA 实施的阻碍因素

CEPA 为中国香港服务业进入内地市场降低了准入条件与限制措施，同时两地服务业合作取得了重要的进展。但是，现实中仍存在许多壁垒阻碍两地服务业合作，被形象地概括为"大门开小门未开"。

1. 专业环境与法律制度的障碍

由于两地法律制度和专业环境差异较大，中国香港居民考取中国内地服务业执业资格难度较大。在法律上，中国香港与中国内地的法律分属不同的法域，采用不同的法条，即使是中国香港资深律师要通过中国内地的考试也要从头学起，截至2012年5月，只有53名中国香港居民取得中国内地律师执业证。例如，在会计领域，中国香港的会计从业人员不了解中国内地实行的《税法》与《经济法》；中国香港医生教学采用英语，难以通过中国内地的简体中文考试。这些都导致中国内地与中国香港资格互认出现障碍，从而造成合作难以深入。

2. 管理体制的障碍

（1）行政效率较低。虽然与CEPA刚开始实行时相比，港商目前在CEPA项目的准入审批的报批渠道与审批时效已有了较大的进步，但是希望借CEPA进军中国内地的中国香港企业家仍然认为，政府的执行效率问题依然是困扰中国香港服务业界进入中国内地开业的一个主要问题，这主要表现为：第一，政策法规执行过程不透明、不规范，信息不对称。第二，审批权过多集中于中央政府，审批程序复杂，需要许多文件和手续，耗时过长，动辄需要四五个月才能解决问题，严重影响时效。第三，各地政府对CEPA的理解存在偏差，解释各异，政策执行不一。例如，在广东省各地有关CEPA的具体操作方式及办事程序仍未完全确立统一。第四，许多与业务开放配套的政策及措施尚未到位，已制定的相关法律细则可操作性较差，影响了中国香港服务企业在中国内地的正常运作。这些构成了港商进入中国内地从事经营活动的障碍，加大了港商进入中国内地市场的实际成本，大大打击了港商的热情。

（2）"先行先试"难以落实。虽然CEPA赋予了广东部分先行先试的措施，但是CEPA目前的协商机制是由工贸署对应商务部，协商后的落实则由各部委拿出具体实施细则，地方才可执行。从CEPA的落实状况看，国家赋予了广东"先行先试"数十条措施，但每一条的落实均取决于各专业部委能否出台实施细则，一旦实施细则没有出台，则"先行先试"无法落实。

3. 营商环境的障碍

粤港两地体制、机制的差异导致了不同效率的营商环境。第一，广东与中国香港两地的经济形态不同，广东属于政府主导型市场经济，而中国香港是私人自由经济型的市场经济，在许多运作方式上有较大不同。第二，市场机制成熟度不同。中国香港已经形成成熟的市场经济体制和机制架构，而且根据现实情况不断完善。中国内地专业服务市场体制还不成熟。中国内地专业服务行业协会发展不成熟，对专业服务人员，如律师等的行为、职业操守缺乏约束，对守规矩、讲操守的企业带来不公平的市场竞争环境。第三，服务文化理念不同。中国内地缺乏行业技术标准，中国内地企业重价格而不重质量，这使中国香港高水平服务外包企业难以与中国内地企业对接。第四，中国内地对创新及知识产权的保护力度不足，相关法律有所缺失，盗版现象较为猖獗，极大地打击了中国香港服务提供者进入中国内地的热情。

四、克服粤港服务业合作障碍的途径

（一）克服专业环境与法律制度障碍的措施

1. 加强两地专业服务制度的协调

两地法律制度、会计制度以及其他专业服务制度都存在较大差异，为两地专业服务合作造成极大的阻碍。必须进一步推动两地的专业服务合作以及专业人员交流，共同探讨制度协调及法律衔接的问题。广东必须完善各种行业协会的职能，建立与中国香港行业协会对话和沟通的平台，加强两地专业服务制度的协调，促进中国内地专业服务业的运作和管理体制与国际接轨。

2. 细化相关政策法规

由于 CEPA 协议作为中国内地与中国香港经济一体化的总体框架协议，涉及内容较多，许多项目仅做了原则性约定，有关细节尚未明确。因此，广东省及各地方政府应根据 CEPA 开放内容，尽快制定与 CEPA 相配套的实施细则和政策，按照 CEPA 要求在广东省内全面清理、修订、完善相关的政策和法规，并对阻碍两地会计、法律制度对接的有关法律、条例和规则进行整理，做出必要的变通性调整和修正，颁布相关的补充说明、法律解释，在两地的商业法律交往中找到双方都可接受的方式。

（二）克服管理体制障碍的措施

1. 简化审批程序，提高行政效率

针对港商对中国内地"投资审批程序繁杂"、"大门开小门未开"的抱怨，广东省政府应推进行政体制改革，尽量简化审批程序，降低机会成本，提高办事效率，为投资者提供优质高效的服务。CEPA 涉及众多领域，政府工作人员也无法掌握所有政策的要点，往往仍按照过去的程序和习惯去执行，因此地方政府应为此进行专门培训，使 CEPA 的相关政策在全省各地区各部门都得以落实。同时也有港商建议政府为港企提供 CEPA 绿色通道以及"一站式"服务，将不同的政府部门集中于一个办事中心，以方便港商完成手续。

2. 授权广东参与"先行先试"的协商

为使广东对 CEPA 的先行先试落于实处，提高 CEPA 的实施效果，可考虑在商务部和中国香港工贸署的指导和授权下，让广东参与 CEPA 中"先行先试"部分的协商，并且把具体的实施细则制定权力真正下放给广东省，或成立由粤港两地政府、各服务业协会组成的 CEPA"先行先试"咨询机制，从而更好地发挥广东的地缘优势。

（三）克服营商环境障碍的措施

1. 发挥行业协会的作用

行业协会在服务业发展中发挥着特殊的作用。中国香港的律师公会、会计师公会等行业协会运作规范、管理严格，在制定行业规则、规范会员操守行为、组织同业交流、跨行业协作和市场开拓活动等方面发挥主导作用。内地的行业协会缺乏对专业人员的规范约束，也缺乏行业技术标准。因此，应充分发挥行业协会的作用，指导行业协会制定和实施两地业者自律和共享的行业行为规范、服务标准、执业操守、资质认证书、信誉评估等行业管理规则，协助政府推进服务业标准化，建立健全服务业标准体系，扩大服务标准体系覆盖范围，从而为中国香港的服务提供者创造良好的营商环境。

2. 完善服务体系及服务促进体系

政府应进一步规范服务市场秩序，建立公开、平等、规范的商业规则和行业监管制度，坚决查处侵犯知识产权行为，保护自主创新；进一步完善服务体系，完善信用担保体系，加快与国际惯例接轨，营造公平、开放、竞争、有序的市场环境；加大企业的服务促进体系等方面的合作，为粤港中小企业合作提供贸易投资、通关便利、电子商务、法律和法规等方面的便利措施。

参考文献：

1. 龚唯平：《粤港区域服务贸易自由化的困境及其对策》，《广东社会科学》，2007 年第 6 期。

2. 陈恩：《CEPA 下内地与香港服务业合作的问题与对策》，《国际经贸探索》，2006 年第 1 期。

3. 段杰、阎小培：《粤港生产性服务业合作发展研究》，《地域研究与开发》，2003 年第 6 期。

4. 冯邦彦、陈彬瑞：《CEPA 框架下粤港澳金融合作与广东的对策研究》，《特区经济》，2006 年第 1 期。

5. 封小云：《香港与内地：CEPA 效益的思考》，《开放导报》，2003 年第 7 期。

6. 龚唯平：《CEPA 框架下——粤港经贸合作的深层次思考》，《特区经济》，2006 年第 3 期。

7. 龚唯平：《CEPA 框架下——粤港区域经济一体化趋势及对策》，《特区经济》，2006 年第 5 期。

8. 关秀丽：《香港服务业与广东制造业优势互补、合作互动的现状及前景》，《经济研究参考》，2006 年第 28 期。

9. 钟韵：《粤港合作新阶段香港服务业发展前景分析》，《广东社会科学》，2008 年第 2 期。

10. 俞肇熊、王坤：《CEPA 对香港和内地经济的影响与发展前景》，《世界经济研究》，2007 年第 6 期。

11. 中国香港工业贸易署：《〈内地与香港关于建立更紧密经贸关系的安排〉对中国香港经济的影响的最新评估（服务贸易）》，2010 年。

12. 广东省对外贸易经济合作厅：《粤港生产性服务业合作指引 100 问答》，广东人民出版社，2012 年。

第十四章 两岸服务贸易自由化评估及海西对台服务合作

——基于两岸加入 WTO 与 ECFA 中服务贸易开放承诺的比较

黄建忠[①] 袁 姗[②]

一、导言

ECFA 签订后有关海峡两岸服务贸易自由化的准确评估却相对匮乏，因此本章旨在探寻在两岸双方都是世界贸易组织（WTO）成员的前提下，进一步签订 ECFA 是否能使得两岸的服务贸易更进一步自由化；而海西作为对台经济合作前沿，在未来的双边合作中应该如何规划和实施；ECFA 在初步形成后，今后又该如何深化。

2001 年两岸同时加入 WTO，之后区域化合作快步推进。截至 2009 年，亚洲地区已有 58 个自由贸易协定（FTA），而中国台湾却是亚洲地区仅有的两个缺席者之一，中国台湾对此颇为担忧。2010 年 6 月 29 日，两岸签署了《海峡两岸经济合作框架协议》（ECFA），该协议是两岸签署的关于商品贸易、服务自由化的协议。作为 FTA 协议的一种，采取多步到位方式，先就涵盖项目达成共识，分阶段再逐步完成。有关服务贸易部分，ECFA 中规定了服务贸易早期收获计划，

① 黄建忠：厦门大学经济学院，教授、博士生导师。研究方向：国际贸易，服务贸易。厦门，361005。
② 袁姗：厦门大学国际经济与贸易系服务贸易专业，研究生。研究方向：服务贸易。厦门，361005。
联系方式：15860725387，yuanshan-xmu@hotmail.com。

双方在短期内将开放一部分服务领域，并将在较长时间内进一步磋商。因为两岸目前都已经是 WTO 的成员，所以 ECFA 处理的是"超 WTO 待遇"（WTO-plus），即根据 WTO 规范，成员间可以签署 FTA，提供超越 WTO 承诺的优惠，但不适用于其他成员。

由于服务贸易自身的特殊性，贸易数据难以准确统计，目前主要来源于各国家、地区的国际收支平衡表项下数据，因此在针对服务贸易进行分析时存在一定的难度。本章涉及的两岸服务贸易数据缺乏，使得我们很难直观地判断两岸服务贸易的发展情况。我们在细化 Hoekman 方法的基础上，以五级分类的"加权平均"算法，对海峡两岸加入 WTO 的服务贸易承诺减让表和 ECFA 中《服务贸易早期收获部门及开放措施》所反映的自由化程度进行定量评估比较，并对两岸扩大和深化服务贸易合作提出对策建议。

二、ECFA 签订前后两岸服务贸易自由化评估

（一）两岸服务业概况及服务贸易承诺表解读

以服务业的产值计算，中国大陆地区的服务业产值占 GDP 约 40%，而中国台湾地区则占到 70%，[1] 后者的服务业在国民经济中的分量更大。在服务业的分类上，两岸无明显差异。ECFA 签订之前，两岸的服务业开放情况主要由两岸各自的"入世"《服务贸易承诺减让表》保障和约束。ECFA 提出了服务贸易早期收获计划，具体承诺表情况见诸《服务贸易早期收获部门及开放措施》。

由于服务贸易提供模式的特殊性，其承诺表与货物贸易的减让表存在较大差别。整个承诺表分为水平承诺和具体承诺，前者限制了所有部门的市场准入和国民待遇承诺。后者则按部门及分部门具体加以承诺，各地区的承诺表中并不一定涵盖所有大类和小类，视具体情况而定。具体承诺项下分市场准入[2] 和国民待遇[3] 的承诺，以正清单的方式列入。两种承诺下再分四项，分别对应服务贸易的四种

---

[1] 根据国际经验数据来看，发达国家的服务业产值通常应占 GDP 的 70%。

[2] 市场准入（Market Access）是指一国允许外国的货物、劳务与资本参与国内市场的程度。《服务贸易总协定》第 16 条规定，一成员方给予其他成员方服务和服务提供者的待遇应不低于其在承诺义务的计划表中确定的期限、限制和条件。

[3] 国民待遇（National Treatment）是根据 GATS 规定，在列入其承诺表的部门中，在遵照其中所列条件和资格的前提下，每个成员在所有影响服务提供的措施方面，给予任何其他成员的服务和服务提供者的待遇不得低于其给予本国相同服务和服务提供者的待遇。

提供方式：①跨境交付；②境外消费；③商业存在；④自然人流动。承诺的方式有：没有限制（None）、不做承诺（Unbound）和其他明文规定的限制。具体承诺中除市场准入和国民待遇外，还有一项其他承诺，方式亦为正清单列入，但承诺表中此部分数量极少，此处不做分析。

（二）服务贸易自由化评估方法

1. 承诺表的说明

两岸签订 ECFA 之前的服务贸易自由化评估由以下两个表计算：《中华人民共和国加入议定书附件九——中华人民共和国服务贸易具体承诺减让表（简称附件九）》和《中国台湾、澎湖、金门及马祖个别关税领域服务业特定承诺及最惠国待遇豁免表（简称中国台湾服务豁免表）》。两岸加入 ECFA 后的服务贸易自由化则按照《服务贸易早期收获部门及开放措施（简称早期收获表）》计算。由于早期收获表实质是 WTO–plus 的做法，有关服务业的分类和适用范围与前两个承诺表并无差异，只是涉及服务和承诺数较少。具体承诺数目为中国大陆 11 项、中国台湾 9 项，并且集中在商业存在这一模式上，对于自然人流动这一模式则完全没有提及。在格式上，早期收获表有着较大的不同，首先它只涉及市场开放承诺和其他承诺，没有国民待遇承诺，其次是省去了"自然人流动"这种服务提供模式。

2. 承诺分级的说明

Hoekman（1995）将服务贸易承诺减让表中的各项承诺按开放的力度划分等级，分别为 None（没有限制）、Bound（限制）、Unbound（不做承诺），并相应赋予分值 1、0.5、0 进行加权计算，这种方法后来被广泛地借鉴。但是，对于一些较为模棱两可的承诺，这种方法便很难将其归为哪一类，因此本章在 Hoekman 建立的方法基础上进行扩展，细化分类到五种，具体见表 14–1。

表 14–1　承诺减让表中承诺的频度和对应的分值

频度	承诺方式	赋予分值
None	没有限制	1
None⁻	没有限制下的特殊情况	0.75
Bound	明确的限制	0.5
Unbound⁺	不做承诺下的特殊情况	0.25
Unbound	不做承诺	0

None 即完全自由化的承诺，表述为"没有限制"；Unbound 代表着不做任何承诺，表述为"不做承诺"。除此之外，由于技术上的原因，通过某种提供模式不能实现某种服务的跨国提供，我们也把它归入到 Unbound 的情况之下。Bound 代表对某个部门或提供模式而言，存在着明确的准入限制措施，表述如：

仅限于合资企业形式，允许外资拥有多数股权。

上述三种分类与 Hoekman 一致，本研究主要在 Bound 前后各增加了一个分类，bound 之前的 None⁻表示承诺的限制比 None 多一些，通常指除了所指定的情况以外，该国承诺完全的市场准入和国民待遇。这样的提法如：①某个部门的例外；②在某个时期实施某种限制措施，超过这个时期即实施完全的开放等，相类似的提法都纳入这个范围。另外，即便某一行业的某项特殊服务做出 None 的承诺，因为不能以该特定服务代表所有的其他服务，所以此处的 None 也将被定义成 None⁻。Unbound⁺代表该国不太愿意对某种服务业进行承诺，但是在某些部门或情况下可以例外，或者已经在水平承诺中对所有行业都做出了非限制性的承诺，这样的表述如：除水平承诺中的承诺外不做承诺。

3. 计算指标和方法

（1）X 部门承诺数占总服务活动的权重：

$$\text{Average Count}(X) = \sum_{i=1}^{N} \sum_{j=1}^{N} a_{ij} / (N \times n) \tag{1}$$

其中，i 代表 X 部门中第 i 种活动，N 代表 X 部门中的服务活动总数，j 代表第 j 种服务提供模式。a_{ij} 衡量在承诺表中该活动是否做出了承诺，无论做出了什么样的承诺，$a_{ij} = 1$；否则为 0（"不做承诺" Unbound）。

（2）X 部门 None 承诺数占总服务活动的权重：

$$\text{No Restrictions}(X) = \sum_{i=1}^{N} \sum_{j=1}^{N} b_{ij} / (N \times n) \tag{2}$$

b_{ij} 衡量在承诺表中该活动是否做出了承诺，做出 None 的承诺，$b_{ij} = 1$；否则为 0。

（3）X 部门承诺的平均覆盖率：

$$\text{Average Coverage}(X) = \sum_{i=1}^{N} \sum_{j=1}^{N} c_{ij} / (N \times n) \tag{3}$$

c_{ij} 赋予分值参见表 14-1，可以认为，承诺的平均覆盖率更为准确地反映了一国的承诺开放水平。

4. 签订 ECFA 前两岸服务贸易自由化评估与比较分析

（1）分服务部门承诺自由化程度分析。表 14-2 是根据附件九和中国台湾服务豁免表计算的按部门划分的服务开放承诺指标。在两岸"入世"的减让承诺表涉及的 1232 种服务活动中，中国大陆有 293 项市场准入方面的服务和 291 项国民待遇方面的服务，而中国台湾的数值则为 416 和 415。Hoekman（1995）经过分析计算得出结论：发达经济体通常比发展中经济体更不吝啬开放服务业和做出相应的承诺。相比较中国大陆而言，中国台湾的确验证了这一结论。从承诺数占总服务活动的权重来看，环境服务、健康与社会服务、娱乐、文化及运动服务两岸相差悬殊，说明两岸在服务业开放序列中存在差异，开放先后和力度均有不同。

在做出承诺的所有具体服务活动的总数基础上，可以得出"没有限制"的承诺所占的比例，本研究计算了 None 承诺数占总服务活动的权重。[①] 计算结果显示，权重数值都不高，即没有限制的承诺程度在两岸的所有承诺类型中并不是主要的，并且可以发现，两岸共同地在金融服务和运输服务中限制较多，极少给出不做限制的承诺。

我们以部门承诺的平均覆盖率深化分析各部门做出的承诺，可以进一步发现中国大陆的分值相较承诺数权重下降几乎达到或超过一半，而中国台湾的下降则相对有限，这主要是由于中国大陆地区做出的没有限制承诺在所有承诺类型中较少。因此也可以认为，平均覆盖率这种加权平均方法比单纯的算术平均方法更为科学，并且划分的等级多，精确性也明显提升。

表14-2　中国大陆和中国台湾在附件九与中国台湾服务豁免表中分部门的承诺情况对比

单位：%

部门	市场准入						国民待遇					
	中国大陆			中国台湾			中国大陆			中国台湾		
	A.Co.	N.R.	A.Covr.	A.Co.	N.R.	A.Covr.	A.Co.	N.R.	A.Covr.	A.Co.	N.R.	A.Covr.
商业服务	48	23	34	83	48	63	48	31	37	83	60	66
通信服务	63	17	36	82	52	62	63	44	50	83	55	64
建筑及相关工程服务	60	20	35	60	40	45	60	20	35	60	40	45
分销服务	90	20	56	80	30	58	90	30	60	80	30	58
教育服务	75	10	40	100	50	75	50	10	34	100	75	81
环境服务	100	25	50	44	31	34	100	75	81	50	38	41
金融服务	76	16	39	78	18	44	81	43	61	74	50	56
健康与社会服务	0	0	0	75	25	53	0	0	0	75	38	58
旅游及与旅行相关的服务	50	25	34	75	50	58	50	38	38	75	56	61
娱乐、文化及运动服务	0	0	0	40	30	33	0	0	0	40	30	33
运输服务	17	4	10	32	22	26	17	7	12	32	22	26
合计	48	15	29	68	37	50	47	27	36	67	46	53

注：A.Co.是指 Average Count，N.R.是指 No Restriction，A. Covr.是指 Average Coverage。

在市场准入和国民待遇两种方式中，后者的分数总是不低于前者，主要原因在"商业存在"这一服务提供模式的承诺中，中国大陆和中国台湾地区通常在市场准入方面加以限制或者不做承诺，而在国民待遇中却不做限制。此外，商业存

---

① 在承诺表中有部分承诺的表达方式为"加入后××年取消限制"，而基于目前的时间点来分析，即附件九在2001年签订，若6年后取消限制，那么我们认为该项承诺是"没有限制"的。

在作为服务的主要提供方式，通常政府会持谨慎态度，开放得较为缓慢，或者在水平承诺中加以限制，在具体承诺中不做另外承诺。

（2）分提供模式承诺自由化程度分析。表 14-3 将部门分析细化，列出了市场准入承诺中四种模式的承诺百分比，就两岸共同点来看，跨境交付和境外消费模式的承诺通常集中在"None"和"None-"，即不做限制，或者除特殊情况（服务）外不做限制。而商业存在的承诺集中在做出承诺的前三种程度，对于自然人移动则是除特殊情况外不做承诺，更加具体的提法是除水平承诺外不做承诺。这种状况比较符合当前世界服务贸易自由化的一般惯例和通常规则。

从地区来看，如果将承诺程度按照 None、None⁻、Bound、Unbound⁺、Unbound 排序，中国大陆比中国台湾更明显地倾向于程度靠后，说明中国大陆对于各种模式的限制比中国台湾更严格。其中对于商业存在模式，中国大陆的承诺多是有限制，比例超过 60%，但是中国台湾略有放松，对建筑、环境和娱乐、文化、运动服务不做限制。

按部门来看，通信服务的跨境交付模式，中国大陆的承诺多为有限制，但是中国台湾几乎不做限制。建筑服务和旅游服务的承诺形式较为单一，大量出现了100%的情形，即无论是哪一种服务提供模式，只承诺一种形式，而不是梯度化的承诺。而金融服务较为特殊，中国大陆的承诺相较中国台湾更为开放一些，特别是跨境交付模式下的承诺尤其明显。此外，一些行业的某种模式中国大陆的承诺是技术上不可行，即不做承诺，但是中国台湾却可能是完全不做限制，或者二者对调，说明两岸在服务贸易的技术实施条件上还是存在差异的。

表 14-3　中国大陆和中国台湾在附件九与中国台湾服务豁免表中分部门市场
准入的承诺情况对比

单位：%

提供模式	部门		商业服务	通信服务	建筑及相关工程服务	分销服务	教育服务	环境服务	金融服务	健康与社会服务	旅游及与旅行相关的服务	娱乐、文化及运动服务	运输服务
（1）跨境交付	N	1	73/79	13/95		40/50	0/100	0/50	14/13	0/67	100/100	0/100	0/43
	N⁻	0.75	23/21	7/0		0/50				0/33			43/7
	B	0.5	5/0	80/5									14/0
	U⁺	0.25				20/0		100/0	86/19				
	U	0			100/100	40/0	100/0	0/50	0/69				43/50
（2）境外消费	N	1	91/79	93/100	100/100	40/50	40/100	100/100	64/25	0/67	100/100	0/100	86/93
	N⁻	0.75	5/21	7/0		60/50	60/0		36/63	0/33			14/7
	B	0.5	5/0										
	U⁺	0.25							0/13				
	U	0											

续表

提供模式	部门		商业服务	通信服务	建筑及相关工程服务	分销服务	教育服务	环境服务	金融服务	健康与社会服务	旅游及与旅行相关的服务	娱乐、文化及运动服务	运输服务
(3)商业存在	N	1	32/76	0/55	0/100	40/50		0/100	0/38		0/67	0/100	0/93
	N⁻	0.75	5/3	0/5		0/50	0/100		20/0	0/33			0/7
	B	0.5	64/21	100/40	100/0	60/0	100/0	100/0	67/63	0/67	100/33		100/0
	U⁺	0.25							7/0				
	U	0							7/0				
(4)自然人流动	N	1											
	N⁻	0.75											
	B	0.5								0/67			
	U⁺	0.25	100/100	100/100	100/100	100/100	100/100	100/100	100/100	0/33	100/100	0/100	100/100
	U	0											

注：每一栏中的数值，斜线左边为大陆在附件九中的相应承诺，右边为中国台湾在服务豁免表中的相应承诺。

国民待遇的情况总体上与市场准入类似，但是可以看到承诺的程度相较更加集中在没有限制或者较少限制。中国台湾在前两种模式中做出的限制极少，百分比鲜有低于90%的情况。中国大陆的国民待遇比市场准入限制更少一些，两岸在前两种模式都不做严格限制。比较特殊的行业仍然是金融服务，中国大陆在跨境交付模式中没有限制的承诺比是93%，但是中国台湾的情况恰好相反，不做承诺的百分比高达75%。而在商业存在模式下，中国台湾却完全不做限制（见表14-4）。

表14-4 中国大陆和中国台湾在附件九与中国台湾服务豁免表中分部门国民
待遇的承诺情况对比

单位：%

提供模式	部门		商业服务	通信服务	建筑及相关工程服务	分销服务	教育服务	环境服务	金融服务	健康与社会服务	旅游及与旅行相关的服务	娱乐、文化及运动服务	运输服务
(1)跨境交付	N	1	95/97	93/100		40/100	0/100	100/100	93/25	67/0	100/100	0/100	29/43
	N⁻	0.75	5/3	7/0						33/0			14/7
	B	0.5											14/0
	U⁺	0.25				20/0							
	U	0			100/100	40/0	100/0		7/75				43/50

续表

提供模式	部门		商业服务	通信服务	建筑及相关工程服务	分销服务	教育服务	环境服务	金融服务	健康与社会服务	旅游及与旅行相关的服务	娱乐、文化及运动服务	运输服务
(2)境外消费	N	1	95/97	93/100	100/100	40/50	40/100	100/100	93/88	0/67	100/100	0/100	86/93
	N⁻	0.75	5/3	7/0		60/50	60/0		7/0	0/33			14/7
	B	0.5											
	U⁺	0.25											
	U	0							0/13				
(3)商业存在	N	1	68/95	93/60	0/100	40/50	0/100	100/100	21/100	0/67	50/100	0/100	29/93
	N⁻	0.75	5/3	7/0		60/50			79/0	0/33			43/7
	B	0.5	27/3	0/40	100/0						50/0		14/0
	U⁺	0.25											
	U	0						100/0					14/0
(4)自然人流动	N	1											
	N⁻	0.75											
	B	0.5	18/0	7/0				100/0		0/67			
	U⁺	0.25	82/100	93/100	100/100	100/100	0/100	100/100	100/100	0/33	100/100	0/100	100/100
	U	0											

注：每一栏中的数值，斜线左边为中国大陆在附件九中的相应承诺，右边为中国台湾在服务豁免表中的相应承诺。

通过对附件九和中国台湾服务豁免表这两个"入世"服务承诺表的分析，可以评估两岸"入世"之后签订 ECFA 之前服务开放的程度，基本可以得出结论：中国台湾在加入 WTO 的承诺中更为开放，做出的限制相对中国大陆较少。但是两岸的承诺方式差异并不悬殊，基本符合国际惯例。

5. ECFA 签订后两岸双边服务自由化的进展评估

因为承诺条目较少，数据较为直观，本部分省去 Average count 和 No restriction 的计算，重点分析 Average coverage。并且考虑到早期收获表所做的承诺并不多，因此进一步细化程度，将 None⁻、Bound、Unbound⁺各自再加上半个频度，即若原承诺是 Bound，在早期收获表中有所放松限制，视作 Bound*。类似地，增加 None⁻* 和 Unbound⁺* 两个频度。另外，若表中的表述为"除在加入世界贸易组织时承诺的内容外，不做承诺"或者与"入世"承诺相同，则评估该程度为 Unbound 项。加权平均中涉及各频度的分值，原分值为 1、0.75、0.5、0.25、0，此部分计算只涉及增加的分数部分，原分差为 0.25，现在新的频度分差为 0.125，若频度为 Unbound，则赋予分值为 0。

在中国大陆对中国台湾的承诺中，对于涉及的非金融部分的四个部门，承诺的形式主要是在"入世"承诺的基础上，在商业存在这一提供模式上有所放松限制（Bound*）。另外商业服务下的研究和开发服务以及健康与社会服务下的医院服务，在"入世"时大陆并未做出承诺，但是在早期收获表中却首次做出了承诺。分数上，相较"入世"的总分 177.25，ECFA 只增加了 3.5 分，不足 2%。

另外，分析中国台湾对中国大陆的承诺，开放力度稍逊于中国大陆，以分数衡量的话，中国台湾的承诺并未增加任何分数。在服务提供模式上，承诺集中在第三种模式，即商业存在，表述如：允许中国大陆服务提供者在中国台湾以独资、合资、合伙及设立分公司等形式设立商业据点，提供相应的服务。但是因为在中国台湾的"入世"承诺中并未对商业存在做出限制性承诺，所以可以认为这些承诺无实质性的作用，只是以正清单的方式再次强调。

金融服务较为特殊，两岸均未将其纳入市场准入的范围，而是以其他承诺的形式列入，不分服务提供模式。中国大陆的承诺更多，主要是允许中国台湾一些具备资格的银行和保险公司等进入中国大陆开设分行等商业据点，以及允许这些据点开展某些业务，承认中国台湾金融业的部分从业资格。中国台湾则只追加了允许中国大陆符合条件的银行在中国台湾设立分行的承诺。

6. ECFA 签订前后两岸服务贸易自由化评估对比

在 ECFA 之前，中国大陆和中国台湾已经是 WTO 的成员，在多边合作的框架下二者对服务贸易的开放承诺程度不同。总体来看，在做出承诺的数量、没有限制承诺的数量和承诺的覆盖率三个方面，中国台湾略高一筹，即其服务贸易承诺开放度更高、限制更少。在具体承诺方面，两岸有共同点也有明显差异，中国大陆和中国台湾对于商业存在和自然人流动的限制都很严格，中国大陆对于某些行业更是完全未做承诺。而做出承诺的服务活动的侧重点则略有不同，双方的优势和劣势有交叉的现象。

两岸以 WTO-Plus 的方式引入 ECFA，以期待双方能形成更紧密的经贸合作关系。但是就服务贸易部分，ECFA 并未能对 WTO 中开放不足的现象做出显著的改进，双方一些可以合作的部门仍未形成充分的优势互补，自然人流动方面也没有能够做出明确的承诺。ECFA 中中国台湾的开放相较中国大陆略有不足，但是中国大陆也并未以 ECFA 超过中国台湾之前的开放力度。

总而言之，对比 ECFA 前后，中国大陆没有完全改变之前保守谨慎的服务贸易自由化进程，中国台湾也只是对"入世"承诺稍做修改，两岸在 ECFA 下的合作更多地集中在货物贸易方面，两岸似乎对服务贸易都有所保留，作为第一期的早期收获计划开放的部门极为有限，承诺的程度也不高。两岸并没有实质性地就跨境交付和境外消费达成某些创新的承诺，而在商业存在形式上也只是停留在双方可以以合资的形式合作。对于自然人流动更是毫无涉及，如果说 ECFA 还有很多内容有待进一步展开合作的话，服务贸易早期收获只能算是迈出了寥寥几步。

三、海西对台服务贸易合作的现状

在 ECFA 之前，两岸的贸易合作主要集中在福建及周边省市，随之诞生了海峡西岸经济区（简称海西）的概念。海西纵跨 4 省 20 市，[①] 以福建为主体，与东岸的中国台湾密切联系。从海西概念的诞生到 ECFA 签订之前，以福建为例，GDP 已逾 9000 亿元人民币，年均增长 12.9%；人均生产总值超过 3000 美元，年均增长 12.2%；财政收入突破 1200 亿元人民币，年均增长 20.7%。三项经济指标的快速增长，显现出了海西效应焕发了福建经济发展的活力。近年来，两岸的贸易也相当可观，2008 年两岸贸易规模达到 1292.2 亿美元，其中中国大陆对台出口额 258.8 亿美元，中国大陆自台进口额 1033.4 亿美元。中国台湾已成为中国大陆第七大贸易伙伴、第九大出口市场和第五大进口来源地，中国大陆则是中国台湾最大的贸易伙伴、出口市场和贸易顺差来源地。

海西从 2004 年诞生至今，一直扮演着试验区的角色。在 2007 年之前，两岸主要的合作仍然以闽台合作为主，例如，在交通运输方面，"两门"、"两马"、"泉金"航线成为两岸人员往来的最便捷通道，厦门也新增为两岸包机航点；在旅游业方面，福建居民赴金、马、澎地区旅游先后启动，极大地促进了中国台湾的旅游业发展。在 2007 年之后，海西内部的互动广泛展开，海西不再仅是一个概念，作为一个整体的优势开始逐渐凸显，但海西对台合作的主要形式仍集中在两岸行业协会的合作上。随后，海协会、海基会开始主动为两岸合作搭建平台，2008 年 6 月，海协会、海基会接连签署了《两岸包机会谈纪要》、《大陆居民赴台旅游协议》、《金融合作协议》等多项协议。2008 年 12 月，两岸客机、轮船和邮件历史性地直接跨越台湾海峡，正式开启了全面直接"三通"的新局面。2009 年 5 月，《国务院关于支持福建省加快建设海峡西岸经济区的若干意见》出台，明确提出了要着力发展两岸的现代服务业；同年 11 月，两岸就签署了金融监理合作谅解备忘录，为之后的 ECFA 签订做铺垫。两岸签署《海峡两岸经济合作框架协议》（ECFA）后，闽台经贸交流合作进一步拓展和深化，中国台湾机械、电子、食品等企业纷纷登陆海西。第四波台商企业正加速向海西转移。

---

① 截至目前，海西经济开发区包括福建福州市、厦门市、漳州市、泉州市、龙岩市、莆田市、三明市、南平市、宁德市，浙江温州市、丽水市、衢州市，江西上饶市、鹰潭市、抚州市、赣州市以及广东梅州市、潮州市、汕头市、揭阳市，共计 20 市。

　　根据实际利用外资额和外商直接投资新签协议合同数两项数据，在海西 20 市中，厦门居第一，其次分别是泉州、福州、温州、抚州等市。但是根据表 14-5 的情况来看，这几市的排名几乎相反，仅福州的第三产业占 GDP 比重超过了 50%。因为第三产业主要由服务业构成，甚至几乎可以等同于服务业，这说明海西利用外资效率较高的几市，服务业较为欠发达，它们吸引外资主要靠工业制造业等产业。这也解释了为什么海西长达六七年的发展进程中服务业发展较为缓慢，海西 20 市的服务业尚未准备充分，以面对外来竞争者的冲击。此外，海西城市中服务业比重较大的鹰潭、宁德、上饶等市，它们的对外引资力量确略显薄弱，未能凸显自身优势。海西 20 市中大部分城市的服务业从业人员比重都超过了 40%，几乎所有城市的第三产业从业人员比重都超过了第三产业占 GDP 比重，表现出这些城市的服务业呈现劳动密集型的特点，但是厦门、漳州、泉州、福州、温州五市，虽然它们的服务业从业人员比例低，但对 GDP 的贡献却较大。

表 14-5　海西 20 市第三产业概况

排名	第三产业占 GDP 比重（%）		第三产业从业人员比重（%）	
1	鹰潭市	69	鹰潭市	74
2	宁德市	54	丽水市	70
3	福州市	53	梅州市	68
4	漳州市	51	宁德市	67
5	潮州市	49	上饶市	60
6	上饶市	49	汕头市	58
7	赣州市	48	揭阳市	58
8	汕头市	46	赣州市	56
9	泉州市	43	抚州市	50
10	丽水市	43	潮州市	50
11	温州市	43	福州市	49
12	厦门市	42	龙岩市	47
13	衢州市	40	南平市	45
14	梅州市	39	衢州市	44
15	抚州市	36	漳州市	42
16	南平市	36	三明市	42
17	三明市	36	温州市	40
18	莆田市	35	莆田市	35
19	揭阳市	35	泉州市	29
20	龙岩市	33	厦门市	28

资料来源：中经网数据库，根据 2000~2007 年数据计算平均值。

海西内部各市的服务业发展虽然有明显的差异，但是相较我国总体数据来说仍有优势，13 个市超过了 40%的均值水平，说明海西在服务业方面是我国的中坚力量，适合作为试验区对外进一步开放。而中国台湾目前的服务业水平已经十分成熟，服务业占 GDP 比重达到了发达国家的标准——70%，与中国台湾尝试服务业的合作将十分有利于海西服务业的发展，可以为后者注入一针强心剂。

四、ECFA 服务贸易谈判部分未来展望

有学者认为，中国台湾和中国大陆如果加强紧密合作的话，两岸可以产生一个新的经济体 Chinwan，这个经济体将在亚太乃至全世界发挥巨大的影响力。虽然这种想法很有吸引力，但是现在还言之过早。事实上，中国台湾的自由化进程比中国大陆更快一步，有许多开放的措施是中国大陆可以借鉴和学习的。而 ECFA 是多步到位的系统工程，两岸在今后的谈判中可以增加开放力度和合作的方式。

（一）两岸 ECFA 服务贸易早收计划的推进和深化

中国台湾的服务业发展较为成熟，其占 GDP 比重达到了发达国家的普遍水平。但是这仅是对内的情况，事实上中国台湾的服务贸易情况并不乐观：2009 年之前其服务贸易出口占全球比重和占亚洲比重呈现不断下降的趋势；自 1998 年以来，中国台湾服务贸易一直呈现逆差状态；与"亚洲四小龙"相比，中国台湾的服务贸易出口方面一直都是排名最后。数据显示，中国台湾已经被其他"三小龙"拉开了差距。这些数据和现象都说明中国台湾的服务贸易并不具备傲视群雄的绝对优势地位，中国台湾的服务业尽管发达，但它仍然需要对外积极寻求伙伴，来缓解逆差和提升服务贸易在国际上的排名。2009 年开始，中国台湾与海西为代表的中国大陆地区密切合作，极大地改善了服务贸易的不利局面，且于 2009 年首次出现难得一见的小幅贸易顺差。这可归于两个因素：其一是中国大陆游客来台效应，使中国台湾旅游业受益颇多；其二是中国台湾工厂外移后，三角贸易盛行，有越来越多的公司开始从中国台湾接单，在中国大陆或东南亚生产、出货，进而带动相关服务业显著增长。在这种情况下，双方都应该对 ECFA 的签订实施持更加积极的态度。换言之，尽管首期服务贸易涉及的合作项目较少，但是双方应积极推动早收计划的实施，并且不断深化合作。

1. 金融服务与金融服务贸易的创新

对于 ECFA 中的金融服务（银行、保险和证券服务），双方目前的承诺主要集中在商业存在的资格放宽上，中国大陆地区还允许中国台湾开展有限制要求的

人民币业务。可以说，这些开放已经是进展较快的合作了，但是双方应着眼于更高层次的合作，力争打造亚太范围内的金融核心地带，这一目标可以通过建立海西—中国台湾小范围的金融合作试行区逐步展开。其经济影响主要由海西向中国大陆辐射，中国台湾向日本、韩国、澳大利亚辐射等，可以作为两岸吸引外资和对外融资的主要平台。但是回归现实，仍然应当看到两岸金融服务合作的障碍和困难主要体现为政策制度方面的差异、台商在中国大陆融资困难，以及货币兑换、流通和清算的烦琐和不便。解决这些问题可以从以下方面着手：建立两岸金融信息交流与共享渠道，定期举行金融合作论坛及培训项目，鼓励两岸进行业务考察以熟悉对岸的金融业务；尝试推动两岸金融监管合作和预警机制，以规范双方金融业务合法、合理展开，避免出现区域内的金融危机；以海西为试行区，建立更为自由的货币流通机制，允许一定限额（稍高于非海西区域）内的两岸货币自由兑换、流通和投资；推动两岸银联卡的联网和通用，积极开办新台币的离岸金融业务；完善融资渠道，在海西试行区为台商提供差级贷款，以高贷款利率规避高额贷款风险；在海西—中国台湾区域内建立统一的两岸货币清算机制，提供区域内的货币清算服务，试点推广两岸贸易以人民币计价结算；推广两岸统一理赔的保险处理机制，共享理赔数据和投保人资信背景；鼓励有资格的中国台湾证券机构进入中国内地市场，丰富投资品种，推动设立两岸合资的海峡投资基金和两岸股权柜台交易市场等。

2. 继续以民间合作推动其他服务贸易发展

ECFA 中非金融服务的合作主要是以商业服务为主，兼有通信服务、分销服务、健康与社会服务、娱乐、文化及运动服务和运输服务。这些服务项目能被官方正式认可，得益于之前的民间合作产生的良好效果，因此要继续加强与已建立的中国台湾行业商协会的沟通，组织中国大陆尤其是海西的行业协会与其对接，推进中国台湾产业和企业向海西地区转移。针对商业服务，应扩大两岸商会合作，进一步推动两岸工商界人士的民间往来，积极与中国台湾有关同业商会建立稳定的交流合作机制；在通信服务方面，以技术合作为主，由于中国台湾的电子产业发展迅速，可以就服务外包展开合作，在设计、维修、技术升级等方面互通有无。医疗服务在福建地区的合作已经并不罕见，可以向海西地区推广，因为私立医院在中国大陆尚属起步阶段，目前可以主要由两岸合资医院形式起步。ECFA 中，两岸都提到了电影放映服务，中国大陆已经取消了中国台湾华语片的进口配额限制，中国台湾则是限制进口在十部之内，而双方的审查机制则会使这一承诺再打折扣，事实上，由于两岸的语言、文化背景的共同性，电影业的合作应当更为密切，鉴于一些争议的内容和政治上的敏感性，可以以试映会的方式推动两岸电影的交流，鼓励双方共同制作投资电影、电视，在电视的引进上，内容更加丰富多样。

3. 利用海西优势着重发展运输服务贸易

运输服务较为独特，ECFA 中两岸都只承诺了一项，中国大陆方面为航空器维修，中国台湾方面为电脑订位系统。即便分析两岸加入 WTO 的服务贸易减让承诺表，可以发现双方以技术原因不做承诺居多，双方对于运输服务的开放都较为保守。但是在 ECFA 之前，海西地区与中国台湾的港口物流、交通运输等合作已经广泛进行。为了更好地利用资源，"海西"与西部地区之间推广"属地申报，口岸验放"通关模式，海西内部间也签订了备忘录，在闽赣两省实施跨省区不通关、检区间进出口货物直通放行和区域通关模式。海关方面一直支持拓展闽台经贸合作和直接往来，积极推动放宽对台小额贸易限制，支持增设对台小额商品交易市场等。可以说，海西在运输方面已经获得了政策的倾斜支持，下一步应该积极就对台运输展开合作，试推行"无缝运输流程"，简化海峡两岸区域内的通关手续，争取设立海关特殊监管区，试行一次性报关制度，避免无谓的效率损失来推动运输业的发展。此外，争取开通更多的对中国台湾集装箱班轮，散杂货的不定期航班和客运航线。大力发展客货运滚装运输，推动空中直航，增开航班，增设航点，拓展两岸往来的海空通道，全面推行"福建沿海与金门、马祖地区直接往来"双向行李的直挂，提高两岸海空联运便捷化程度。开通邮政专船和邮件航空运输，建立对中国台湾邮件总包交换中心。

(二) 两岸 ECFA 未涉及服务业的合作可能

1. 重新定位海西城市圈，划分开放等级、部分先行

两岸的发展离不开实体载体的支持，城市的发展和规划将会限制两岸服务贸易自由化合作的规模和程度，因此在 ECFA 后续的推进中，应当十分注意海西城市圈的规划，只有合适的定位和强有力的产业支持，才能为两岸服务合作提供充分的保障。根据前文的数据可以发现，海西内部 20 市服务业的发展是有差异的，因此不能盲目地求同化，而是要找准城市特点，划分开放等级，采取部分先行的模式。在福建省内规划以福州为中心的都市区和厦漳泉形成的都市区，与中国台湾西海岸的台北、台中、高雄三个区跨海峡互动发展，以期形成"海峡经济核心圈"。未来将依托中国台湾海峡桥隧通道等设施建设，以闽台为主体的海峡地区将形成两个半小时交通圈和一体化的"海峡城市群"。另外，应当将现代服务业的加速引擎放在福州和厦门两大中心城市，推进现代服务业中心集聚和专业化分工。在福建省内，北部服务业体系主要依托福州中心城区和平潭、长乐、福清，福州中心城区发展综合性现代服务业；平潭优先发展旅游业和文化创意产业；福清和长乐分别大力发展临港物流和空港物流。南部服务业体系主要依托厦门、泉州和漳州厦门强化港口物流产业、旅游会展业、金融保险业、信息软件业和文化产业；泉州强化特色商贸会展，信息创意和文化旅游；漳州强化现代商贸服务。

2. 加速劳动力要素在两岸间的流动

中国大陆和中国台湾在服务贸易自由化的开放进程中，把重点放在商业存在上，有关于自然人移动的服务提供模式涉及较少。一般来说，各国各地区都希望引进高知识人才，对于普通的劳工和求职者限制都较为严格。在 ECFA 后续的谈判中，应该重新看待劳动力要素资源的流动问题，两岸的服务业人员不存在语言沟通上的障碍，加之交通上的便利性，可以在海西区域内充分地进行人才交流。应当推进两岸人才中介平台建设，推动人力资源服务机构互设分支机构，定期举办两岸人才交流会，完善政策制度，建立中国台湾人才引进快速通道。不具有高学历的务工人员，政府可以放宽资格限制，对两岸服务业从业资格互相认证，对于可能大规模涌入劳工的行业采取配额制，试推行海西区域暂住制度和配套的临时性保障制度，以吸引中国台湾居民前来务工。

3. 整合旅游与文化资源，发展特色旅游

根据中国台湾的"国际收支平衡表"，中国台湾将服务贸易分成运输、旅游和其他三大部分，说明运输和旅游业在其服务贸易进出口过程中占相当大的比重，因此对中国台湾的后续 ECFA 谈判可以着重关注之前 ECFA 未涉及的旅游业。目前相关机构已经在积极推动实施福建省居民赴金、马、澎旅游自由行，这一方式可以逐步地向海西其他三省推广，而福建如果在自由行初步推行的效果良好，可以考虑与中国台湾协商开放福建赴台全范围的自由行。另外，中国台湾居民每年定期会回福建、广东等地祭祖，客家文化、闽南文化在两岸均有着深远的影响，两岸的服务业开放不仅是向中国台湾输送旅客，同样也可以以特色文化游的方式吸引中国台湾居民前来观光。着重包装红色文化游、国学文化游、客家文化游等特色旅游线路，鼓励两岸旅行社互设分支，开发闽西—中国台湾区域游的精品线路，使得内地及国外游客可以一次旅游跨越两岸。

4. 鼓励新兴现代服务业的跨区合作

新兴现代服务业的发展历史不长，以创意产业为代表。厦门在海西区域中的文化创意产业中发展最快，年增长速度达到了 18%。中国台湾目前也经常来中国大陆赴展，其文化创意实力不容小觑。应当继续建设海峡两岸文化产业园和文化产业合作中心，鼓励中国台湾的法律、影视、出版以及文化产业业者来闽拓展业务。但同时也要做好知识产权保护的措施，在海西区域严格打击盗版，扶持和鼓励正版，避免打消中国台湾文化产业的合作积极性。另外教育服务业是双方目前积极展开的合作之一，要积极推动闽台院校学生的互招、学历学分的互认、师资的互聘，鼓励两岸学生院校间交流，定期举办青年文化论坛。与人才引进机制相互配合，在学历认证的基础上进一步推进人才引进机制，鼓励中国大陆学生赴中国台湾求学再回中国大陆工作，和中国台湾学生来中国大陆学习后长期工作、定居。

目前，中国已经和周边的韩国、东盟、新加坡就服务贸易展开了双边合作，虽然程度各有不同，但是都对中国服务贸易自由化起到了巨大的作用。现代服务业尤其是生产性服务业对国民经济起着举足轻重的杠杆作用，但是由于形式的特殊性，它的开放是一门复杂的学问，不能盲目一下开放，也不能完全自给自足，要在不断的合作和摩擦中找到最适合两岸服务发展的途径，利用服务贸易来刺激两岸服务业乃至整个国民经济的发展。推进 ECFA 框架下两岸服务业的合作，将是振兴中华、推动统一必不可缺的部分，也是经济全球化的必然要求。两岸的经济往来迅猛增加，势不可当，两岸正在形成你中有我、我中有你的相互渗透、相互促进的共同体。适应并促进历史发展的这种新趋势，进一步展开双边的服务贸易自由化开放将是我们面临的重要任务。

参考文献：

1. 张远鹏：《ECFA 签署后两岸经济合作模式的调整》，《现代经济探讨》，2010 年第 10 期。

2. 林长庆：《台湾服务贸易现状与未来发展》，《海峡科技与产业》，2010 年第 9 期。

3. ECFA：《展望两岸经济合作新走向》，《中国商贸》，2010 年第 7 期。

4. 张莉：《ECFA 签订后两岸经贸关系走向》，《两岸关系》，2010 年第 7 期。

5. 中国台湾 "国际贸易局"：《ECFA 对服务业商机与未来发展》，2009 年 12 月。

6. 杨圣明：《关于加快发展两岸服务贸易的问题》，《发展研究》，2008 年第 6 期。

7. 盛斌：《中国加入 WTO 服务贸易自由化的评估与分析》，《世界经济》，2002 年第 8 期。

8. 世界贸易组织秘书处：《乌拉圭回合协议导读》（中译本），法律出版社，2001 年。

9. Adlung, R., Roy, M. Turning Hills into Mountains？ Current Commitments under the GATS and Prospects for Change. WTO Staff Working Paper, 2005.

10. Bernard Hoekman. Tentative First Steps：An Assessment of the Uruguay Round Agreement on Services. World Bank, Policy Research Working Paper, 1995：1455.

第十五章 中美服务业产业内贸易影响因素的实证分析

冯晓玲[①]　王璐燕[②]　姚欣[③]

20 世纪 60 年代以来，随着经济全球化的持续发展，一个国家或地区同一产业部门内部的产品进口和出口的现象日益频繁，产业内贸易应运而生。自 Verdoorn 第一次关注了产业内贸易形式后，随后的 Balassa、Grubel & Lloyd 等经济学家的研究使产业内贸易成为新国际贸易构成中的重要组成部分。随着理论研究的不断深入，很多学者从不同的角度对产业内贸易现象做出了解释，同时也给出了产业内贸易的测度方法以及影响因素等。其中，Grubel & Lloyd 首先提出了目前仍在广泛应用的产业内贸易测度指标——GL 指数。为了弥补 GL 指数作为静态指标的不足，Hamilton & Kniest 提出另外一个测算产业内贸易的动态指标——边际产业内贸易指数（MIIT）。Thorn & Mcdowell 以 MIIT 指标为基础又提出了水平型和垂直型产业内贸易的具体测算方法。在产业内贸易的影响因素方面，国内外学者从规模经济、消费者偏好、要素禀赋、市场结构、收入差异等多个角度阐述了产业内贸易的影响机制。作为世界上举足轻重的两个贸易大国，中美之间紧密的经贸关系必然促进两国产业内贸易的发展。鉴于此，国内部分学者对中美两国产业内贸易做了研究，林琳对中美工业制成品产业内贸易的发展及特征进行了实证研究，发现中美双边贸易中工业制成品产业内贸易所占比重有所提高；莫莎计算了 1987~2006 年中美主要贸易商品的产业内贸易水平，通过分析影响中美产业内贸易的因素，得出产品内分工对中美高、中等技术行业及总体产业内贸易水平具有明显的促进作用的结论；李季、周茂荣运用产业内贸易指数分析和测度了中美产业内贸易水平，然后运用面板数据对其影响因素进行实证研究，得出中美市

① 冯晓玲：大连海事大学交通运输管理学院，副教授。
② 王璐燕：大连海事大学交通运输管理学院，硕士研究生。
③ 姚欣：大连海事大学交通运输管理学院，硕士研究生。

场规模及其差异，以及外商对华直接投资与中美产业内贸易正相关、中美人均GDP差异与中美产业内贸易负相关的结论。尽管众多学者从多个方面对中美产业内贸易做了研究，但是针对两国服务业产业内贸易的研究还相对较少。服务业作为两国之间经济贸易重要的组成部分，其产业内贸易的研究对于进一步推进两国双边贸易的发展具有重要的理论意义和现实意义。因此，本章以中美两国服务业作为研究对象，对双边产业内贸易的发展状况和决定因素进行较全面的分析。

一、中美服务贸易发展现状

（一）中美服务贸易总量分析

近年来，中美双边服务贸易总额增长快速。2000~2013年，中国对外服务贸易平均增长率超过17.5%，远高于世界平均12%~13%的增长率；美国同期的增长率为6.41%，低于世界平均增长率。两国双边服务贸易呈现三个特点：①中美两国之间服务贸易额增长快速，中国向美国出口的服务贸易额由2000年的31.86亿美元增长到了2013年的140.65亿美元，中国自美国进口的服务贸易额由2000年的50.22亿美元增长到了2013年的334.95亿美元，进出口年均增长率均超过14.4%。②中国对美国的服务贸易一直呈现逆差状态，且逆差有不断扩大趋势，2000年的服务贸易逆差仅为18.36亿美元，而2013年，逆差高达194.3亿美元。不但逆差的绝对额不断增长，相对比重也呈现上升趋势，2013年194.3亿美元的逆差达到了当年中国向美国出口服务的138.14%。③在服务贸易依赖度方面，中国对美国的依赖程度远大于美国对中国的依赖程度。中国向美国出口的服务和中国自美国进口的服务占中国总出口服务的平均比重分别为6.68%和15.9%，而占美国总出口服务的平均比重分别只有2.13%和7.83%。

（二）中美服务贸易结构分析

在中美双边服务贸易中，中国对美国一直呈现贸易逆差，对美国的服务贸易出口主要集中在旅游、运输等劳动密集型服务上，而教育、金融、专利权与特许费和建筑等知识技术含量较高的行业出口所占份额较小。以2011年中美双边服务贸易为例，中国向美国出口的旅游和运输所占比重分别为24.54%和31.35%，两者所占比重之和已超过一半；而专利权与特许费、保险、教育、金融、计算机与信息服务和电信行业所占比重分别为1.87%、0.19%、2.54%、1.93%、9.43%和1.54%。另外，从2011年中美服务贸易差额角度来看，除了研发与测试、电信、广告项目和计算机与信息服务上中国对美国呈现顺差，其他各项均为逆差，逆差最大的三项分别为教育、专利费与特许费和金融，差额分别高达 44.23 亿美元、29.31 亿美元和 24.12 亿美元。

（三）中美服务贸易竞争力比较分析

1. 竞争力优势指数（TC 指数）

根据 2000~2012 年中美服务贸易总体进出口数据，分别测算得出中国和美国的服务贸易 TC 指数。如图 15-1 所示，近 13 年来，美国的 TC 指数均为正值，服务贸易出口大于进口，有很强的国际竞争力。从 2000 年开始，美国的 TC 指数有所下滑，2003 年到达谷底，2005 年开始回升，2012 年的 TC 指数高达 0.1532。总体可见，美国的服务贸易有很强的国际竞争力。而中国服务贸易的 TC 指数一直处于负值，可见中国服务贸易的出口小于进口，在国际上处于一定的劣势地位，国际竞争力较弱。

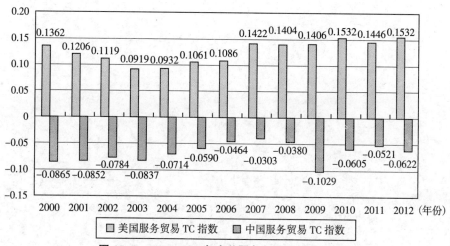

图 15-1　2000~2012 年中美服务贸易总体 TC 指数

资料来源：根据 WTO 网站数据整理得到。

2. 显示性比较优势指数（RCA 指数）

从图 15-2 的结果来看，基于显示性比较优势指数的分析和 TC 指数所反映的结果大体上趋于一致。美国服务贸易总体的 RCA 指数徘徊在 1.5 左右，具有较强的国际竞争力；而中国的 RCA 指数小于 0.8，服务贸易总体竞争力较弱。

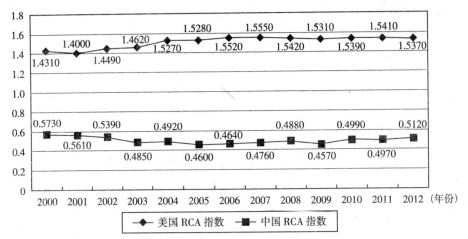

图 15-2　2000~2012 年中美服务贸易总体 RCA 指数

资料来源：根据 WTO 网站计算整理所得。

二、中美服务业产业内贸易水平

（一）产业内贸易水平的衡量指标

1. 产业内贸易指数（G-L 指数）

1975 年，Grubel 和 Lloyd 对产业内贸易进行了计量研究，提出了著名的产业内贸易指数 G-L 指数。计算公式为：

$$IIT_i = 1 - \frac{|X_i - M_i|}{X_i + M_i}$$

其中，IIT_i 表示某国某时期 i 产业的产业内贸易指数，X_i 和 M_i 分别表示某国某时期 i 产业的出口值和进口值。[1]

2. 边际产业内贸易指数（MIIT 指数）

G-L 指数衡量的是产业内贸易水平的静态结果，不能准确反映随时间变化而引起的产业内贸易的变化情况，因此，Bruelhart 提出边际产业内贸易指数的测量方法。

---

① G-L 指数的取值介于 0~1，并且该数值越接近 0，说明产业内贸易水平越低，越接近 1，说明产业内贸易水平越高。虽然 G-L 指数没有考虑贸易不平衡的影响，会产生一定误差，但总的来说是衡量产业内贸易的有效指标。

$$MIITi = \frac{\Delta Xi + \Delta Mi}{|\Delta Xi| - |\Delta Mi|}$$

其中，MIITi 表示某国某时期 i 产业的边际产业内贸易指数，ΔXi 和 ΔMi 分别表示某国两个时期间 i 产业出口和进口的变化值。[①]

（二）中美服务业产业内贸易水平的测算结果

1. 基于 G-L 指数的静态测算结果

（1）中美服务业产业内贸易整体水平。根据美国经济分析局公布的中美服务贸易进出口的数据，计算出 2000~2012 年中美服务业产业内贸易指数，如图 15-3 所示。从图 15-3 可以看出，中美两国之间服务贸易总体呈现产业内贸易；2006 年以前中美服务业产业内贸易水平波动缓和，总体呈现上升趋势，基本稳定在 0.8 左右，2006 年达到了最高值 0.9409；2006 年以后持续下降，尤其是 2008 年和 2009 年，受全球金融危机的影响，下降幅度较为明显。

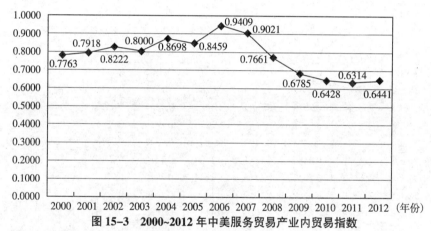

图 15-3　2000~2012 年中美服务贸易产业内贸易指数
资料来源：根据美国经济分析局数据整理计算所得。

（2）中美服务业各部门产业内贸易水平。根据美国经济分析局公布的中美服务贸易进出口数据分别计算得到 2000~2011 年中美服务业各部门的产业内贸易指数（见表 15-1 和表 15-2）。[②]从总体上看，中美两国之间的服务贸易是以产业内

---

① MIIT 的取值介于 -1~1，越接近 0，边际产业内贸易水平越高，反之，则越低。MIIT=0 表明该产业边际贸易全部是产业内贸易，MIIT 的值为 -1 或 1 则表明该产业边际贸易全部是产业间贸易。

② 美国经济分析局将服务业分为 5 个行业，分别为旅游、客运、专利权使用费与特许费、其他运输服务和其他私人服务。其中，其他私人服务又分为教育、金融、保险、电信、商务及专业和技术服务及其他，其他运输服务又分为货运和港口服务。

贸易为主，但各部门产业内贸易水平存在很大差别。2000~2011 年，旅游行业的产业内贸易指数最高，年均可达 0.8574，电信行业的产业内贸易指数也始终保持在 0.81 左右。而主要呈现产业间贸易的服务行业有专利权与特许费、教育、金融和保险业。其中专利权与特许费的产业内贸易指数平均值只有 0.0928，不足 0.1，这主要是由于长期以来中国服务贸易的出口集中在劳动密集型行业，我国的新兴服务业发展滞后，对知识产权的忽视造成了专利权与特许费出口增长缓慢，贸易逆差持续增加。而在教育方面，2003 年以前产业内贸易指数在 0.03 左右，2004 年上升至 0.1，此后在 0.1~0.2 波动，均值为 0.1021。这是由于近些年来，中国赴美留学生快速增长，赴美留学生的增加给美国带来了学费、生活费及其他费用收入的增加。相比之下，美国来华留学生数量要少得多，美国向中国教育服务净出口规模不断扩大。

表 15-1　2000~2011 年中美服务业各部门产业内贸易指数

年份	旅游	客运	其他运输	专利权与特许费	教育	金融	保险	电信	商务、专业和技术服务
2000	0.9786	0.6637	0.7069	0.0495	0.0347	0.0469	0	0.9892	0.2553
2001	0.9044	0.7313	0.7304	0.0396	0.0204	0.0615	0.1333	0.7561	0.2081
2002	0.9203	0.8748	0.7188	0.0528	0.0288	0.0602	0.1143	0.8376	0.3140
2003	0.8195	0.9787	0.7140	0.1478	0.0283	0.1615	0.1111	0.7317	0.2625
2004	0.7064	0.7258	0.7048	0.0795	0.1084	0.1307	0.0526	0.7862	0.2528
2005	0.7190	0.8405	0.6591	0.0867	0.1276	0.1425	0.0513	0.7531	0.2267
2006	0.8649	0.8314	0.5885	0.1108	0.1657	0.1322	0.1538	0.8491	0.7106
2007	0.9169	0.9421	0.6460	0.1111	0.1729	0.1715	0.2712	0.7898	0.8244
2008	0.9167	0.8752	0.8612	0.1189	0.1624	0.2970	0.9123	0.8789	0.8732
2009	0.9017	0.7039	0.9282	0.1059	0.1390	0.1674	0.3908	0.8085	0.8473
2010	0.8087	0.6080	0.8838	0.1003	0.1173	0.1683	0.4598	0.7830	0.8634
2011	0.8312	0.6821	0.8231	0.1101	0.1202	0.1711	0.5121	0.7867	0.8521
均值	0.8574	0.7881	0.7471	0.0928	0.1021	0.1426	0.2636	0.8125	0.5409

资料来源：根据美国经济分析局数据整理计算所得。

表 15-2　2000~2011 年中美服务业各部门产业内贸易指数

年份	其他运输服务		商务、专业、技术服务						
	货运	港口服务	广告	计算机与信息服务	研发与测试	管理、咨询和公共关系服务	法律	建筑工程	设备安装、维护与修理
2000	0.3517	0.5646	0.5714	0.4865	0.7143	0.5000	0.5417	0.0060	0.1842
2001	0.3786	0.5569	0.6667	0.3902	0.8571	0.2667	0.4490	0.0250	0.1341
2002	0.3687	0.5590	0.5455	0.2222	0.5263	0.5000	0.5574	0.0202	0.3738

年份	其他运输服务		商务、专业、技术服务						
	货运	港口服务	广告	计算机与信息服务	研发与测试	管理、咨询和公共关系服务	法律	建筑工程	设备安装、维护与修理
2003	0.4219	0.5400	0.8000	0.2439	0.6000	0.8000	0.6462	0.0211	0.2747
2004	0.3557	0.4339	0.5600	0.2154	0.8485	0.2813	0.5238	0.0438	0.2832
2005	0.4085	0.6975	0.7000	0.1839	0.6667	0.4762	0.3551	0.0395	0.3579
2006	0.2824	0.4859	0.7222	0.5596	0.5161	0.9049	0.3265	0.1818	0.3911
2007	0.3157	0.4706	0.6765	0.4444	0.1667	0.9923	0.3356	0.0721	0.3595
2008	0.6019	0.5676	0.5970	0.3891	0.1747	0.9403	0.3940	0.0974	0.3358
2009	0.7088	0.6647	0.4865	0.4126	0.1527	0.9623	0.4110	0.0435	0.2377
2010	0.6490	0.5929	0.3529	0.4010	0.1649	0.9252	0.4508	0.0398	0.4095
2011	0.5762	0.5712	0.4102	0.4101	0.1712	0.9101	0.4012	0.0365	0.3762
均值	0.4516	0.5587	0.5907	0.3632	0.4633	0.7049	0.4494	0.0522	0.3098

资料来源：根据美国经济分析局数据整理计算所得。

　　商务、专业和技术服务的产业内贸易指数经历了比较大的波动，2005 年是一个转折点，此前的平均值是 0.2532，而后 6 年的平均值高达 0.8285，由产业间贸易转为产业内贸易。计算机与信息服务和研发与测试服务的平均产业内贸易指数分别为 0.3632 和 0.4633，表现出较低的产业内贸易水平。随着信息化发展步伐的不断加快，中国计算机和信息服务行业迅速增长，相关服务的出口不断增加，近年来由贸易逆差转为贸易顺差，且顺差规模不断增大。2000~2011 年中美建筑工程服务的产业内贸易指数增长并不明显，总体呈现持平趋势，平均值仅为0.0522，中美建筑行业以产业间贸易为主。

　　2. 基于 MIIT 指数的动态测算结果

　　从表 15-3 看出，虽然 2007~2008 以及 2008~2009 年中美服务业总体 MITT指数为 1，边际产业内贸易呈现产业间贸易趋势；但是 2000~2011 年，中美服务贸易总体呈现的是产业内贸易。从具体部门来看，旅游、客运、其他运输和商务、专业、技术服务部门均呈现产业内贸易趋势，而教育、金融、专利权与特许费和电信总体呈现产业间贸易趋势。

　　综合表 15-2 的 G-L 指数、表 15-3 的 MITT 指数来看，旅游、客运和其他运输服务的静态测算结果和动态测算结果一致，G-L 指数较大且呈现产业内贸易趋势；而专利权与特许费、教育、金融和保险行业贸易的方式和增长都是产业间贸易。电信行业的平均 G-L 指数高达 0.8125，具有很高的产业内贸易水平，但贸易的增长主要表现出产业间贸易的发展趋势。

表 15-3　中美服务业各部门边际产业内贸易指数

年份	服务贸易总体	旅游	客运	其他运输	专利权特许费	教育	金融	电信	商务、专业、技术服务
2000~2001	0.0407	−1.0000	−0.5000	−0.1791	1.0000	1.0000	0.0000	1.0000	−0.2857
2001~2002	−0.1278	0.3077	−1.0000	−0.3368	0.9048	0.8857	1.0000	−0.4468	0.0303
2002~2003	0.4221	−0.3467	0.3789	0.1932	−0.2113	0.9775	0.3571	1.0000	1.0000
2003~2004	−0.0672	−0.5183	−0.6214	−0.3232	1.0000	−0.1915	0.9034	−0.0909	0.7759
2004~2005	0.3326	−0.2387	0.1429	−0.1523	0.8421	0.7794	0.7778	0.5294	0.8503
2005~2006	−0.2065	0.8008	−0.2083	−0.5027	0.8131	0.3438	0.8773	−0.6748	−0.3036
2006~2007	0.2945	0.1833	0.3500	0.7479	0.8881	0.7825	0.7333	−0.4627	−0.0943
2007~2008	1.0000	1.0000	0.9717	0.9658	0.8412	0.8788	−1.0000	0.6190	−0.1257
2008~2009	1.0000	1.0000	0.6528	0.3221	−0.6842	0.9429	1.0000	−0.1852	0.4355
2009~2010	0.4811	0.5425	0.6689	−0.2500	0.9104	0.964	0.8300	−0.0435	0.0348
2010~2011	0.5101	0.7211	0.5421	−0.1420	0.9221	0.9108	0.7821	−0.1421	0.0562
2000~2011	0.3345	0.2229	0.4152	0.0212	0.7569	0.8422	0.8192	−1.0000	0.0658

数据来源：根据美国经济分析局数据整理计算所得。

表 15-4　中美服务业各部门边际产业内贸易指数

年份	其他运输服务		商务、专业、技术服务						
	货运	港口服务	广告	计算机与信息服务	研发与测试	管理、咨询和公共关系服务	法律	建筑工程	设备安装、维护与修理
2000~2001	−0.5564	0.4692	1.0000	1.0000	1.0000	1.0000	1.0000	−1.0000	1.0000
2001~2002	−0.6774	0.4302	−0.6000	1.0000	1.0000	−1.0000	0.0000	−0.9672	−0.6000
2002~2003	1.0000	−0.3564	0.5000	−1.0000	−1.0000	−1.0000	−1.0000	0.9780	−0.0625
2003~2004	−0.8540	0.8589	−0.8000	0.8333	−1.0000	0.8776	0.8947	0.9231	0.6818
2004~2005	1.0000	−1.0000	1.0000	0.9091	−1.0000	−0.1000	1.0000	0.9662	0.3559
2005~2006	−0.8655	0.8837	−0.2500	−0.8394	−0.5385	0.0207	0.7079	−1.0000	0.4795
2006~2007	1.0000	0.6293	−0.3750	−0.6685	−0.9439	−0.2286	0.6471	1.0559	0.7302
2007~2008	1.0000	−1.0000	−1.0000	−0.7483	−0.7920	0.2154	0.1351	0.8365	0.8438
2008~2009	0.6383	−0.8788	−1.0000	−0.1321	−0.9239	−0.4386	−0.7209	1.0000	1.0000
2009~2010	−0.4948	0.8107	−1.0000	−0.6821	−0.7864	0.2615	0.0435	1.0000	0.2192
2010~2011	−0.5211	0.7211	−1.0000	−0.7121	−0.8721	0.1211	0.5121	1.0000	0.4214
2000~2011	−0.3412	0.4121	−0.6311	−0.6178	−0.8231	0.0722	0.5431	0.9104	0.6312

数据来源：根据美国经济分析局数据整理计算所得。

三、中美服务业产业内贸易影响因素的实证分析

作为国际贸易研究领域实证分析的重要方法，贸易引力模型能够对各国之间的贸易往来进行实证分析，因此本章的影响因素分析以过去学者对贸易引力模型的研究为基础，试图建立反映中美之间服务业产业内贸易的引力模型。由于贸易引力模型大都用于货物贸易的实证研究，其中一个重要因素为决定货物运输成本的物理距离；但在本章对中美服务贸易的分析中，一方面服务贸易的物理距离约束将会被大幅度削弱，另一方面即使将距离因素考虑在内，也只有中美距离一个数值，其对分析结果产生的影响可以忽略，因此综合考虑，本章因素分析剔除物理距离影响因素。

本章基于制造业产业内贸易影响因素的已有研究，结合服务业的特殊性和数据的可计量型，选取以下变量来构建中美服务业产业内贸易影响因素的贸易引力模型。

（一）解释变量

1. 市场规模

根据学者研究结果，市场规模与产业内贸易水平呈现正相关关系，市场规模越大，产业内贸易水平越高。这是由于：一方面，随着市场规模的扩大，差异化服务创造了市场需求；另一方面，在规模报酬递增的前提下，市场规模越大，生产者生产差异化服务的可能性就越大。因此，两国的产业内贸易水平与市场规模之间是正相关的。本章采用美国和中国的 GDP 平均值来衡量市场规模，如表 15-5 所示。

表 15-5　市场规模数据

年份	美国 GDP（亿美元）	中国 GDP（亿美元）	平均值（亿美元）
2000	98170.00	11983.89	55076.95
2001	101280.00	13248.18	57264.09
2002	104700.00	14538.30	59619.15
2003	109610.00	16409.66	63009.83
2004	116860.00	19315.97	68087.99
2005	124220.00	22343.53	73281.77
2006	133989.30	26801.44	80395.37

年份	美国 GDP（亿美元）	中国 GDP（亿美元）	平均值（亿美元）
2007	140618.00	34021.54	87319.77
2008	143690.80	43025.81	93358.31
2009	141190.50	49963.81	95577.16
2010	146241.80	59847.07	103044.44

资料来源：根据 WTO 网站数据库整理计算所得。

2. 对外开放程度

Falvey 在研究中提出，贸易壁垒较高的国家，其产业内贸易水平较低。一个国家的对外开放程度越高，在国际市场上从事的贸易活动就越频繁，从而导致了较高的产业内贸易水平。当一国贸易壁垒较高，贸易保护严重时，其国际贸易受到限制，产业内贸易水平就不高。本章模型中的对外开放程度用中美两国的进出口总额与国内生产总值之和的比值来表示，如表 15–6 所示。

表 15–6 对外开放程度数据

年份	美国进出口总额（亿美元）	中国进出口总额（亿美元）	美国 GDP（亿美元）	中国 GDP（亿美元）	对外开放程度
2000	25122.61	5403.94	98170	11983.89	0.2771
2001	23620.57	5816.68	101280	13248.18	0.2570
2002	23744.90	7062.68	104700	14538.30	0.2584
2003	25430.55	9522.61	109610	16409.66	0.2774
2004	29225.95	12882.59	116860	19315.97	0.3092
2005	32719.33	15790.57	124220	22343.53	0.3310
2006	36543.10	19520.97	133989	26801.44	0.3487
2007	39751.80	24247.30	140618	34021.54	0.3665
2008	43462.30	28652.20	143691	43025.81	0.3862
2009	34658.40	24940.20	141191	49963.81	0.3118
2010	41234.47	47427.47	146242	59847.07	0.4302

资料来源：根据 WTO 网站数据库整理计算所得。

3. 货物贸易密集度

贸易由货物贸易与服务贸易组成，而货物贸易的发展可以促进运输、保险、金融和信息等服务贸易的发展。显然中美两国之间货物贸易密集度与服务业产业内贸易水平呈现正相关关系。

本章采用中国自美国进出口货物总额占中国自世界进出口货物总额的比重来表示货物贸易密集度，如表 15–7 所示。

表 15–7　货物贸易密集度数据

年份	中美货物贸易（亿美元）			中国与世界货物贸易（亿美元）			货物贸易密集度
	进口	出口	总值	进口	出口	总值	
2000	163.65	1002.31	1165.96	2492.0	2250.9	4742.9	0.2458
2001	193.96	1025.70	1219.66	2661.0	2435.5	5096.5	0.2393
2002	223.17	1254.98	1478.15	3256.0	2951.7	6207.7	0.2381
2003	286.46	1529.74	1816.20	4382.3	4127.6	8509.9	0.2134
2004	348.33	1974.56	2322.89	5933.3	5612.3	11545.6	0.2012
2005	418.74	2446.99	2865.73	7619.5	6599.5	14219.0	0.2015
2006	548.13	2892.46	3440.59	9689.8	7914.6	17604.4	0.1954
2007	643.13	3229.75	3872.88	12204.6	9561.2	21765.8	0.1779
2008	713.46	3395.80	4109.26	14306.9	11325.0	25632.6	0.1603
2009	706.31	2977.95	3684.26	12016.1	10059.0	22075.3	0.1669
2010	930.14	3660.52	4590.66	15777.5	13962.0	29740.0	0.1544

资料来源：根据 WTO 网站数据库整理计算所得。

4. 人均收入水平差异

基于学者的已有研究，两国人均收入水平差异与两国产业内贸易可能正相关也可能负相关。一方面，基于 Greenaway & Milner 阐述的 Chamberlin–Heckscher–Ohlin（CHO）"水平型产业内贸易"，两国人均收入水平差异与两国服务部门产业内贸易水平之间呈现负相关关系。这种类型的贸易是基于消费者品种偏好的贸易，参与贸易的服务产品具有水平差异性。另一方面，基于"垂直型产业内贸易"，两国人均收入水平的差异与两国服务业产业内贸易水平呈现正相关关系。所以，人均收入水平差异对产业内贸易的实际影响取决于这两种类型产业内贸易的综合效应。

本章采用两国人均国内生产总值之差与之和的比值来衡量，如表 15–8 所示。

表 15–8　人均收入水平差异数据

年份	中国人均GDP（美元）	美国人均GDP（美元）	人均GDP差异指数
2000	949	35081	0.9473
2001	1042	35898	0.9436
2002	1135	36797	0.9402
2003	1274	38196	0.9354
2004	1490	40309	0.9287
2005	1731	42534	0.9218
2006	2069	44663	0.9115
2007	2651	46627	0.8924
2008	3414	47209	0.8651
2009	3744	45989	0.8494
2010	4463	47044	0.8267

资料来源：根据 WTO 网站数据库整理计算所得。

5. 对外直接投资规模

绝大部分学者均以制造业为研究对象，在理论的基础上研究了 FDI 对制造业产业内贸易的影响程度，结果表明，FDI 能在一定程度上促进制造业的产业内贸易，但 FDI 对服务贸易的影响程度并不明确。本章假设对外直接投资对服务业产业内贸易具有正向影响，即对外直接投资规模在一定程度上会促进服务业产业内贸易的水平。

采用中美两国直接投资数据总和表示对外直接投资规模，直接投资规模的数据为除了制造业以外的直接投资额，如表 15-9 所示。

表 15-9　中美两国直接投资变量数据

单位：百万美元

年份	美国对中国直接投资	中国对美国直接投资	投资总额
2000	1698	0	1698
2001	1500	0	1500
2002	943	0	943
2003	2961	7	2968
2004	4937	80	5017
2005	5483	69	5552
2006	6424	150	6574
2007	7462	150	7612
2008	6095	139	6234
2009	19234	274	19508
2010	23363	104	23467

资料来源：根据美国经济分析局数据整理计算所得。

（二）被解释变量

由于本章的中美服务业产业内贸易的时限较短，产业内贸易指数波动较大，本章以中美服务贸易进出口总额与进出口差额之间的差值作为被解释变量进行研究，以防止产业内贸易指数作为被解释变量不能真实反映情况，如表 15-10 所示。

表 15-10　产业内贸易变量数据

单位：百万美元

年份	中国向美国出口	中国自美国进口	产业内贸易
2000	3186	5022	6372
2001	3551	5418	7102
2002	4054	5807	8108

年份	中国向美国出口	中国自美国进口	产业内贸易
2003	3803	5705	7606
2004	5598	7274	11196
2005	6172	8420	12344
2006	9318	10489	18636
2007	10694	13014	21388
2008	9365	15083	18730
2009	8211	15992	16422
2010	10022	21161	20044

资料来源：根据美国经济分析局数据整理计算所得。

（三）模型的构建与计量分析

根据以上选定的解释变量和被解释变量，构建中美服务业产业内贸易模型如下：

$$LnY = c + \alpha_1 * LNNS + \alpha_2 * LNOP + \alpha_3 * LNNMT + \alpha_4 * LNAGDP + \alpha_5 * LNFDI + \varepsilon_t$$

其中，Y 为中美服务业产业内贸易水平，NS 为两国市场规模，OP 为两国对外开放程度，MT 为两国货物贸易密集度，AGDPD 为中美两国人均收入差异，FDI 为两国直接投资规模。本模型对所有变量取对数，一是可以尽量避免数据的波动，二是取对数后误差项由绝对误差变为相对误差，而相对误差往往比绝对误差小。

1. 单位根检验

由于经济统计数据一般为非平稳时间序列，对非平稳时间序列进行回归会产生伪回归。为避免由非平稳时间序列数据产生的伪回归问题，本章采用 Augmented Dickey-Fuller（ADF）对样本数据进行单位根检验，检验结果如表 15-11 所示。

表 15-11 解释变量的 ADF 检验结果

指标	ADF 值	临界值	P 值	结　论
LNNS	−2.794180	−3.515047	0.2370	非平稳
D（LNNS）	−3.673189	−3.590496	0.0032	10%的显著性水平下一阶平稳
LNOP	−3.387701	−3.460791	0.1106	非平稳
D（LNOP）	−7.103223	−5.835186	0.0036	1%的显著性水平下一阶平稳
LNMT	−5.130954	−4.107833	0.0155	5%的显著性水平下平稳
LNAGDPD	0.010687	−3.407910	0.4521	非平稳
D（LNAGDPD）	−2.696234	−3.515047	0.2618	非平稳

指标	ADF 值	临界值	P 值	结　论
D（D（LNAGDPD））	−5.078430	−4.450425	0.0290	5% 的显著性水平下二阶平稳
LNFDI	−3.188374	−3.515047	0.1495	非平稳
D（LNFDI）	−4.080275	−3.590496	0.0604	10% 的显著性水平下一阶平稳

注：D（X）表示 X 的一阶差分；D（D（X））表示 X 的二阶差分。

中美相关变量的 ADF 单位根检验结果表明：LNMT 在 5% 显著性水平下是平稳序列，而其他变量不平稳。但在一阶差分后，LNNS、LNOP 和 LNFDI 分别在 10%、1% 和 10% 的显著性水平下是平稳序列，而 LNAGDPD 在 5% 的显著性水平下二阶平稳。由此可得出结论：五个变量均是平稳序列。

2. 回归分析

利用 Eviews 6.0 软件对上述变量进行回归分析，结果如表 15–12 所示。

表 15–12　回归分析结果

	Coefficient	Std. Error	t–Statistic	Prob.
C	−34.473500	6.917971	−4.983181	0.004200
LNNS	4.300679	0.703120	6.116563	0.001700
LNOP	0.572249	0.345918	1.654292	0.159000
LNMT	1.543283	0.884874	1.744071	0.141600
LNAGDPD	6.868541	1.765656	3.890078	0.011500
LNFDI	−0.059043	0.065927	−0.895578	0.411500
R–squared	0.985049	Mean dependent var		9.414792
Adjusted R–squared	0.970097	S.D. dependent var		0.461003
S.E. of regression	0.079718	Akaike info criterion		−1.918183
Sum squared resid	0.031775	Schwarz criterion		−1.701149
Log likelihood	16.550000	Hannan–Quinn criter.		−2.054992
F–statistic	65.883930	Durbin–Watson stat		3.187978
Prob（F–statistic）	0.000146			

从 t 检验来看，当给定 $\alpha = 0.05$，自由度为 $n − 3 = 8$ 时得到临界值 2.306，只有变量 LNNS 和 LNAGDPD 系数的 t 值大于临界值，对中美服务业产业内贸易水平有显著影响，其他解释变量对产业内贸易水平的影响均不显著；并且方程的调整后拟合优度 R^2 为 0.970097，表示方程的解释力很强，同时方程整体的 F 检验也很显著。因此考虑变量 LNNS、LNOP、LNMT、LNAGDPD 和 LNFDI 之间可能存在多重共线性。

计算各解释变量之间的相关系数，得到以下相关系数矩阵，如表 15–13 所示。

表 15-13　解释变量相关系数矩阵

	LNNS	LNOP	LNMT	LNAGDPD	LNFDI
LNNS	1.000000	0.889449	−0.983060	−0.945672	0.923615
LNOP	0.889449	1.000000	−0.889941	−0.805900	0.816790
LNMT	−0.983060	−0.889941	1.000000	0.941060	−0.917061
LNAGDPD	−0.945672	−0.805900	0.941060	1.000000	−0.886519
LNFDI	0.923615	0.816790	−0.917061	−0.886519	1.000000

由相关系数矩阵可以看出，各解释变量相互之间的相关系数较高，证实确实存在多重共线性。为消除多重共线性的影响，我们采用逐步回归法，逐一加入解释变量进行回归，最终结果如表 15-14 所示。

表 15-14　最终回归分析结果

	Coefficient	Std. Error	t-Statistic	Prob.
C	−13.113000	1.893795	−6.924191	0.000100
LNNS	3.605526	0.405006	8.902396	0.000000
LNAGDPD	8.303018	1.927959	4.306637	0.002600
R-squared	0.967613	Mean dependent var		4.088792
Adjusted R-squared	0.959516	S.D. dependent var		0.200211
S.E. of regression	0.040284	Akaike info criterion		−3.358730
Sum squared resid	0.012982	Schwarz criterion		−3.250213
Log likelihood	21.473010	Hannan-Quinn criter.		−3.427135
F-statistic	119.504900	Durbin-Watson stat		2.303105
Prob（F-statistic）	0.000001			

由表 15-14 可知：$R^2 = 0.967613$，由此可知模型拟合较好；F 统计量为 119.5049，并且 F 检验的伴随概率很小（Prob. = 0.000001），方程具有显著性，且 LNNS 和 LNAGDPD 的 t 值均在 5%的显著性水平下通过了检验。此时，最后方程的回归结果如下：

$LnY = −13.113 + 3.605526*LNNS + 8.303018*LNAGDPD + \varepsilon_t$

最后，检验残差的平稳性，其 ADF 检验结果如表 15-15 所示。可以发现该回归方程的残差是平稳的，说明最后方程的回归结果有效。

（四）实证结果分析

从以上实证研究的结果来看，中美两国的市场规模和人均收入水平差异对服务业产业内贸易有重要影响，现对这两个影响因素的具体分析如下。

表 15–15　残差的平稳性检验结果

Null Hypothesis：RESID01 has a unit root			
Exogenous：Constant			
Lag Length：0（Automatic based on SIC，MAXLAG=1）			
		t–Statistic	Prob.*
Augmented Dickey–Fuller test statistic		–4.756460	0.0065
Test critical values：	1% level	–4.342101	
	5% level	–3.341255	
	10% level	–2.763211	

1. 市场规模

变量市场规模的回归系数为 3.605526，说明中美两国的市场规模与服务业产业内贸易水平正相关，以两国 GDP 平均值衡量的市场规模每增加 1%，服务业产业内贸易就会增加 3.605526%。由分析结果可以发现，随着两国国民经济的不断发展，人们的进口需求能力进一步增大；同时，在一定程度上，生产能力的提高促进了出口供给能力的增加，需求和供给的增大必将提高服务业产业内贸易的水平。

2. 人均收入水平差异

变量人均收入水平差异的回归系数为 8.303018，说明中美两国的人均收入差异与服务业产业内贸易水平正相关，人均收入差异每增加 1%，服务业产业内贸易就会增加 8.303018%，这表明两国的人均 GDP 差异对服务业产业内贸易有一定的正效应。这主要是由于中美两国之间的垂直型产业内贸易水平较高，即中国的高收入人群对美国的高档服务需求巨大，美国的低收入人群对中国提供的低档服务需求较大。20 世纪 90 年代以来，尽管中美服务业水平型产业内贸易比重有所提高，但是效果并不显著，垂直型贸易发挥巨大作用，从而导致了人均收入水平差异在一定程度上促进了产业内贸易。

（五）贸易引力模型的运用——中美服务业产业内贸易潜力测算

1. 贸易潜力和评价标准

所谓贸易潜力计算，即利用引力模型已经得出的结果方程去测算被解释变量的模拟值，而贸易潜力值指的就是因变量的实际值与其模拟值的比值。根据赵雨霖和林光华的贸易潜力分类标准，潜力类型根据潜力值的大小分为三类：

（1）潜力再造型，即进出口实际值与模拟值的比例大于或等于 1.20，表示中国与伙伴国的服务贸易潜力已经用完，贸易双方应在保持现有积极影响因素的基础上，努力开拓其他能够促进双边服务贸易的因素领域。

（2）潜力开拓型，即进出口实际值与模拟值的比例介于 0.80~1.20，表示中国与伙伴国的服务贸易往来已经初具规模，但潜力尚未充分发挥，双方应把握机遇，充分发挥各自禀赋条件，促进双边贸易规模的进一步扩大。

（3）潜力巨大型，即进出口实际值与模拟值的比例小于或等于0.80，表示中国与伙伴国的服务贸易往来尚处于萌芽阶段，未来发展潜力巨大，贸易双方应进一步促进服务行业的对外开放，缩减贸易壁垒，为服务贸易的稳步发展打下良好基础。

2. 中美服务贸易产业内贸易潜力分析

在前文影响因素实证分析的基础上，综合考虑贸易引力模型的拟合结果，本章利用贸易引力模型方程的最终形式来对中美之间服务业产业内贸易潜力进行计算，结果如表15-16所示。

表15-16　2000~2010年中美服务贸易产业内贸易潜力

年份	因变量实际值	因变量模拟值	产业内贸易潜力
2000	6372.002	6172.962	1.032
2001	7102.002	6873.564	1.033
2002	8108.004	7937.376	1.021
2003	7606.002	8481.274	0.897
2004	11196.002	10483.344	1.068
2005	12343.995	13730.364	0.899
2006	18635.991	18230.659	1.022
2007	21387.994	19779.751	1.081
2008	18730.004	18271.432	1.025
2009	16421.997	18501.498	0.888
2010	20043.997	18911.169	1.060

资料来源：根据美国经济分析局数据整理计算所得。

由表15-16的计算结果可以看出，中美两国的历年服务业产业内贸易均处于潜力开拓型范围，从潜力角度也证明了中美两国的服务业产业内贸易发展已初具规模，且仍具备较大的发展潜力和空间。因此，我国应把握市场规模和货物贸易密集度等影响因素，适当调整中国人均收入水平，促进中美之间的服务业产业内贸易在深度和广度两方面同时扩展。

四、政策建议

从贸易总量上看，近年来虽然中美两国服务贸易额呈现不断增长趋势，但是中国对美国的服务出口总额比服务进口总额明显要小，逆差呈现不断增大趋势。从贸易结构上看，中国对美国服务贸易的出口主要集中在旅游和运输这些传统服务部门上，而在教育、金融、法律、专利权使用费与特许费等资本密集型行业所占份额较小，这些服务部门处于逆差状态。虽然中国的服务业发展与美国相差悬殊，但两国的产业内贸易发展空间巨大，优化服务贸易结构、合理发展货物贸易、适度开放服务部门等均能有效提高两国服务业产业内贸易水平。

（一）大力发展生产性服务业，优化服务业结构

从当前世界服务产业结构发展格局出发，现代服务业的增长是以生产性服务业的增长为基础前提的。我国目前的服务业的发展更多地依赖于消费性服务业，导致我国服务贸易发展缓慢，所以现阶段发展生产性服务业是首要任务。以生产性服务为突破口，大力发展现代物流、金融保险、网络通信和品牌营销等生产性服务业：①组织生产性企业建立研发机构，鼓励生产性企业加大资金投入，达成各种研发联盟，争取拥有和共享关键的核心技术，完善有利于知识产权保护和技术创新的制度软环境建设；②运用现代信息技术和经营管理方法，加快改造传统生产性服务业，大力发展现代物流业，如整合交通、运输、仓储、邮政服务业等；③重点发展知识密集型的生产性服务业，包括金融、电信以及科技服务、广告设计、管理咨询等各类专业和商务服务业，提高这些行业在整个服务贸易中的比重，从而为我国调整和优化服务贸易结构提供强有力的产业基础。

（二）夯实服务产业基础，促进货物和服务贸易协同发展

我国的货物贸易对服务贸易发展的带动作用未充分发挥，缺乏高端服务产品和配套服务，如货物贸易多倾向于远洋运输，而我国的制造业很少提供远洋服务，导致货物贸易依赖于国外的船只服务。因此，应大力发展扩大与货物贸易相关的服务业，如发展依托货物贸易而兴起的运输、金融、保险等多项业务，为货物贸易结构升级提供优质服务。截至2011年3月，我国已有10个国家级综合配套改革试验区申请成功，其涉及领域广泛，相关部门可以将服务贸易与货物贸易协调发展的政策纳入到配套改革试验区的政策中，以此推进国际金融中心、商贸中心和航运中心的联动，积极给予政策支持，鼓励推动沿海发达地区向服务经济转型，带动服务贸易和货物贸易协同发展。

（三）缩小服务贸易逆差，把握服务业开放程度

我国应根据GATS逐步自由化原则，及加入WTO承诺开放服务业时，应坚持适度逐渐开放的原则，在一定时期内，对进入我国不同服务部门实施不同程度的限制，分层次、有重点地开放中国资本、技术、智力密集型服务业，并控制服

务业开放速度，对一些刚刚发展起来、缺乏国际竞争力的服务行业进行适度保护。第一，维持中国传统服务业的比较优势，加大传统服务部门的营销力度，提升竞争力，如将旅游和文化相结合，衍生出具有中国文化特色的旅游服务产品，借助中国丰富的旅游资源，扩大旅游文化贸易出口。第二，适度开放资本、技术、智力密集型服务业，掌握服务业各部门开放速度。目前可以利用中国内地与中国香港、中国澳门的 CEPA 补充协议和中国大陆与中国台湾的 ECFA 协议，加快推进内地现代服务业如银行、保险、电信等向中国港澳台企业开发，以此带动内地现代服务业的新发展。

（四）鼓励工业企业分离服务业，加快转型升级

将服务行业从制造业中独立出来，实现产业化、规模化发展，将原属工业企业内部的研发设计、物流、信息服务和专业服务等生产性服务剥离出去，有效释放企业辅业的生产能力，促进服务业向规模化、产业化方向发展。政府应该积极发挥作用，着力降低企业分离服务业的成本，可以通过积极拓宽就业渠道、大力扶持创办服务业企业等提供良好的发展环境，各部门有效配合，财政地税部门积极发挥财政资金导向的作用，支持工业企业分离服务业，工商等审批部门简化分离设立企业的相关审批手续等，鼓励企业通过兼并、联合、重组和控股多种形式进行行业和产业链整合。

（五）吸引关联性外资服务业进入，重视服务业集群化发展

以产业集群为依托，重点加强集群或园区服务功能配套设施建设，通过优惠政策，引导现代服务企业入驻集聚区，形成支撑产业发展的规模经济和范围经济效应。有针对性地吸引关联性外资服务业进入，变单纯的产业集聚为集成制造与服务功能的产业链集聚。积极探索跨国并购、基金投资、证券投资和风险投资等利用外资的新途径，吸引外资企业与本土企业的合作，引导外资企业投向服务业部门，推动我国服务业快速发展。与此同时，国家应出台政策，赋予服务业集聚区和工业集聚区同样的政策，推动服务业集群式发展。因地制宜地选择具有优势地位的产业，重点培育物流、商务服务等基础好、关联度高、市场前景广阔的主导产业，集中力量做大做强一批龙头企业以带动相关行业发展。

参考文献：

1. 程大中：《中美服务部门的产业内贸易及其影响因素的分析》，《管理世界》，2008 年第 9 期。

2. 冯耀祥：《中美产业内贸易结构分析》，《当代财经》，2010 年第 6 期。

3. 孔瑞：《从产业内贸易的发展看中美经济的依存关系》，《国际贸易问题》，2006 年第 9 期。

4. 林琳：《中美产业内贸易研究》，《国际贸易问题》，2006 年第 1 期。

5. 柳剑平、张兴泉：《产业内贸易、调整成本与中美贸易摩擦》，《经济评论》，2010 年第 4 期。

6. 刘晓玲：《从中美产业内贸易看两国贸易发展趋势》，《商业时代》，2006年第 22 期。

7. 仇怡：《产业内贸易理论及其实证》，《统计与决策》，2006 年第 2 期。

8. 余道先、刘海云：《中国生产性服务贸易结构贸易竞争力分析》，《世界经济研究》，2010 年第 2 期。

9. 赵放、冯晓玲：《中美服务贸易国际竞争力比较分析——兼论中国服务贸易结构失衡》，《世界经济研究》，2007 年第 9 期。

10. Falvey，R. Commercial Policy and Intra-Industry Trade. Journal of International Economics，1981（11）.

11. Bruelhart M. Marginal Intra-Industry Trade：Measurement and Relevance for the Pattern of Industrial Adjustment. Weltwirtschaftliches Archiv，1994（3）：602.

12. Greenaway，D.and Milner，R. Intra-Industry Trade and the C-H-O Model：Evidence and Implications for Adjustments.Frontiers of Research in Intra-Industry Trade，2002（3）.

13. Sharma. Horizontal and Vertical Intra-Industry Trade in Australian Manufacture Does Trade Liberalization Have Any Impact.Applied Economics，2004（15）.

14. Sichei M，Harmse C，Kanfer F. Determinants of South Africa-US Intra-Industry Trade in Services：A Wild Bootstrap Dynamic Panel Data Analysis.South African Journal of Economics，2007（4）.

15. http：//www.bea.gov.

16. http：//www.wto.org.

第十六章　马来西亚、新加坡服务贸易
与货物贸易协调发展考察

于立新[①]　汤　婧[②]　陈　昭[③]

一、马来西亚货物贸易与服务贸易协调
发展经验考察

2012 年 3 月 17~21 日，中国社会科学院财经战略研究院服务贸易与 WTO 研究室主任于立新研究员率领汤婧、陈昭两位青年研究人员一行三人赴马来西亚开展学术交流活动，并根据财经院创新工程项目"中国服务贸易与货物贸易中长期协调发展战略研究（2012~2030 年）"的需要，考察了马来西亚有关货物贸易与服务贸易协调发展经验及其配套政策措施。其间，分别考察了马来西亚南大教育与研究基金会、马来西亚柔佛州南方学院、亚洲著名高等学府马来亚大学、马来西亚拉曼大学、吉隆坡社会科学研究会等相关学术机构及智库组织，在马来西亚发展服务业、服务贸易政策扶持以及政府经济管理机制建设等方面，取得了许多有价值的考察经验。结合近年马来西亚发展情况，撰写了本篇调研报告。

（一）马来西亚货物贸易与服务贸易发展现状

根据马来西亚官方数据显示，2013 年马来西亚人均 GDP 已经达到 9700 美元，成功摆脱"中等收入陷阱"，正朝着高收入国家的方向前进。这从根本上归功于其

[①] 于立新：中国社会科学院财经战略研究院服务贸易与 WTO 研究室主任，研究员。
[②] 汤婧：中国社会科学院财经战略研究院服务贸易与 WTO 研究室，助理研究员。
[②] 陈昭：中国社会科学院财经战略研究院服务贸易与 WTO 研究室，助理研究员。

经济转型和结构调整，即把对农业和原产品的依赖改变成为一个由技术密集、知识密集及资金密集工业带动的出口经济，而目前马来西亚政府又致力于服务行业和服务贸易发展，同时重视服务业与制造业、服务贸易与货物贸易的协调发展。

1. 对外贸易的产业基础得到有效发展

作为货物贸易和服务贸易的基础产业，制造业和服务业在马来西亚都得到了充分发展，成为推动马来西亚经济发展的两大支柱产业。根据马来西亚国家统计局数据，2011 年马来西亚服务业占国内生产总值的比重达到 48.26%，对国内生产总值的贡献率将近 58%，其中批发零售业、金融保险业和政府服务业尤为突出；制造业占国内生产总值的比重达到 25.89%，成为马来西亚国内生产总值第二大贡献产业，其中除炼油业、基本工业化学品及橡胶加工业等传统制造业保持持续增长外，半导体设备等电子制造业正成为马来西亚发展的重点行业。

2. 外贸结构仍以货物贸易为主导，但服务贸易发展迅速

根据世界贸易组织 2013 年发布的国际贸易统计数据，2012 年马来西亚货物进出口总额为 4239 亿美元。其中，贸易出口额为 2275 亿美元，年均增长 7%；贸易进口额为 1964 亿美元，年均增长 8%，全年顺差 311 亿美元。其主要出口产品包括化学制品、橡胶制品、电子产品、加工食品和石油制品等，同制造业优势契合。同时，马来西亚服务贸易发展速度较快，随着服务业竞争力的不断提升，发展空间也相应拓宽。统计数据显示，2012 年马来西亚服务贸易进出口总额为 795 亿美元，其中，服务贸易出口额为 375 亿美元，年均增长 10%；服务贸易进口额为 420 亿美元，年均增长 10%，服务贸易保持顺差。马来西亚在金融、旅游、会展、酒店管理、教育、医疗保健等服务贸易领域具有比较优势。

3. 货物贸易和服务贸易在一定程度上实现了协调发展

马来西亚政府注重随着经济社会发展来调整国家战略规划，如从早期的农业经济到工业经济，又到现在大力发展的服务业，都体现其政府的审时度势。同时，政府也更加重视服务业和制造业的协调发展，在经济转型过程中既要抓服务业，又不放松发展制造业。这体现在流通领域即货物贸易和服务贸易的协调发展，而这一特征尤为显著的行业是会展业，如马来西亚 10 个政府部门及机构曾拟定在全球 59 个国家及地区拟办 389 项国际贸易展销会，促销该国的货物及服务业，以提升包括货物与服务在内的出口贸易。

（二）马来西亚服务贸易及其同货物贸易协调发展的经验

通过考察，现将马来西亚具有特色的服务贸易行业以及政府在促进经济商务发展、实现货物贸易与服务贸易协调互动等方面的管理机制创新加以介绍，以作为有意义的国际经验参考。

1. 凭借人文资源优势，大力发展教育服务贸易

马来西亚的教育服务贸易成就斐然，究其原因主要包括以下几个方面：一是留学环境良好，除自然环境优美外，其多元文化、多元种族、多种语言可以较为和谐地交融在一起，很容易使得留学生融入社会生活之中。二是学历含金量高，马来西亚很多大学和学院具有雄厚的师资力量，并十分注重实践教学，这备受公司和企业的认同；学校在酒店管理、金融管理、工商管理、计算机及计算机科技等相关领域，更是具有世界和亚洲领先水平；而包括学院在内的众多高等院校都与欧美知名学府有联合培养计划，其大学文凭在这些国家受到高度认可。三是政府的认证监督，马来西亚政府对于其所有私立教育机构都实行核准制，即有专门的部门——马来西亚学术鉴定局定期进行教育质量评估，并采用质量标准管理体系，以确保优质的教学质量，毕业证书和职业资格认证为国际普遍认可。四是马来西亚作为英联邦国家，其英语普及率非常高，英语是正式的生活语言和工作语言，马来西亚90%以上的院校采用全英文授课，极具语言优势。此外，较高的签证率，在教育体制、费用等方面的优势也是其能够吸引大量留学生的多个原因。

2. 推动卫生医疗体制的私有化改革，积极发展医疗旅游业

马来西亚政府向来重视国民医疗卫生事业的发展，早在20世纪90年代马来西亚经济刚起飞之时，该国中央政府平均每年投入8亿多美元用于改善国营医疗系统的软硬件设施。长期以来，马来西亚实施居民基本医疗免费服务，但随着经济领域私有化程度的加速和政府卫生预算的限制，马来西亚卫生领域采取了一系列的私有化改革举措，使私立医疗机构和私立医疗保险得到了快速发展。因此总体而言，目前马来西亚的卫生体系是公立和私立并存的体制。其中，公立医疗机构仍主要提供免费的服务，主要的患者群体来自低收入人群，而私立医疗机构则主要面向高、中收入人群。在私有化改革中，为确保居民的健康权益不受损害，马来西亚对私立医疗机构的准入和服务规范加以管理，在立法中明确要求私立医疗机构提供公益性服务，特别是对穷人的照顾服务等，以使私立医疗机构承担相应的社会责任。

近几年在医疗卫生体制改革的基础上，马来西亚开始大力发展医疗旅游，国家对于旅游业配套的设施，如在符合国际标准的医疗设备和医疗水平上投入颇多，马来西亚政府2011年用于医疗事业的投入已达50亿美元。通过卫生医疗体系的私有化改革，私立医疗机构提供的服务基本可以满足赴马来西亚旅游人群的医疗保健需要，同时满足了部分富有人群的特殊医疗服务需求，提高了机构的运行效率。调查显示，马来西亚医疗旅游正成为欧美公民首选的医疗目的地。2011年，总共有38万名医疗游客来到马来西亚，多数是进行心脏外科、骨科、牙科、试管婴儿等手术。

3. 政府注重管理机制创新，为国内外经济商务活动提供便利

马来西亚政府注重推动经济运行机制及管理体系建设，并在行政管理方式上不断创新，如马来西亚2007年设立了利商特工队（PEMUDAH）。这一经济商务管理机构设计的理念最早是由阿都拉·巴达威首相在2007年1月的年度国情咨文演说中提出，目的在于建立一个具有高效能的机制来解决长期存在的官僚主义和官商作风，以提高政府在处理商务及经济活动中的效率。马来西亚政府已经意识到需要建立一个协调一致且跨部委的机构来改善政府管理商务活动的效能，并且这一机构必须要有私营部门的积极参与。2007年2月7日，在这一理念的指导下，一个名为"利商特工队"的特别小组正式成立，主要是为全国的经济商务活动提供便利，其工作情况直接向首相汇报。这个团队由23人组成，他们分别来自于政府部门或者私营工商团体，但都有较高的社会威信。其工作范围包括：在程序、规章制度、立法、人力资源等多方面审查公共服务传递系统的现状，并提出新政策来加以改善；设立标准简化商务程序；监督战略和政策的实施，提高其公共部门与私营部门之间的传递效率；谨遵马来西亚国家宗旨和以人为本的理念，采取适当行动处理一系列问题等。

简言之，"利商特工队"就是为了驱动私人领域和贸易方面的发展，通过整合公、私领域，简化处理程序，提高政府工作效率和产量，并通过设立联合主席（双主席制，一方为工商团体经营等私人代表主席，另一方为政府公务员主席）来降低寻租现象。"利商特工队"成立以来，已逐渐看到其在公共领域与私人商界合作的成果，政府整体行政效率有了很大改善，马来西亚的国际竞争力也得到了极大提升。

4. 通过服务业纽带作用，促进服务贸易与货物贸易协调发展

马来西亚通过进一步开放服务业，在刺激外资流入促进经济发展的同时，也为制造业提供了相应的配套服务。如逐步放宽对外国投资者在马来西亚金融业投资的限制，进一步开放马来西亚金融市场，此举加强了马来西亚与国际经济接轨，为消费者提供更多国际一流金融产品和服务，同时进一步加强马来西亚在伊斯兰银行业的竞争力，促进马来西亚金融业的发展，也为制造业和货物贸易提供了良好的信贷支持。再如，通过国际展销会，向国际市场推广宣传包括资讯与通信工艺、电器与电子、农业与农基工业、保健产品与服务、交通仪器、物流服务、维修与保养、建筑及建筑材料、能源与环保管理、人员培训、教育及旅游等商品和服务，以国际商务展览会的形式，实现了服务贸易与货物贸易的协调发展。

（三）对我国的借鉴意义与启发

（1）政府要随着本国经济社会发展趋势和国际经济形势，适时调整经济社会发展战略，优化经济与产业结构。特别是要发挥优势产业的作用，通过内联外

引，寻求新的经济增长点，如马来西亚政府不断调整经济发展重心，从农业到工业再到服务业，顺势而变。同时，马来西亚充分利用自然资源和人文资源，大力发展旅游业和教育业，并且注重服务质量，因此具有较强的国际竞争力。当然，这些都离不开制度建设，中国需要在马来西亚优势服务业的工作人员专业素养和管理技能培训、服务业配套基础设施建设、信息服务系统完善等方面学习借鉴。

（2）政府要勇于改革，不断创新管理体制和机构建设。政府要注重公共服务功能，通过调整管理思路和方式，将经济运行的支配权适当地让位于市场本身。同时，政府要提高行政管理效率，为国内外经济商务活动的发展提供最大化的便利。这就需要政府通过管理体制的创新强化社会监督，提高政府办公的透明度和效率。此外，社会事业的市场化改革尤为关键，如医疗体制改革、教育体制改革等，这些领域的改革意味着新型产业和新商机的诞生，当然社会事业的改革需要以人为本，增强民众对改革方案和措施的发言权。

（3）要重视制造业和服务业，货物贸易与服务贸易的协调发展。一方面，要完善服务业与服务贸易管理体系，制定服务贸易和货物贸易协调发展规划，建立以货物贸易与服务贸易相互促进的发展机制，提高服务贸易管理部门的运作效率。另一方面，还要重视企业之间的沟通与交流，鉴于此，大力发展生产性服务业是关键，生产性服务业是连接服务业和制造业、服务贸易和货物贸易的纽带。要利用服务业的有序开放，通过引进国外先进的技术和管理经验，来为制造业提供更为优质的服务。特别是要推动金融业、物流业和会展业等生产性服务业的"走出去"，如通过商务博览会等展会，宣传优势产品和业务，扩大多边、双边民间企业交流合作，打造信息交流平台，进而促进服务贸易与货物贸易的协调发展。

二、小国家、强政府、大智慧：新加坡服务贸易 与货物贸易协调发展的考察经验

2012年3月21日至24日，中国财经战略研究院服务贸易与WTO研究室主任于立新研究员及汤婧、陈昭两位青年研究人员一行三人赴新加坡开展学术交流活动，并根据财经院创新工程项目"中国服务贸易与货物贸易中长期协调发展战略研究（2012~2030年）"的需要，考察了新加坡有关货物贸易与服务贸易协调发展经验及其配套政策措施。通过对新加坡裕廊工业园区、新加坡国立大学东亚研究所、慕达发国际商贸中心、牛车水商贸中心、滨海湾金沙国际贸易金融、旅游城市综合服务中心等机构的考察，取得了许多有价值的考察经验。并结合近年新加坡发展情况，撰写了本篇调研报告。

（一）新加坡对外贸易发展现状

1. 对外贸易强劲发展的动力源——合理的产业结构基础

对外贸易是新加坡国民经济的重要支柱，2012 年新加坡对外贸易总额达到 7818 亿美元，同比增长 1.1%，其中出口总额与进口总额分别增长 7.5% 和 8.6%。新加坡对外贸易的强劲发展主要归功于服务业和制造业这两大支柱产业，新加坡政府长期坚持制造业和服务业并重发展。其中，服务业在新加坡经济发展中扮演更重要的角色，占国内生产总值的比重达到 70%，其中批发与零售业、商务服务业、交通与通信业、金融服务业是新加坡服务业的四大重头行业，可以说正是依托这四大服务业的发展，新加坡才确立了其亚洲金融中心、航运中心、商务中心和贸易中心的地位。同时，新加坡拥有比重较大、竞争力很强的制造业，其占国内生产总值的比重约为 25%，其中，电子电器、炼油、船舶修造是制造业的三大支柱。新加坡的制造业基本属于高附加值的先进科技产业，拥有不少具有强劲国际竞争力的尖端科技产品，被称作高新产业制造中心和技术服务中心。

2. 对外贸易的结构性变化趋势——货物贸易和服务贸易由顺差转逆差发展

新加坡特殊的地理位置决定了其国际贸易具有特殊性。新加坡的对外贸易基本上可以分为三大类：国外进口、国内出口、转口贸易。新加坡最初以转口贸易为主，近二三十年，对外贸易的结构发生较大的变化。1956 年，转口贸易占出口总值的 94%，而国内出口只占 6%；20 世纪 70 年代，转口贸易占出口总值的 61%，国内出口骤增到 39%；1992 年，转口贸易占出口总值的 36%，而国内出口却增加到 64%，其中以办公室现代化和电信设备为主，其次是各种制造业。2010 年以来，新加坡货物贸易增长迅速，据新加坡国际企业发展局统计，2012 年新加坡货物贸易进出口 7885.6 亿美元，比 2011 年增长 1.7%，其中，出口 4086.2 亿美元，下降 0.3%；进口 3799.4 亿美元，增长 3.8%，贸易顺差 286.9 亿美元，下降 34.4%。分商品来看，机电产品、矿产品和化工产品是新加坡的主要出口商品，2012 年出口额分别占新加坡出口总额的 42.9%、18.5% 和 10.2%。新加坡转口贸易以及货物贸易的发展推动了当地金融、交通、电信等服务贸易领域的发展。1996~2010 年，新加坡服务贸易增长速度很快，平均增长率是 9.5%。新加坡在服务贸易领域处于领先地位。2012 年，新加坡的服务贸易出口额达到 1119.3 亿美元，列全球服务贸易出口国的第 12 位，占世界服务贸易出口总额的 2.6%。新加坡服务贸易领域主要集中于交通和旅游两项传统服务贸易领域，其出口额约占服务贸易总出口额的 48.7%，通信、金融、信息及技术等新兴服务贸易出口额占服务贸易总出口额的 25% 左右。在近十年间，新加坡的服务贸易总体上处于逆差不断缩小的状态，在 2012 年服务贸易逆差额达到 58 亿美元，反映出这个经济体的服务贸易具有较强的竞争力。

3. 货物贸易和服务贸易协调发展——四次成功产业转型

根据新加坡经济发展局（EDB）公布的数据显示，新加坡人均GDP从20世纪60年代的500美元增长到2011年的56797美元，新加坡人均GDP增长了约114倍。在过去半个世纪的发展历程中，新加坡政府十分重视制造业和服务业的协调发展，成功地进行了四次经济转型，大约每10年一次，分别是20世纪70年代的劳动密集型产业、20世纪80年代的资本密集型产业、20世纪90年代的科技密集型产业以及21世纪的知识密集型产业。未来，新加坡希望继续转型，向创新密集型产业发展。四次成功的产业转型使新加坡经济结构发生了根本性的变化，从一个以转口贸易为基础的单一结构转变为一个以电子制造、石油化工、生物医药等为主的世界级制造业中心以及商业贸易、金融旅游、国际服务业等全面发展的多元化经济结构。这种多元化的经济结构促使了新加坡货物贸易和服务贸易的协调发展。其中，新加坡经济发展局扮演着政府驱动及协调的重要角色，该机构与新加坡本地和跨国企业紧密联系，通过制造业和服务业中一系列多元化的商业投资项目，协助它们转型为更高级的生产运作，以适应现代经济环境知识化和创新化的发展需求，同时通过创建优化的投资环境，积极鼓励企业在新加坡设立总部和商业中心，经营和管理环球与亚太地区的各项业务。

（二）新加坡货物贸易与服务贸易协调发展的经验

新加坡的经济发展经验，特别是在发展高端制造业以及现代生产性服务业、推动服务贸易和货物贸易协调、推动产业结构调整方面，对我国有着重要的借鉴意义。

1. 以总部经济为载体和抓手，带动货物贸易和服务贸易协调发展

新加坡转型路上最大的一个成功经验是通过发展总部经济，实现了从最初的蚊香、假发等劳动密集型产业到制药、造船、化工等资金、技术密集型产业，再到目前的硅晶片、水处理等知识密集型产业的转型；从出口导向型的制造业到制造业、生产性服务业并举，成为全球最具竞争力的商务中心。20世纪80年中期，新加坡面临产业结构转型升级的困境，经济发展局制定的策略是，一开始鼓励跨国公司在新加坡从事生产以外的工作，推广制造业方面的生产性服务如采购与测试，接着再吸引独立的服务项目，如物流管理等。1986年，新加坡趁势推出了总部计划。新加坡开始全面接受跨国公司的资本、技术、企业家精神和管理模式，同时以金融和商务为重点的现代生产性服务业迅速发展起来，吸引大量跨国公司总部入驻，制造成本的上升又迫使企业将制造环节外迁，同时总部及科研开发部门留在新加坡，最终完成向总部经济的转型。

调研中，我们考察了新加坡裕廊工业园区，该园区已从20世纪60年代建立初期的以加工制造为主的运作模式发展为以"工作，学习，生活，休闲于一体"

的活力社群为要素的现代新型工业园区。裕廊模式以制造业为基础完成工业化进程，同时推进了包括生产性服务业在内的现代服务业的发展，未来的发展目标确立为面向国际实现从硬件拓展向软件输出。新加坡政府将建设工业园区的成功经验转化成为一项重要的咨询服务贸易产业，向国际上提供园区发展"一站式"咨询服务及转型升级解决方案。此种服务贸易的出口使得世界各国在分享新加坡园区建设成功经验的同时，也使得新加坡政府从中获得了巨大的收益。例如，中国的苏州工业园区就是苏州市政府和新加坡共同投资的工业园区，从 2001 年开始盈利，2007 年园区 GDP 达到 863 亿元人民币，地方一般财政预算收入 76 亿元人民币，利润为 3.6 亿元人民币。新加坡按照 30% 的股权获得 1.08 亿元利润；我国政府获得税收和就业岗位的机会。截至 2008 年初，园区累计交税 700 多亿元人民币，提供就业岗位 50 多万个。

2. 积极发展会展业和医疗旅游业等现代服务业，努力扩大服务贸易出口

会展业具有行业多元整合的特征，涉及"吃住行游购娱"等上下游相关产业，在拉动新加坡服务经济整体发展方面起到关键作用。新加坡国际会展采用政府与行业合作协同化运作模式，即经济发展局负责引进投资（赞助）、贸易发展局负责统筹各项事务、旅游促进局负责品牌推广、新加坡会展行业协会负责具体实施以及各相关行业协会之间相互配合。新加坡政府不参与举办展览，对举办展览会不实行申报审批制度。政府对会展业提供一定财力支持，如对外来办展的企业由新加坡旅游局有条件地给予赞助，一般按照一个展览会海外宣传费用的 30% 给予赞助。新加坡已主办过许多具有重大国际声望的世界级会展活动，如国际水资源博览会（International Water Exhibition）、新加坡航空展（Air Show）等，每年吸引大量的企业、组织机构举办会展。尤其在会展人才方面，由新加坡南洋理工学院牵头举办专业课程，为新加坡会展业发展培养了大批会展服务贸易专业人才。

在旅游资源的开发上，新加坡旅游发展的战略定位是：以稳固和有活力的商业环境来强化新加坡作为亚洲领先的国际会展城市地位；以提供独特的新加坡东西方多元文化丰富体验来发展新加坡作为亚洲的休闲目的地；以提供访客如医疗和教育等高端的素质旅游项目服务来建设新加坡作为亚洲的国际高端综合服务集散中心。2005 年，新加坡政府结束了 40 多年赌场禁令，批准了以赌场为中心的休闲度假村建设方案，2007 年第一批项目建成运行后，为新加坡经济带来了显著的外溢效应，除了大幅带动旅游业，同时创造了约 7.5 万个就业岗位，并进一步巩固了新加坡国际多功能会展中心的地位，为抵御 2008 年世界金融海啸发挥了积极的重要作用。此外，在医疗保健旅游方面，新加坡拥有卓越的医疗系统、优秀的医疗专家型人才以及最新的诊断与治疗器材，成为亚太保健护理与医疗中心，每年吸引逾 15 万名国际病人前往求医消费。

3. 重视研发以及新兴产业的发展，不断培育货物贸易与服务贸易的新增长点

多年来，新加坡政府一直把发展新兴产业作为经济可持续增长的重要保证，全社会已经形成了重视新兴产业发展、研发与培养、吸纳人才的氛围。在新兴产业发展方面，目前最新的目标是清洁能源，如新能源汽车、绿色化工制药等。为此，新加坡政府拿出了 3.5 亿新元（2.28 亿美元）的资金，要将新加坡发展成清洁能源枢纽。在研发方面，《2009 年度新加坡国家科研调查报告》指出，智力资本将是新加坡下一阶段经济发展的关键。新加坡政府承诺，2011~2015 年，新加坡将把国内生产总值的 1%（相当于 161 亿新元）投入到研究、创新与创业方面的发展。新加坡政府对研发以及新兴产业发展的重视，自然带动了对相关人才的培养和重视，在招揽和留住人才方面，新加坡政府从来都是不遗余力的。近十年间，新加坡吸引外来科研人员的年均增长率达到了 7.2%。目前，新加坡已是全球"潜在净人才流入指数"最高的经济体。

调研中，我们了解到新加坡人均水资源量曾经是全球倒数第二位。在严重的资源型缺水面前，新加坡被迫高度依赖马来西亚的淡水资源。2002 年开始，新加坡开始谋划"维持可持续性的水供"新策略，积极研发海水利用技术，通过淡化海水来增加和扩大海水供应，2011 年新生水和淡化海水已达到新加坡每日用水需求量的 30% 和 10%。新加坡正在逐渐摆脱建国以来对从马来西亚购买水资源的高度依赖。如今海水淡化在新加坡成为了利润丰厚的环境服务贸易产业。更值得一提的是，新加坡政府利用这一高技术清洁能源产业，成功申请到了国际水博会的主办权，这是世界最大规模和最高规格的水务行业盛会之一。展会吸引众多国际上最顶尖的大型水务公司、设备和技术供应商，将在生活用水、污水处理、海水淡化、中水回用、供水设备、节能环保等领域展示全球水处理高科技领先的产品、水污染处理技术及解决方案。由此，新加坡既能在会展服务中获得巨大的利润，又能了解并学习到国际上最先进的水务技术。

（三）新加坡经验对我国的启示与借鉴

1. 制定产业政策要重视合理引导，适时推进经济结构调整优化

在新加坡产业升级中，政府做出较大的努力，发挥着主导作用。五次产业结构升级的每一个发展阶段，政府始终把发展战略的主攻方向紧紧对准经济结构这个具有根本性的问题，不断地为产业升级提供前瞻性发展战略指南，通过改变单一结构以优化经济素质，并集中力量建立多元化结构以争取经济的全面发展，再全力提高经济结构的技术水平以发展现代经济。我国在产业发展布局战略中，尤其要从战略上去考察经济结构的内生变化，根据经济发展水平、产业基础、自然和人力资源状况等实际情况，对产业布局进行规划，科学合理地进行产业布局，锁定主导产业发展方向，适时推进产业转型升级，强化产业支撑，优化经济结

构，增强综合实力和核心竞争力，逐步将产业类型由以劳动密集型和资本密集型为主，发展到以技术密集型和知识密集型为主。

2. 坚持"两条腿走路"，推进货物贸易与服务贸易均衡协调发展

坚持"两条腿"走路，就是既要大力发展先进制造业，又要大力发展现代服务业。发达的服务业是产业结构现代化的重要标志，也是一国具有强大的贸易竞争力地位的重要原因。新加坡服务业增加值占 GDP 的比重已超过 70%，为防止产业空心化，政府一直在努力保持制造业的比重，力保未来制造业在本地经济中的比重不低于 15%。而我国的情况恰恰相反，服务业发展水平相对较低，占 GDP 的比重不及世界平均水平，服务贸易长期呈现巨额逆差，而我国货物贸易存在巨额顺差。未来，我国制造业和加工贸易将趋向自动化、高科技化、高附加产值化，劳动生产率不断提高，用工量减少，对金融、信息、技术、流通的生产性服务业依赖度增加，优先发展为生产性服务的现代服务业成为必然选择。借鉴新加坡的经验，我国需大力发展现代物流、总部经济、会展经济等生产性服务业，以此助推我国制造业整体水平和产品质量的提升，进而带动货物贸易的发展。

3. 优化公共服务和管理，为国内外投资者提供公平、稳定、透明的投资环境

考察新加坡给我们最突出的印象是，作为比较完善成熟的发达经济体，要想让市场在资源配置中起着冲突性作用，必须实行"小政府、大社会"的市场经济体制安排。否则，政府越位，社会缺位的制度困境，将阻碍一个国家真正步入现代化管理架构的进程。政治清廉高效、管理公开透明是新加坡经济成功发展的一个重要推动力和软实力。新加坡公共管理的一个核心理念是，政府并非真正的财富创造者，政府的主要作用在于成功提供适于工商业发展的环境。我国要改善投资环境，除要加强基础设施建设，更要着力改善"软环境"，不断提升公共管理和公共服务的水平。要在完善管理机制、创新管理方式和提高管理效率上下功夫，尤其要强调科学民主的决策，务求政务信息公开、透明，务求公众、专家参与，务求取信于民，电子政务、政府信息化手段必须充分发挥效应。同时，要关注中小企业的生存环境和发展环境，有针对性地为其创造良好的发展环境，不断为市场投资者创造一个营商成本低、回报可预期的投资环境。

参考文献：

1. 于立新：《中国服务贸易研究报告 No.1》，经济管理出版社，2011 年。

2. 周振华：《服务经济发展与制度环境·理论篇》，上海人民出版社，2011 年。

3. 于立新、杨晨：《新阶段我国服务贸易发展战略路径思考》，《国际贸易》，2013 年第 1 期。

第十七章　加拿大服务贸易与货物贸易协调发展经验借鉴

汤　婧[1]　陈　昭[2]　于立新[3]

2013 年 9 月 10~24 日中国社科院财经战略研究院服务贸易与 WTO 研究室主任于立新研究员率领汤婧、陈昭两位青年科研人员，就财经院创新工程项目"中国服务贸易与货物贸易中长期协调发展战略研究（2012~2030 年）"的科研需要，专题考察了加拿大有关服务贸易与货物贸易协调发展经验及政策安排。其间，分别考察了加拿大温哥华亚洲太平洋研究中心、多伦多大学、温莎大学、瑞尔森大学等相关智库及学术机构。在加拿大的经济发展经验，特别是在发展高端制造业以及现代服务业，扩大服务贸易规模，推动服务贸易和货物贸易协调发展，推动产业结构升级等方面，取得了对我国有着重要的借鉴意义考察成果。

一、加拿大服务贸易发展的三大主要特点

（一）服务贸易总体保持增长，但长期处于逆差状态

2012 年加拿大服务贸易进出口总额超过 1856 亿美元，其中服务贸易出口为 792 亿美元，服务贸易进口 1064 亿美元。根据 WTO 数据库的统计，加拿大服务贸易进出口总额排在世界第 15 位，其中服务贸易出口额排在第 17 位，服务贸易进口额排在第 13 位。

尽管加拿大服务贸易总体上一直保持增长，但与货物贸易连年顺差的情况

---

① 汤婧：中国社会科学院财经战略研究院服务贸易与 WTO 研究室，助理研究员。
② 陈昭：中国社会科学院财经战略研究院服务贸易与 WTO 研究室，助理研究员。
③ 于立新：中国社会科学院财经战略研究院服务贸易与 WTO 研究室主任，研究员。

相比，其服务贸易进口历来大于出口，自"二战"以来一直处于逆差状态，1993 年逆差达 136 亿加元，创历史最高纪录，在此之后直到 20 世纪 90 年代末，服务贸易出口的增长曾一度快于进口的增长，逆差随之明显趋降，而进入 21 世纪以来，由于受到 2001 年软件和计算机服务出口大幅下滑、加元持续升值以及 2008 年金融危机等一系列因素的影响，逆差又呈逐年增长态势，到 2012 年扩大为 246 亿加元。

加拿大传统上是一个资源性产品出口国，也是一个服务净进口国，造成其服务贸易长期逆差的原因是多方面的，除了客观上受制于服务贸易产品的自身性质和国际服务贸易发展中的各种制约因素外，主要是由于其国内市场对服务需求较大。服务进口对加经济生活各方面都有着巨大作用，有效提高了加拿大服务贸易的竞争力，并为加引入了新的服务理念，进而成本降低，服务质量提高，增加了消费者对服务贸易产品的选择性。

（二）商业服务水平国际领先，推动服务贸易以及经济持续增长

按照加拿大的统计分类，加拿大服务贸易被分为四大类，分别为旅游服务贸易、运输服务贸易、商业服务贸易、政府服务贸易四大类。其中商业服务为最主要方式，占加拿大服务贸易总额的一半以上。商业服务主要包括金融、保险、会计、法律、计算机、通信、工程、建筑、管理、咨询、房地产、研究开发等专业服务。近年来，商业服务发展迅速，年均增长近 7%。其中计算机、通信、金融、法律、工程、建筑等领域获利颇多，其金额占商业服务的 40%，而管理、研发等服务则呈下降趋势。按照传统计算方法，商业服务所用研发资金看似不多，只占加研发经费总额的 29%，远低于制造业的 68%，但其在改革创新方面的贡献不可低估。近 10 年来，金融服务的创新率为 60%，计算机服务和通信服务则分别为 42% 和 40%，这些行业已成为加拿大商业服务中最具改革创新的领域。此外，商业服务创造的就业机会也比其他行业多，近 10 年来的就业率年均增长 5%，远高于加全国 1.2% 的就业增长率。2012 年加拿大商业服务出口额达 500 亿加元，占加服务贸易出口总额的 50%。商业服务的发展是促进加服务贸易乃至整个经济增长的重要推动力。

（三）以美国为服务贸易主要伙伴国

从服务贸易市场划分来看，美国是加拿大的最主要的服务贸易伙伴。（见表 17-1）2012 年加拿大出口至美国的服务贸易额占到加拿大全部服务贸易出口总额的 53.4%，从美国进口的服务贸易总额占到加拿大服务贸易出口总额的 58.2%。[1]

---

[1] http://www.international.gc.ca/trade-agreements-accords-commerciaux/topics-domaines/services/canada.aspx?lang=eng

这与加拿大的经济发展特征相吻合，由于加美国土相邻，语言相通，文化、历史和价值观相似，又同属北美自由贸易协定国，加拿大的经济长期依赖于美国经济，扮演着美国主要资源能源提供国及市场的角色。

表 17-1　加拿大与主要贸易伙伴服务贸易进出口额

单位：百万美元

	贸易伙伴国	2007 年	2008 年	2009 年	2010 年	2011 年
出口	美国	42747	45257	43535	43109	45867
	欧盟	15036	16906	16543	16683	17914
进口	美国	50663	55143	54722	57784	60551
	欧盟	18872	20427	19864	20491	21570
差额	美国	−7916	−9886	−11187	−14675	−14683
	欧盟	−3836	−3521	−3320	−3809	−3656

数据来源：Statistics Canada. Table 376-0036-International transactions in services, by selected countries, annual (dollars), CANSIM (database).

若将美加两国服务贸易紧密度与货物贸易紧密度相比较，加对美国货物贸易占货物贸易总额比重达到 85%，而在服务贸易方面，加拿大不到 60% 的服务贸易收入来自于美国。可见，加拿大在服务贸易领域相对而言呈现出了地区多样性。欧盟则是加拿大第二大服务贸易伙伴。不过，随着新兴市场国家的发展，加拿大向中国、印度等国家的服务贸易往来也在逐年扩大。近几年美加服务贸易占总服务贸易额比例正在逐年下降，同时，亚洲在加服务贸易出口中占有约 15% 的份额。

二、加拿大服务贸易与货物贸易协调发展经验总结

（一）通过以信息通信技术为首的新技术应用，改变原有工业的传统工作模式

加拿大在北美地区的竞争力在于，随着国民经济从不景气的低谷中步出，经济结构已转向知识型经济，而不单纯依靠汽车制造业、航空航天制造业、食品制造业、生物技术业等硬性的制造业部门，积极通过以信息通信技术为首的新技术应用，改变原有工业的传统发展模式。在多伦多、温哥华等大型城市转型过程中，制造业部门推动中高端服务业部门的快速扩张，是经济较为多元化的城市，拥有先进制造业部门，还在知识密集型服务业部门（如金融服务业、商务服务

367

业、信息服务业）占据一席之地。随着加拿大面向知识型和创新型产业部门转移，一些富有竞争力的新兴行业成为拉动城市经济发展的重要引擎，包括商务服务业、金融服务业、旅游业、信息服务业等。事实上，新经济形态的不断演变，也使得制造业和服务业之间的界限越来越模糊不清。加拿大近年的经济成功，一方面可以归结于北美自由贸易协议以及多伦多对美国最大限度的包容性开放与彼此合作，另一方面则是由于多伦多城市通过当地高等学府、科研机构积极开展创新工作并形成新技术的产品与服务受到市场青睐，从而引发经济复苏。

（二）通过大力发展教育服务贸易促进人才集聚，推动科技研发水平不断进步

加拿大高度注重对人力资源的开发和利用，强调人才是一切经济发展核心的观念，以人为本。在高新技术产业不断发展的今天，服务贸易发展迅猛，随着科技革命的不断深入，人力资本已经成为促进经济发展的核心要素，高素质人才成为产业发展的支撑。过去，加拿大人才外流十分严重，很多科研人员流向待遇优厚的美国公司。为解决科研人员短缺的问题，从联邦到州政府一方面增加了对教育，特别是对高等学院科教的投资，大力发展教育服务贸易，吸引国外留学生接受教育，以尽快培养人才。另一方面通过放宽对高科技人才的移民政策，每年从亚太地区国家、东欧国家以及其他国家吸收数万名科技人才。长期不断的教育投入和人才引进，使得加拿大成为最受高端科技人才喜欢的国家之一。丰裕的人力资本，为加拿大高科技产业以及高端服务外包的迅速发展铺平了道路，促进了加拿大服务贸易的持续稳定发展。

（三）通过签订自由服务贸易协定，推动关税水平的降低以及通信、运输、金融等服务业的进一步开放

加拿大是首批主张 GATS 的签订和实施的国家之一，这为加拿大迎来了服务贸易逐步自由化的良好国际环境。同时，北美自由贸易协定（NAFTA）对加拿大进入美国和墨西哥市场提供了前所未有的方便，这包括原产地为加拿大的商品免税进入美国，使服务贸易规则进一步自由化。从 WTO 统计数据来看，加拿大在其签订的区域及双边自由贸易协定中，有三个双边自由贸易协定（分别是加拿大哥伦比亚自由贸易协定、加拿大秘鲁自由贸易协定、加拿大巴拿马自由贸易协定），以及一个区域自由贸易（北美自由贸易协定）协定中服务贸易作为协定中重要的一部分，极大地促进了加拿大经济发展，而且这些国家都集中在北美及中美洲的加勒比区域，都与加拿大地理位置较近。可见，加拿大服务贸易开放的对象与国家地理位置有着密切的联系，以睦邻就近原则为先，因此在北美区域先行签订了双边及区域的服务贸易协定。

根据所签订的自由贸易协定，加拿大先后出台了许多有关服务贸易的法律法规，如《银行法》（Bank Act）、《加拿大投资法》（Investment Canada Act）、《金融管理法》（Financial Administration Act）、《保险公司法》（Insurance Companies Act）、《电信法》（Telecommunications Act）等，并结合本国实际情况不断加以补充和完善。这些法律法规有助于加拿大服务行业的市场经营有序，有利于加服务贸易的出口，并使其市场经济环境不断趋于完善。

三、加拿大促进服务贸易发展的政策措施

通过实地考察及调研，我们总结了加拿大促进服务贸易发展的政策举措和管理经验，以借"他方之石"来攻"我方之玉"，为未来我国进一步扩大服务贸易规模，促进服务贸易模式创新提供具有国际意义的经验参考。加拿大在促进服务贸易方面有较多先进经验，特别是在服务贸易管理体制创新方面值得我国学习借鉴，大体上包括以下几方面内容：

（一）以生产性服务业为发展重点，进而为促进服务贸易规模的扩大夯实产业基础

加拿大的服务业尤为发达，服务业结构也较为合理，并在国内提供了大量的就业岗位，服务业已成为推动加拿大经济增长和国际竞争力提升的主要力量。加拿大在发展服务业过程中，注重技术创新，并将知识密集型服务部门作为重点扶持领域，大力发展金融服务、保险服务、咨询管理服务、计算机信息服务等生产性服务业，在有效支撑制造业发展的同时，也为服务贸易结构的优化升级打下了坚实的产业基础。就目前发展实际来看，依托技术的不断创新和进步，加拿大在管理咨询、通信服务、研发设计、计算机信息技术等知识密集型服务贸易领域具备较为明显的竞争优势。同时，加拿大比较注重将服务业的进口转化为服务业发展的动力，通过引进国外的优质服务理念，消化吸收后来促进国内服务业结构的优化升级，进而提升服务贸易的国际竞争力。

（二）优越的服务贸易管理协调机制，为服务贸易发展提供了政策保障

从管理协调机制来看，加拿大作为联邦制国家，中央政府全权负责对外贸易谈判和相关贸易协定的签署，但随着贸易谈判所涉及内容越来越广泛，除大部分内容还属于中央政府的权限外，少数谈判内容也涉及地方政府的权限，这在服务

贸易领域更为明显，如专业知识服务、保险服务等内容就涉及省政府的权限。为了协调中央政府和地方政府之间潜在的冲突，中央政府会在这些服务贸易协议签订之前为地方政府提供征求意见的机会，并将谈判过程全面公开给地方政府，以强化中央政府和地方政府之间的沟通和协调。同时，加拿大还设有联邦和各省间贸易委员会（Federal-Provincial Territorial Committee on Trade），每年召开一次部长级会议及多次司局级会议，该机制在加拿大包括服务贸易在内的政策制定及谈判过程中，发挥着重要的部级与上下协调和信息沟通的作用。此外，加拿大各省对若干服务部门的税收具有一定的独立立法权，如不列颠哥伦比亚省为了鼓励服务贸易发展，对金融服务、环保技术服务、知识产权服务等企业采取减税或贸易退税政策，较为灵活的促进服务贸易发展。

（三）专设的社会中介组织和机构，有效促进了服务贸易的发展

加拿大负责服务贸易政策的制定及服务贸易谈判的政府主管部门也比较重视征求私营部门、社会团体和专家学者的意见，并通过加拿大团队公司（Team Canada Inc.）和专家咨询小组（Expert Advisory Groups）这两个渠道来获得。其中，加拿大团队公司由联邦政府、省或地区政府以及行业协会等构成，通过提供信息咨询、金融保险、技巧培训、贸易展览和组建参展团等方式，为区域内从事服务贸易的企业提供便利的服务，来促进本地区内的制造业和服务业出口振兴活动；而专家咨询小组则是分部门对包括服务业在内的重点行业的发展状况和前景进行数据整理，开展量化指标及定性分析，为政策制定及贸易谈判负责官员提供大量的行业情报及专业意见，促进贸易政策制定及谈判的顺利开展。此外，加拿大国际贸易部还专门设立贸易政策制定和谈判意见征询网站，以便向社会各界广泛征求意见。

（四）加强服务业和服务贸易领域立法，通过优化服务市场环境来促进服务贸易出口

加拿大政府根据《服务贸易总协定（GATS）》和《北美自由贸易协定》，针对服务行业不同部门，先后出台了有关服务业和服务贸易发展的诸多法律，其覆盖范围包括：银行、投资、金融管理、保险公司、电信部门等，并随着服务业和服务贸易部门的实际发展情况进行调整和完善，为服务业和服务贸易发展创造了良好的法治基础和市场环境，有利于服务贸易的出口。同时，为保护本国服务业和服务贸易利益，加拿大也对服务贸易设置了一定的壁垒，在 WTO 等多双边贸易框架下，针对金融服务、通讯服务、运输服务、专业服务、建筑及有关工程服务等领域，通过立法限制外国服务公司的所有权，限定市场准入，以保护本国服务业，为本国居民提供更多的就业岗位。

四、加拿大经验对我国的启示与借鉴

（一）面向知识型和创新型产业部门转移，推动经济结构朝多元化发展

国际金融危机爆发以来，依靠出口大幅度上升带动经济增长受到制约，加快转变以出口为导向的经济增长方式势在必行，推动由资源依赖向创新驱动转变、向创新型经济升级，着力建设"三个高地"：就是建设产业高地、创新高地和人才高地；加快实现"三个提升"：就是提升自主创新能力、国际竞争力和可持续发展能力。围绕这一目标，发展理念要进一步转变，发展路径要进一步转轨，产业发展要进一步转型。重点培育和发展包括新能源产业、新材料、新医药、环保、软件和服务外包、新传感网在内的新兴产业。同时，要着力改造提升传统产业，推动工业化信息化融合发展，推动制造业向研发设计和营销服务两端延伸，向价值链高端攀升，提高产品附加值和产业竞争力。

（二）通过金融服务业发展，有效利用国外资本推动国内产业结构优化和升级

利用国外资本推动国内的产业结构的优化和产业的发展。加拿大是一个严重依赖外国资本的国家。外资对加拿大的经济包括产业结构和市场结构都有十分重大的影响。国内经济的发展反过来对金融业的国际化经营起了极大推动作用。我国正在深化国内体制改革和扩大对外开放，国内产业结构有待进一步优化，国内建设资金的不足将是一个长期现象，需要利用外资为国内经济发展服务，这同样为我国金融业的国际化经营提供了巨大的发展机遇。我国银行业应通过利用外资，加强与国际资本市场的联系，按国际惯例进行运作，逐步与国际金融市场接轨进而推动国内经济的发展和不断提高我国银行业的国际经营水平。

（三）建立科学的人力资源开发利用体系，培养高素质、广视野、强技能的现代化、专业化人才

服务贸易的发展不仅需要大量拥有普通技能的人才，而且更加需要高素质、高技能、有先进理念、敢于创新的高层次人才，特别是精通国际金融、国际贸易、国际商法等业务的复合型人才。鼓励和引导高等院校建立与服务贸易发展相适应的学科和专业，支持高等院校、职业技术院校、科研院所建立服务贸易人才

培养基地，鼓励职业培训机构开展专业培训业务，加强企业内部培训，通过学校、社会与企业多层次、全方位为服务贸易发展提供人力资源支持。同时，建立完善的留学人员回国鼓励机制，重点引进一批高层次、高技能、熟悉现代服务业管理的留学人才，尤其是金融、保险、信息、商务中介等行业急需的专业人才，发挥它们的引领辐射作用，以带动服务业人才整体素质的提高。大力引进通晓国际规则、熟悉现代服务业管理的高层次外国专家，聘请外国专家来我国进行学术交流、合作研究、讲学任教及工作任职等措施，鼓励各类人才带项目、带技术来我国创业、发展，促进我国服务业的国际交流与合作。这些举措将对于我国未来服务贸易发展起着至关重要的作用。

（四）积极推进自贸区战略加速市场开放，促进货物贸易与服务贸易协同发展

目前，中国商签和实施的自贸协定还存在一些明显不足：一是服务贸易自由化程度较低，有的条款不够完善，特别是早期签订的自贸协定。二是已签协定提供的优惠待遇利用水平不高，重谈判，轻利用，实际的经济效果还不很明显。三是自贸协定伙伴太少、发展经济贸易潜力有限。中国的自贸协定商签对象基本都是经济发展水平较低的发展中国家和经济规模较小的发达经济体，虽然降低了国内经济调整的成本，但取得的经济效益也相当有限。因此，中国要不断完善已经达成的自贸协定内容与合作机制，巩固已有的自贸区合作成果，加大已签署自贸协定的实施力度，设立专门机构具体研究与组织实施自贸协定战略，借助外力推动国内改革进程，尤其是服务贸易开放领域的扩大和深化。此外，除应加快与正在谈判和研究的自贸协定的国家和区域经贸集团建立自贸区外，要跟追全球自贸协定的发展趋势，制定推进策略与谈判策略，包括合作内容、合作方式、优惠利益的给予与获取等，推动中国区域经济合作，要重点与 G20 发展区域经济一体化，应继续推动亚太经济合作组织、上海合作组织朝着区域经济一体化方向发展。

第十八章　中国—东盟运输服务贸易
一体化的发展与对策

陈秀莲①

中国—东盟自由贸易区经过十年的建设，于 2010 年 1 月 1 日正式建立，这个全球人口最多、规模最大的区域一体化组织对中国经济发展的意义重大，随着自贸区的加快建设，《中国—东盟自由贸易区框架协议》、《货物贸易协议》、《服务贸易协议》、《投资协议》等先后签订和实施进一步促进了中国—东盟自由贸易区内贸易与投资的发展。这十年的建设中，自贸区的货物贸易规模不断扩大，货物贸易的迅速发展和制造业领域投资的增加，客观上需要加大物流业的发展，同时，随着打造"升级版"中国—东盟自由贸易区进程的加快，也为服务于货物贸易的运输服务贸易带来了发展机遇。因此，在中国—东盟自由贸易区背景下研究中国与东盟运输服务贸易的一体化水平以及影响一体化的以贸易政策障碍为代表的运输服务贸易壁垒等内容，对于中国与东盟更好地开展运输服务，促进货物贸易和服务贸易投资的发展，具有重要的意义。

一、中国—东盟运输服务贸易一体化的建设与进程

中国与东盟在自由贸易区组建以来在运输上的合作取得了较大的进步，各项措施和协议也推动了运输服务贸易一体化的发展。目前来看，中国—东盟运输服务贸易一体化建设中，硬件建设获得了较大的进步，成绩也较显著，软件建设方面也进行了相关的建设，特别是双边的协商机制的建设有较多的成果，但相对硬件建设来看，仍有较大的不足，特别是运输服务贸易壁垒的存在极大地影响了运

---

① 陈秀莲，广西财经学院，教授。

输服务贸易的便利化。

（一）运输服务贸易一体化的硬件建设

中国与东盟在运输服务贸易一体化的硬件建设上，主要是运输设施的衔接，加强了交通设施的对接和建设，从航空、海运和陆路三大方面构建了交通网络。目前，中国与东盟以陆路运输网络为基础、水路运输网络为主导、航空运输网络为先导的立体运输网络已经初步形成。

1. 海洋运输的一体化建设及进程

海运运输一体化建设主要体现为两大部分的合作，一个是航道的合作建设，另一个是港口的开发建设。

（1）在航道的合作建设上，中国—东盟最典型的合作体现在澜沧江—湄公河国际航运合作。2000 年以来，中国、老挝、缅甸、泰国四国合作开发澜沧江—湄公河，专家们联合考察和研究了航道改善工程方案，中国还投资 500 万美元对上湄公河航道进行改善，目前上湄公河已经实现了全年通航，适航船舶吨位由原来的不足 100 吨提高到 150 吨以上。2010 年，云南省将在未来五年之内，投入2.8 亿元建设澜沧江五级航道二期工程，澜沧江—湄公河的国际合作推进了中国与老挝、缅甸、泰国等国的国际航运发展，并辐射到东盟国家。

（2）港口的开发建设最典型的是广西泛北部湾经济区的建设中的中国与东盟之间的港口合作。一方面，东盟国家都在加强港口码头建设，如新加坡港新建第二大集装箱码头，建成后年吞吐能力可达 1300 万标准集装箱；东盟第二大港马来西亚巴生港筹建 8 个 300 米的泊位码头；越南胡志明市投资 2.2 亿美元扩建 4个码头，前期扩建的 2 个码头于 2008 年一季度完工；[①] 2010 年越南政府颁发了《至 2020 年北部湾沿海经济带发展规划》，旨在通过加快发展港口物流业来带动整个越南北部经济提速。它们决定在未来 5 年内投巨资改造、新建一批港口，并以此为发展平台，有效地融入中国—东盟自贸区下的泛北次区域经贸合作。另一方面，中国也在加大港口的建设和扩容，其中最典型的是广西北部湾经济区的港口群的中国与东盟的合作建设。2010 年 8 月 12 日，中国广西、广东、海南等省区的多家港口物流企业与新加坡、柬埔寨、泰国的港口、航运公司在广西南宁签署合作协议，相互开通集装箱、散货航运班线并缔结友好港口，被业界认为是泛北部湾地区各国联手打造跨国港口航运网络的一个标志性事件。[②] 2012 年 7 月 13日第七届泛北部湾合作论坛上《泛北部湾港口物流合作专项规划》、《南宁—新加

---

①《中国—东盟：泛北部湾上搭建"共赢平台"》，《经济参考报》，2007 年 10 月 31 日。
②《广西深化港口建设打造区域性国际航运中心》，新华网广西频道，2011 年 2 月，http://www.gx.xin-huanet.com/dm/2011-02/26/content_22151839.htm。

坡经济走廊陆上交通基础设施专项规划》等 7 个专项规划发布。① 此外，以北部湾经济区港口为起点，中国与东盟各国也开辟了不少航线，如中海集团钦州港—越南海防集装箱直航航线在广西钦州保税港区国际集装箱码头正式开航，这是钦州港首条通往东盟国家的直达航线，航线开通后，钦州港至海防的运输时间由 12 天缩短至 5 天，成本减少约 40%；泰国 RCL 宏海箱运有限公司开辟了一条由防城港起航，途经中国香港、新加坡、海防等港口的定期班轮航线等。②

2. 陆路运输的一体化建设及进程

目前中国与东盟的陆路方面的一体化建设主要是在中国西南地区与东盟接壤的国家间开展，打造了以西南为出口、连接整个中国和东盟的高速公路、铁路网络，主要有以曼昆公路为代表的公路一体化建设以及以泛亚铁路为代表的铁路一体化建设。

曼昆公路从云南开端，经过中国、老挝、泰国三国，被称为"一线"连三国，2008 年建成通车，是目前中国与东盟公路合作开发的最著名的国际通道，大大促进了中国、泰国、老挝三方来往，对中国与东盟货物贸易也提供了更加便捷的通道。在铁路方面，中国开通了多条通往东盟国家的列车，如广西开通了桂林、南宁至越南河内、下龙湾的旅游专列，但目前各方关注并且也非常重要的是泛亚铁路，该铁路是亚洲 18 个国家经过近 50 年的谈判计划最终签署协定建造的，其中中国—东盟段铁路经中国、越南、柬埔寨、泰国、马来西亚、新加坡六国，是中国—东盟自由贸易区的运输服务贸易一体化中重要的项目。一旦建成，中国与东盟国家之间的运输时间将大大减少，并使运输成本大为降低，对推动中国—东盟货物贸易、旅游等服务贸易将产生积极的作用，所以中国等六国曾多次协商，并于 2006 年 11 月召开特别工作组会议相互商谈铁路的建设事项，以推进有关合作建设的工作。目前，中国境内泛亚铁路相应的建设工作已经陆续展开，中国还为沿线有关国家提供了一些力所能及的帮助，如 2005 年，中国铁二院利用中国政府援外资金，完成了柬埔寨境内巴登—斯诺尔（约 257 公路）铁路缺失段前期的可行性研究。同年，铁二院完成了缅甸境内木姐—腊戌段（约 142 公路）勘探工作等，这些举措也促进了中国东盟之间的铁路一体化建设。2006 年，与泛亚铁路相关的亚洲 18 个国家在韩国釜山正式签署了《亚洲铁路网政府间协定》，2009 年泛亚铁路网计划正式实施。2012 年中国向老挝提供全额贷款 70 亿美元，修建连接中老边境及老挝首都万象的铁路项目，这些项目都归属泛亚铁路

① 见 2012 年 7 月 13 日第七届泛北部湾合作论坛成果。
②《航运巨头看好中国东盟物流市场　加快布局北部湾》，新华网，2010 年 10 月，http://www.xinhuanet.com/chinanews/2010-10/13/content_21113674.htm。

网，这意味着泛亚铁路网的建设开了一个好头。①

3. 航空运输的一体化建设及进程

航空网络作为中国与东盟国家开展运输一体化建设的空中网络，也取得较好的成绩。从 2007 年开始，中国与东盟十国的航空公司对彼此均有通航（见表 18-1）。中国飞往新加坡的航空公司最多，有 7 家，4 家新加坡航空公司经营新加坡与中国的通航业务；其次是马来西亚和泰国，有 6 家，泰国本国有 3 家航空公司飞往中国，马来西亚本国有 2 家航空公司飞往中国；目前中国没有航空公司飞往文莱。中国内地城市与东盟国家城市互相通航的已经有 30 余个城市，中国为北京、南京、浦东、福州、厦门、广州、深圳、汕头、海口、西安、昆明、重庆、成都、南宁、桂林 15 个城市，东盟十国为马尼拉、克拉克、暹粒、金边、万象、琅勃拉邦、景洪、吉隆坡、槟城、哥打基纳巴卢、达卡、仰光、曼德勒、普吉、曼谷、胡志明市、河内、新加坡、斯里巴加湾、雅加达等城市。

表 18-1　中国与东盟十国通航公司

新加坡	中国国际航空股份有限公司	马来西亚	中国国际航空股份有限公司
	中国东方航空股份有限公司		中国东方航空股份有限公司
	中国南方航空股份有限公司		中国南方航空股份有限公司
	海南航空股份有限公司		海南航空股份有限公司
	厦门航空有限公司		深圳航空有限责任公司
	上海国际货运航空有限公司		厦门航空有限公司
	长城航空有限公司		马来西亚航空公司
	新加坡航空公司		金鹏航空公司
	新加坡货运航空公司	缅甸	中国国际航空股份有限公司
	胜安航空公司		中国东方航空股份有限公司
	欣丰虎航空公司		缅甸蒲甘航空公司
泰国	海南航空股份有限公司	菲律宾	中国南方航空股份有限公司
	中国东方航空股份有限公司		扬子江快运航空有限公司
	中国南方航空股份有限公司		菲律宾航空公司
	上海航空股份有限公司		宿务太平洋航空公司
	上海国际货运航空有限公司	柬埔寨	中国东方航空股份有限公司
	扬子江快运航空有限公司		中国南方航空股份有限公司
	泰国国际航空公司		上海航空股份有限公司
	曼谷航空公司		柬埔寨吴哥航空公司
	泰国亚洲航空公司		皇家高棉航空公司

---

① 尹鸿伟：《中国提供全额贷款 70 亿美元，"泛亚铁路"从老挝起步》，《时代周报》，2012 年 11 月。

	中国国际航空股份有限公司	印度尼西亚	中国国际航空股份有限公司
越南	中国南方航空股份有限公司		中国南方航空股份有限公司
	上海航空股份有限公司		印度尼西亚鹰航空公司
	深圳航空有限责任公司		发达飞航空公司
	上海国际货运航空有限公司	老挝	中国东方航空股份有限公司
	越南航空公司		老挝航空公司
文莱	文莱皇家航空公司		

资料来源：根据中国民航网公布的资料整理获得。

随着中国与东盟各国中小城市间航线的不断开辟，以及中国与世界其他各国航空运输量的增长，近年中国在建设北京首都机场、上海浦东机场、广州白云机场的同时，也加快了中小机场的建设步伐。与东盟通航的中国大部分城市机场均列入中国 2006~2010 年机场发展规划，其中总体改扩建工程的机场有：北京首都、上海浦东、广州白云、天津、重庆、南宁、海口；航站区扩建工程：沈阳、武汉；飞行区扩建工程：南京；迁建工程：昆明、汕头；维护完善工程：福州；续建工程：昆明。这些机场的改扩建将为未来中国与东盟各国航空运输发展提供更有力的支持。

（二）运输服务贸易一体化的软件建设

中国与东盟的运输服务贸易的软件建设主要体现为谈判协商机制的形成、双边运输服务制度的建设、运输人才的培训、运输系统的信息平台的合作建设。

1. 谈判协商机制的形成

中国与东盟关于运输方面形成了协商谈判的机制，目前体现为中国—东盟交通部长会议。中国—东盟交通部长会议建立于 2002 年，第十次会议于 2011 年 12 月 16 日在文莱斯里巴加湾召开。中国—东盟交通部长会议在探讨中国—东盟双边共同进行完善基础设施的合作建设，实施运输便利化措施，包括开展道路运输便利化、船舶技术标准一体化、签署航空运输协定以扩大与东盟国家的航权安排等方面起了很大的作用，以该会议为依托，中国—东盟双边运输服务合作的谈判协商机制已经建立起来，有助于双边运输服务贸易一体化的建设和发展。此外，相关协商会议的召开也形成了工作常态，如中国—东盟交通合作战略规划工作组会议、中国—东盟海事磋商机制会议、中国—东盟区域航空安排工作组会议等。

2. 多个双边运输协定的签订，构建运输服务贸易一体化的法律和制度框架

中国与东盟国家决定组建中国—东盟自由贸易区以来，以签订一系列的双边运输协定作为协调中国与东盟国家运输服务贸易一体化的法律与制度框架。

（1）整体的战略性的协议有：2004 年第三次中国—东盟交通部长会议上签署

的《中国—东盟交通合作谅解备忘录》，该备忘录涉及了交通基础设施建设、交通运输便利化、海上安全与保安、航空运输、人力资源开发、信息交流等多项重要的合作；2008 年第七次中国—东盟交通部长会议上通过的《中国—东盟交通合作发展战略规划》，主要确定各国的优先合作项目，构建双边区域基础设施网络。这两个协议勾勒出了中国与东盟进行运输服务贸易一体化建设的蓝图，此后双边的运输服务在此框架下展开了合作。

（2）在上述协议的指导下，在不同的运输领域达成的重要协议有：①海运一体化建设方面建立起了海运磋商会议机制与港口合作机制（见表 18-2）。②在航空运输一体化建设方面，2006 年 10 月起，中国便与东盟就区域航空运输安排的形式、框架以及未来发展方向、合作领域等问题展开了讨论，东盟与中国签署的《中国与东盟航空合作框架》协议（2007 年 11 月，新加坡）以及《东盟—中国航空运输协议》（2010 年 11 月，文莱，第九届交通部长会议）两大协议对于加强中国与东盟之间一体化建设提供了法律和制度保障。③陆路运输一体化建设方面主要是围绕《中国—东盟交通合作谅解备忘录》中规划的泛亚铁路的建设进行了协调和合作，中国与东盟国家非常重视泛亚铁路的建设。2006 年 11 月在昆明举办的"第八次泛亚铁路特别工作组会议"，中国、柬埔寨等国家和东盟秘书处都派员参与进行研讨和磋商。此后签订了《泛亚铁路网政府间协定》，该协定于 2009 年正式生效。

表 18-2　海运磋商会议机制与港口合作机制的形成

意　义	时间	文件名称	地点
标志性文件：建立起了中国与东盟十国的海运磋商会议机制，代表着中国与东盟在海运领域已建立有效、长效的合作对话机制	2007 年 11 月	《中国—东盟海运协定》	中国与东盟各国
	2009 年 11 月	《中国—东盟海事磋商机制谅解备忘录》	中国与东盟各国
阶段性文件	2007 年 10 月	《中国—东盟港口发展与合作联合声明》（南宁共识）	中国与东盟各国
具体合作文件：重点项目是大湄公河次区域的航运进一步建设	2010 年 11 月	《中老缅泰四国澜沧江—湄公河航运突发事件应急预案》	中国与老挝、缅甸、泰国三国
	2009 年 12 月	《澜沧江—湄公河商船通航收费规则》	中国、老挝、缅甸、泰国四国
	2013 年 7 月	《澜沧江—湄公河航运突发事件处置协调应急预案》和《澜沧江—湄公河水上搜救和沉船打捞管理办法》修改协商	中国、老挝、缅甸、泰国澜沧江—湄公河商船通航协调联合委员会

3. 加强双边运输服务贸易的人力资源培训

人力资源培训是中国与东盟《中国—东盟交通合作谅解备忘录》里的重要内容，也是 2006 年 8 月中国承诺与马六甲海峡的马来西亚、新加坡、印度尼西亚

（印度尼西亚）三国开展人员培训和技术交流等一揽子合作方案的主要内容之一。中国与东盟的人力资源培训主要包括海上事故调查与港口国监督两方面的内容。2008 年 8 月举办了港口国监督检查官培训班、2008 年 11 月举办了海事调查培训班。此外，在人力资源培训方面，交通运输部在海运、港口、内河航运、公路建设和运输等多个领域为东盟各成员国主管部门官员举办了培训班与研讨会。2012 年 8 月，中国还与亚洲开发银行共同发起成立了区域知识共享中心（RKSI），将对 GMS 经济合作机制下的政策对话、知识交流和业务培训提供支持，为加强 GMS 成员国的机构能力建设服务。[①]

二、中国—东盟运输服务贸易的发展概况

（一）中国与东盟各国运输服务贸易的现状

从贸易规模上看，中国与东盟各国的运输服务贸易规模都较大，中国 2012 年达到 127400 百万美元，东盟为 162600 百万美元，比中国规模要大。但从东盟单个国家看，东盟各国的运输服务贸易规模都较小，如新加坡为 72400 百万美元，泰国为 34500 百万美元，总体上看，中国的规模最大。从增长倍数看，2000~2012 年，中国与东盟各国的运输服务贸易的规模均有所扩大，最快的是中国，增加了近 6 倍，柬埔寨、泰国增加了 3 倍多，菲律宾、马来西亚、新加坡增加了 2 倍多。从年平均增长率看，柬埔寨、马来西亚、菲律宾、泰国等国年平均增长较快，印度尼西亚 2011 年比 2010 年甚至增长了 28%以上，中国年均增长率在 10%~20%（见图 18-1）。

值得注意的是，虽然各国的运输服务规模增长很快，但是大部分国家的运输服务贸易长期处于贸易逆差中（除了新加坡在部分年份顺差外）。中国和东盟各国中，2012 年，逆差幅度最大的是中国和泰国，中国、泰国 2012 年逆差均超过 20000 百万美元，中国 2012 年逆差甚至近 50000 百万美元，这与其他国家逆差均在 5000 百万美元之下有着鲜明的对比（见图 18-2）。

此外，历年来中国与东盟各国的运输服务贸易总额占本国服务贸易总额的比重均在 20%以上，尤其是东盟，比重超过 30%，可见运输服务贸易在中国和东盟各国均占有重要的地位，而且历年来比重变化较为稳定（见图 18-3）。

---

①《中国积极参与大湄公河次区域经济合作》，人民网时政频道，2012 年 12 月 12 日。

（百万美元）

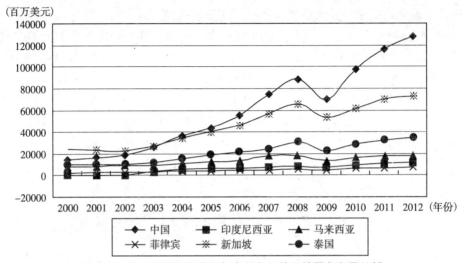

图 18-1　2000~2012 年中国与东盟各国的运输服务贸易总额

资料来源：联合国 UNCTAD 数据库，主要是东盟五个老成员国的数据。

（百万美元）

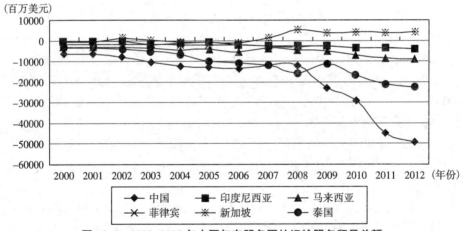

图 18-2　2000~2012 年中国与东盟各国的运输服务贸易差额

资料来源：联合国 UNCTAD 数据库，主要是东盟五个老成员国的数据。

（二）中国与东盟双边运输服务贸易概况

　　运输服务贸易作为国际追加服务贸易的典型代表，其一体化的发展是与货物贸易和投资一体化的发展密切相关的。按照国际服务贸易的逻辑分类，国际服务贸易可以分为国际追加服务贸易与国际核心服务贸易。国际核心服务贸易指的是与货物的贸易与投资无关的服务贸易，包括远距离的面对面型的核心服务，如电信等服务；国际追加服务贸易指的是与本身不向消费者提供直接的、独立的服务

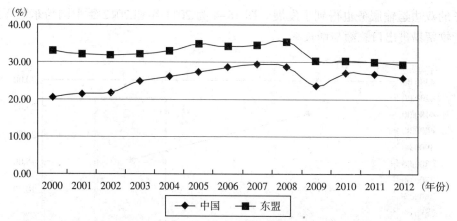

图 18-3　2000~2012 年中国与东盟各国的运输服务贸易总额占本国服务贸易总额比重
资料来源：联合国 UNCTAD 数据库。

效用，而是作为货物核心效用的派生效用，一般指的是国际服务贸易里与货物的贸易投资密切相关的服务贸易。从历史发展的角度看，运输、银行的国际结算这类服务在最早的时候本身并不向消费者提供直接的、独立的服务，而是从属于国际货物贸易，作为货物贸易的派生服务存在和发展的，是货物贸易的延续，直到现在也仍然是国际服务贸易中最主要的项目之一。在逻辑上，这些原始的直接由于货物贸易而产生的国际服务贸易，是现代各类国际服务贸易的历史起点，它们伴随国际货物贸易额的增长而增长。所以，从这一方面来看，可以说，没有货物贸易就没有运输、银行的国际结算这类服务贸易。但是，随着货物贸易和国际追加服务的自身发展，出现了专业化分工，国际追加服务贸易成为一个独立的行业后，反过来也会极大地影响货物贸易的发展。如运输，当国际运输服务依托货物贸易发展起来后，其运输技术水平的高低、运输工具的改革导致的运输成本的高低会对货物贸易的发展带来极大的影响，因此运输是最主要的国际追加服务项目。所以，在分析中国与东盟的运输服务贸易的时候，虽然双边的运输服务贸易数据目前没有统计和公布，无法对运输一体化情况进行直接分析，但是考虑到运输与货物贸易之间的这种关系，可以通过货物贸易的一体化情况来间接反映运输服务贸易一体化的状况。

从中国与东盟双边货物贸易可以看出，中国东盟自从组建自由贸易区以来，中国对东盟的出口额从 2000 年的 173.4 亿美元发展到 2012 年的 2040.75 亿美元，13 年增加了 11 倍；进口额从 2000 年的 221 亿美元增加到 2012 年的 2150.91 亿美元，13 年增加了 9 倍。进出口总额由 2000 年的 395 亿美元增加到 2012 年的 4191.66 亿美元，增加了近 10 倍，年增长率达到 15.42%，占世界比重的 1.11%。可见，组建自贸区以来，双边货物贸易得到了极大的发展，意味着为货物贸易服务的双边运输服务也得到了发展。图 18-4 为 2011 年和 2012 年中国与东盟双边货物贸易进出口总额与增长率。

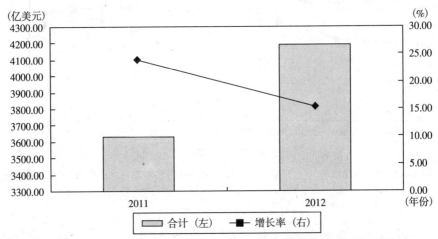

图 18-4　2011 年与 2012 年中国与东盟双边货物贸易进出口总额与增长率
资料来源：联合国 UNCTAD 数据库。

三、中国与东盟国家运输服务贸易一体化水平

目前，中国与东盟双边运输服务贸易的数据没有统计与公布，分析运输服务贸易一体化水平，只能根据运输服务贸易与货物贸易的关系，通过计算货物贸易的贸易密集度来分析中国东盟运输服务贸易的一体化程度。

货物贸易与国际追加服务贸易的关系非常密切，货物贸易的快速增长会刺激与之相关的运输服务业的国际化发展，如由于货物贸易的发展，推动了国际货运代理业务的发展。而运输服务贸易的发展反过来也会进一步促进货物贸易，如货运代理服务目前已经渗透到货物贸易的每一个领域，成为货物贸易不可或缺的重要部分。货物贸易与运输服务贸易之间相辅相成的关系，成为了本章分析运输服务贸易一体化的重要依据，因此，通过衡量区域内货物贸易的密集度，可以在一定程度上反映出区域内运输服务贸易一体化的水平。

（一）货物贸易密集度（GTII）公式

1. 出口贸易密集度指数 XGTII（Export of Trade Intensity Index）

$$XGTII_{Xij} = \frac{X_{ij}}{X_{iw}} / \frac{M_{jw}}{M_w} \tag{1}$$

其中，$XGTII_{Xij}$ 表示 i 国和 j 国的出口贸易密集度，X_{ij} 表示 i 国向 j 国的货物出口额，X_{iw} 表示 i 国总的出口额，$\frac{X_{ij}}{X_{iw}}$ 表示 j 国出口中，i 国和 j 国双边贸易额占 i 国总出口额的比重，M_{jw} 表示 j 国的总进口额，M_w 表示世界总的进口额，$\frac{M_{jw}}{M_w}$ 表示 j 国的进口占世界总进口的比重，该指数表示 i 国对贸易伙伴国出口的比重能否满足贸易伙伴国对进口的期望，该值如果 ≥ 1，则意味着两国的贸易联系非常密切，反之则意味着双方的贸易关系不够密切。

2. 进口贸易密集度指数 MGTII（Import of Trade Intensity Index）

$$MGTII_{Mij} = (\frac{M_{ij}}{M_{iw}}) / (\frac{X_{jw}}{X_w}) \tag{2}$$

其中，$MGTII_{Mij}$ 表示 i 国和 j 国的进口贸易密集度，M_{ij} 表示 i 国向 j 国的货物进口额，M_{iw} 表示 i 国总的进口额，X_{jw} 表示 j 国的总出口额，X_w 表示世界总出口额。

（二）中国与东盟运输服务贸易一体化水平分析

单从中国对东盟的出口、进口结合度来看，出口结合度与进口结合度都大于 1，说明中国对东盟的出口或进口的贸易关系都非常密切，而且可以看出，中国对东盟的进口密集度大于出口密集度（见图 18-5）。

从动态来看，2008 年前中国对东盟的出口、进口密集度基本是上升的，但 2008 年后出口密集度上升，进口密集度下降，说明金融危机后，中国与东盟之间出口的关系更大于进口的关系；从一体化水平来看，2000~2012 年的贸易密集度均大于 1，说明中国与东盟区域内的货物贸易发展很快，规模不断增加，一体化的水平较高；从发展趋势看，一体化的程度有上升的趋势。结合运输服务贸易来看，与货物贸易的状况相联系，运输也应呈现类似的状况与变动趋势（见图 18-6）。

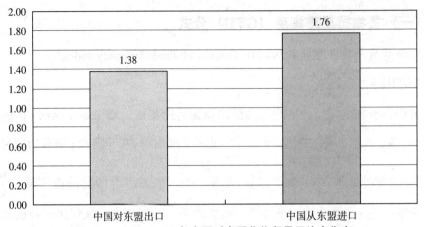

图 18-5　2000~2012 年中国对东盟货物贸易平均密集度

资料来源：根据货物贸易密集度公式计算获得，世界数据来源于联合国贸发会议 UNCTAD 数据库，双边的货物贸易数据来源于中国资讯行。

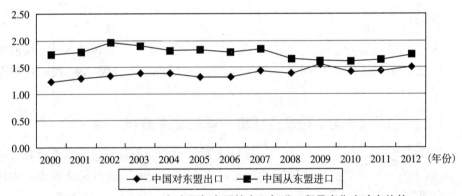

图 18-6　2000~2012 年中国与东盟的出口与进口贸易密集度动态趋势

资料来源：根据货物贸易密集度公式计算获得，世界数据来源于联合国贸发会议 UNCTAD 数据库，双边的货物贸易数据来源于中国资讯行。

四、中国—东盟运输服务贸易一体化的未来展望

（一）物流基础设施的发展为进一步推动运输服务贸易一体化打下了坚实的基础

如前所述，目前中国与东盟自贸区已经初步形成了陆路、水路、航空的立体

运输网络，构建了比较完善的物流基础设施网络。而且，从 2000 年开展服务贸易一体化以来，中国与东盟国家的运输企业以及对陆路、空运、海运等运输方式的基础建设均快速增长。

从铁路线路总里程看，中国 2000 年为 59656 公里，2011 年为 66239 公里。东盟各国除了菲律宾与印度尼西亚外，也各有增加，如马来西亚 2000 年为 1622 公里，2011 年达到 1665 公里；泰国 2000 年为 4103 公里，2011 年达到 4429 公里。图 18-7 和图 18-8 显示了 2000~2011 年中国与东盟各国铁路总线路增长速度与铁路线路总公里数，由图可知，中国的铁路线路总里程最长，增长速度最快的

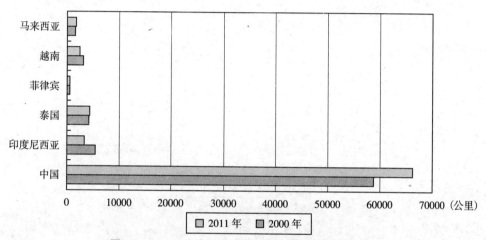

图 18-7　2000 年与 2011 年中国与东盟国家铁路线路

资料来源：通过世界银行的 World Development Indicators 计算。其中，新加坡、文莱、老挝没有数据，缅甸只有 1991 年前的数据，因而不计入。印度尼西亚 2000 年数据缺失，采用的是 1998 年的数据，印度尼西亚和菲律宾 2011 年数据缺失，采用的是 2008 年的数据。

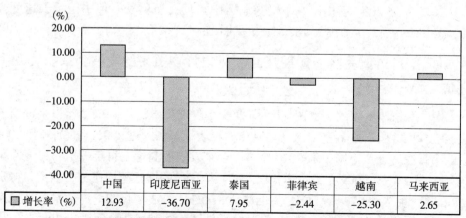

	中国	印度尼西亚	泰国	菲律宾	越南	马来西亚
□ 增长率（%）	12.93	-36.70	7.95	-2.44	-25.30	2.65

图 18-8　铁路线路 2011 年比 2000 年增长情况

资料来源：根据相关年份铁路线路计算获得。

是中国与泰国，均超过 7%的增长速度。

从商船队来看，中国与东盟国家的商船队总数近两年逐年增长，2011 年中国商船队总数为 4080 只，2012 年为 4148 只，年增长 1.67%；东盟 2011 年商船队总数为 15186 只，2012 年为 15828 只，年增长 4.23%，可见东盟商船队增长速度快于中国（见图 18–9）。

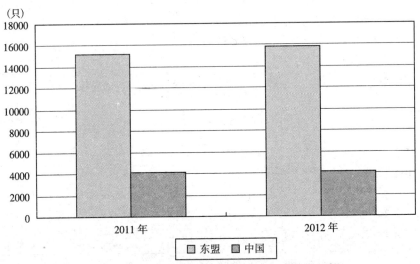

图 18–9 中国与东盟 2011 年与 2012 年商船队总数
资料来源：根据 UNCTAD 数据绘制，其中老挝数据缺失。

从航空运输承运人离港起飞次数来看，2000 年中国比东盟国家要少，但从 2001 年开始，中国就已经超过东盟国家，并在 2010 年后达到了东盟国家的 1.5 倍以上（见图 18–10）。

2012 年与 2000 年相比，中国与东盟国家均有所增长，但中国增长速度极快，为 385.19%，东盟则为 185.87%（见图 18–11）。

（二）自由贸易区的如期建立、双边货物贸易的发展势头，客观上促使运输合作深化

中国和东盟国家的货物贸易除了 2009 年出现负增长外，2000 年以来进出口额连续多年增长（见图 18–12），而且虽然年增长率在经过 2003 年的高峰和 2006 年的小高峰后逐步下降，但 2010 年再度迎来发展的高峰。每年的增长速度除了 2001 年为 5.2%、2009 年为负增长以外，其余年份的增长率均在 10%以上，特别是在 2003 年达到 42.9%，2010 年也达到 37.5%。快速增长的双边货物贸易，推动了贸易区内的物流需求。2010 年自由贸易区的顺利建成，客观上也会进一步促进双边货物贸易，进而随着双边经贸关系中地缘和区位优势、规模经济优势不

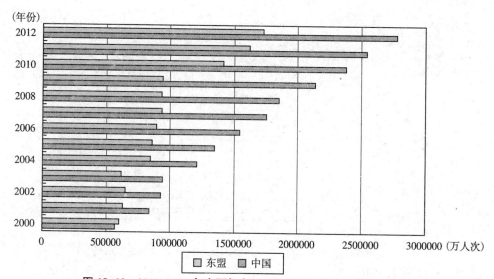

图 18-10　2000~2012 年中国与东盟航空运输承运人离港起飞次数
资料来源：根据 World Development Indicators 计算，其中柬埔寨 2000 年和 2001 年数据缺失。

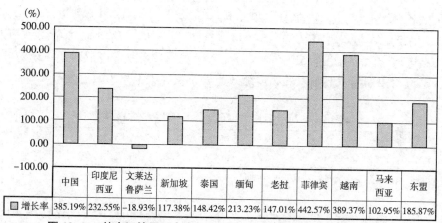

	中国	印度尼西亚	文莱达鲁萨兰	新加坡	泰国	缅甸	老挝	菲律宾	越南	马来西亚	东盟
增长率	385.19%	232.55%	-18.93%	117.38%	148.42%	213.23%	147.01%	442.57%	389.37%	102.95%	185.87%

图 18-11　航空运输承运人离港起飞次数 2012 年比 2000 年增长情况
资料来源：根据 World Development Indicators 计算，其中柬埔寨数据缺失。

断加强，将会加大交通网络的构建，推动双边运输服务的合作。

（三）中国与东盟国家近年来物流水平、设施和环境有所改善，有利于双方进一步深化合作

中国与东盟国家的物流绩效、水平、设施和环境可以根据世界银行公布的物流绩效指数 LPI 来分析。物流绩效指数 LPI 反映了物流系统六大领域的绩效指标，既涵盖传统领域，如海关手续、物流成本（包括货运费）和基础设施质量，也包括新领域，如货物跟踪能力、到达目的地的及时性和国内物流业的竞争力，

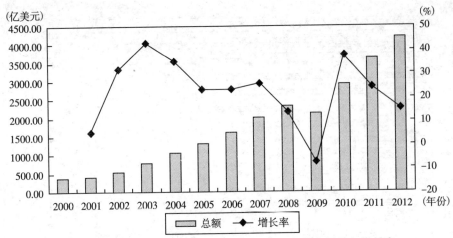

图 18-12　2000~2012 年中国和东盟国家双边货物贸易与年增长率

资料来源：中国资讯行。

因此，从该指标可以看出各国的运输情况。根据世界银行公布的《2012 年全球物流绩效指数》来看，中国的排名 2012 年为第 26 名，2007 年为第 30 名，上升了 4 名，而且中国与东盟国家在 155 个被调查的国家中，有新加坡、中国、马来西亚和泰国四个国家排在第 50 名前，另外菲律宾、越南和印度尼西亚在第 60 名之前，这说明中国与东盟国家的物流绩效应属于世界中上水平（见表 18-3）。

表 18-3　2012 年中国与东盟国家物流绩效指数排名

国家	新加坡	中国	马来西亚	泰国	菲律宾	越南	印度尼西亚	老挝	缅甸	柬埔寨
LPI 排名	1	26	29	38	52	53	59	109	129	118

资料来源：根据 WB 公布的《Logistics Performance Index 2012》整理。

从运输能力来看，近几年来中国与东盟国家的运输能力增长很快。中国与东盟双边货物贸易中 90%以上的货物通过海上运输来实现，因此分析中国与东盟国家的海运能力，主要通过"班轮运输的连接性指数"（LSCI）进行分析。LSCI 考虑了集装箱船的配置、集装箱承载能力、船队配置、班轮服务航线、船舶和船队规模等信息计算而得，LSCI 越高，越能反映一国高水平的海上运输能力以及海上货物运输系统。

由图 18-13 可知，2004~2013 年中国与东盟国家的 LSCI 均处于上升趋势，但相对于东盟而言，中国的海运能力增长更快。

在东盟国家中，LSCI 较高的是新加坡（2013 年达到 106 以上）、马来西亚（2013 年达到 98 以上），其余国家基本均在 40 以下，其中，新东盟国家中的越南在 2008 年后运输能力获得极大的提高（见图 18-14）。

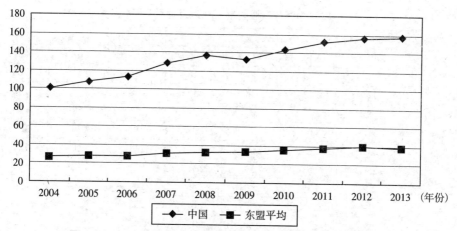

图 18-13　2004~2013 年中国与东盟国家班轮运输的连接性指数
资料来源：根据 UNCTAD 数据计算获得，其中老挝数据缺失。

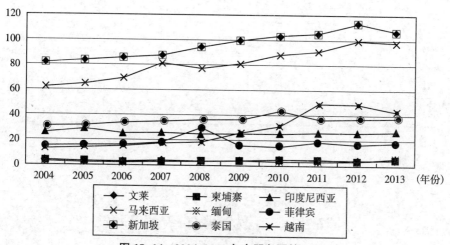

图 18-14　2004~2013 年东盟各国的 LSCI
资料来源：根据 UNCTAD 数据绘制，其中老挝数据缺失。

　　此外，中国与东盟国家的运输能力和其收入水平相比要高，特别是越南、泰国、菲律宾等国家属于物流表现特别显著的经济体。由表 18-4 可以看出，虽然中国与东盟国家中相当多国家的收入水平只处于中等甚至中下等水平，但中国与东盟国家的物流绩效总水平与海关、基础设施、国际海运等均与中高等收入国家相差不多，有部分项目已经接近高收入国家的绩效情况。部分国家如中国、新加坡、马来西亚在国际海运方面已经超过高收入国家，以上说明中国与东盟国家开展运输服务的物流环境、运输能力均有所改善与提高，并有发展的潜力，有利于未来进一步加大运输的合作，推动运输服务贸易一体化。

表 18-4　2013 年中国与东盟国家 LPI 以及世界不同收入国家 LPI

国家	LPI 分值	海关	基础设施	国际海运	物流能力	跟踪与追踪	及时性
新加坡	4.13	4.10	4.15	3.99	4.07	4.07	4.39
中国	3.52	3.25	3.61	3.46	3.47	3.52	3.80
马来西亚	3.49	3.28	3.28	3.40	3.45	3.54	3.86
泰国	3.18	2.96	3.08	3.21	2.98	3.18	3.63
菲律宾	3.02	2.63	2.80	2.97	3.14	3.30	3.30
越南	3.00	2.65	2.68	3.14	2.68	3.16	3.64
印度尼西亚	2.94	2.53	2.54	2.97	2.85	3.12	3.61
老挝	2.50	2.38	2.40	2.40	2.49	2.49	2.82
柬埔寨	2.56	2.30	2.20	2.61	2.50	2.50	2.95
缅甸	2.37	2.24	2.10	2.47	2.42	2.34	2.59
中国—东盟平均分值	3.071	2.832	2.884	3.062	3.005	3.122	3.459
高收入国家平均分值	3.55	3.36	3.56	3.28	3.50	3.65	3.98
中高等收入国家平均分值	2.82	2.49	2.54	2.86	2.71	2.89	3.36
中等低收入国家平均分值	2.59	2.23	2.27	2.66	2.48	2.58	3.24
低收入国家平均分值	2.43	2.19	2.06	2.54	2.25	2.47	2.98

五、中国—东盟运输服务贸易一体化政策
障碍——运输服务贸易壁垒

世界贸易组织的 GATS《服务贸易总协定》(1994) 中指出，服务贸易壁垒是影响服务贸易的各种贸易政策措施；国外学者如频度方法的创始人 Hoekman 在评估 WTO 服务贸易协定自由化效应时指出，服务贸易壁垒（障碍）是在服务方面实施的限制和歧视性做法；Bosworth、Findlay、Trewin & Warren 在谈到什么是服务贸易的障碍时，认为扭曲一个经济体系的资源有效配置（包括可能导致在贸易和投资量的增加）的一整套相关服务措施就是服务贸易壁垒。结合上述观点，运输服务贸易壁垒指的是一国在运输服务领域实施的影响服务产品、资本和人员流动，阻碍服务贸易一体化的各种贸易政策措施，包括关税与非关税措施，主要表现为非关税措施等。非关税措施是运输服务贸易壁垒的最主要特征之一，一般

是通过限制市场准入、不给予外国投资者同等的国民待遇等形式出现；由于国际服务贸易有四种提供模式，所以各种非关税壁垒主要是围绕着市场准入、国民待遇下的运输服务贸易的四种模式所实施的限制措施。

目前，虽然中国与东盟的运输服务贸易一体化的建设取得了很大的成效，硬件的一体化建设已经形成了全方位的立体运输网络，但软件建设还有所不足，一体化水平仍然不高。原因有很多，其中最重要的便是各国对运输服务贸易设置了不少的政策限制，导致运输服务贸易壁垒的存在。虽然运输服务部门属于 WTO服务贸易自由化谈判最早进行较大范围承诺的服务部门，在中国与东盟服务贸易协定中还进行了深化 WTO 的谈判成果，但各国间运输服务贸易仍存在较多的壁垒，如沿海贸易权、货物通关等壁垒，这些服务贸易壁垒的存在阻碍了中国与东盟国家之间的运输服务贸易一体化的进一步建设，也影响了中国与东盟双边货物贸易的进一步开展。由于海洋运输在中国与东盟各国运输服务贸易中比重最大，因此海洋运输服务贸易壁垒在中国与东盟各国的运输服务贸易壁垒中具有代表性，本部分的运输服务贸易壁垒的分析主要以海洋运输服务贸易壁垒为例。

（一）总的运输服务贸易壁垒

（1）海运货物运输的主要服务贸易壁垒为跨境交付与商业存在。从服务贸易四种提供模式看，海运货运服务贸易壁垒最主要还是体现在跨境交付与商业存在上，第三是自然人流动，说明影响海运货运服务贸易的限制措施主要体现为海关对货物进出口的限制以及对外资的限制政策，这也基本符合运输服务贸易的特征。

（2）中国与东盟的海洋货运服务 STRI 由高到低可分为三个层次。新成员国越南处在壁垒最高的第一层次，最低的第三层次包括中国与新加坡，第二层次为印度尼西亚、菲律宾、泰国与马来西亚四国。在老成员国中泰国为最高，新加坡为最低。

（二）各模式的运输 STRI 所表现的壁垒情况

1. 跨境交付模式的壁垒情况

从跨境交付模式来看，在涉及海关限制方面，越南的壁垒最高，远远超过中国与老东盟成员国。总的来说，越南为壁垒最高的层次，泰国、马来西亚、菲律宾、印度尼西亚与中国的壁垒水平约在中间层次，新加坡的海洋货运服务贸易的壁垒最低。

（1）从海关文件看，新加坡的货物进出海关程序最简单，越南较为复杂，手续繁杂，涉及的文件多，给货物的进出口造成了壁垒。

（2）从货物是否需要进口许可证看，中国与新加坡、马来西亚、泰国等东盟各国都对货物的进口实行部分商品许可证管理。如《中华人民共和国货物进出口管理条例》第 11 条规定，国家规定有数量限制的限制进口货物实行配额管理，其他限制进口货物实行许可证管理。新加坡《进出口管理法》中规定，进口商品大部分不需要许可证，少数商品如玩具枪、玩具钞票、玩具硬币和爆竹、喇叭、警报器等被列入禁止进口的范围（向贸易发展局索取目录），药品、有害化学产品、胶卷、军火进口依法需要海关署长发放许可证。马来西亚皇家海关规定关于进出口程序的文件中指出部分商品需要进口许可证，如摩托车、钢铁等。泰国《进出口法》（1979）规定黄金、电子、石油、纺织品、药品和机械游戏等至少 32 个类别需要进口许可证。

（3）从海关文件或有海关文件的网站是否使用当地语言来看，除了越南只有越南语的海关网站外，中国与东盟国家基本上在本国语言的基础上，或者公布英文版本的文件，或者在海关网站上以英文展示。如泰国海关网站的语言，在 1998 年开发了泰文版的海关网站，2000 年开发英文版本的海关网站"泰国皇家泰国海关总署网站"；新加坡尤甚，出版了六种语言的关于海关规定和要求的宣传册。

（4）从海关实施的电子数据交换（EDI）系统进行报关来看，中国、新加坡与菲律宾三国已经完全实现了电子报关，而马来西亚、泰国与印度尼西亚只部分实行电子报关。

——中国、新加坡与菲律宾三国已经完全实现了电子报关。新加坡规定自 1991 年 1 月 1 日起，新加坡的所有进出口贸易都必须使用 EDI 方式申报。目前，所有关税和贸易报关单都是通过电子方式提交贸易网系统。菲律宾早在 1998 年便推出了电子数据交换系统，允许进口商或中间商通过自己的电脑系统直接提交文件等。中国的"电子口岸"工程的海关通关管理系统已经完成。

——马来西亚、泰国与印度尼西亚只部分实行电子报关。马来西亚第一期的海关信息系统（CIS）（1995 年）建设成功，在自由贸易区海港和机场多个电子转账（PAYMUL、DEBMUL 和 CREMUL）已实施。第二期独联体大港网络接口项目已经实施，并扩大到柔佛。泰国已经部分实施了电子海关，其中电子支付、电子报关及电子舱单电子数据交换系统等完成良好，迄今为止，大约 92% 的海关报关单量通过 EDI 实现。印度尼西亚在 1998 年 4 月 1 日已经使用电子数据交换系统，还采用了基于电子 CFRS 进口手续，但只运用在一些主要的海关服务中。

（5）从海关商品编码（HS）来看，中国与东盟国家均已有效地采用了 HS 编码，如新加坡一直采取对货物自 1989 年 1 月 1 日进行 HS 分类的协调制度。

（6）从是否进行了信息化建设看，马来西亚、泰国与越南部分实现海关进出口信息的信息化建设。

（7）从海关清关时间来看，印度尼西亚的清关时间最长，新加坡最短，中国清关的时间大约排第四位。

（8）从海关报关费或费用来看，菲律宾收取的费用最高，最低是新加坡，泰国次之，中国为第三。

2. 境外消费模式的壁垒情况

根据 WTO 承诺表与 CAFTA 承诺表，可知各国对该模式基本承诺无限制。

3. 商业存在模式的壁垒情况

从商业存在模式来看，印度尼西亚、菲律宾和泰国可以说是处于商业存在壁垒最高的层次，其次是新加坡、中国与马来西亚，最低的是越南。越南虽然是新东盟国家，但在海洋货运对外资的开放度非常大，在中国与东盟各国中壁垒最小，而印度尼西亚的壁垒最高。

（1）从商业存在形式来看，外国海运企业是否可以独立在本国承揽运输业务，各国的规定大部分相同，不需要依托本地运输企业开展业务，也不允许独资承揽业务，而是允许与本国企业采用合资的方式进行。除了新加坡作为东盟国家中相当大的国家，规定新闻业不得超过 3%、广播业不得超过 49% 的出资比例，以及公共事业属禁止投资产业外，外国投资人均可拥有 100% 的股权。

（2）从外国参股股权来看，限制最高的是马来西亚，印度尼西亚是除了新加坡外限制最低的国家，其余的国家多为本国控股 50%。

（3）从是否必须获得许可证来看，中国与东盟各国均需要通过审批拿到许可证后才能经营海洋货运业务。如中国规定"经营国际船舶运输业务，应当向国务院交通主管部门提出申请，并附送符合本条例第五条规定条件的相关材料。国务院交通主管部门应当自受理申请之日起 30 日内审核完毕，做出许可或者不予许可的决定。予以许可的，向申请人颁发《国际船舶运输经营许可证》"（见 2001 年颁布的《中华人民共和国国际海运条例》第六条）。印度尼西亚规定"航运水路运输服务业务经营必须要获得由印度尼西亚政府颁发的牌照"（见印度尼西亚 1992 年《航运法》）。越南规定"外国航运公司班轮谁想要提供服务，必须获得由越南海事局的许可证"（见越南 No.19/2000/QD-TTG 法令和 No.03/2000/ND-CP 法令）。泰国将航运业作为"禁止外籍人士经营涉及国家安全和稳定的行业"，并指出"禁止外籍人士经营涉及国家安全和稳定的行业，按照表册三的规定，除非经委员会同意获得厅长颁发的许可证"等（见泰国 2007 年修订的《外商经营法》）。

（4）对在颁发许可证时是否有诸如最低资本金等限制规定，各国均有不同程度的限制规定。如越南规定"合资企业外方投入法定资本的承诺金额不受最高额度的限制，但不能少于法定资本的 30%"（见越南《外国投资法》第八条）。新加坡规定公司必须有一个最低 50000 美元的资本。泰国外籍人士开始在泰国经营业务最低的投资，不得低于法律部规定的数目，即 200 万泰铢。外商首次经营业务，必须按照本法最终的表册获得经营业务的项目许可证，法律规定每一项业务项目最低的投资数目不能少于 300 万泰铢（见泰国 2007 年修订的《外商经营法》

中第 14 条）。马来西亚规定"公司必须具有的 10% 的船舶或价值缴足股马币 100 万，或散货船和油轮必须小于 15 岁"（见马来西亚 1952 年《商船条例》、1997 年《商船法》）。

（5）对沿海贸易权的限制，马来西亚、泰国与菲律宾、越南允许悬挂本国国旗的外国航运企业经营沿海贸易，中国、新加坡与印度尼西亚则限制沿海贸易权的实施。马来西亚 1952 年《商船条例》、1997 年《商船法》规定，参与沿海运输贸易的企业许可证应满足的条件如下：按照法律有资格拥有一艘马来西亚旗的船；董事及办公室工作人员方面有 30% 是本国人联合参与。《泰国船只法》（B.E. 2481 法令，经修订后为 BE2540 法令）规定"国内航运的船只必须符合以下条件：属于泰国国籍或法人，国外运营商可以投资于泰国国内船公司，股权不超过总股本的 30%。所有从事国内航运必须有登记在海事处的船只，且挂有泰国国旗"。《中华人民共和国国际海运条例》（2001）规定"外国国际船舶运输经营者不得经营中国港口之间的船舶运输业务，也不得利用租用的中国籍船舶或者舱位，或以互换舱位等方式变相经营中国港口之间的船舶运输业务"。

（6）从是否有竞争法对海洋货运业务的垄断和不公平竞争行为进行规范，中国与东盟国家对此类行为均有法律进行调整，但马来西亚、泰国与菲律宾三国没有专门的竞争法或反垄断法进行约束，其余国家如新加坡、中国、印度尼西亚、越南等均有相应的专门法规进行约束。

——马来西亚、泰国与菲律宾三国没有专门的竞争法或反垄断法进行约束，只是有一些法律对垄断行为做了规范。目前，马来西亚并没有一个全面的竞争政策和法律，但马来西亚商船法等许多法律对垄断行为进行了规范。泰国自 1999 年以来，颁布了《贸易竞争法》（1999），以确保自由和公正的货物和服务贸易的竞争，但该法规没有具体的措施直接处理国际航运。菲律宾目前调节不公平竞争、证券监管、知识产权、价格、消费者、反倾销补贴等有法律、法规，但没有专门的运输竞争法，也没有全面的竞争法，仅宪法中指出要保护自己免受国外竞争的不公平贸易做法等。虽然菲律宾法律禁止不公平贸易做法，但没有一个全面的竞争法律和政策。菲律宾并没有在竞争有关的法律和法规适用歧视，从 2008 年开始探讨竞争法的制定问题，目前尚未制定完全并公布（见 2000~2012 年 APEC 个人行动计划）。

——新加坡、中国、印度尼西亚、越南等其余国家均有相应的专门法规进行约束。2004 年新加坡议会通过新竞争法，禁止在 2004 年某些反竞争的做法，经过 12 个月的过渡期，2006 年正式生效。中国颁布了《中华人民共和国反不正当竞争法》与《反垄断法》（2007）。印度尼西亚 1999 年 3 月 5 日颁布了《全面竞争法》，即对垄断行为和不正当商业竞争的禁止法 No.5/1999。该法律规定包括禁止商业协议/安排和活动、主导地位、设立一个委员会来监督企业的竞争、办案程序、制裁。越南的竞争法（27/2004/QH11）由国民大会第 3 次会议批准，于 2005 年 7 月 1 日生效。

4. 对自然人流动的壁垒情况

（1）从短期居留时间看，马来西亚、泰国、印度尼西亚和越南规定在 120 天（4 个月）内。如马来西亚《关于旅客免签证商务访问马来西亚》中规定，商务访问者可以留在马来西亚 14 天到 3 个月。泰国承诺表和 APEC 个人行动计划显示，允许商务访问者临时在泰国居留，经申请可获得工作许可，最初的入境期限为 90 天。印度尼西亚劳工和移民部门规定，商务人员的短期入境和居留期为 60 天，最长可延长到 120 天。越南 CAFTA 服务贸易协定显示，在越南没有通过商业存在模式提供服务的外国公司的自然人雇员，可以入境并在越南短期居留最长不超过 90 天。菲律宾、中国则允许停留 120 天（4 个月）以上。如菲律宾移民局规定，无论持何种签证的来菲人员，都可在菲逗留 6 个月；中国《外商投资城市规划服务企业管理规定》（2003）指出，外商建筑业企业中，外国服务提供者在中国注册的建筑师、工程师及技术骨干，每人每年在中华人民共和国境内累计居住时间应当不少于 3 个月，《外商投资建设工程设计企业管理规定实施细则》（2007）中指出"对外国服务提供者暂时不能满足《规定》第十六条关于居住时限要求的，可以不予考核"。新加坡允许的居留时间最短，其签证制度指出商务签证每次可停留新加坡时间为 14~30 天，但入境次数不限，"多次出入境有效"。

从长期居留时间看，泰国限制较严格，不超过 1 年。泰国《签证移民法》（1929 年颁布，1980 年修正）规定，熟练技工或者专家居留时间是一年，承诺表也承诺临时在泰国居留，经申请可获得工作许可，首期入境期限为一年。菲律宾、印度尼西亚则不能超过 3 年。印度尼西亚指出，除另有规定外，只有董事、经理和技术专家/顾问允许居留两年，期满后可延长两次，每次两年（见 CAFTA 承诺表与劳工和移民的法律、法规）。菲律宾移民局规定，外籍人将要到在菲公司担任执行官或高级技术职务时，可申请预先安排就业签证。签证有效期与就业合同有关，但不能超过 2 年，可以年度延续，但总延续期不超过 3 年。越南、马来西亚、中国、新加坡的限制最小，其承诺表与国内相关法律规定为 5 年或 5 年以上。

（2）其他如"对管理人员的许可证"方面，中国与东盟国家均规定需要取得工作（劳动）许可证。

（3）在"当地雇用要求"方面除了中国与新加坡外，都有不同的限制性规定。如印度尼西亚规定聘用本地劳工，除非是本地找不到的（见 2007 年印度尼西亚投资法）。越南规定，外籍人士可受聘在越南注册的、由一个在越南合资公司拥有的船上工作，但不超过 1/3 的董事或行政人员必须为越南公民（见越南《海商法》第 39 条）。泰国政府规定需先聘用本地渔民，关于国内航运的船只，所有船员必须是泰国公民（见泰国商船海员促进法（B.E.2521））。马来西亚规定了对国内船舶配员必须是国民（75%）（见马来西亚 1952 年商船条例，1994 年、1997 年商船法）。菲律宾宪法第 12 条规定，国家应促进菲律宾劳工、国内原料、地方生产的商品优先使用，采取措施使之更有竞争力；同时，允许国外非居民到菲律宾提供服务，条件是申请之时没有菲居民与之竞争、能够或愿意提供此类服务。

综上分析，中国与东盟国家的运输服务壁垒主要体现为"跨境交付"和"商业存在"服务贸易模式上的限制措施。

总的来说，运输（海运）壁垒最高的国家是东盟新成员国越南，最小的是中国。

从"跨境交付"模式来看，越南的壁垒最高，新加坡最低。从"商业存在"模式来看，印度尼西亚、菲律宾和泰国壁垒最高的层次，最低的是越南。"自然人流动"模式中，泰国、菲律宾、印度尼西亚、新加坡最高，中国最低。

中国与东盟国家海洋货物运输总体以及四个交易模式的服务贸易壁垒程度大致划分如表 18-5 所示。

表 18-5 运输服务贸易总体和不同模式的壁垒程度

壁垒程度 模式	最高	中间	最低
总体壁垒	越南	泰国、印度尼西亚、菲律宾、马来西亚	新加坡、中国
跨境交付	越南	泰国、马来西亚、印度尼西亚、菲律宾、中国	新加坡
境外消费	无	无	无
商业存在	印度尼西亚、菲律宾、泰国	马来西亚、新加坡、中国	越南
自然人流动	泰国、菲律宾、印度尼西亚、新加坡	马来西亚、越南	中国

注：壁垒每个层次中包括两个以上国家的，则壁垒程度按照从高到低列举。"无"表示无壁垒。

六、促进中国与东盟运输服务贸易一体化的对策建议

要推动中国与东盟运输服务贸易一体化的进一步开展，应在国际与国内构建一套政策体系，逐渐削减壁垒，渐进地推动一体化水平的提高。

（一）国际性的推动政策

1. 加强国际间协调合作

《服务贸易协议》规定了《争端解决机制协议》，保证了在中国—东盟自由贸易区框架下解决各类纠纷，包括贸易争端有了基本的处理依据。虽然中国—东盟

之间的运输服务贸易将会随着中国东盟自由贸易区的建设，按照《框架协议》的规定加快发展，但是有贸易必然有竞争，中国与东盟各国为了争夺市场，必然会展开竞争，而且中国与东盟各国的运输服务贸易竞争力都较弱，在双方开展贸易的过程中，部分国家会为了保护本国的市场和产业，人为设置部分非关税壁垒，甚至有私人限制竞争的现象发生，因而应该学会运用《争端解决机制协议》的规定维护自身的权益。这也要求我们的法律人员和外贸人员学习相关的规定，积累经验做好协调工作。此外，中国—东盟自由贸易区内各成员国应树立开放合作、协调管理的观念，在自贸区内运输一体化进程中，促进跨境运输，推动区域间的运输合作等事务，并进一步加强商检、海关、电子商务等方面的贸易和投资便利化，推动运输服务贸易竞争力的提升和贸易的发展。

2. 以深层次一体化模式为目标完善磋商机制

服务贸易一体化应从浅层往深层一体化的目标发展。浅层模式是实施各种措施加强自由贸易区内跟运输有关的产品等方面的合作开发，如加强基础设施建设，构建便利的交通网络，跨境手续简化乃至减免，实行交通便利化，各国的营销模式的联合实施等，这一阶段注重的是硬件的建设，使运输服务贸易形成初步的一体化。中层模式注重以下几个方面：一是区域内人力资源的联合培训，二是货币自由兑换等金融的便利化，三是投融资的资本自由流动，四是信息自由流通与信息平台的构建，五是服务制度、评价指标的标准化等。这一层次需要运输经营企业、商务网站等的全方位合作，培育共同市场，总的来说，这一阶段注重的是软件的建设。深层模式是最高的层次，是各国政府关于运输方面的通力合作、合理让步，共同打造中国—东盟运输的国际形象，这个层次主要是各国政府之间的融合与互动，建立关于运输自由化的协调机制，推动区域内的运输服务贸易一体化。

目前中国与东盟的运输服务贸易一体化尚处于浅层阶段，虽然一体化建设取得了较大的进步，但不能总停留在这一层次，而应该以深层次模式为目标，打造好硬件，软件设施，加速区域内服务要素的自由流动，加强对自由贸易区建设的监督管理，提高合作效率。自由贸易区内要形成统一的协调机制和合作机制，在世界上树立起中国—东盟的大品牌，最终形成深层次的运输服务贸易一体化。

3. 改承诺表的"肯定承诺"为"否定承诺"，更大地开放服务市场

发达国家的贸易协定几乎都采用了"否定承诺"的方式，这种承诺方式只将否定的部门列出，不在列出名单里的行业都可实行自由化，这种方式的开放度更大，但如果不适当，过快实现自由化将带来一系列的问题，如金融不稳定、垄断等。中国与东盟大部分国家为发展中国家，本国的服务市场监管机制并未完善，太快开放会引发相当多的问题，因此可以通过有步骤的开放来增加开放的部门和开放的程度，最终应该向"否定承诺"发展。

（二）国内的推动政策

1. 加强次区域内的合作，促进运输服务贸易一体化

加大泛北部湾经济区的合作。泛北部湾经济区于 2006 年提出构想，这一合作区包括中国、越南，以及隔海相邻的马来西亚、新加坡、印度尼西亚、菲律宾和文莱 7 个国家。中国的次区域北部湾经济区 2008 年被批准为国家战略，目前该区域正在加大力度进行物流基础设施、贸易便利化等的建设。

2. 进一步完善运输服务贸易统计体系

运输服务贸易一体化的研究和测度非常缺乏数据，特别是双边的贸易和"商业存在"数据。缺乏数据则无法准确把握当前中国与东盟的服务贸易一体化现状以及未来的发展，因此当务之急是建立服务贸易统计数据体系，可以借鉴欧盟国家以企业自己上报数据来编制 FAT 数据库等方法，同时注意与 GATS 相衔接。

3. 加快运输服务贸易一体化的硬件建设，为中国—东盟经贸合作奠定基础

在运输服务贸易一体化方面，整合现有的交通网络，实现中国与东盟国家运输方式的无缝对接，特别是要加大港口的建设力度。交通运输在中国与东盟的服务贸易一体化建设中具有重要的作用，目前，虽然运输合作取得了较大的成绩，但是问题也比较多。在公路方面，中国兴建了许多高速公路，但是由于经济方面的原因，东盟国家越南、老挝、泰国与中国高速公路对接较晚。目前中国和泰国、老挝已签订合作协议，将建一条连接中国、老挝、泰国的高速铁路，预计2015 年建成，这影响了中国—东盟物流的便利效果。在海运方面，从航线来看，与东盟对接的效率较高，能够直达的航线主要集中在中国东部港口到东盟国家的港口，中国西部的港口与东盟的直航次数相比并不多，因此，容易造成东部地区港口的运力不足而西部地区港口运力过剩，也容易造成区域间贸易的不平衡。此外，港口建设上也存在着诸多问题，最主要的问题是东盟国家的港口建设和中国的部分港口建设比较滞后，技术装备不到位，特别是除了新加坡港外，大部分东盟国家的港口没有采用信息化自动化技术，这将使得随着货物贸易的发展，现有的港口建设无法满足运量的需求。这些问题都应尽快解决，应利用已经设立的中国—东盟投资合作基金和中国为东盟提供的 150 亿美元信贷，提升与东盟之间的互联互通水平，开展公路的对接工作，加大港口的建设力度，打造信息一体化平台，以推动运输合作的深化。

4. 努力提高运输服务业的竞争力

中国的运输服务贸易竞争力低，与我国物流业技术低下有关，随着电子商务的出现，物流业急需推动物流信息化的发展。目前，大部分的物流企业仍然不具备运用现代信息技术处理物流信息的水平和能力，即便是拥有信息系统的企业，其整合物流资源的能力也尚未形成。因此，应学习借鉴东盟中运输服务竞争力较强的国家——新加坡的经验，提高物流企业信息化水平，除了企业配备现代信息技术设备和技术、整合物流资源外，还应该在中国—东盟自由贸易区背景下，建立中国—东盟的物流信息化合作体系，以先进的物流技术为基础，建立物流信息体系，以推动物流业的竞争力提升。

5. 加大运输服务贸易人才的培养

运输服务贸易依托的是现代的物流业，现代物流业意味着需要更多高水平和高素质的物流人才，现代物流业对人才的素质要求越来越高，只有用先进的物流观念、拥有先进的物流知识、掌握先进技术的人才才能更好地服务现代物流业，促进物流业的发展。中国—东盟自由贸易区内的新加坡运输服务贸易竞争力较强，原因之一在于国家很重视物流人才的培养，如"提供各项教育与在职培训计划，政府以讲座的形式向公司及公众介绍物流技术的最新发展，并推出了政校合作、国际交流等多项物流人才培训计划"[①] 等。目前中国—东盟自由贸易区运输服务贸易的发展，急需大量的物流人才，而现有的人才储备远远不能满足需要，因此应学习和借鉴新加坡的做法，培养现代物流人才。当前培养物流人才更应注重与国外的联合办学，使其熟练掌握一门外语，具有跨国工作经验的人才有利于中国运输服务贸易竞争力的提高。此外，应推动各种国际性的物流展览会、研讨会的举办，促进国际交流与合作。

参考文献：

1.《中国—东盟：泛北部湾上搭建"共赢平台"》，《经济参考报》，2007 年 10 月 31 日。

2.《广西深化港口建设打造区域性国际航运中心》，新华网广西频道，2011 年 2 月，http://www.gx.xinhuanet.com/dm/2011-02/26/content_22151839.htm。

3.《航运巨头看好中国东盟物流市场　加快布局北部湾》，新华网，2010 年 10 月，http://www.xinhuanet.com/chinanews/2010-10/13/content_21113674.htm。

4. 姚伟：《新加坡的物流业》，《市场周刊：新物流》，2009 年第 6 期。

5. 尹鸿伟：《中国提供全额贷款 70 亿美元，"泛亚铁路"从老挝起步》，《时代周报》，2012 年 11 月。

6.《中国积极参与大湄公河次区域经济合作》，人民网财政频道，2012 年 12 月 12 日。

---

① 姚伟：《新加坡的物流业》，《市场周刊：新物流》，2009 年第 6 期。

第六篇

案例分析篇

第十九章 吉博教育服务贸易案例分析

童一宁[①] 陈 昭[②]

一、吉博教育企业概况

（一）企业简介

吉博教育是一家致力于智慧教育体系建设的教育科技企业。自成立以来就立志通过领先的技术方案、高品位的教育服务和变革性的创新产品，向个人、企业、学校及政府机构提供最佳的就业教育解决方案。

吉博教育以"技能+学历"为核心，以学习引擎为驱动，以重点解决教育和就业两大关键需求为目标，提供值得终身信赖的教育就业服务。其总部位于中国宁波，下辖3间培训学校及吉博教育科技等多家实体子公司，并在中国北京、杭州、温州、上海以及马来西亚均设有运营中心，旗下目前拥有300多人组成的技术与运营团队。办公办学场地5万多平方米，实体教育年培训学员3万多名，在线教育培训学员达30多万名。形成了以实体教育服务中心和基地为依托，以师资、课程、服务流程、IT支持、网络学习服务为载体的吉博服务体系。

吉博教育利用云计算、物联网、计算机/移动互联网、公共服务平台和先进的云端设备为基础，构建形成了综合性教育就业电子商务平台、智慧教育移动学习终端、学分银行、电子校园等完善的智慧教育产品体系。

吉博教育拥有的数十种自主知识产权技术、产品获得国家版权认证、专利认

---

① 童一宁：浙江吉博教育科技有限公司，项目经理。
② 陈昭：中国社会科学院财经战略研究院服务贸易与WTO研究室，助理研究员。

证和科技成果鉴定，并获得了大量的业内资质及荣誉。吉博教育将坚持以打造中国最专业的"技能+学历"就业教育机构为目标，行走在教育科技化创新、教育品牌化创新的大道上。

（二）主营教育服务贸易业务

目前，吉博教育的主营业务涉及全日制技能+学历办学、业余学历教育、非学历职业教育、网络学习平台搭建及运营、网络课程录制及后期制作、教学软件及管理系统开发、网络教育解决方案、政府公共教育平台搭建、人才就业服务九大领域。

二、吉博教育服务贸易商业模式

（一）吉博教育服务贸易产品介绍

1. 线下教育服务

吉博教育针对市场缺口，2006 年起就与高等院校合作推出高中起点的全日制技能+学历+自考的高等职业教育，是浙江省内最早开展此项目的教育机构之一。学校目前拥有教职工 436 人，学员规模包括全日制高职专科学生 8139 人、本科生 1003 人，还有近万名的证书培训学生。拥有办学场地超过 3 万平方米，同时还共享多个大学校园的体育场、报告厅、食堂、学生宿舍等各项配套设施。目前与浙江大学、宁波大学、宁波城市学院、浙江工商职业技术学院、浙江纺织服务学院等都保持着良好的长期合作关系。

吉博教育 2009 年在浙江省推出在线统考辅导平台及面授远程教育统考包过班，在行业内属于首创。2010 年推出"2+2+X"项目，模式上的创新更是受到了市场和学员的热烈欢迎，具备了教学服务项目齐全、教学质量过硬、办学模式创新等特点。吉博教育办学多年以来为社会培养输送了许多实用性人才，为宁波及浙江省的地方经济发展做出了应有的贡献。

2. 线上教育服务

吉博教育除从事线下全日制实体教育外，还致力于非学历技能培训，以在线与实体相结合的方式为社会提供企业职工培训、服务外包政府补贴培训、非学历证书培训、大学生以及社会考证等继续教育的相关服务，至今已培训学员达 2 万多名。

吉博教育集合了业内多个行业优秀的专家、培训师、职业经理人队伍，为企业开展企业职工培训服务及 VIP 会员、管理沙龙等服务项目，组织企业内训、公开课、高端认证取证等活动，服务了众多行业的学员。凭着对市场的深刻了解，凭借长期积累的教育资源和考试资源优势，依托现代教育理念和多年助考经验，为广大学员提供优质培训服务，并获取高含金量的技能证书。涉及的技能培训种类包括计算机网络、计算机编程、计算机设计、计算机游戏、酒店服务管理、企业服务管理、人力资源师、物流物业师、营销师、商贸会计、教师资格证书、办公自动化、网页设计师等几十种行业近千种证书。在组织招生、报名、考前培训、考试认证等环节与相关部门取得了良好的合作业绩。在行业客户不断积累，业务范围逐渐稳固下，将继续与各合作单位优势互补，为学员提供更具价值的培训服务，满足学员在知识、资质、技能方面的需求，赢得学员、合作伙伴及社会各界的认可和信赖。

3. 教育科技产品服务

吉博教育利用云计算、物联网、计算机/移动互联网、公共服务平台和先进的云端设备为基础及技术支撑，研发并投入运营的综合性网络学习平台麦能网MYNEP、智慧云教育综合服务平台、智慧云课程公共服务平台等包含学历教育类、自考专科频道、自考本科频道、成教在线频道及继续教育类，大学生培训频道、企业网络学院、职业培训网、教师资格培训频道等，同时还研发出配套的移动学习终端IEPAD，让学员真正做到学习在身边。

4. 教育服务外包

吉博教育立足自身特点，还推出教育服务外包业务。针对海内外各大高校推出了自考网络教学平台、成教教务管理系统、吉博在线考试系统、吉博毕业设计系统、吉博视频点播系统、排课系统等20余套系统平台，用户可针对自身需求量身定制；同时吉博教育还立足于重金投入建成的"宁波智慧教育录播基地"开发优质精品课程视频的外包服务，为各大高校提供在线视频的制作一条龙服务。通过以上种种服务，吉博教育开创性地在教务服务贸易外包领域走出了一片新天地。

（二）吉博教育服务贸易经营模式

教育作为第三产业，针对不同的教育服务贸易领域，有着不同的贸易经营模式。

针对线下的实体职业教育，采取全日制的普通高等院校的贸易经营模式，以输出教师的大学管理授课、学生校园学习生活等服务的模式来实现经营。

针对线上的在线教育，以继续教育、终身教育的模式，采取灵活利用业余时间的模式，宽泛管理，实现以学到技能、取得证书为目的进行经营的模式。

针对教育科技产品，为用户提供各类系统定制、课件定制等方式，利用技术力量、资源实现教育服务外包的经营模式及平台合作运营的经营模式。

（三）吉博教育服务贸易管理团队

吉博教育针对各块业务成立独立的子公司组建事业部进行分块业务管理，如图 19-1 所示。

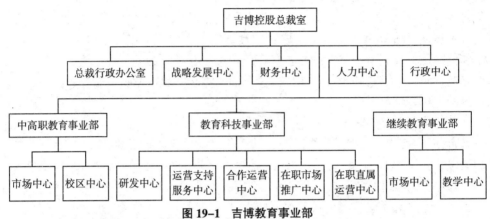

图 19-1　吉博教育事业部

管理团队人员介绍：

总裁——曾步辉先生，浙江吉博教育科技有限公司董事长、总经理，浙江大学软件工程硕士、80 后青年企业家。浙大—吉博智慧教育研究院副院长，宁波服务外包协会理事。拥有教育软件科技公司、多家学校及教育地产公司。曾受邀以访问学者身份到英国牛津大学访问交流。大学毕业后创业，坚持以打造中国最专业的就业教育机构为目标，引导吉博在教育信息化创新、教育科技化创新、教育品牌化创新方面走在全球同行业前列。

副总裁——包军斌先生，浙江吉博教育科技有限公司副总裁兼中高职教育事业部总经理，本科学历。从事教育市场开拓多年，带领多个团队取得辉煌的市场业绩。

副总裁——房秋燕女士，宁波大学人力资源管理本科学历。2002 年进入深圳市润迅电话商务有限公司宁波分公司任行政主管，2006 年进入浙江凌科网络通信股份有限公司任行政经理，2012 年 4 月至今在吉博教育任副总裁一职。

教育科技事业部总经理——吴云

继续教育事业部总经理——陈君娇

总裁行政助理/总裁行政办公室经理——王功博

人力中心经理——葛丽萍

财务中心经理——冯苏友

行政中心经理——黄飞燕

(四) 吉博教育服务贸易技术团队

吉博教育科技研发团队中直接从事项目系统研发的团队有 40 多人，团队中硕士以上学历 2 名，研发人员全部大专以上学历。开发团队拥有在 Windows 和 Linux 环境下的开发能力，并已有大型项目的开发和维护经验。

技术总监——蔡伟敏先生

蔡伟敏先生，浙江大学软件工程硕士。浙江吉博教育科技有限公司技术总监，2002 年进入美国道富信息科技（浙江）有限公司，任职金融系统研发高级工程师、项目经理；具有十年以上软件开发与项目管理经验。

项目经理——童一宁先生

童一宁先生，浙江大学城市学院计算机科学与技术本科毕业。2007 年进入宁波市对外经济贸易信息中心，任 PHP 程序员；具有 6 年以上软件开发经验，曾负责开发宁波市外经贸企业网上融资平台、浙洽会网站、鄞州外经贸网站等项目。

项目经理——史亚斌先生

史亚斌先生，毕业于浙江林学院，计算机科学与技术专业本科学历。2005 年底进入宁波市对外经济贸易信息中心，其间完成了宁波商贸通系统、宁波市外经贸企业信息服务平台、宁波市外经贸局网站等系统的开发。2011 年 5 月，进入宁波奥姿网络科技有限公司。2012 年 3 月，进入浙江吉博教育科技有限公司至今。

(五) 吉博教育服务贸易科研设备

企业的研发基地：技术研发工程院。

吉博教育的"技术研发工程院"位于宁波的浙大软件学院校区内，依托浙大的科研力量与吉博自身的研发团队进行深度合作，开展教育 IT 领域的研发与探索。

除宁波浙大软件学院内的技术研发工程院外，吉博教育科技还在杭州的白马湖生态创意城内设有独立研发园，如图 19-2 所示。吉博教育科技白马湖生态研发园占地面积 2000 余平方米，内有根据特殊攻关项目研发而在项目期内组成的技术团队，月平均 3 个项目组，每月驻地研发人员 28 名。

2011 年，吉博教育与浙大软件学院合作成立"智慧教育研究院"，实现产学研结合。"智慧教育研究院"位于浙江大学软件学院内，由吉博教育科技 40 余位技术研发人员和浙大软件学院的 10 余位专家、学者、教授组成。

"智慧教育研究院"的成立将致力于现代网络教育业相关技术、项目研发、创新、实训及实际项目运作，为社会培养更多的现代服务行业人才、开发出更高

图 19-2 杭州白马湖生态研发园

图 19-3 智慧教育研究院

端的配套服务技术。并利用宁波市智慧产业人才基地的设施和资源开展培训实训项目、入驻学生创业园、搭建研究生创业平台、进行创业项目孵化、建立研究生毕业实习基地、共同申报课题推动教育产业发展、通过网络教育平台培养现代行业人才、开发高端服务技术。

企业的研发设备：

◆ 专业智慧教育录播基地

◇ 录播基地配备五个全国一流设备水平的专业录播室

◇ 专业录像录音设备

图 19–4　宁波市智慧教育录播基地

（1）SONY AX2000e 摄像机；

（2）ALESISMultiMix16USB2.0 模拟调音台（具备声卡功能）；

（3）M–AUDIOAxiom（真理）61USBMIDI 键盘；

（4）JBLLSR2328p8 寸两分频监听音响；

（5）AC–AUDIOET–6000 电子管话筒；

（6）AC–AUDIOS90 乐器录音话筒（双支装）；

（7）AKG271MK2 监听耳机；

（8）AKGK55 监听耳机；

（9）AC–AUDIOH1008 耳机分配放大器。

◇ 大尺寸互动显示屏五套

互动显示屏系统型号为：TOT–120G–1000C

◆ 服务器（PowerEdge T410）5 台

◆ 网络交换机 2 台

◆ 苹果一体机 20 多台

◆ 台式机 20 台

◆ 笔记本 10 台

三、吉博教育服务贸易成功的经验分析

（一）行业现状及趋势

教育服务贸易是指在国与国之间主要出于经济目的而产生的教育服务的输入与输出，它包括基础教育、中等教育、高等教育、成人服务教育及其他不易归类的教育。教育服务的经济属性使得教育成为可贸易的服务部门，但是，在教育服务的开放问题上，各国政府的立场不一致。不过，随着全球化程度的加深，教育贸易的市场开放承诺和谈判将逐渐取得一定突破。

教育服务贸易产业一直是这几年的热点，并有愈演愈烈的趋势，受到了资本热浪的追捧。随着经济的发展，教育服务贸易已经成为世界服务贸易发展最快的领域之一，教育不仅具有公益性，而且具有服务性、交换性、经济性等市场特征，教育已成为贸易服务的重要组成部分，是名副其实的新产业。

教育服务贸易产业主体呈现多元化，激烈竞争局面开始显现，教育服务贸易市场开始吸引不同的经济实体涉足，教育产业主体实现多元化突破，为构建我国在线教育终身学习体系提供较为完整的办学体系。但在运营模式及产品研发上仍存在不足，也没有切合用户需要量身研发的产品。

教育服务贸易产业格局逐步形成。教育市场快速发展催生提供技术、内容、资金、管理等的教育服务业。随着教育服务贸易产业环境不断成熟，市面上产业提供商达到近 3000 家。按照提供的产品及服务来看，大致可划分为技术提供商（Technology Provider）、内容提供商（Content Provider）、服务提供商（Service Provider）。呈现出专业分工形式，但整体市场规模较小，提供商专业性不足，加强在专业与经营上的整合应成为服务商努力的重点。随着教育系统及平台装备的普及，对内容的需求才会有所提升。

随着互联网技术与多媒体技术的飞速发展，教育服务贸易产业呈现出百花齐放的态势。在"开放共享，全球受益"理念指导下的教育资源共享是教育服务贸易产业发展中的趋势，2012 年教育服务贸易产业市场出现了井喷。

（二）目标市场分析

教育服务贸易产业市场目前得到政策的大力支持，市场发展迅速。在国内的大环境下，"十一五"时期，我国的教育改革发展取得了显著的成就，有力地支撑了国家战略发展目标的实现。智慧城市的概念近年在全国纷纷推广开来，与此同时，经济社会发展对教育和人才的需求也发生了深刻的变化。我们的智慧教育建设与国外发达国家相比仍处于较低水平，不能满足当今智慧城市建设快速发展过程中的需求。所以在国家"十二五"规划中明确提出了完善教育体系、加快实施教育信息化的战略。2011年，宁波市政府、市委常委会审议通过了《宁波市加快创建智慧城市行动纲要（2011~2015年）》。2010年6月6日，中共中央国务院印发《国家中长期人才发展规划纲要（2010~2020年)》，提出"构建网络化、开放式、自主性终身教育体系，大力发展现代远程教育，支持发展各类专业化培训机构"。以上的种种政策为市场的扩容奠定了生长土壤。

在市场准入方面，国家对于国内企业进入教育服务贸易产业市场是十分鼓励的，对国外资本进入教育服务贸易产业市场则严格限制，但是这种限制和鼓励在不同的细分市场上表现程度不同。政策上鼓励院校与企业合作，而且根据《中华人民共和国中外合作办学条例》，鼓励国外教育机构与国内院校的合作，但非教育机构的进入门槛则很高。

（三）目标客户需求

消费需求强劲并不断增长是教育服务贸易产业的一大特色。中国大地上，教育是每一个家庭的梦想和希望，"再苦不能苦孩子，再穷不能穷教育"。在中国，为子女教育形成的储蓄和消费在城市中产阶级家庭支出和储蓄中占据15%和24%的比例，已成为中国家庭第二大消费。2011年，中国青少年中心发布报告显示，20年以来，家庭教育支出以平均每年29.3%的速度增长，明显快于家庭收入的增长，也快于国民生产总值的增长。在一个中等城市，家庭平均每年教育支出高达8000余元。

中国有着巨大的教育服务贸易产业市场，据最新的调查显示，我国90%以上的学生及家长都迫切需求低成本、高品质、持续发展的优秀教育服务，75%以上的在职工作者都在进行不同程度的继续培训，50%以上的企业管理者要求专业学习和培训，45%的年轻人在进行外语类培训学习。除了传统的以学校办学为主的模式外，一些有实力的社会学校也提供了种类丰富的教学服务，大大激发了社会的需求。

伴随着社会竞争的日益激烈，"移动学习"、"泛在学习"等概念的提出得到了越来越多人的认可，吉博教育研发的教育信息化产品正是贯彻了如上的理念，符合发展的潮流和市场的需要。

（四）吉博教育的竞争优势

1. 体现服务的独家定制性

吉博教育提供的教育服务产品都体现了它的独家定制性。不管是在线系统的定制、云课程录制都突出体现了定制性，定制的本质是凸显出个性与应需性，以自身的需求来定制内容、以自身对市场的判断来定制内容、从自身的特点出发来定制内容，定制服务，真正体现了吉博教育服务的优越性。

2. 体现了产品泛在的软件支持平台

吉博教育的科技产品通过运用云计算、云储存技术等，吸收和消化了国外先进的理念与技术，开创实现了云计算技术在教育服务领域的应用，把人脸识别、智能分析、虚拟现实、移动 3D 等技术融入吉博教育服务产品体系中去，最终实现教育智能化及学习过程化。

3. 搭建产学研转化平台

产学研的转化一直以来都是一个急需解决的问题，企业缺技术、有资金，研发团队有技术、缺资金，吉博教育正是利用业内的优质资源，搭建产学研教育服务合作平台，以企业做平台做基础，促进产学研各类项目的成功转化、孵化，来刺激创业、鼓励创新，从而不断涌现出更多更好的教育服务贸易产业和优秀产品。

（五）成功经验总结

（1）依托政策导向，明确市场热点，做到针对性开发。

（2）技术累积雄厚，产品市场调研充分，产学研转化体系完善。

（3）产品理念先进，紧跟国际趋势潮流，并结合本土国内特色，把线上线下教育、教育 IT、移动终端、移动学习、泛在学习等整合融入到产品体系中，符合教育行业发展趋势。

四、宁波城市服务贸易相关扶持政策

从地区政策扶持上看，宁波拥有保税区、出口加工区、保税物流园区等多类型保税功能区域，其特殊的功能政策十分有利于服务外包产业发展；宁波保税区内的国际软件园（国家科技部火炬计划软件加工出口示范基地）、国家级高科技创业孵化中心将为宁波服务贸易产业发展创造良好的条件。

目前，我国保税功能区包括保税区、出口加工区、保税物流园区、保税物流中心和保税港区等主要类型，是我国对外开放的前沿和承接发达国家产业转移的重点区域。这些保税区域为拓展现代服务业提供了非保税区所不具备的优势。通过多渠道努力，积极争取开展宁波保税港区建设试点，为承接境外服务贸易转移打造全新的发展平台，积极探索将现有保税功能区的独特优势与中心城区的生活办公服务功能集聚优势结合起来，实行优势互补，创造有利于宁波现代服务业发展的比较优势。当前，宁波市在建设东部新城区和宁波国际贸易平台中，可以考虑规划建设保税商务大楼，允许注册在保税区、主要从事承接境外信息技术外包和业务流程外包的企业进驻该大楼办公经营，解决这类企业对保税功能政策和便捷办公生活环境的双重需求。此举必将加快现代服务业企业在东部新城集聚，有利于加快宁波服务业发展升级。

宁波要在《宁波市加快发展服务业的若干政策意见》的基础上，力争在市场准入、税收优惠、规费减免、财政扶持、价格支持、培养人才和规范管理、改革开放上实现更大的突破。要设立服务业发展引导资金，用于影响大、带动作用强、具有示范效应的重点项目贴息或补助，以加快宁波现代服务贸易业发展。

从宁波市"十二五"规划中可以看出宁波城市服务贸易相关政策扶持的力度。规划中提到要转变贸易发展方式，构建新型贸易体系，优化进出口贸易结构，大力发展服务贸易，优化培育贸易主体。提出要培育服务外包市场，鼓励发展离岸服务外包，创建国家级服务外包强市。放宽对服务贸易市场准入的限制，鼓励跨国企业来宁波市开展服务外包业务。构建具有国际、国内市场资源配置功能的市场体系，完善货物贸易、服务贸易等专业服务市场体系。做大做强专业贸易企业，为中小企业开拓境内外市场提供服务。

五、发展制约因素及建议

（一）制约因素

1. 观念上的落后导致了政策上的限制

制约教育服务贸易产业发展规模的因素主要是由观念导致的政策上的限制措施，即高等教育应主要靠政府的投入，高等教育如同其他层次的教育一样应体现公平和公正的原则。在这样的观念指导下，高等教育限制民间资本的进入，即便我国高等教育供不应求，各高校的学费从国家最一流学校到一般院校也是基本相同的。

2. 网络科技的发展水平制约了在线教育服务贸易水平的提高

技术的原因导致很多在线教育在形式和内容上还达不到线下教育的质量水平，这对在线教育市场的扩容起到了严重的制约作用。

3. 民众对教育服务贸易这一新兴产业的认知制约

很多民众对新兴的在线教育、教育 IT 产品的认知程度上还存在着一定的偏差，接受度和普及度还不够高，这也制约了这一服务贸易产业的发展。

（二）发展建议

（1）目前国际上高等教育办学格局呈现出发达国家和最不发达国家以政府投入为主，经济快速发展的东亚和南美等国以民间投入为主的特点。如此格局的出现与各国各地区的经济发展状况有着直接的关系。我国应借鉴国际经验，走政府和民间"两条腿"办学的方式，如采用官办民助，即教科文组织定义的政府依赖型的学校；或者对于有意进入高教领域的民间资本设定符合国家标准的办学门槛等，并且通过引入国外优质的教育资源弥补国内短缺的教育项目。引入国外和民间资本不仅可以解决办学资源短缺的问题，还可以通过引入竞争机制有效地促进高校办学的质量和效益，更好地取得教育的公平与公正的目标。

（2）为了稳定现有的市场，我国可以在制度和政策上进一步地放松留学政策，同时我国应该采取积极的对外政策，对发达国家采取大量的宣传和推广工作，发挥中国传统文化的优势，来迎合一些西方国家人的需求，并提倡使用发达国家的先进教育方法、教育设施和原版教材。尤其在现阶段金融危机的影响下，我国应相对降低留学费用，同时提高我国的教育服务贸易的竞争力。

（3）深化技术研发，强化技术转化，开发出更多贴近市场真正需求的新一代教育服务产品，把技术真正转化到为教育服务发展上来。加强同国际知名教育培训机构组织的联系与合作，学习其发展教育服务贸易的先进经验，或者与其开展合作联合办学，利用其市场渠道，扩大生源范围。

（4）加强对职业培训服务贸易市场的开发。当前要着重发展与新型服务业相适应的新型职业教育与培训，培养高素质的劳动力和实际工作第一线的专业人才，满足提高企业竞争力的需求和外资企业大量进入对人才的需求。从教育服务贸易发展的现状来看，各国比较公认的是成人教育领域有最广阔的发展空间，更适合于市场化的运作。目前，各种培训机构如雨后春笋般遍及全国，英语培训、计算机培训、考研培训等，都具有极其广阔的市场。尤其各种跨国公司举办的各种认证培训、资格培训、特许经营培训更是风靡全国。这些培训满足了人民群众多层次、多样化的教育和学习需要，但商业性也很强，往往有较高的利润回报率，这些非学历性的教育服务贸易机构投资者可以取得合理回报。同时，政府也要为低技能劳动力提供大量的免费就业或转岗培训。未来社会将是一个学习化社会，因此，吉博教育未来应健全正规教育与非正规教育和培训并行的、更为开放灵活的社会化教育网络，进一步扩大业务范围。

参考文献：

1. 国务院：《国家中长期人才发展规划纲要（2010~2020年）》，2010年。
2. 宁波市人民政府：《宁波市加快发展服务业的若干政策意见》，2012年。